Reisepraktisches

Geschichte
Wissenswertes

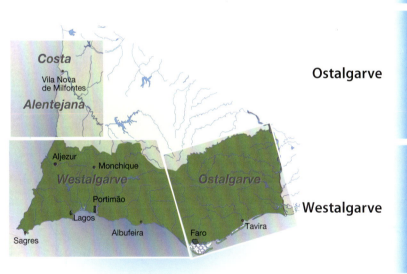

Ostalgarve

Westalgarve

Costa Alentejana

- **Recherche:** Jürgen Strohmaier, Lydia Hohenberger, Michael Müller, Hubert Müller, Judit Ladik ● **Wanderungen:** M. Müller, Annegret Pannewitz, Dr. Ulrich Scheider, Jürgen Strohmaier, Lydia Hohenberger ● **Lektorat:** Johannes Kral (Überarbeitung) ● **Redaktion und Layout:** Sebastian Sabors ● **Titelgestaltung:** Karl Serwotka; *Fotomotive:* Tavira (oben), Marinha Strand bei Armação de Péra (unten) *Innentitel:* Strand von Cavaleiro (Westküste) ● **Fotos:** M. Müller, bis auf S. 21, 28, 41, 62, 67, 100, 122, 128, 207, 261 (Strohmaier/Hohenberger), S. 18, 76/77, 204, 263 (Pannewitz) und S. 7, 9, 12, 13, 14, 23, 35, 48, 53, 246 (Kröner) ● **Karten:** Judit Ladik, Michaela Nitzsche

Besonderen Dank an Siegfried Auth, Volker Gold, Petra und Wolfgang Bald, Sebastião Bastos.

Vielen Dank für Tips und Hilfe Franz Schweitzer, Frank Löwe, Peter Hellenthal, Walter Frehner, Johannes Heinzel, Marianne Göring, Anrope Schlecht, Martin Schmidt, Luzia Köppel, Christian Chees, Dietmar Widowitz, Angelika Pabel, Burgi & Peter Brunner, Doris Gerken, Dietmar Smyrek, Arndt Linsenhoff, Frank Haug, Monika Knobloch, Christophe Papke, Bettina Braun, Petra Frey, Franz Abbrederis, Andrea Hamacher, Gabi Uplawski u. Andy Moldenhauer, Torsten Eid, Anne Abendroth, Annika Neumann, Gero Falkenstein, Günter Maier, Heinrich Puls, Claudia Franz, Gudrun Plamper, Dietrich Scheiter, Dr. Eckhard Zimmermann, J. Pöschel. Scharbeutz; António Simões do Rosário, Lissabon; Inge u. F. Zahn, Renningen; Renate Liebel, Remchingen; Holger Platzer; Martin Hellfeier und Simone Kreiling; Philip Meinhold, Berlin; Susanne Reim, Berlin; Frank Weik; Ralph Nigl, Fellbach; Lidi Zomer; Ferragudo; Gero Falkenstein; Lars Brücher, Hamburg; Bernhard Hellmann; Dieter Schaab; Rudolf Seehaus, Weinheim; Evmarie Spindler, Erlensee; Frank Schmidt; Herbert Roth, Isenburg; Dieter L. Stangl, Chris Köhler, Frank Nemetz, Josef Hütgehaus, Ingrid Korth, Daniela Kamm, Henning Danert, Ilse Stadler, Dr. Verena Drebing, Thilo Roßberg, Winfried Möhler, Kristina Drews, Dr. Oliver Schlick, Gabi Schwarzenböck, Winfried Botta, Christian Ehrismann, Eugen Henrich, Dr. Birgit Ackermann, Dr. Markus Kaymer, Karsten Klisch, Christiane Lowis, Gerhard Helmreich, Elke Fuhrmann-Wönkhaus, Manfred Paulus. Antonio Martins, João M. Ribeiro Tata dos Anjos, Ana M. Albuquerque M. Costa Leal, Maria Reis Neves, Margit Kegel, Anke Gottschalk, Michael Bingeser, Sen. Gonsalves, Maria Helena dos Santos Silva, Joaquim "Quim" Gomes, Sra. Delille, Renato Correia, Kurt Vogler, Carl Otto Orre, Burkhard Gruner, Sibylle Laun, Klaus E. Möller, Andrelina Manuela Peixoto, Maria Luisa Fraguas, Maria José, Peter Andreas Sutter, Henry Randolph, Gabriele Buschmann, Liselotte Clauberg, Dieter u. Elke Voigt, Alda Rosa Clara, Ian Johnson, Angelika Hambloch, Fernando Soares, Karl Ott, Aldina Pereira, Martin Stocker, Gabi Eser, Ormerindo Bagarão, Virginia Petridou, C. Middeldorf, Johannes Hacker, Fred Bermentloo, Sabine Matecki, Dieter Springfield, Jochen Haun., Eberhard Fohrer, Karin Gleixner, Siegfried Auth, Emmeran Eder, Matthias Wurms und Silke Hehner.

Die in diesem Reisebuch enthaltenen Informationen wurden vom Autor nach bestem Wissen erstellt und von ihm und dem Verlag mit größtmöglicher Sorgfalt überprüft. Dennoch sind, wie wir im Sinne des Produkthaftungsrechts betonen müssen, inhaltliche Fehler nicht mit letzter Gewissheit auszuschließen. Daher erfolgen die Angaben ohne jegliche Verpflichtung oder Garantie des Autors bzw. des Verlags. Beide übernehmen keinerlei Verantwortung bzw. Haftung für mögliche Unstimmigkeiten. Wir bitten um Verständnis und sind jederzeit für Anregungen und Verbesserungsvorschläge dankbar.

ISBN 978-3-89953-599-0
© Copyright Michael Müller Verlag GmbH, Erlangen 1997–2011. Alle Rechte vorbehalten. Alle Angaben ohne Gewähr. Druck: Stürtz GmbH, Würzburg.

Aktuelle Infos zu unseren Titeln, Hintergrundgeschichten zu unseren Reisezielen sowie brandneue Tipps erhalten Sie in unserem regelmäßig erscheinenden Newsletter, den Sie im Internet unter **www.michael-mueller-verlag.de** kostenlos abonnieren können.

7. vollständig überarbeitete und aktualisierte Auflage 2011

ALGARVE

Michael Müller

INHALT

Reisepraktisches und Wissenswertes 11

Die Algarve auf einen Blick 12

Anreise und unterwegs in der Algarve 13

Übernachten/Camping 15

Essen und Trinken 18

Restaurants 19	Krustentiere (Mariscos) 24
A conta, se faz favor! 19	Beilagen 25
Tipps 20	Nachspeisen 26
Mahlzeit! 20	Snacks und Petiscos 26
Essenszeiten 20	**Getränke** 27
Couvert 21	Wein 27
Suppen 21	Portwein 28
Fleischgerichte 21	Schnaps 28
Fischgerichte 22	

Die Geschichte Portugals im Überblick 29

Kunstgeschichte 34

Römer 34	Manuelinik 36
Mauren/Westgoten 35	Renaissance und Manierismus 36
Romanik 35	Barock 37
Gotik 36	Neoklassizismus 37

Politik und Gesellschaft 37

Wirtschaft 38

Darbende Landwirtschaft 39	Fischerei 44
Bäume 40	Industrie 45

Wissenswertes von A bis Z 46

Ausflüge 46	Elektrizität 53
Azulejos 46	Feiertage 53
Baden 48	Frauen 53
Behinderte 50	Friseure 54
Botschaften/Konsulate 50	Geld 54
Drogen 50	Gesundheit 55
Einkaufen 51	Informationen 56
Einreisebestimmungen 52	Internet 57

Karten	57	Post	64
Kinder	57	Radio	65
Kino und Theater	58	Reklamationen	66
Kirche	58	Sport	66
Kleidung	59	Sprachkenntnisse	68
Klima/Reisezeit	60	Stierkampf	69
Kriminalität	60	Tascas	71
Mentalität	61	Telefonieren	71
Musik	63	Toiletten	73
Namen	64	Tourismus	74
Notrufe	64	Trinkgeld	74
Öffnungszeiten	64	Wandern	75
Polizei	64	Zeit	75

Die Reiseziele an Portugals Südküste 77

Algarve 78

Ostalgarve (Sotavento) 78

Vila Real de Santo António	78	Almancil	113
Castro Marim	80	Estói	114
Monte Gordo	81	Das Hinterland im Osten	115
Westlich von Monte Gordo	83	Den Rio Guadiana entlang in den Alentejo	115
Cacela Velha	84	Alcoutim	117
Tavira	86	Cachopo	119
Santa Luzia	95	São Brás de Alportel	120
Fuseta	96	Loulé	124
Olhão	98	Querença	126
Naturpark Ria Formosa	100	Salir	129
Vorgelagerte Inseln	102	Benafim	130
Faro	104	Alte	131
Faro-Strand (Praia de Faro)	111		

Westalgarve (Barlavento) 134

Quarteira	134	Praia da Rocha	167
Olhos d'Água	137	Alvor	169
Albufeira	139	Silves	172
Armação de Pêra	151	Serra de Monchique	178
Küste zwischen Armação de Pêra und Portimão	154	Caldas de Monchique	178
		Monchique	180
Carvoeiro	154	Lagos	190
Ferragudo	159	Praia da Luz	206
Portimão	161	Barão de São João	208

Die Küste zwischen Lagos und Sagres ... 211	Sagres ... 216
Salema ... 212	Sagres/Umgebung ... 220
Vila do Bispo ... 216	Carrapateira ... 228
	Aljezur ... 230

Costa Alentejana ... 233

Odeceixe ... 233	Barragem Santa Clara ... 238
Zambujeira do Mar ... 234	Almograve ... 238
Odemira ... 237	Vila Nova de Milfontes ... 239

Etwas Portugiesisch ... 247

Register ... 262

Alles im Kasten

„Fischprodukte oft von schlechter Qualität" ... 22
Warum hat der Schwertfisch ein Schwert? ... 24
Krebsjagd ... 25
Die Korkeichen sterben ... 40
Waldbrände ... 42
Fischerei in der Krise ... 44
Peixe Aranha ... 49
Spanier – nuestros hermanos? ... 69
Eine Begebenheit aus der Dorfgeschichte ... 82
Süßwasserbadeausflug ... 88
Companhia de Pescarias do Algarve ... 93
Retterin des Abendlandes ... 112
Rio Guadiana – viel Schmutz und wenig Wasser ... 118
Zitrusanbau um Silves ... 178
Stühle römischer Bauart? ... 183
Mercado dos Escravos – Sklavenmarkt ... 192
Mit Schwimmhäuten auf Thunfischjagd ... 204
Banho 29 ... 206
Das Ungeheuer von Sagres ... 217
Die Pilger zählenden Raben von Corvo ... 218
Heinrich der Seefahrer – Prinz von Sagres ... 219/220
Der Leuchtturm am Cabo de São Vicente ... 227
Agar Agar – die Rotalgen-Taucher von Carrapateira ... 224

Verzeichnis der Wanderungen und Touren

Wanderung: Durch die Lagunen von Faro und Quinta do Lago ... 112
Wanderung: Azinhal – das Fenster zum Guadiana-Fluss ... 116
Wanderung: Auf alten Bauernpfaden bei São Brás ... 121
Wanderung: Von Querença (10 km nordöstlich von Loulé)
zu den Quellen und Höhlen von Benémola ^{GPS} ... 127
Wanderung: Entlang des Algibre-Flusses östlich von Paderne ^{GPS} ... 149
Spaziergang in der Ria de Alvor (Mexilhoeira Grande) ... 170
Mit dem Fahrrad ins Monchique ... 180
Rundwanderung: Nave–Caldas de Monchique–Nave ^{GPS} ... 184
Kleiner Spaziergang um Caldas de Monchique ^{GPS} ... 187
Rundwanderung Monchique–Picota ^{GPS} ... 187
Wanderung: Fonte Santa ^{GPS} ... 189
Wanderung: Barão de São João–Carrapateira ^{GPS} ... 209

– ^{GPS} *mittels GPS kartierte Wanderungen* –

Kartenverzeichnis

Algarve – Westen: Übersicht ... vorderer Umschlag
Algarve – Osten: Übersicht ... hinterer Umschlag

Albufeira	140/141	Tavira/Umgebung	97
Fahrradtour in das Monchique	181	Vila Nova de Milfontes	241
Faro	106/107	Wanderung: Caldas de Monchique	185
Ferragudo	160	Wanderung: Monchique–Picota	188
Lagos	195	Wanderung: Barão–Carrapateira	211
Lagos – Strände	203		
Portimão	163	Wanderung: Algibre-Fluss	150
Sagres	223	Wanderung: Azinhal	117
Sagres/Umgebung	225	Wanderung: Fonte Santa	189
Silves	176/177	Wanderung: Lagunen von Faro	112
Spaziergang in der Ria de Alvor	171	Wanderung: Querença–Benémola	127
Südwestküste	235	Wanderung: São Brás	123
Tavira	89		

Zeichenerklärung für die Karten und Pläne

Was haben Sie entdeckt?

Haben Sie die Tasca mit wundervollen Petiscos gefunden, das freundliche Albergo, den Top-Campingplatz oder einen schönen Wanderweg?
Wenn Sie Ergänzungen, Verbesserungen oder neue Tipps zum Algarve-Buch haben, lassen Sie es uns bitte wissen.

Schreiben Sie an:

Michael Müller Verlag
– Algarve –
Gerberei 19
91054 Erlangen
E-Mail: mm@michael-mueller-verlag.de

Algarve

▲ Teller an der Hauswand eines Kunsthandwerksladens bei Sagres

Reisepraktisches und Wissenswertes

Die Algarve auf einen Blick 12	Die Geschichte Portugals im Überblick 29
Anreise und unterwegs in der Algarve 13	Kunstgeschichte 34
Übernachten/Camping 15	Politik und Gesellschaft 37
Essen und Trinken 18	Wirtschaft 38
	Wissenswertes von A bis Z 46

Die Algarve auf einen Blick

Eine abwechslungsreiche Küste mit geologisch verschiedenartigen Erscheinungsformen: im Osten geschützte Lagunen mit Muschelbänken und Salzgärten, niedrig liegendes Marschland und lange Sandstrände mit frischgrünen Pinienhainen. Die typischen Algarvestrände findet man westlich von Faro: rot leuchtende Felsenküste mit versteckt liegenden Badebuchten und steil ins Meer abfallenden Kliffen. Die schäumende Brandung des fischreichen Atlantiks spült durch Ebbe und Flut die Strände sauber und sorgt für glasklares Wasser an der Küste. Ganz anders präsentieren sich die stillen Dörfer in den unberührten Bergwelten des Hinterlandes, in denen die alten Traditionen lebendig geblieben sind.

Sotavento, die dem Wind abgekehrte Küste, nennen die Portugiesen das Küstengebiet zwischen spanischer Grenze und Faro. Im östlichsten Teil, beim Badeort *Monte Gordo*, gibt es noch breite Sandstrände. Bei *Cacela* beginnt eine dem Festland vorgelagerte, mehrere hundert Meter breite Sandbank mit flacher Dünenlandschaft und wenig Vegetation. Sehr saubere Strände, gute Sanitäreinrichtungen und Tavernen gibt es vor *Tavira* (Campingplatz im Wäldchen), *Santa Luzia* und *Fuseta*. Besonders Tavira lohnt sich wegen seiner beschaulichen Atmosphäre und kulturellen Angebote für einen längeren Aufenthalt. Von hier fahren regelmäßig Boote zu den vorgelagerten Stränden.

Die gesamte Hafflandschaft des Sotavento ist inzwischen Naturschutzgebiet. Informieren Sie sich im Besucherzentrum des Naturparks „Ria Formosa" bei Olhão. Ein Rundgang auf dem Wanderlehrpfad dauert ca. 2 Stunden. Vor der Küste von Olhão liegen die Insel *Armona* mit kleinen Wochenendhäusern und einem Campingplatz sowie das von Fischern bewohnte Eiland *Culatra*.

Barlavento heißt die im Wind liegende Küste zwischen Cabo de São Vicente und Faro. Besonders zwischen Portimão und dem Kap sorgen auch im Sommer starke

Nordwinde für eine frische Brise. Westlich von Quarteira beginnt die malerische Sandsteinküste mit Seegrotten, bunten Steintürmen und bis zu 50 m hohen Kliffen, die von unzähligen Sandbuchten unterbrochen werden. Optimal zum Baden und Schnorcheln. Die wichtigsten Touristenzentren sind *Quarteira*, *Albufeira*, *Armação de Pêra*, *Portimão* und *Lagos*. Dieser Küstenabschnitt wurde inzwischen fast nahtlos zugebaut. Touristisch weniger erschlossen ist das Gebiet zwischen Lagos und Cabo de São Vicente, eine karge, wildromantische Landschaft mit besonders hoher Steilküste, von der schon Hemingway begeistert war. Wer einsame Strände sucht, kann Tagesausflüge an die wenig erschlossene, naturgeschützte Westküste unternehmen.

Serra de Monchique und **Serra de Caldeirão** werden die beiden Hügelketten genannt, die sich im Inneren der Algarve bis zu 902 m über das Meer erheben. Während sich das Monchique-Gebirge im Westen mit seinen Thermen und Wellness-Angeboten dem Tourismus schon stark geöffnet hat, bleiben die Hügel der Caldeirão ein Geheimtipp. In den fast menschenleeren Bergwelten lassen sich auf alten Hirtenpfaden ausgedehnte Wanderungen unternehmen und in den stillen Gassen der weißen Dörfer erfährt man noch viel vom traditionellen Leben in der Algarve.

Anreise und unterwegs in der Algarve

Bei der Anreise stehen vier Alternativen zur Wahl: eine umweltfreundliche Variante mit der Bahn, eine schnelle mit dem Flugzeug, eine ausgedehnte mit dem Bus und für Langzeiturlauber schließlich die mit dem Auto.

Mit dem Flugzeug: Die Flugpläne von Mitteleuropa nach Faro wechseln häufig. Die aktuellen Verbindungen findet man auf der Seite der portugiesischen Flughafengesellschaft www.ana.pt und dort bei den Links „Faro" und „Algarve". Die Flugverbindungen ändern sich ständig. Bei Drucklegung dieser Auflage flogen Air Berlin

Zur Algarve – gleich nach der nächsten Biegung

und Ryanair von zahlreichen (auch Regional-) Flughäfen die Algarve an, daneben Lufthansa, German Wings, TuiFly und Niki (aus Österreich). Die meisten Verbindungen gibt es zur Wochenmitte und am Wochenende.

Mit der Bahn: Wegen der zeitraubenden Anreise und der preiswerten Flugangebote empfiehlt sich eine Anreise per Bahn eher nicht.

Mit dem Bus: Von Deutschland nach Portugal fahren mehrmals wöchentlich komfortable Reisebusse von unabhängigen Busunternehmen, die sich unter dem Namen *eurolines* zusammengeschlossen haben. Die Fahrten werden hauptsächlich von portugiesischen Gastarbeitern mit viel Gepäck als Verbindung in die Heimat genutzt, denn Flüge sind oftmals sogar günstiger. (Infos unter www.deutsche-touring.com)

Mit Bus, Bahn und Auto durch die Algarve

Bus: Alle größeren Städte sind an ein dichtes Busnetz angeschlossen. Wichtigster Anbieter ist die private Firma EVA (www.eva-bus.com), die die Küstenorte mit modernen Bussen durchschnittlich im 2-Stunden-Takt miteinander verbindet. In die kleinen Orte, vor allem im Landesinneren, gibt es oft allerdings nur zwei Verbindungen pro Tag und die Busse entstammen manchmal noch alten Zeiten. Tickets gibt es im Vorverkauf an den Busterminals und in den Bussen selbst. Von den größeren Orten gibt es regelmäßige Verbindungen nach Lissabon, von Faro im Expressbus in 3,5 bis 4 Stunden zum Preis von etwa 20 €.

Bahn: Eine Zugstrecke verbindet Vila Real Santo António im Osten mit Lagos im Westen der Algarve. Allerdings liegen die meisten Bahnhöfe weit außerhalb der Städte und besitzen keine Busanbindung (s. u. den jeweiligen Orten). Nach Lissabon fahren täglich fünf, im Hochsommer sechs komfortable Züge von Faro aus. Die Fahrtzeit beträgt zwischen 3 und 3,5 Stunden, der Preis liegt bei 20 €.

Mietwagen: Mietwagen sind außerhalb der Hochsaison günstig, ein Opel Corsa ist z. B. schon für unter 130 € pro Woche ohne Kilometerbegrenzung zu bekommen. In der Hauptsaison verdoppeln sich dann die Preise. Das Mindestalter liegt meist bei 21 Jahren. In der Regel ist die Vollkaskoversicherung CDW (auf „Neuportugiesisch": Collision Damage Waiver) im Mietpreis enthalten. Dann bleibt aber immer noch eine Selbstbeteiligung (unterschiedlich je nach Verleihfirma, etwa 1000 € bei einem Kleinwagen). Um diese auszuschließen, gibt es die so genannte „Super-CDW" für ca. 12 € pro Tag für einen Kleinwagen. Es dürfen sich nur die im Mietvertrag eingetragenen Personen ans Steuer setzen. Gewöhnlich ist beim Verleiher eine *Kaution* (bzw. ein Blanco-Kreditkartenbeleg) zu hinterlegen, die bei Ablieferung des Fahrzeugs zurückerstattet wird. Die großen portugiesischen sowie alle internationalen Verleihfirmen sind am Flughafen von Faro vertreten. Auch in den Hotels werden Mietautos vermittelt. Meist ist es preiswerter, das Auto bereits in Deutschland (z. B. im Reisebüro oder per Internet) oder vor Ort bei lokalen Vermittlern zu buchen.

Besondere Verkehrsbestimmungen

Wer den Führerschein vor weniger als einem Jahr gemacht hat, darf generell nur max. 90 km/h fahren. Die Alkoholgrenze liegt bei 0,5 Promille. Um die Unfallzahlen zu senken, wurden 2005 die Strafen für Verstöße gegen die Verkehrsregeln noch einmal drastisch erhöht. Schon bei geringfügigen Geschwindigkeitsüberschreitungen werden 200 € fällig. Eine Missachtung der Promillegrenze führt zum Führerscheinentzug und zu einer saftigen Geldstrafe, die sich nach den jeweiligen Umständen richtet. Wer mit 1,2 Promille und mehr erwischt wird, kommt zumindest für eine Nacht in den Knast. Außerdem sind bis zu 2.500 € fällig und der Führerschein wird für mehrere Jahre eingezogen. Alle Strafen müssen vor Ort bezahlt werden (auch mit Kreditkarte möglich), sonst werden Führerschein und Fahrzeugpapiere beschlagnahmt und gegen befristete Ersatzpapiere ausgetauscht. Wer sich zu Unrecht bestraft fühlt und Widerspruch einlegen will, hat die Möglichkeit zur Hinterlegung einer Kaution (*depósito*) in Höhe der Mindeststrafe.

Eines sollten Reisende besonders beachten: Im Auto muss eine Warnweste (in fluoreszierender Farbe) mitgeführt und im Notfall angelegt werden.

> **Höchstgeschwindigkeiten**
> - Im Ort 50 km/h, PKW mit Anhänger 50 km/h
> - Landstraße 90–100 km/h, PKW mit Anhänger 70 km/h
> - Autobahn 120 km/h

Parken: Wer auch nur kurz im Parkverbot hält, muss damit rechnen, mit einer Kralle am Vorderrad immobilisiert zu werden. Angesagt ist dann ein Anruf bei der Polizei, um gegen Bezahlung von 60–300 € wieder von der Kralle befreit zu werden.

Autoeinbrüche: In den Touristenstädten und an den Badestränden leider häufig, ansonsten selten. Möglichst kein Risiko eingehen, bewachte Parkplätze benutzen oder eine belebte Straße, Handschuhfach offen lassen.

Übernachten/Camping

Angegeben sind in diesem Buch in der Regel die Preise für das Doppelzimmer (DZ) inklusive Frühstück. Hotelpreise sind meist höher als die Tarife der Pensionen. Für ein Einzelzimmer kann man gewöhnlich ca. 20 % vom Preis fürs Doppelzimmer abziehen.

Nebensaisonpreise sind in den touristischen Gebieten der Algarve deutlich niedriger – speziell in teuren Hotels zahlt man bis zu 80 % weniger. In unserem Reiseführer sind in der Regel die Hauptsaisontarife angegeben. Verbreitet sind die Einteilungen in Hauptsaison (*Época Alta*, von Juni/Juli bis Anfang/Mitte September) und Nebensai-

son (*Época Baixa*). In vielen Hotels findet man zudem eine Mittelsaison (*Época Média*), die in der Regel von April bis Juni und ab Mitte September und im Oktober gilt.

Besonders im Sommer ist eine Reservierung anzuraten! Bei Billigpensionen ist eine schriftliche Vorbuchung nicht üblich, doch wer sichergehen will, sollte einige Tage vorher anrufen. Bei Vermietern von Privatzimmern ist Vorbuchen etwas schwieriger, da sie zur Sicherheit meist eine Vorauszahlung von 50 % per Postanweisung oder Kreditkarte erwarten.

Pousadas: Die Pousadas waren früher staatseigene Luxushotels, die inzwischen privatisiert wurden. Sie sind meist in historischen Gebäuden eingerichtet. Die Pousadas an der Algarve in Sagres, am Stausee Santa Clara-a-Velha (oberhalb von Monchique) und in São Brás de Alportel (oberhalb von Faro) befinden sich jedoch in modernen Häusern. Nur die Pousada in Tavira entstand in einem ehemaligen Renaissance-Palast, und die jüngste im romantischen Palast von Estói. Pousadas sind eine der komfortabelsten Unterkunftsmöglichkeiten, sind aber auch sehr teuer. Das Doppelzimmer kostet etwa zwischen 100 und 300 € (aktuelle Preise unter www.pousadas.pt).

Hotel: Mit dem internationalen Sterne-System klassifiziert: Die höchste Stufe hat fünf Sterne, die niedrigste einen. Frühstück ist in der Regel im Preis enthalten, ab 3 Sterne zumeist als Buffet. Standard ist in den meisten Hotelzimmern Satelliten-TV, Mini-Bar und ein eigenes Bad. In fast allen Hotels gibt es ein Restaurant. Der Preis fürs Doppelzimmer in einem Hotel mittlerer Kategorie bewegt sich zwischen 60 und 200 €, in Luxushotels zahlt man für eine Suite auch schon mal über 1.000 €. Anfang 2011 wurden die bis dahin üblichen Einteilungen in Pensionen oder Residencias abgeschafft. Allerdings dürfte sich diese Umstellung in der Praxis noch etwas hinziehen.

Ferienhäuser: Das Angebot an der Algarve liegt eher in der Preisklasse komfortabel bis luxuriös. Ein besonders großes Angebot in dieser Hinsicht findet man um Carvoeiro und Lagos.

Übernachten/Camping 17

Das vom Autor ins Leben gerufene Portal **www.casa-feria.de** stellt eine breite Auswahl an Unterkünften an der Algarve bereit. Sowohl Wohnungen und Häuser auf Quintas im Hinterland als auch Apartments in Strandnähe werden zwischen Sagres und Tavira angeboten. Der Schwerpunkt liegt dabei auf der Gegend um Lagos sowie am Küstenstreifen zwischen Olhão und Tavira.

Quartos Particulares (Privatzimmer): Privatzimmer findet man nur selten über die Tourismusämter. Besser ist es, auf Schilder mit dem Hinweis *„quartos"* oder *„camas"* in den Fenstern der Häuser in den touristischen Gegenden zu achten, aber auch diese verschwinden aufgrund scharfer Kontrollen weitgehend. Oft wird man dafür auf der Straße oder vor den Bahnhöfen von Vermietern angesprochen. Nur die Adressen der wenigen legal angemeldeten Zimmer sind auch in den Tourismusämtern erhältlich. Einfache Zimmer gibt es schon ab ca. 20 € in der Nebensaison, häufig mit Koch- und Waschgelegenheit. Familienanschluss ist auch im Preis enthalten.

Turismo no Espaço Rural – TER: Den TER würde man in Deutschland wohl mit *Ferien auf dem Bauernhof* umschreiben. Im Unterschied zum *Turismo de Habitação* sind die TER-Häuser nicht ganz so nobel. Nur von der Direcção Geral do Turismo überwachte Einrichtungen dürfen sich *Turismo no Espaço Rural* nennen (mit dem entsprechenden TER-Schild). Die Preise liegen zwischen 35 und (selten) 120 € pro Doppelzimmer.

Pousadas de Juventude (Jugendherbergen): Die Reservierungszentrale für alle portugiesischen Jugendherbergen befindet sich in Lissabon (*Movijovem*). Bei der Reservierung sind 1,50 € pro Person bzw. 7,50 € pro Gruppe fällig.

Adresse **Movijovem**, Rua Lúcio de Azevedo, 27, 1600-146 Lisboa, ✆ 707203030, ✆ 217232101, http://microsites.juventude.gov.pt/Portal/pt/default.htm (vorübergehend auch noch die alte Website www.pousadasjuventude.pt).

Zur Übernachtung ist ein *Jugendherbergsausweis* notwendig, den man in Deutschland kaufen kann, jedoch auch in jeder portugiesischen Herberge bekommt. Die Übernachtung im Mehrbettzimmer (nach Geschlechtern getrennt) kostet je nach Saison und Herberge zwischen 11 und 16 €, Frühstück und ein frisch gewaschenes Bettlaken inklusive. In allen Jugendherbergen gibt es mittlerweile auch Doppelzimmer (ohne Geschlechtertrennung), die nur wenig mehr als zwei Plätze in einem Mehrbettzimmer kosten.

- *Adressen an der Algarve* **Faro**, Rua da PSP, ✆/✆ 289826521.
Alcoutim, ✆ 281546004, ✆ 281546332, 70 Betten.
Almograve, an der Westküste, ✆ 283640000, ✆ 283647035.
Lagos, Rua Lancerote de Freitas, 50, ✆ 282761970, ✆ 282769684, 64 Betten.

Portimão, Rua da Nossa Senhora da Conceição, ✆ 282491804, ✆ 282414017, 182 Betten.
Praia da Arrifana bei Aljezur, 38 Betten, 8670-111 Aljezur, ✆ 282997455, ✆ 282997457.
Tavira, Rua Miguel Bombarda, 36-38, ✆ 969779545 (Handy), ✆ 217232101.

Camping: An der Algarve gibt es zahlreiche Campingplätze, oft allerdings mit wenig Schattenplätzen. Die Eingruppierung erfolgt ab 2011 analog zu den Hotels nach Sternen, von einem bis fünf. **Wichtig**: einige Plätze können nur mit dem internationalen Campingausweis besucht werden (z. B. Ferragudo).

Plätze gibt es in Monte Gordo, Vila Nova de Cacela, Cabanas, Tavira, Fuseta, Olhão, Insel Armona, Quarteira, Albufeira, Armação de Péra, Ferragudo, Alvor, Lagos, Espiche, Salema, Ingrina, Sagres und Aljezur.

Ausflug nach Alte, preiswerte und üppige Portionen inklusive

Essen und Trinken

Die portugiesische Küche ist reich an Meeresfrüchten und Reisgerichten: Herrlich sind die riesigen Portionen Marisco-Reis nach Malandro-Art, ein nach Atlantik duftendes Reisgericht mit Herzmuscheln, rosig zarten Tintenfischen, Garnelen, Miesmuscheln und Krabben, getränkt mit dem fein abgeschmeckten Sud der Schalentiere – von der Geschmacksvielfalt vielleicht vergleichbar mit der französischen Bouillabaisse.

Portugal liegt am fischreichen Atlantik. Auf den Tisch kommt eine entsprechende Vielzahl von Meeresgetier, von teuren Riesengarnelen (*gambas*) bis zum rindfleischähnlichen Thunfischsteak. *Achtung:* Muscheln sollte man nur dann essen, wenn sie offen sind. Waren die Tiere vor dem Abkochen bereits tot, so könnten sie verdorben sein!

International berühmt wie die französische ist die portugiesische Küche allerdings nicht. Sie ist eine schmackhafte Volksküche mit einfachen, reichhaltigen Gerichten, die oft mit viel Olivenöl zubereitet werden. Lediglich die exzellenten Nachspeisen und Süßigkeiten dürften eine internationale Spitzenstellung einnehmen. Auch die deftigen Suppen sind eine Kostprobe wert. Spezialitäten aus anderen Ländern gibt es nur in den Großstädten; die afrikanische, brasilianische und chinesische Küche ist auf Grund der kolonialen Vergangenheit am weitesten verbreitet. In den letzten Jahren wurden auch immer mehr Pizzerias eröffnet. Vegetarische Restaurants findet man selten.

An der Algarveküste ist die einheimische Küche vom Aussterben bedroht – ebenso wie in anderen Tourismushochburgen Europas. Um auf Nummer sicher zu gehen (wer weiß schon, was sich hinter den fremdsprachigen Namen auf der Speisekarte verbirgt), bestellt ein Großteil der Gäste z. B. Steak und Pommes, also Gerichte, die international berühmt und berüchtigt sind. Und ein Gastronom ist meist dann erfolgreich, wenn er sich dem internationalen Publikum anpasst.

Man sucht lange, um einen der leckeren portugiesischen Eintöpfe auf den Tisch zu bekommen. Ein Bohneneintopf (*Feijoada*) oder Fischeintopf (*Caldeirada*) ist für den Autor auf Recherchetour ein seltenes kulinarisches Erlebnis. Der Muscheleintopf *Cataplana* findet sich zwar häufiger auf der Speisekarte, wird jedoch oft hastig und ohne besonderes Aroma zubereitet. Aber vielleicht ist Besserung in Sicht: Während man noch vor einigen Jahren Restaurants suchen musste, die gekochte Kartoffeln als typisch portugiesische Beilage anboten, stehen sie inzwischen neben Pommes und Reis fast überall wieder auf der Speisekarte. Und im vom Massentourismus noch unberührten Hinterland haben sich Traditionsrestaurants mit schmackhaften Fleischgerichten, wie z. B. Lammeintopf, Wildschweinschnitzel oder Kaninchen, bis heute gehalten.

Die gehobenen Restaurants an der Algarve versuchen dem Reisenden zwar eine Alternative zur Massenabfertigung zu bieten, wirken aber ohne den traditionellen Hintergrund (wie z. B. in Italien oder Frankreich) etwas verkrampft und erreichen oft nicht die runde geschmackliche Note einer gut gemachten Hausmannskost.

Die Küche der Algarve ist natürlich reich an Fischgerichten. Während an der ganzen portugiesischen Westküste die Fischer während der stürmischen Wintermonate oft im Hafen bleiben mussten und die Bevölkerung den gekochten Trockenfisch *Bacalhau* aufgetischt bekam, konnten die portugiesischen Südländer fast das ganze Jahr über fangfrische Meeresfrüchte genießen. Dementsprechend hoch ist die Qualität des Fisches, aber auch die Ansprüche der Einheimischen. Es spricht sich unter den Leuten schnell herum, welcher Wirt guten und frischen Fisch auf den Teller bringt; tiefgekühlte Ware ist verpönt. Auf einen Wirt, der am Fischmarkt immer nur den billigsten Fisch kauft, scheinen ständig unsichtbar die Hände der Mitwisser zu deuten.

Restaurants

Eine Buchung von Hotels mit Halb- oder Vollpension ist nicht unbedingt empfehlenswert. In der Regel findet man nur wenige Meter weiter wesentlich billigere Restaurants mit meist besserer Qualität und größeren Portionen. Ausnahmen, besonders bei kleineren, von Familien geführten Hotels, kommen aber auch vor.

Marisqueiras sind auf Meeresfrüchte spezialisiert, **Churrasqueiras** bieten gegrilltes Fleisch und gegrillten Fisch an, **Cervejarias** sind meist große, einfache Restaurants, in denen vorwiegend Bier getrunken wird. Im Angebot einer Cervejaria sind gewöhnlich Steaks (*Bifes*), Meeresfrüchte (*Mariscos*), Omeletts (*Omeletas*) und evtl. einige Fischgerichte.

A conta, se faz favor!

Um die Rechnung bittet man mit „A conta, se faz favor". Sie wird auf einem Teller gereicht, auf den man auch das Geld legt. Der Kellner bringt dann das Wechselgeld zurück und schließlich hinterlässt man auch das Trinkgeld auf dem Teller. War der Service sehr schlecht, so sollte man ruhig kein Trinkgeld geben (siehe auch A–Z/ Trinkgeld).

Tipps

Bevor man ein Restaurant oder Café betritt, sollte man, besonders in touristischen Gegenden, einen Blick auf die *Preise* der Speise- bzw. Getränkekarte werfen, die sichtbar ausgehängt sein muss; diese Regelung wird vor allem auf dem Land oft nicht eingehalten. In allen Preisen muss die Mehrwertsteuer *IVA* enthalten sein.

Frische *Fische* und *Meeresfrüchte* werden oft nach Gewicht berechnet; in solchen Fällen bestellt man z. B. 300–400 Gramm für eine Portion Fisch.

Die *Beilagen* werden auf den Speisekarten meist nicht aufgeführt. Wer sich nicht sicher ist, was es zum gewünschten Hauptgericht gibt, sollte ruhig nachfragen. Oft ist es kein Problem, z. B. Reis statt Pommes frites zu bekommen. In fast allen Restaurants bekommt man einen Platz zugewiesen – also nicht einfach hinsetzen (Ausnahme: ganz einfache Lokale und Cafés)!

Durch Gespräche mit Einheimischen und Reisenden haben wir versucht, in den beschriebenen Orten gute Restaurants aller Preisklassen zu finden – in vielen Fällen wurden sie von uns selbst getestet. Auf empfehlenswerte Restaurants mit dem besten Preis-Leistungs-Verhältnis wird in den einzelnen Regionen hingewiesen. Durch Koch- oder Besitzerwechsel können sich Preis und Leistung schnell ändern – für entsprechende Tipps per E-Mail oder postalisch sind wir sehr dankbar. In den Beschreibungen werden zum Teil Spezialitäten des Hauses erwähnt, die aber wegen der täglich wechselnden Speisekarten – in Portugal durchweg üblich – nicht immer zu haben sind.

Mahlzeit!

Da der Portugiese morgens gewöhnlich nur ein Butterbrötchen mit Quittengelee oder eine *Torrada* (gebutterter Toast) zu sich nimmt, sind Mittag- und Abendessen gleichermaßen Hauptmahlzeiten, die sich in ihrem Angebot nicht unterscheiden. Man isst warm, mittags in einfacheren Lokalen, Kantinen oder Cafés, abends dagegen zu Hause oder in besseren Restaurants. In den meisten Regionen des Landes werden 50 % Fisch- und 50 % Fleischgerichte gegessen – Vegetariern wird in den wenigsten Restaurants etwas geboten.

Eine komplette Mahlzeit besteht aus „Couvert" (siehe unten), Suppe, Hauptgericht und Nachtisch. In dieser Kombination mit einem Getränk und häufig auch Kaffee bieten die meisten Restaurants auch *Ementas Turísticas* (Touristenmenüs) an. Davon wird man zu einem oft äußerst günstigen Preis gut satt; in der Regel steht ein Fisch- oder ein Fleischhauptgericht zur Auswahl. Am schnellsten werden Gerichte von der Tageskarte (*Pratos do dia* oder *Sugestões do chefe*) serviert, die zudem oft eine gute Wahl sind.

Die Gerichte sind außerordentlich reichlich bemessen; Genügsamere können oft auch halbe Portionen (*meia dose*) ordern. Viele Restaurants haben nichts dagegen, wenn man sich zu zweit eine Portion mit zwei Tellern bestellt: „*Uma dose de ... com dois pratos, se faz favor*".

Essenszeiten

Frühstück (*Pequeno almoço*) gibt es den ganzen Morgen im Café. An der Algarve trinkt man gewöhnlich einen Milchkaffee (*Galão*) und isst ein Brötchen (*Sandes*) oder ein süßes Teilchen (*Bolo*). Das Mittagessen (*Almoço*) wird zwischen 12 und 14 Uhr eingenommen, Abendessen (*Jantar*) gibt es in den meisten Restaurants ab 19.30 Uhr, in touristischen Zonen auch oft viel früher. Die warme Küche ist in der Regel bis 22 Uhr geöffnet, danach wird es schwierig. In einigen Stadtteilen von Lagos oder anderen bekannten Algarvestädten finden sich Restaurants, die bis 2 Uhr nachts servieren – das Essen heißt dann nicht mehr Jantar, sondern *Ceia* (Nachtessen).

Couvert

Das Couvert ist Tradition in Portugal. Es werden immer Brot oder Brötchen mit Butter gereicht, dazu eventuell Oliven (*Azeitonas*), Frischkäse, harter Käse, Thunfisch- und Wurstpastete. Generell gilt, dass nur bezahlt wird, was gegessen wurde. Isst man aber z. B. den Frischkäse nur zur Hälfte, so muss man ihn natürlich dennoch ganz bezahlen. Bekommt man eine zu hohe Rechnung, was bei nicht Portugiesisch sprechenden Touristen in touristischen Zonen manchmal der Fall ist, sollte man reklamieren und das Reklamationsbuch (*Livro de reclamações*) verlangen. Wer kein Couvert will, sollte es gleich abbestellen bzw. abtragen lassen. Restaurants der ersten und der Luxus-Kategorie dürfen das Couvert allerdings grundsätzlich komplett berechnen.

Suppen

Die portugiesischen Suppen haben wenig mit den in Deutschland verbreiteten Fleischbrühen gemein. Sie sind wesentlich sämiger und werden in der Regel mit verschiedenen Gemüsen bereitet. Die traditionelle portugiesische Suppe ist der *Caldo verde*, eine Suppe mit fein geschnittenem Grünkohl. In der *Sopa de marisco* findet sich allerlei Meeresgetier. Im Durchschnitt kosten die Suppen zwischen 2–3,50 €.

Fleischgerichte

Das Standardgericht ist das Rindersteak (*Bife*). Es kommt im eigenen Saft medium gebraten und mit einem Spiegelei obenauf auf den Tisch. Dazu gibt es oft Reis, Pommes frites und Salat. Wer es gut durchgebraten will, sollte es „bem passado" bestellen. Billigste Version ist das kleine Steak *Bitoque*. In den einfacheren Restaurants ist das Fleisch

Vom Holzkohlegrill schmeckt es am besten

oft etwas zäh. Auch Koteletts (*Costeleta*) und Rippenstücke (*Entrecosto*) sind weit verbreitet. Im Alentejo und um Porto sind Kutteln (*Tripas*) sehr beliebt; wer mag, kann sich damit an einer billigen *Dobrada* (Bohneneintopf mit Kutteln) satt essen. Weitere Spezialitäten sind Rinderzunge (*Língua*) oder Schweinsohren (*Orelhas de porco*).

Fleisch: Rindfleisch stammt mehr und mehr aus nationaler Aufzucht, während Schweinefleisch fast komplett aus heimischen Mastbetrieben kommt. Gute Qualität haben das Ziegenfleisch (*cabrito*) und das Lamm (*borrego*), das ebenfalls meist aus heimischer Zucht und naturnaher Weidewirtschaft stammt.

Würste: Grobe, geräucherte Schweinswürste mit hohem Speckanteil sind ebenfalls eine Spezialität. Sie werden nicht nur als Brotzeit gegessen, sondern auch zur Vorspeise gereicht. Außerdem finden sie in Eintöpfen als Geschmacksverbesserer Verwendung. *Chouriço* sind mit Schweineblut angemacht, *Linguiças* schmecken wegen des hohen Paprikagehaltes würziger.

Fischgerichte

Die typisch portugiesische und auch beste Zubereitungsart ist *na brasa*, über Holzkohle gegrillt. Achtung: Die bitter schmeckenden Innereien muss man bei kleinen Fischen (Sardinen etc.) in der Regel selbst entfernen. *Caldeiradas* (Fischeintöpfe) sind Liebhabern deftiger Kost zu empfehlen. Die billigsten Fische sind die leckeren Sardinen und die grätenreichen Stichlinge (*Carapaus*). Die kleinen *Sardinhas* kann man mit Haut und Haaren, sprich Schuppen verzehren.

> **„Fischprodukte oft von schlechter Qualität"** ...
>
> ... mussten vor Jahren die deutschen Zeitung melden, nachdem Testeinkäufer diverser Verbraucherverbände europaweit die „Frisch"-Ware begutachteten. Einzig Portugal und Frankreich schnitten bei der Untersuchung sehr gut ab – über 75 % des getesteten Fischs waren von hoher Qualität und frisch. Zum Vergleich Italien, neben Griechenland eines der Schlusslichter: dort bekamen nur 5 % der Einkäufe ein Prädikat. Fisch von der Algarve ist auch heute noch köstlich.

Kenner verzichten montags auf Meeresgetier, da die Fischer am Sonntag zu Hause bleiben. Wegen der erhöhten Nachfrage steigen die Preise für Edelfische in der Hochsaison um bis zu 40 %. Einige clevere Restaurantbesitzer füllen deshalb vorher ihre Tiefkühltruhen mit Seezungen und anderen Edelfischen. Die Qualität leidet deutlich darunter: Der Fisch schmeckt labbrig und ist nicht mehr so hellweiß, wie er sein sollte. Da inzwischen viele Fischzuchtbetriebe an der Küste entstanden sind, kann man sich nicht mehr sicher sein, dass der Fisch wirklich aus dem offenen Meer stammt und nicht mit Schlachtabfällen gemästet aus dem Zuchtbecken kommt. Indikator ist der Preis: 7 bis 10 € für eine *Dourada*, *Feirreira* oder *Robalo* bedeutet fast sicher Zucht.

Häufige Fische auf der Speisekarte

Das portugiesische Nationalgericht: *Bacalhau*, Kabeljau, eingesalzen und in der Sonne getrocknet, in Deutschland auch Klipp- oder Stockfisch genannt und kaum

Fischgerichte

Gefleckte Moränen und Kalamare auf dem Verkaufstisch im Markt

mehr im Handel erhältlich. Es soll um die 300 verschiedene Zubereitungsarten geben, wobei der Kabeljau manchmal fast unkenntlich auf den Tisch kommt: in Öl gebraten, mit Teig überbacken, zerrieben und mit Schmalz zu kleinen Bällchen geformt, die frittiert werden etc. In dieser Fülle von Speisen mit gleichem Grundstoff findet auch derjenige, der das Fleisch des Bacalhau nicht so schätzt, sein Lieblingsgericht. Besonders gut schmeckt der *Bacalhau à brás*, für den der Klippfisch zerrieben und mit Kartoffelsticks und Rührei gemischt wird.

Caldeirada *(Fischragout)*: ein leckerer Fischeintopf mit verschiedenen festkochenden Fischsorten, Kartoffeln, Tomaten und Zwiebeln. Wichtig bei der Zubereitung ist die Herstellung des Sudes. Wie eine Bouillabaisse soll die Caldeirada richtig nach Fisch schmecken. Dazu werden zunächst die Fischköpfe und -schwänze 20 Min. lang mit Paprikapulver, Knoblauch und Lorbeer gekocht. Erst mit dieser abgesiebten Brühe wird der Eintopf mit den weiteren Zutaten zubereitet.

Carapau *(Stichling)*: eine Makrelenart in etwa der Größe einer Sardine. Etwas leichter, d. h. weniger fettig als die Sardine, aber auch etwas teurer. Kommt gegrillt oder gebraten auf den Tisch.

Peixe-espada *(Degenfisch)*: schauen aus wie platte, silbrig glänzende Meerschlangen. Mit ihren großen, hervorstehenden Augen und den gefräßig wirkenden Zähnen erscheinen sie nicht gerade Vertrauen erweckend. Mit langen Leinen werden sie in ca. 400 m Tiefe gefangen und sterben bereits beim Hochziehen durch den immensen Druckverlust. Der Fisch ist relativ preiswert und wird meist gegrillt oder als gebratenes Fischfilet serviert.

Espardarte *(Schwertfisch)*: Dieser relativ teure Edelfisch wird von den Wirten auf den Speisekarten manchmal gerne mit dem oben genannten Peixe-espada verwechselt. Das helle Fleisch ähnelt in seiner Konsistenz einem Thunfisch.

Warum hat der Schwertfisch ein Schwert?

Sobald er einen Fischschwarm geortet hat, vorzugsweise Babythunfische von 6 kg Gewicht, beschleunigt er auf 70 km/h, um dann wild mit seiner schwertgleichen Nase um sich schlagend durch den Schwarm zu zischen. Danach kehrt er um und verspeist geruhsam die verletzte und betäubte Beute.

Tintenfische: Es gibt drei Tintenfischarten, die Sie auf der portugiesischen Speisekarte finden. Als Beilage empfehlen sich Salzkartoffeln.

Krake (Polvo): Der kräftige Körper hat acht Fangarme, die wesentlich länger als der Rumpf sind. Die Tiere werden gesäubert, gekocht, klein geschnitten und als warme oder kalte Speise serviert. Als Salat *(Salada de polvo)*, mit Zwiebeln, Essig und Lorbeerblatt zubereitet, schmeckt er besonders gut.

Kalmar (Lula): Der Körper ist lang und schlank, hat zwei lange und acht kurze Fangarme. Auf der Speisekarte findet man z. B. Lulas à Sevilhana (in Tomatensoße) oder Lulas grelhadas (am besten über Holzkohle). In Fett frittierte, geschmacklose Tintenfischringe „à Alemanha" sind inzwischen auch in Portugal eine gebräuchliche Unsitte. Eine leckere Spezialität, aber wegen der aufwändigen Vorbereitung selten angeboten, sind die *Lulas recheadas*. Der Körper bleibt ganz und wird mit einer Mischung aus dem Fleisch der Fangarme, gehacktem Gemüse und Kräutern prall gefüllt.

Sepia (Choco): Dieser Tintenfisch ist ein Kopffüßler, der mit einer Tinte gefüllt ist, die auch heute noch für Tusche- oder Federzeichnungen gebraucht wird. Seine Fangarme sind gleich lang. Die Oberseite des Körpers bildet eine ovale, poröse Platte, die man auch häufig am Strand findet. Er wird gekocht serviert, nachdem die Platte, der Tintensack und die Innereien entfernt wurden. Das Fleisch ist fettiger als das der „Lula" und auch kräftiger im Geschmack. Sollten Sie beim Essen auf einen dünnen, durchsichtigen „Plastikstreifen" stoßen, so ist dem Koch nicht versehentlich etwas ins Essen geraten, denn die Röhre muss der Gast selbst entfernen. Manchmal wird der Choco auch mit Tinte serviert (com tinta); in diesem Fall wirkt der Teller so, als ob der Koch ein Tintenfass darüber entleert hätte.

Krustentiere (Mariscos)

Die *Langusten* sind in Europa schon fast ausgerottet. Derzeit werden die meisten aus südlichen Regionen (z. B. Mauretanien) eingeflogen. Nicht verwunderlich angesichts der Tatsache, dass eine Languste 60 Jahre braucht, um 1 kg Gewicht auf die Waage zu bekommen. Ecuador stellte als erstes Land der Welt die Tiere unter Naturschutz. In Portugal, z. B. in Ericeira, werden Langusten aber auch in Käfigen gezüchtet.

Die meist 1 bis 2 Pfund schweren *Sapateiras*, Riesentaschenkrebse mit großen Zangen, werden in jedem besseren Restaurant zu ca. 25 € das Kilo angeboten. Sie sind die Langusten des armen Mannes und werden in der Regel kalt (!) serviert. Der Großteil kommt allerdings aus Zuchtanstalten Schottlands oder der Bretagne, wo sie innerhalb von drei bis vier Jahren schlachtreif gezüchtet werden.

Sántolas, in „freier Wildbahn" aufgewachsene Meeresspinnen, stammen meist aus Portugal und werden von Tauchern erjagt. Im Restaurant kostet das Kilo ca. 25 €.

Ameijoas (Venusmuscheln) sind sehr wohlschmeckend und typisch für die Algarve. In der Lagunenlandschaft, die von Faro bis zur spanischen Grenze reicht, haben die Muschelzüchter ihre quadratischen Felder abgesteckt. Es ist eine aufwändige Angelegenheit, da der schlammige Grund der Lagune künstlich mit einer Sandschicht

Frische Sapateiras (Seespinnen) – die Lieblingsspeise des Autors

bedeckt werden muss. Dementsprechend teuer sind die (kleinen) Portionen in den Restaurants. Die Kunst, eine richtige Knoblauch-Koriander-Olivenölsoße (port. *bulhão pato*) zuzubereiten, beherrschen nur wenige Köche.

Eine teure Spezialität sind inzwischen die *Perceves*, eine exotische Felsmuschelart, geworden. Eingedeutscht werden sie Seefüße oder auch Entenmuscheln genannt, weil deren Form an einen schuppig schillernden Entenfuß erinnert; sie sind in vielen der kleinen Tascas erhältlich und eine exzellente Vorspeise.

Krebsjagd

Besonders an der Westküste gehen die einheimischen Jungs nachts bei Ebbe auf Krebsjagd. Ausgerüstet mit einer starken Taschenlaterne suchen sie in Wasserlachen an den Felsen. Die sicherste Fangmethode ist, den Krebs am Finger festbeißen zu lassen – für Veteranen dieses Sports ist die vernarbte Fingerspitze gleichzeitig ein Zeichen ihres Mutes. Andernfalls ist ein schneller, mutiger Griff hinter die Zangen notwendig, ehe der recht flinke Krebs in der Felsspalte verschwindet.

Beilagen

Zu den Hauptgerichten werden meist Reis oder Kartoffeln, z. B. in Form von Pommes frites, gereicht. Gemischten Salat gibt's fast überall auf Bestellung. Gemüse findet man leider fast nur in der Suppe, häufiger auch zu gegrilltem Fisch. Eine portugiesische Besonderheit ist es, in Essig eingelegtes Gemüse, z. B. zum Steak, zu servieren – nicht jedermanns Geschmack …

Nachspeisen

Hier dürfte die portugiesische Küche in Europa unschlagbar sein. Es stehen köstliche *Sobremesas* (Nachspeisen) zur Auswahl. Unbedingt probieren sollte man *Arroz doce*, süßen Reis mit Zimt. Empfehlenswert sind auch *Mousse de chocolate*, *Pudim flan* (Vanillepudding mit Karamelsauce), *Maçãs assadas* (Bratäpfel), *Pudim de ovo* (Eierpudding), *Leite creme* (Milchcreme mit karamellisierter Zuckerschicht) – und vieles mehr.

Süßigkeiten: Das Land der Mandelbäume trägt süße Früchte. Eine Spezialität ist das Marzipan (*Massa de Doce Regional*), naturrein, nur aus Zuckersirup und fein gemahlenen Mandeln hergestellt. Aus dem Marzipanteig werden kunstvoll Früchte und Tiere geformt, die appetitlich aufgereiht in vielen *Pastelarias* (Konditoreien) in der Auslage stehen. In der Kunsthandwerksschule in Lagoa gibt es sogar einen eigenen Kurs zur Herstellung der kunstvollen Figuren.

Snacks und Petiscos

Moderne Snackbars mit Aluminium- und Kunststoffeinrichtungen werden immer beliebter. Gewöhnlich führen sie eine große Auswahl an preiswerten Imbissen. Eine angenehmere Atmosphäre findet man oftmals in den kleinen Tascas, die *Petiscos* (Appetithappen) oder auch einfache Mittag- und Abendessen anbieten. Nachfolgend werden einige gängige Snacks vorgestellt.

Der *Prego* ist der portugiesische Hamburger: Rindfleischstücke werden in einem würzigen Fleisch-Knoblauch-Sud gekocht und noch warm in einem Brötchen gegessen. Gütemerkmal: Das gefüllte Brötchen wird abschließend nochmals in den heißen Sud getunkt. Die *Bifanas* entsprechen dem Prego, werden aber mit Schweinefleisch zubereitet – sehr lecker.

In Portugal heißt der Hot Dog *Cachorro*, der sich meist durch miserable Qualität auszeichnet, da die in Portugal von großen Wurstfabriken fabrizierten „deutschen Würstchen" (*Salsichas tipo alemão*) nichts mit den uns vertrauten Wienerle zu tun haben.

Codornizes, Wachteln, werden das ganze Jahr über gegessen.

Tosta mista, Schinken-Käse-Toast, gibt's überall und recht billig. Er ist auch eine gute Alternative zum Marmeladenbrötchen-Frühstück.

Salada de atum, ... lula, ... polvo, Tinten- oder auch Thunfischsalat, ist ein kräftiger Mix aus Fischstückchen, gekochten Kartoffeln, Tomaten, Blattsalat und Olivenöl. Sehr nahrhaft und billig. Wird sehr oft als Vorspeise (*Entrada*) angeboten, obwohl man davon gut satt wird.

Gewohnte Kost am Kap von Sagres

Rissóis, frittierte Kabeljau- oder Krabben-Häppchen, schmecken sehr gut und werden mit den ähnlich schmeckenden „Pasteis de Bacalhau" auch gerne in Cafés als Snacks angeboten.

Frango, das Hühnchen vom Holzkohlengrill, schmeckt ebenfalls fast überall hervorragend. Besonders zu empfehlen in den kleinen Churrasqueiras, die oft gar nichts anderes als *Frango grelhado* anbieten.

Getränke

Bei den Getränken steht natürlich Wein an erster Stelle, an dem in Portugal als viertgrößtem Weinproduzent Europas kein Mangel herrscht.

Wein

Aus den bekannten Weinbaugebieten von *Setúbal*, *Colares*, *Dão* und *Douro* kommen gute Weiß- und Rotweine. Man findet hier immer etwas nach seinem Geschmack. Preiswertere Sorten kommen aus dem *Alentejo*, sind aber keineswegs zu verachten.

In der Umgebung Lissabons liegen drei der besten Weinanbaugebiete Portugals: *Bucelas*, *Carcavelos* und *Colares*, wobei die beiden Letzten sehr klein sind. In der Estremadura (*Torres Vedras*) wird ein exzellenter leichter Weißwein angebaut. In Portugal wurden weltweit zum ersten Mal bestimmte Weinregionen abgegrenzt. Es gibt zwei Arten von Anbaugebieten: die *Regiões demarcadas* und *Denominação de Origem controlada*. Weine aus diesen Regionen tragen ein Qualitätssiegel.

Probieren sollte man unbedingt den **Vinho Verde**, grünen Wein aus der kontrollierten Region in *Minho*. Besonders an heißen Tagen eine köstliche Erfrischung. Er besitzt einen besonders leichten und erfrischenden Geschmack. Ein wenig perlende Kohlensäure sorgt für seine Spritzigkeit. Vinho Verde ist meist weißer Wein, es gibt aber auch rote Sorten. Der Alkoholgehalt hält sich mit ca. 9–11 % in Grenzen. Der *Alvarinho*, eine Spezialität aus Monção und Melgaço, hat allerdings bis 13,5 % Alkohol. Er ist kräftig und ziemlich süß, und vom Geschmack schon fast ein *madouro* (reifer).

Während noch vor nicht ganz 15 Jahren lediglich vier Großkellereien den Vinho Verde außerhalb der Anbauregion verkauften, trifft man heute in den Restaurants des ganzen Landes auf eine schöne Vielfalt von grünem Wein aus kleinen, aber feinen Kellereien.

Algarve-Weine

Portugiesische Weine mit „Namen" kommen fast alle aus dem Norden, den Regionen des Rio Dão oder auch der Bairrada-Region, in der trockene Spitzenweine gekeltert werden. Aber auch die Weine aus dem Alentejo haben in den letzten Jahren an Qualität gewonnen. Nachdem er noch vor wenigen Jahren für tot gehalten wurde, holt auch der Rebensaft von der Algarve in Sachen Kennergunst langsam wieder auf. Es sind meist schwere Weine mit relativ hohem Tannin- und Alkoholgehalt (bis 14 %). Da man sie meist jung vermarktet, wird allerdings wenig geschwefelt, was die Kopfschmerzen bei übermäßigem Genuss in Grenzen hält. Die Rotweine sind meist aus den Sorten Negra Mole, Castelão, Trincadeira oder Syrah gekeltert, bei den Weißweinen dominiert die Arinto-Traube. Etwa 20 % der Trauben werden von kleinen Winzern noch selbst verarbeitet, oft nur zum Eigenbedarf. Der Rest wird in den Weinkooperativen von Lagos, Lagoa, Portimão und Tavira gekeltert. Besucher sind in den Keltereien meist willkommen.

28 Essen und Trinken

Während 1987 an der Algarve noch 10 Mio. Liter Wein gekeltert wurden, waren es 1995 gerade noch 1 Mio. Liter, denn Rebflächen wurden gewinnbringend in Baugrundstücke für touristische Einrichtungen umgewandelt. Inzwischen ist die Produktion aber wieder auf 3 Mio. Liter gestiegen, sogar neue Weinberge werden angelegt. Dennoch sind noch viele „Algarve-Weine", die in den lokalen Kellereien abgefüllt werden, verschnitten und statistisch gesehen zu 70 % Rebsäfte aus dem Alentejo oder dem Norden Portugals.

Portwein

Beliebt und weltbekannt. Seine Trauben wachsen im oberen Dourotal an steilen Hängen. Die Stöcke sind kurz geschnitten, die Wurzeln reichen aber bis zu 10 m in die Erde. Für Portwein gelten die ältesten und strengsten Weingesetze der Welt und staatliche Prüfungen garantieren die Qualität. Zum Teil werden die Trauben auch heute noch mit den Füßen gestampft. Während früher die über 500 l fassenden Fässer auf Weinschiffen nach Porto gebracht wurden, übernehmen das heute Tanklastwägen. Nach zwei bis drei Tagen wird der Wein mit Weinbrand, der zuvor aus den Trauben gewonnen wurde, versetzt. Dies stoppt die Gärung und belässt dem Portwein seine typische Restsüße. Die Ausfuhr durfte früher nur von Vila Nova de Gaia (südlich von Porto) aus erfolgen, wo auch die großen Portweinkellereien liegen.

Schnaps

Eine algarvische Spezialität ist der *Medronho-Schnaps*, der im Monchique-Gebirge und der Serra de Caldeirão hergestellt wird. Die kleinen, orange-roten Früchte wachsen an dem wilden Erdbeerstrauch. Da die Ernte sehr arbeitsintensiv ist, wird er fast nur von Bauern zu Hause gebrannt; vor dem Frühstück getrunken, nennen ihn die Algarvios *Mata Bicho*, was so viel wie „Wurmtöter" heißt. Wegen seines mitunter hohen Gehalts an Methylalkohol (bis zu 100 g pro Liter!) darf er allerdings nicht in die EU exportiert werden. Eine regionale Qualitätsprüfungsstelle wird schon seit Jahren angekündigt.

Billig ist der *Aguardente* oder auch *Bagaço*, ein farbloser Weinbrand aus der zweiten Pressung der Weintrauben – gut als Aperitif.

Die Früchte des Erdbeerbaumes

Historischer Hafen Lagos – heute Ausgangspunkt für Grottenfahrten

Die Geschichte Portugals im Überblick

7000 v. Chr.	Nachweislich leben seit der Steinzeit Jäger und Sammler auf dem heutigen portugiesischen Staatsgebiet.
800 v. Chr.	Griechen und Phönizier gründen Handelsstützpunkte an der Küste.
700–600 v. Chr.	Die so genannte Castro-Kultur mit ihren befestigten Bergsiedlungen, genannt Citânias, entsteht im Norden des Landes.
535 v. Chr.	Karthager erweitern ihre Einflusssphäre von Nordafrika aus bis in die Küstenregionen der Iberischen Halbinsel.
218 v. Chr.	Die Römer erweitern ihr Reich um die Iberische Halbinsel. Es soll aber bis ins Jahr 19 v. Chr. dauern, bis auch die Stämme im Norden Portugals „befriedet" werden. Das Königreich der Algarve wird von den Römern *Conii* genannt und umfasst das gesamte Territorium vom Cabo de São Vicente bis zum heutigen spanischen Almeria.
711	Die Mauren aus Nordafrika erobern innerhalb von sieben Jahren fast die gesamte Iberische Halbinsel.
9. Jh.	Al-Gharbe, die heutige Algarve, wird eine eigenständige maurische Provinz mit der Hauptstadt Silves.
868	Die so genannte *Reconquista* (christliche Rückeroberung) hat inzwischen das nördliche Gebiet am Fluss Minho bis zur Stadt Porto von den Mauren zurückerobert.

30 Geschichte im Überblick

1094 Der Name Portugal wird erstmalig aktenkundig. Die Provinz *Portucale* (benannt nach Porto Calem, dem heutigen Porto) wird von König *Alfonso VI.* von Kastilien-León an seinen Schwiegersohn Heinrich von Burgund übertragen.

1139 *Dom Afonso Henriques*, Sohn des oben genannten Heinrich von Burgund, schlägt bei Ourique (Alentejo) die Mauren und ruft sich als König von Portugal aus.

1143 *Afonso Henriques* wird auch vom mächtigen Nachbarn Kastilien-León als König anerkannt. Hauptstadt des neuen Königreiches wird Guimarães.

1250 Mit der Eroberung der Algarve werden die Mauren von *Afonso III.* endgültig aus Portugal vertrieben.

1394 *Infante Henrique*, Prinz Heinrich der Seefahrer, wird als vierter Sohn von Dona Filippa von Lancaster und König Dom João I. geboren. Mit ihm beginnt das Zeitalter der Entdeckung. Den Rücken frei durch einen Friedensvertrag mit Kastilien, kann sich Portugal neu orientieren. In seiner Seefahrerschule an der Algarve werden in Sagres neue Techniken der Navigation erforscht.

1415 Prinz Heinrich erobert mit einer mächtigen Flotte und 20.000 Kämpfern Ceuta (Marokko). 1419 wird Madeira, 1427 die Inselgruppe der Azoren, 1457 werden die Kapverdischen Inseln entdeckt.

1434 Der aus Lagos (Algarve) stammende Gil Eanes umschifft das sagenumwobene Kap Bojador (Marokko).

1488 Bartolomeu Dias umrundet die Südspitze Afrikas, das Kap der Guten Hoffnung.

1492 Christoph Kolumbus entdeckt im Auftrag der spanischen Krone Amerika.

1498 Vasco da Gama kann mit seinen Schiffen erstmals bis nach Indien vorstoßen.

1500 Pedro Álvares Cabral entdeckt, eher zufällig, Brasilien. Es wird Portugals größte Kolonie.

1542 Fernão Mendes Pinto betritt als erster Europäer japanischen Boden. All diese Eroberungen und neuen Handelsbeziehungen machen Lissabon zur bedeutendsten Stadt der „zivilisierten" Welt. Die Handelsrouten in den Orient über Land, die vorher Venedig zu Wohlstand verhalfen, führen jetzt nach Portugal.

1578 Der junge König *Sebastião* wird mit der Hälfte seines 18.000 Mann umfassenden Kreuzritterheeres in der Schlacht von Alcacar-Kebir (Marokko) niedergemetzelt. Es ist die größte Niederlage der Dynastie Aviz und läutet wirtschaftlich den Niedergang ein. Das Land hat sich mit seinen Eroberungen maßlos übernommen. Mit 1 Mio. Einwohnern – so viel hat Portugal zur damaligen Zeit – sollte die halbe Welt „verwaltet" werden.

1580 König Filipe II. von Spanien nutzt das Fehlen eines portugiesischen Thronfolgers und annektiert das Nachbarland. Die Schmach der Fremdherrschaft wird aber nur 60 Jahren dauern, ein 1640 ausgebro-

Maurischer Brunnen in Silves

chener Aufstand kann von den Spaniern nicht niedergeschlagen werden, da zur selben Zeit auch die Katalanen für Unabhängigkeit kämpfen.

1640 Nach der erkämpften Unabhängigkeit wird der Herzog von Bragança, *João IV.,* zum neuen König von Portugal gewählt. Damit gelangt eine neue Dynastie an die Macht, die bis zum gewaltsamen Sturz Manuels II. im Jahre 1910 das Land regiert.

1698 In Brasilien werden große Goldvorkommen entdeckt, mit denen Portugal seine Staatsfinanzen wieder ordnen kann.

1703 Portugal schließt mit England den *Methuenvertrag,* der den Import von Textilien aus England im großen Stil zulässt, während Portugal als Gegenleistung hauptsächlich Wein ausführen soll. Dieser Vertrag legt die gesamte portugiesische Wollindustrie lahm und hat auch heute noch Auswirkung auf die Landesstruktur, da dadurch die im übrigen Europa aufkommende industrielle Revolution an Portugal vorbeigeht.

1750 *Marquês de Pombal* wird zum Außen- und Kriegsminister berufen. Als überzeugter Anhänger des aufgeklärten Absolutismus geht er sogleich daran, durchgehende Reformen zu verwirklichen. Kirche und Adel werden vieler ihrer Privilegien beraubt und planmäßig wird die Wirtschaft im Lande nach merkantilistischem Stil gefördert.

1755 Am 1. November 1755 zerstört ein gewaltiges Erdbeben Lissabon und große Teile der Städte in der Algarve.

1807 Napoleon marschiert in Portugal ein. Das portugiesische Königshaus flieht mit dem Hof nach Rio de Janeiro. Die Vertreibung der Franzosen mit Hilfe der Engländer dauert bis 1811.

32 Geschichte im Überblick

1821	König *João VI.* ist noch nicht aus Brasilien nach Portugal zurückgekehrt, als sich in Lissabon eine liberale Ständeversammlung formiert und eine liberale Verfassung entwirft, die den Adel endgültig entmachten und dem Bürgertum mehr Mitspracherecht geben soll.
1822	König *João VI.* kehrt nach Portugal zurück. Dessen Sohn *Pedro I.* lässt sich zum Kaiser von Brasilien ausrufen und erklärt das Land für unabhängig.
1823	*Dom Miguel*, ein weiterer Sohn von König *João VI.*, hebt die liberale Verfassung auf. Die Liberalen ziehen sich auf die Azoren zurück und bauen dort eine Armee auf.
1832–1834	Der Bürgerkrieg zwischen den absolutistischen „Miguelisten" und den Liberalen fällt zugunsten der Reformer aus. Dom Miguel geht ins Exil. Die zweite Hälfte des 19. Jh. ist vom Niedergang der Monarchie geprägt. Portugals wirtschaftliche Lage verschlechtert sich drastisch durch den Wegfall des reichen Brasiliens. Die Politik wird jetzt mehr und mehr von bürgerlichen Politikern geprägt, aber die Industrialisierung des Landes wird weitgehend verschlafen.
1892	Unter König *Carlos I.* muss das Land wegen Überschuldung den Staatsbankrott erklären.
1.2.1908	König *Carlos I.* wird zusammen mit seinem Sohn in Lissabon auf der Praça do Comércio erschossen. *Manuel II.* besteigt den Thron, doch ist die Monarchie nicht mehr zu retten.
5.10.1910	In Lissabon wird die Republik proklamiert. König *Manuel II.* flieht nach England. In den Folgejahren ringt eine Unzahl von kleinen Splitterparteien um Macht und Einfluss. In nur 16 Jahren kommen insgesamt 50 verschiedene Regierungen an die Macht. Dringend nötige Reformen können nicht umgesetzt werden. Einig ist man sich nur im Kampf gegen die Monarchie und die katholische Kirche.
1926	Mit dem Militärputsch von General *Gomes da Costa* beginnt eine 48 Jahre dauernde Epoche der Diktatur.
1932	*António de Oliveira Salazar*, Professor für Nationalökonomie, wird Staatspräsident. Mit rigorosen Stellenkürzungen, Gehaltsminderungen und einer Verwaltungsreform gelingt es ihm sogar, die Staatsfinanzen zu sanieren.
1933	Diese „Brutalsanierung" wird erst durch die Ausschaltung von Gewerkschaften und dem demokratisch gewählten Parlament möglich. Durch eine neue Verfassung wurde der *Estado Novo*, der *Neue Staat*, ausgerufen. Wahlrecht haben Bürger mit einem Mindesteinkommen, bis in die 60er Jahre sind das nicht mehr als 15 % der Gesamtbevölkerung.
II. Weltkrieg	Eine strikte Neutralitätspolitik hält das Land fern aller Schlachtfelder.
1961	Krieg in den Kolonien. Indien erobert unter Nehru kurzerhand die indischen Besitzungen Portugals (Goa, Diu und Damão). Im selben Jahr erklärt Angola seine Unabhängigkeit, 1963 Guinea-Bis-

Geschichte im Überblick 33

	sau und 1964 Moçambique. Die Kriege ziehen sich bis in die 70er Jahre und belasten den Staatsetat mit bis zu 50 %.
1968	Fast 80-jährig erleidet *Salazar* einen Gehirnschlag und sein langjähriger Mitarbeiter *Marcelo Caetano* wird Ministerpräsident. Zwei Jahre später stirbt der Diktator.
25.4.1974	Linksgerichtete Armeeangehörige, „MFA – Movimento das Forças Armadas" genannt, stoßen aus verschiedenen Garnisonen auf Lissabon vor und besetzen Zufahrtsstraßen, Regierungsgebäude und Rundfunkanstalten. Nur bei der Erstürmung der Geheimdienstzentrale gibt es fünf Tote. Beim Großteil der Bevölkerung stößt der Putsch auf Zustimmung. Den Soldaten werden Nelken in die Gewehrläufe gesteckt, weshalb sich der Begriff *Nelkenrevolution* dafür einbürgerte.
1974–1975	Alle Kolonien bis auf das chinesische Macau werden unabhängig. Über 700.000 Auslandsportugiesen (*Retornados*) kehren fluchtartig nach Portugal zurück. Untergebracht werden sie in Hotels oder schnell erbauten Brettersiedlungen.
1975	Im Zuge einer Landreform werden im Alentejo etwa 1 Mio. Hektar Boden enteignet und an Landarbeiterkooperativen verteilt. Ebenso werden Banken und die Großindustrie verstaatlicht.
25.4.1975	Bei den ersten freien Wahlen erleben die Kommunisten ihren ersten Misserfolg. Gewinner sind die gemäßigten Linken, Sozialisten und Sozialdemokraten.
1986	Beitritt in die Europäische Gemeinschaft.
2002	Die PSD wird bei vorzeitigen Parlamentswahlen stärkste Partei und bildet eine Koalitionsregierung mit der CDS-PP unter Führung von Premierminister Manuel Durão Barroso (PSD).
2004	Portugal trägt die Fußballeuropameisterschaft aus.
2004	Manuel Durão Barroso wird EU-Ratspräsident.
2005	Die Sozialistische Partei erringt zum ersten Mal in ihrer Geschichte die absolute Mehrheit der Parlamentssitze. José Sócrates wird Ministerpräsident.
Jan. 2006	Der frühere Ministerpräsident *Ánibal Cavaco Silva* (PSD) wird neuer Staatspräsident.
2007	Portugal übernimmt die EU-Ratspräsidentschaft. Die Regierungschefs unterzeichnen den Reformvertrag von Lissabon.
2009	Beim Zusammenbruch einer Felswand an der Küste nahe Albufeira sterben fünf Strandurlauber.
2009	Bei den Parlamentswahlen verliert José Sócrates zwar die absolute Mehrheit, bildet aber eine Minderheitsregierung und bleibt Ministerpräsident.
2009	Bei den Kommunalwahlen legen die Sozialisten deutlich zu, verlieren aber in Faro mit nur 129 Stimmen Unterschied.
Jan. 2011	Staatspräsident Cavaco Silva wird mit deutlicher Mehrheit wiedergewählt. Bei einer Wahlbeteiligung von unter 47 % – der geringsten

	bei einer Präsidentschaftswahl seit dem Ende der Diktatur 1974 – erzielt Silva knapp 53 % der Stimmen. Als seine wichtigsten Aufgaben bezeichnet er nach der Wahl die Senkung der Arbeitslosigkeit und der Staatsverschuldung sowie die Stabilisierung der portugiesischen Wirtschaft.
23.03.2011	Der seit 2005 regierende sozialistische Premierminister Sócrates tritt zurück, nachdem das Parlament seine Sparpläne zur Überwindung der Finanzkrise abgelehnt hat. Sócrates wollte Portugal aus eigener Kraft aus der Krise führen und dem EU-Rettungsschirm entfliehen.
05.06.2011	Bei den vorgezogenen Neuwahlen zum portugiesischen Parlament erleiden die Sozialisten massive Verluste. Mit knapp 39 % der Stimmen wird die konservative Sozialdemokratische Partei (PSD) stärkste Kraft im Parlament, vor der sozialistischen PS mit circa 28 %. Die Bildung einer reformfähigen parlamentarischen Mehrheit liegt nun in der Verantwortung des PSD-Präsidenten und designierten Premierministers Pedro Passos Coelho.

Kunstgeschichte

Römer

Schon aus der Römerzeit sind auf dem Territorium des heutigen Portugal einige bemerkenswerte Anlagen zu sehen. Zu den eindrucksvollen Monumenten dieser Epoche zählt die Tempelanlage in *Évora*, der Hauptstadt der Provinz Alentejo. Der Tempel, der Göttin Diana gewidmet, wurde im 1. oder 2. Jh. v. Chr. errichtet. Die

Die Römer hinterließen Spuren – Mosaiken in Estói

Kunstgeschichte 35

Pedro Calvares Cabral entdeckt Brasilien

heute noch existierenden 14 korinthischen Säulen wurden durch im 14. Jh. hochgezogene Mauern vor dem Verfall bewahrt.

Des Weiteren sind im *Archäologischen Museum* in *Lissabon* viele Fundstücke aus der römischen Epoche zu besichtigen. Es ist in einem Flügel des Jerónimos-Klosters in Belém untergebracht und zeigt hauptsächlich Objekte aus der lusitanischen und römischen Periode, aber auch aus anderen Epochen zurück bis zur Steinzeit.

Mauren/Westgoten

Von den Westgoten wie auch von den Mauren sind in Portugal nur wenige Gebäude von kunsthistorischem Interesse erhalten.

Vor allem an der Algarve hinterließ die lange Besiedlung durch die Mauren (bis 1250) bis heute ihre Spuren: Die typischen Haus- und Kaminformen sind besonders in *Olhão,* aber auch in *Albufeira* augenfällig. Innerhalb der alten Festungsmauern der Burg von *Silves* werden gerade Grabungsarbeiten durchgeführt, um einen Teil des maurischen Palastes zu rekonstruieren. Wer den Ausflug nach Lissabon über *Mértola* unternimmt, kann dort den einzig erhaltenen Kirchenbau mit ursprünglich maurischem Grundriss besuchen.

Romanik

Im Zuge der Reconquista im 11. Jh. verbreitete sich auch in Portugal die aus Südfrankreich stammende romanische Kirchenbaukunst. Allerdings sind die portugiesischen Kathedralen und Klöster lange nicht so pompös und mächtig gehalten wie die Kirchenbauten dort.

Die schönste Kirche dieser Epoche ist wohl die Kathedrale von *Coimbra*, die ca. 1150/75 kurz nach der Wiedereroberung errichtet und daher als eine Art Festung ausgebaut wurde. Sehenswert sind auch die Kathedralen von *Lissabon*,

Porto und *Braga*, wobei Letztere als Vorbild für die anderen romanischen Kirchen Portugals diente.

Gotik

Auch der gotische Baustil kam von Frankreich nach Portugal (13. Jh.). In Portugal haben Bauwerke oft Elemente aus Romanik und Gotik: Im romanischen Stil begonnene Bauten wurden oft mit gotischen Bauelementen vollendet. Im Allgemeinen ist jedoch die Gotik von der Romanik durch die nach oben strebenden, spitz zulaufenden Formen zu unterscheiden, die die Höhe der Räume betonen sowie durch die großen Fenster und die wesentlich reichere Ausschmückung der Kirchen mit Ornamenten und Skulpturen.

Manuelinik

Die so genannte Manuelinik wurde nach König Manuel (1495–1521) benannt und stammt aus der großen Zeit Portugals im 15. und 16. Jh., als von dort aus erstmals die großen Weltmeere befahren und überseeische Entdeckungen wie der Seeweg nach Indien und Amerika gemacht wurden. Die Seefahrer, Künstler, Baumeister und Abenteurer kamen damals mit einer Fülle von Eindrücken und Ideen zurück und verarbeiteten die neu entdeckten Elemente in einem fantastischen Baustil. Der ungeahnte Reichtum, der aus den Kolonien nach Portugal floss, ermöglichte den Portugiesen, ihre Bauten üppig auszustatten und zu dekorieren. Orientalische und indische Ornamentik wurden mit Motiven aus der Fabel- und Pflanzenwelt sowie vielen fantastischen Elementen verquickt – der strenge gotische Stil fand sich in bizarrer Gesellschaft wieder. Besonders Elemente und Symbole der Seefahrt wurden einbezogen: Anker, Knoten, Algen, Muscheln, Schnecken, Korallen und anderes mehr, das man auf den langen Seereisen eingehend hatte betrachten können.

Die Manuelinik ist eine eigenständige Kulturleistung der Portugiesen, geschaffen im Überschwang des Gefühls, die Welt gehöre ihnen. Sie ist, wenn man so will, der Surrealismus der Gotik.

Zu den bedeutendsten Bauten im manuelinischen Stil gehört das *Jerónimos-Kloster* in Belém. Grund für seine Errichtung (1502–71) war vermutlich ein Gelübde von Manuel, der schwor, an der Stelle einer alten Seefahrerkapelle ein Kloster zu erbauen, falls Vasco da Gama von seiner Fahrt nach Indien heil zurückkehren sollte. Das Kloster ist mit dem verschwenderischen Reichtum der Entdeckerzeit ausgestattet und gilt vielleicht als bedeutendstes Kunstdenkmal Portugals.

An der Algarve zeigt das Seitenportal der Misericórdia-Kirche (neben der Sé-Kirche) in *Silves* hubsche Ornamente der Manuelinik. Im manuelinischen Stil sind sogar maurische Elemente zu finden, besonders schön am *Torre de Belém* in Lissabon zu sehen, der als eines der Wahrzeichen Portugals gilt. Der Turm wurde zum Schutz der Tejo-Mündung gebaut, massiv und vierstöckig. Lange Zeit diente er als Gefängnis, heute erinnert er an die Entdeckungsfahrten, die von hier ihren Ausgang nahmen.

Renaissance und Manierismus

In der zweiten Hälfte des 15. Jh. erhielt die portugiesische Kultur zunehmend Anregungen aus dem italienischen Humanismus. Die Maximen der klassischen Antike standen dabei im Mittelpunkt jeglichen Schaffens. Es entstanden einige interessante Werke, besonders in der Literatur. In der Baukunst vollzog sich der Wandel vom reichen Zierwerk der Manuelinik zu den strengen klassischen Formen der Renaissance wesentlich langsamer.

Im Zeitalter der Restauration setzte sich ab Ende des 16. Jh. zunehmend der Manierismus durch, der gegen die strengen klassischen Formen der Renaissance rebellierte. Ein Beispiel für den manieristischen Baustil ist die Lissabonner *Igreja de São Roque*, ein saalartiges Kirchengebäude, das reich mit vergoldetem Schnitzwerk ausgeschmückt ist.

Barock

Ende des 17. Jh. gewann in Portugal zunehmend die barocke Baukunst an Bedeutung. Nach 60-jähriger Fremdherrschaft der Spanier und ihren Folgen, kamen erst unter Dom Pedro II. (1683–1706) die barocken Vorstellungen zum Tragen. Adligen Potentaten bot sich nun die Möglichkeit, das in Brasilien gewonnene Gold für Prachtbauten zu verschwenden. Auch die Kirchenherren beteiligten sich rege an dieser „Bauwut". Im ganzen Lande wurden Paläste, Kirchen und Klöster errichtet.

Goldüberladen – Barockaltar in Lagos

Neoklassizismus

Im 19. Jh. verlor die Baukunst allgemein an Bedeutung. Die *Basílica da Estrela* in Lissabon wurde zwar noch im spätbarocken Stil erbaut, weist aber an der Fassade schon klassizistische Elemente auf. Beispiele des rein neoklassizistischen Stils sind der *Palácio Nacional de Ajuda* in Lissabon und der *Börsenpalast* in Porto. Im *Palácio Nacional da Pena* bei Sintra kann man eine romantische Stilvariante bewundern.

Politik und Gesellschaft

Die portugiesische *Verfassung* garantiert einen außergewöhnlich großen Katalog an individuellen Rechten, darunter z. B. das Recht auf Daten- und Verbraucherschutz und angemessenen Wohnraum. Auch sind die Vollbeschäftigung als Staatsziel und der Umweltschutz als Staatsaufgabe definiert.

In Portugal herrscht eine *parlamentarische Demokratie* mit präsidialen Elementen. Die *Gesetzgebung* obliegt dem Parlament mit nur einer Kammer (Assembleia Nacional). Ihr gehören 230 Abgeordnete an, die auf vier Jahre nach dem *Verhältniswahlrecht* im d'Hondtschen Höchstzahlverfahren ohne Sperrklausel gewählt werden. Die Sitze werden von 21 Distriktwahlkreisen vergeben, die zwischen drei (Évora) und 50 (Lissabon) Parlamentarier entsenden. Durch dieses Wahlverfahren ergeben sich gewisse Verzerrungen zugunsten der großen Parteien: So reichen bereits ca. 45 % der Stimmen für eine absolute Mehrheit der Sitze im Parlament aus.

Staatsoberhaupt ist der Präsident, der für eine Amtszeit von fünf Jahren direkt vom Volk gewählt wird (nur eine einmalige Wiederwahl ist möglich). Er hat das Recht, das Parlament aufzulösen und Gesetze zur Überprüfung auf ihre Verfassungsmäßigkeit an das Verfassungsgericht (*Tribunal Constitucional*) zu verweisen. Belegt er ein Gesetz mit seinem Veto, kann dieses nur mit einer absoluten Mehrheit des Parlaments überstimmt werden. Der Präsident ist außerdem Oberbefehlshaber der Streitkräfte.

Die *Regierung* besteht aus dem Ministerpräsidenten, der vom Präsidenten nach Anhörung der im Parlament vertretenen Parteien ernannt wird, sowie dessen Ministern. Diese werden vom Ministerpräsidenten vorgeschlagen und dann durch den Präsidenten ernannt. Die Regierung kann vom Parlament durch ein Misstrauensvotum oder durch Ablehnung des Regierungsprogramms gestürzt werden.

Traditionell

Wirtschaft

Vor allem die Mitgliedschaft in der EG/EU seit 1986 sollte sich für Portugal als sehr vorteilhaft erweisen. Durch großzügige Hilfen und die Marktöffnung konnten Wirtschaft und Gesellschaft modernisiert werden. Zuvor war in den 40 Jahren des faschistischen *Estado Novo* in Portugal die wirtschaftliche Entwicklung nur zaghaft verlaufen. Ergebnis war ein unterentwickeltes Land, das bis 1989 regelmäßig in den Berichten des Bundesministeriums für wirtschaftliche Zusammenarbeit und Entwicklung (BMZ) als Empfänger deutscher Entwicklungshilfe auftauchte.

Mit einem Bruttosozialprodukt von 242 Mrd. USD im Jahr 2007 konnte Portugal nach Angaben der Weltbank seine Wirtschaftskraft gegenüber 1999 mit 110 Mrd. USD mehr als verdoppeln. Pro Kopf betrachtet, hat sich Portugal auch deutlich gesteigert, liegt aber dennoch nicht so gut im Rennen: Das Bruttosozialprodukt pro Kopf stieg zwar von 13.900 € im Jahr 1999 auf 18.900 € im Jahr 2008, doch Deutschland etwa lag in diesem Jahr bei 28.100 € und der Nachbar Spanien bei 25.900 €. Innerhalb der 27 EU-Staaten nach der Erweiterung belegt Portugal nur den 19. Platz, noch hinter Tschechien und Slowenien. Tatsächlich hat Portugal noch mit vielen Problemen aus der diktatorischen Vergangenheit zu kämpfen: Die hohe Analphabetenrate von 8 % liegt v.a. an der alten Landbevölkerung, die hohe Schulabbrecherquote konnte erst 2009 deutlich gesenkt werden. Auch mit der Rechtssicherheit ist es nicht gut bestellt. So stapeln sich beim Europäischen Gerichtshof die Verfahren von Portugiesen gegen ihr eigenes Land. Sie beschweren sich dabei über teilweise mehr als acht Jahre dauernde Prozesse.

Die Ursprünge von Portugals wirtschaftlicher Unterentwicklung liegen wahrscheinlich weiter zurück, als man vermuten würde. In der Blütezeit des portugiesischen Imperiums, von 1490 bis 1580 und nach Ende der spanischen Besatzung 1640, kamen große Reichtümer aus den Kolonien nach Portugal: anfangs vor allem aus Indien und Afrika, nach den großen Goldfunden in Minas Gerais zu Beginn des 18. Jh. besonders aus Brasilien. Der Import dieser Reichtümer hatte eine fatale Wirkung auf die Arbeitskultur im Mutterland: Eine Ausbeutung der Kolonien war wesentlich bequemer, als selbst zu produzieren. Die Portugiesen beschränkten sich in der Folgezeit immer mehr darauf, als Händler tätig zu sein und die Waren aus den Kolonien in anderen Ländern bzw. im eigenen Land zu vertreiben. Bald waren sie nicht einmal mehr in der Lage, ihren Bedarf an Nahrungsmitteln selbst zu decken.

Darbende Landwirtschaft

Die Bedingungen für gute Ernteerträge in Portugal scheinen auf den ersten Blick günstig: Sonne, Flüsse und fruchtbare Böden. Trotzdem muss Portugal über die Hälfte seiner Nahrungsmittel importieren. Nur mit Milch, Roggen, Reis, Olivenöl, Wein und Schafsfleisch kann sich das Land selbst versorgen.

Grund ist die niedrige landwirtschaftliche Produktivität Portugals: Bei Getreide liegt sie beispielsweise bei einem Drittel der Werte Deutschlands. Zum einen haben sich moderne Anbaumethoden noch nicht durchgesetzt. Zum anderen behindert

Wegen der zum Teil archaischen Produktionsmethoden in der Landwirtschaft werden 50 % der Lebensmittel importiert

die Bodenverteilung eine effiziente Landwirtschaft: Im Norden gibt es aufgrund der Erbteilung winzige Felder, deren Ertrag oft nur zur Selbstversorgung ausreicht. Im Süden des Tejo – besonders im Alentejo – findet man dagegen riesige, oft brachliegende Landgüter.

Dementsprechend wurde die portugiesische Landwirtschaft nach der Marktöffnung mit dem EG-Beitritt 1986 von spanischen Produkten regelrecht an die Wand gedrückt. Diese Entwicklung ließ bis 2001 den Anteil von Landwirtschaft und Fischerei am Bruttoinlandsprodukt (BIP) auf 4 % sinken. 1960 hatte er noch 24 % betragen! Allerdings beschäftigt der Agrarsektor noch immer 12 % aller Erwerbstätigen und damit deutlich mehr als im EU-Durchschnitt.

Nur beim Wein kann Portugal international mithalten. Das kleine Land ist immerhin neuntgrößter Weinproduzent der Welt. Doch selbst dieses Potenzial liegt z. T. brach. Weinkritiker monieren seit Langem die schwankende Qualität der portugiesischen Tropfen. Zwar verfügt Portugal über zahlreiche günstige Mittelklasse-Weine, in der Top-Klasse spielen aber nur wenige Weingüter mit. Die einzige bekannte Marke ist *Mateus* aus der größten portugiesischen Kellerei *Sogrape*, die qualitativ allerdings eher im Mittelfeld liegt.

Bäume

An der Algarve waren Baumkulturen, ähnlich wie in Deutschland die Streuobstwiesen, traditionell landwirtschaftliche Mischnutzflächen. Zwischen den Baumreihen, hauptsächlich Mandel- und Feigenbäume, wurden Kartoffeln, Bohnen und das Gemüse für den täglichen Mittagstisch kultiviert. Auf den ärmeren Böden, die für den Getreideanbau oder die Weidewirtschaft genutzt werden, stehen Korkeichen. Auf den fruchtbareren Kalkböden findet man auch Johannisbrotbäume.

Kork *(Cortiça)*: Mit seiner Korkproduktion, die etwa 52 % des Weltkorkverbrauches deckt, steht das Land weltweit an erster Stelle (Gesamtproduktion 180.000 Tonnen jährlich). Einer der Hauptabnehmer des portugiesischen Korks ist Deutschland (Fußbodenkork, Flaschenkorken). Korkeichenplantagen, fast immer in Kombination mit Getreideanbau oder Weidewirtschaft, findet man vor allem im Alentejo und im algarvianischen Bergland.

Die Korkeichen sterben

Es wird viel über das Korkeichensterben gerätselt. Weil aber die Winde meist vom Atlantik her wehen, ist eine grenzüberschreitende Luftverschmutzung im Fall Portugal fast ausgeschlossen. Mitverursacher sind sicherlich die seit einigen Jahrzehnten vermehrt auftretenden Trockenperioden von bis zu drei Jahren, bei denen in den Wintermonaten fast kein Regen fällt und die Böden tief austrocknen. Ein wichtiger Faktor dürfte auch der Niedergang der Landwirtschaft in den südlichen Regionen Portugals sein. Über Jahrhunderte war die Kulturlandschaft durch Korkbäume und Weideflächen oder Getreideanbau geprägt. Große Gebiete liegen jetzt aber brach und werden immer mehr von den „aggressiven" Kleberbüschen überzogen, die den letzten Rest Feuchtigkeit und Nährstoffe aus dem Boden laugen. Zu guter Letzt sind die Bäume so geschwächt, dass sie dem hoch pathogenen Pilz *Phytophthora cinnamomi* zum Opfer fallen, wie der englische Biologe C. M. Brasier beweisen konnte.

Wirtschaft 41

Blühender Mandelbaum

Etwa 25 Jahre braucht der *Sobreiro* (Korkeiche, lat. *Quercus suber*) bis zur ersten „Ernte", dann kann er alle 9 Jahre geschält werden, bis der Baum mit ca. 170 Jahren sein „Lebensende" erreicht hat. Die frisch geschälten, rot leuchtenden Stämme bekommen zur Markierung die Jahreszahl der Schälung aufgemalt – beispielsweise eine 3 für 2003. Somit weiß der Korkschäler, dass dieser Baum im Jahre 2012 wieder an der Reihe ist. Auf einem Landgut findet eine Ernte im 3-Jahres-Rhythmus statt. Es wäre wirtschaftlich unsinnig, die meist riesigen Güter jährlich nach „reifen" Bäumen abzusuchen. Bauern, die aus finanzieller Not vor den gesetzlich vorgeschriebenen neun Jahren die Rinde zum Korkhändler fahren, müssen mit hohen Geldbußen rechnen. Denn erst nach neun Jahren überlebt der Baum die Schälung. Aus der besten Rinde werden die Flaschenkorken gefertigt. Die zweite Wahl wird zu Fußbodenbelag oder auch Tapeten verarbeitet. Die schlechtesten Qualitäten, z. B. der so genannte Jungfrauenkork der ersten Schälung, wird als Dämmkork oder Granulat (gepresst, z. B. als Sandalenfußbett) verwendet. Die in den letzten Jahren wieder steigenden Korkpreise machen nach Jahren des Niedergangs die Korkproduktion wieder zu einem lukrativen Geschäft. Die verarbeitenden Fabriken liegen bei Lissabon und im Norden des Landes. Allerdings beginnt heute die Industrie von Portugal nach China abzuwandern!

Mandelbäume *(Amêndoa)*: Der Mandelbaum war der erste kultivierte Baum im Mittelmeerraum und stammt wahrscheinlich aus dem Kaukasus. Die Mandelblüte, die im Januar und Februar die Gegend in eine „Frau Holle-Landschaft" verwandelt, ist ein guter Grund, der Algarve schon um diese Jahreszeit einen Besuch abzustatten. Ein arabisches Märchen erzählt von einer traurigen Prinzessin aus dem Norden, die in den Wintermonaten das Schneekleid ihrer Heimat vermisste und von Schwermut geplagt wurde. Ihr Prinz ließ daraufhin die gesamte Algarve mit Mandelbäumen bepflanzen und deren herab fallende Blütenblätter bedeckten den Boden wie Schnee.

Eine traditionelle Süßigkeit ist eine Mischung aus Mandeln und Feigen, die auf jedem Markt erhältlich ist. In der Algarve hat sich auch eine regelrechte Marzipankultur gebildet. In den Konditoreien liegen vielfältig geformte und bunt bemalte Marzipanfiguren in der Auslage und in Lagoa gibt es sogar eine Fachschule für Marzipanbäcker.

Waldbrände

Lange Jahre war es das gleiche grausame Schauspiel: Waldbrände in Portugal. 2003 und 2004 waren die Jahre, in denen es an der Algarve lichterloh brannte, 40.000 ha Wald wurden hier alleine 2004 ein Opfer der Flammen. 2005 blieb die Algarve verschont, dafür sorgten weite Teile Mittelportugals und einige Gebiete in Nordportugal für unliebsame Schlagzeilen. In ganz Portugal fielen in diesem Jahr etwa 294.000 ha dem Feuer zum Opfer, nur 1.816 ha davon an der Algarve. Von 2006 bis 2008 blieb allerdings ganz Portugal von Bränden weitgehend verschont und auch das Jahr 2009 hielt sich mit etwa 80.000 ha Brandfläche, trotz großer Trockenheit und Hitze, noch in Grenzen, v.a. dank effektiver Maßnahmen der verantwortlichen Politiker und Feuerwehren. Diese konnten aber nicht verhindern, dass eine Rekordhitze 2010 wieder mehr Feuer, v.a. in Nordportugal, aufflammen ließ. Die Algarve blieb davon allerdings verschont.

Doch auch wenn es in den kommenden Jahren wieder brennen sollte und ohne dabei die Naturkatastrophe schön reden zu wollen: Kein Urlauber muss sich Sorgen um einen erholsamen Aufenthalt machen. Man darf sich nicht vorstellen, in ein verbranntes Land zu kommen, ähnlich wie Überschwemmungen nicht das gesamte Oder-Gebiet oder Wirbelstürme nicht ganz Kuba zerstören. Zudem erholen sich besonders die traditionellen Trockenfruchtbäume, wie etwa die Korkeiche, erfreulich schnell. So sind heute die Zerstörungen der zurückliegenden Jahre nur mehr an gerodeten Flächen und neu aufgeforsteten Eukalyptushainen zu erkennen. Hier liegt aber auch ein Grund für die Waldbrände: Statt schwer brennbarer, einheimischer Baumarten (Oliven, Kork- oder Steineichen) werden aus kurzfristigem Profitstreben, gefördert von der EU, leicht brennbare Eukalyptus- oder Pinienmonokulturen angelegt.

Doch die Gründe reichen noch weiter. Da ist die zunehmende Trockenheit. Was Urlauber freut, wird für die Region unerträglich. Immer häufiger treten Trocken- und Hitzeperioden auf. In acht der letzten zehn Jahre blieb der Niederschlag unter dem jahrzehntelangen Durchschnitt. In manchen Gegenden fielen 2004/05 nur 33 % des üblichen Niederschlags. Böden und Pflanzen trocknen aus, und das Feuer kann sich dadurch schnell ausbreiten. Und umgekehrt: 2007 brachte einen relativ kühlen Sommer und entsprechend wenig Brände.

Laut Innenministerium werden mindestens 50 % der Feuer gelegt, Tendenz leider zunehmend. Allerdings nicht aus Gewinnstreben, denn die verbrannten Flächen dürfen nicht bebaut werden. Brandstifter sind vielmehr häufig einfache Leuten ohne wirtschaftliche Interessen, dafür mit schwer begreifbaren persönlichen Motiven. So zündelte eine alte Frau, weil sie ihr Dorf auch einmal im Fernsehen sehen wollte. Auch Nachlässigkeit bildet eine Ursache: achtlos weggeworfene Zigarettenkippen oder Feuerwerke bei vielen Sommerfesten. ▶

Die tiefere Ursache aber liegt in den Besitzverhältnissen. 92 % des Waldes befinden sich in Privathand. Viele Besitzer pflegen ihre Wälder schlecht. Oft sind die Besitzverhältnisse ungeklärt, Verantwortliche können nicht habhaft gemacht werden. Doch inzwischen wird die Durchsetzung der Gesetzesvorschrift, wonach 50 m vor einem Haus keine Bäume angepflanzt werden dürfen, von den Behörden strenger kontrolliert. Die Gemeinden kommen auch mehr und mehr ihrer Gesetzespflicht nach: Es müssen mindestens 100 m Abstand zwischen Wald und Dorf liegen.

Eine weitere Ursache, die nicht so leicht beseitigt werden kann, liegt in der Entvölkerung des ländlichen Raums, weswegen Brände erst spät entdeckt werden.

Doch die Regierung hat aus den schmerzlichen Erfahrungen zu Beginn des neuen Jahrtausends offensichtlich gelernt und setzte eine Verschärfung der Brandschutzbestimmungen, eine geänderte Forstpolitik, den Aufbau einer Forstpolizei, Aufklärungskampagnen und die Anschaffung von Löschflugzeugen durch. Alleine im Jahr 2009 wurden 40 neue Löschflugzeuge und Hubschrauber angeschafft. Auch die Fortbildung der Feuerwehr wurde intensiviert. Zusätzlich werden Jugendliche in den warmen Monaten als Waldwächter eingestellt, die auch Aufklärung unter der Dorfbevölkerung leisten. Die Zuständigkeiten der verschiedenen Katastrophendienste wie Polizei, Feuerwehr, Gemeindeaufsicht ist bei der Polizei gebündelt worden. An der Algarve hat inzwischen auch der Bauernverband reagiert: Die wenig Wasser verbrauchenden und schwer brennbaren Johannisbrotbäume sollen in den nächsten Jahren wieder vermehrt angepflanzt werden. Über den Erfolg werden aber letztendlich (auch) die Sommertemperaturen entscheiden.

Johannisbrotbaum (*Alfarroba*): Die zuckerhaltige Hülsenfrucht dieses immergrünen Baumes ist in Deutschland eine beliebte Stiefeleinlage zum 6. Dezember. Der Name wurde der Bibel entnommen, wo die Geschichte von Johannes dem Täufer erzählt wird, der sich in der Wüste nur von den Früchten des *Alfarrobeira* ernährte. Im Mittelmeerraum ist die bohnenartige Frucht eine eiweißreiche Extrakost für das Vieh während der kargen Sommermonate, in arabischen Ländern ist ein süßer Sirup aus Johannisbrotmehl auch als Nachspeise beliebt. Die kleinen Kerne dienten in Frühzeiten auch als Gewichtsmaß der Juweliere, der Begriff Karat (1 KT = 0,2 g) entstammt dem arabischen Wort Al Karrub. Auch heute noch werden an der Algarve die Pflanzungen kultiviert und auch Neupflanzungen vorgenommen, da die Frucht ein beliebtes Eindickungsmittel für die Lebensmittelindustrie abgibt.

Eukalyptusbäume: In den letzten beiden Jahrzehnten wurden große Flächen mit Eukalyptusbäumen aufgeforstet (58,9 % der aufgeforsteten Gesamtfläche), um den Bedarf der portugiesischen Zellstoffindustrie an schnell wachsendem Holz zu decken. Leider sind die Auswirkungen dieser Monokulturen verheerend. Der Eukalyptuswald verdrängt zunehmend den ursprünglichen Mischwald und laugt die Böden völlig aus. Abgebrannter ursprünglicher Wald wird oft durch *Eucaliptal* (Eukalyptuswald) ersetzt, der seinerseits wieder sehr leicht brennt. Für die heimische Tierwelt ist in den Eukalyptuswäldern kein Platz.

44 Wirtschaft

Die Holzverarbeitung macht in Portugal 12 % des BIP, 8 % der Industriearbeitsplätze und 4,8 % der Exporte aus; sie ist somit ein nicht zu unterschätzender Wirtschaftsfaktor des Landes. Des Weiteren ist Portugal einer der weltgrößten Produzenten von Zellstoff – die Zellstofffirma *Portucel* ist sogar eine der größten ihrer Art in Europa.

Fischerei

Mit der spanischen Fangflotte, der größten Europas, kann Portugal nicht annähernd mithalten. Die Spanier besitzen fast 2000 Schiffe mit über 100 Bruttoregistertonnen, die Portugiesen nicht einmal 200. Die Portugiesen fangen hauptsächlich Sardinen und Tunfische (Letztere delfinfreundlich mit Haken) vor der eigenen Küste. Ihr traditionelles Kabeljau-Fanggebiet liegt vor Neufundland. Weitere Hauptfanggebiete sind Marokko und die Küsten vor den ehemaligen Kolonien in Afrika, den so genannten PALOP-Ländern (*Países Africanos de Língua Oficial Portuguesa*, „Afrikanische Länder mit Amtssprache Portugiesisch").

Auf Grund des hohen Fischkonsums der Bevölkerung und der geringen Produktivität der portugiesischen Flotte ist das Land auch bei der Versorgung mit Fisch in hohem Maße auf Importe angewiesen. So kommt z. B. der geliebte *Bacalhau* meistens aus Norwegen.

Besonders auf den Azoren werden Algen gesammelt, die zu Ágar-Ágar, einem Grundstoff der Klebstoffproduktion, verarbeitet werden.

Pescaria artesanal – Fischerei als Kunsthandwerk

Fischerei in der Krise

Portugal – die große Fischfangnation, ein beliebtes aber inzwischen recht realitätsfremdes Bild. Dafür trägt die Fischereiindustrie in erster Linie selbst die Verantwortung, denn vor der portugiesischen Küste hat sie in den letzten Jahren nicht nur die Sardinenbestände deutlich überfischt. In der Folge sind die gesamten Fischfänge des Landes von 352.000 Tonnen 1970 auf 150.000 Tonnen im Jahr 2001 eingebrochen. Da half es auch wenig, dass sich die portugiesische Fischereiflotte andere Fanggebiete vor den ehemaligen Kolonien in Afrika gesucht hat. Auch vor Neufundland, dem traditionellen Fanggebiet für Kabeljau, gingen die Bestände aufgrund der Überfischung drastisch zurück, so dass der geliebte *Bacalhau* (Stockfisch) mittlerweile meistens aus Norwegen importiert wird. Aufgrund des hohen Fischkonsums der Bevölkerung ist das Land auch bei der Versorgung mit anderen Fischarten in hohem Maße auf Importe angewiesen. Folge ist ein riesiges Fischhandelsdefizit von 750 Mio. Euro jährlich.

Industrie

Bis in die 1950er Jahre basierte die portugiesische Wirtschaft hauptsächlich auf der Landwirtschaft. Nach der Nelkenrevolution wurden in den ersten, stark kommunistisch geprägten Jahren wesentliche Industrien und alle nationalen Privatbanken in Staatseigentum überführt. Mit der Verfassungsänderung von 1989, in der der Sozialismus nicht mehr als Staatsziel angeführt wurde, begann die Epoche der Reprivatisierungen, die bis heute nicht abgeschlossen ist. Zuletzt wurde 1996 die Zementindustrie privatisiert.

Die Hauptstandorte der portugiesischen Industrie konzentrieren sich auf die Region um Porto (*Estarreja*, *Vila Nova de Gaia*, *Matosinhos*, *Braga* und *Guimarães*). Doch auch im Süden des Landes gibt es um Lissabon (*Vale do Tejo*) bedeutende Industrien, obwohl hier der Dienstleistungssektor überwiegt. Besonders an der Eisenbahnlinie nach Norden und auf der Südseite des Tejo (*Seixal*, *Barreiro*, *Palmela* und *Setúbal*) ist viel Industrie angesiedelt.

Kleine und mittlere Unternehmen (*Pequenas e Médias Empresas/PME*) sind in Portugal besonders in der Textilbranche, Lederverarbeitung und Schuhproduktion zu finden, Letztere vorwiegend in der Region des *Vale do Ave* um *Guimarães* und *Braga* nördlich von Porto.

Der Strukturwandel der letzten 30 Jahre ließ von der alten Ökonomie nur noch Ruinen übrig

Größere Betriebe gibt es vor allem in der Schiff- und Maschinenbauindustrie und in der Chemie.

Investitionen aus dem Ausland kommen insbesondere aus Spanien, das sich der Chancen bewusst ist, die der portugiesische Markt bietet. Doch die größte ausländische Einzelinvestition aller Zeiten in Portugal kommt aus Deutschland. Auto-Europa bei Palmela gehört zum Volkswagenkonzern und hält einen Anteil von 3 % am portugiesischen Export. In der portugiesischen Außenhandelsstatistik liegt Deutschland bei den Ausfuhren mit 15 % gemeinsam mit Frankreich an zweiter Stelle hinter Spanien (über 20 %). Bei den Importen nach Portugal führen ebenfalls die Spanier. Auch hier folgt Deutschland gemeinsam mit Frankreich an zweiter Stelle, vor Italien und Großbritannien. Die deutsche Industrie exportiert hauptsächlich Straßenfahrzeuge und Maschinen nach Portugal.

Wissenswertes von A bis Z

Ausflüge	46	Klima/Reisezeit	60
Azulejos	46	Kriminalität	60
Baden	48	Mentalität	61
Behinderte	50	Musik	63
Botschaften/Konsulate	50	Namen	64
Drogen	50	Notrufe	64
Einkaufen	51	Öffnungszeiten	64
Einreisebestimmungen	52	Polizei	64
Elektrizität	53	Post	64
Feiertage	53	Radio	65
Frauen	53	Reklamationen	66
Friseure	54	Sport	66
Geld	54	Sprachkenntnisse	68
Gesundheit	55	Stierkampf	69
Informationen	56	Tascas	71
Internet	57	Telefonieren	71
Karten	57	Toiletten	73
Kinder	57	Tourismus	74
Kino und Theater	58	Trinkgeld	74
Kirche	58	Wandern	75
Kleidung	59	Zeit	75

Ausflüge

Individuelle Ausflüge vor Ort und Gruppenreisen veranstalten Lydia Hohenberger und Jürgen Strohmaier. Beide haben bereits eine jahrelange Erfahrung mit dieser Form des sanften Tourismus. Da sie die gesamte Algarve wie ihre Westentasche kennen, können eine Vielzahl von Ausflugsvarianten gewählt werden.

Adresse Avenida de Madrid, 15-2° dto., 1000-194 Lisboa, ✆/≙ 218403041, www.portugal-unterwegs.de.

Azulejos

Wichtiger Bestandteil der portugiesischen Kunst und Kultur sind die Azulejos, bemalte Fliesen, die man im ganzen Land an und in verschiedensten Bauwerken findet. Bahnhöfe, Rasthäuser, Postgebäude sind damit ebenso gekachelt wie Kathedralen, Klöster und reiche Bürgerhäuser aus früheren Zeiten. Motive, Fliesenstile und Herstellungsverfahren änderten sich zwar im Laufe der Jahrhunderte, doch nach wie vor sind die Azulejos bei den Portugiesen sehr beliebt. Heute schmücken oft abstrakt-futuristische Kacheln die Fassaden moderner Bauten oder die U-Bahn-Stationen in Lissabon. Im Innenbereich von Gebäuden sind besonders azulejogekachelte Badezimmer verbreitet.

Im 14./15. Jh. fand diese Art der Kachelmalerei ihren Weg von Spanien nach Portugal. Ursprünglich brachten Mauren das Kunsthandwerk auf die Iberische Halbinsel. Der Name *Azulejo* basiert auf dem arabischen Wort *alzulij*, das in etwa „kleiner, polierter Stein" bedeutet. Anfangs wurden die mit geometrischen Mustern bemalten

Kacheln aus Spanien importiert. Beispiele aus dieser Zeit finden sich im *Paço Real* von Sintra. Für seine Erbauung um 1400 wurden Azulejos bei arabischen Kunsthandwerkern in Auftrag gegeben. Später ließ König Manuel I. die Innenhöfe des Palastes mit Kacheln ausschmücken, die bereits den typisch manuelinischen Stil zeigen. In der zweiten Hälfte des 16. Jh. gewann die aus Italien stammende Majolika-Technik immer mehr an Bedeutung, die sich nach der Vertreibung der Mauren aus Spanien als vereinfachtes Herstellungsverfahren durchsetzte. Aus dieser Zeit stammt die Wandverkleidung der *Kapelle de São Roque* in der *Igreja de São Roque*, der Jesuiten-Prunkkirche im Bairro Alto Lissabons. Nachdem ab Mitte des 16. Jh. der Handel mit Flandern florierte, entwickelte sich zunehmend ein eigener portugiesischer Stil. Das geometrische Design nach arabischem Vorbild wurde nun von naturalistischen und exotischen Motiven verdrängt – Fliesenszenen in den Farben Blau, Gelb und Grün auf weißem Grund bedeckten ganze Häuserwände. Ein anschauliches Bei-

spiel sind die Fliesenbilder des *Palácio dos Marqueses de Fronteira* in Lissabon mit ihren fremd anmutenden, nahezu fantastischen Motiven.

Ende des 17. Jh. kamen die fein gezeichneten flämischen Kacheln in Blau-Weiß immer mehr in Mode. Es herrschten zwei Fliesenstile vor: die Azulejos „de motivo solto" (jede Kachel mit einer einzelnen Figur bemalt) und die monumentalen Wandbilder, die aus vielen einzelnen Kacheln mosaikartig zusammengefügt wurden (vorwiegend Szenen aus dem Leben der Jungfrau Maria, dem Leiden Christi, aber auch ländliche Motive und Impressionen aus der Stadt). Eines der schönsten szenografischen Wandbilder – ein Panorama von Lissabon – ist im *Museu de Azulejo* zu bewundern. Zu den bedeutendsten Künstlern dieser Zeit zählen *António de Oliveira Bernardes* und sein Sohn Policarpo, dessen Kachelmalerei absolute Perfektion erreichte. Da der Bedarf an Azulejos nach dem Erdbeben von 1755 in der Wiederaufbauphase gewaltig anstieg, gründete der Marquês de Pombal die königliche Manufaktur *Real Fábrica* am Largo do Rato in Lissabon.

Trotz einer beginnenden Massenproduktion blieb die Anfertigung der Azulejos bis zum 19. Jh. eine wahre Kunst – sie wurden immer noch per Hand gemalt. Mit der Einführung der Herstellung im Siebdruckverfahren wurde die ursprüngliche Methode ab 1860 abgelöst. Im Zeitalter der Massenproduktion nahm das Interesse an maschinell gefertigten Kacheln stetig zu. Heute gibt es dennoch wieder einzelne Werkstätten, die sich in der Kunst des Handbemalens üben – die Kacheln sind aber relativ teuer.

Badevergnügen an Portugals Riviera

Baden

Baden ist fast an der ganzen 800 km langen Küste Portugals möglich. Die Westküste des Atlantiks ist rauer, in der Algarve sorgen Einflüsse des Mittelmeerklimas für ruhiges Meer und wärmere Wassertemperaturen. Die Atlantikstrände werden durch Ebbe und Flut immer wieder natürlich gereinigt.

Aber auch an der Algarve können hohe Brandung und starke Strömungen das Schwimmen gefährlich machen. Gehen Sie bei starkem Wellengang nicht ins Wasser, jedes Jahr müssen etliche Touristen die Badefreuden mit dem Ertrinken bezahlen! Infos auch unter www.blausand.de.

Die Brandung kann so stark sein, dass bereits Wirbelsäulenbrüche vorkamen (auch auf Sandboden). Bei Felsen ist die Gefährdung noch höher, da man leicht mit dem Kopf gegen das Gestein geworfen werden kann. Bei engen Badebuchten ist es an beiden Seiten am gefährlichsten, da dort die stärksten Strömungen vorherrschen.

Trotzdem ist die **Küste der Algarve** auch für längere Badeurlaube geeignet, denn sie ist nach Norden durch die Serras de Monchique und Caldeirão geschützt und bietet daher heiße, niederschlagslose Sommer. Als beliebteste Urlaubslandschaft ist die Algarve deshalb alljährlich im Juli und August mit Touristen überlaufen. Lange Sandstrände im Osten, steile Felsküsten mit bizarren Klippen und Sandbuchten im Westen machen den Reiz dieser Küste aus.

In den unzähligen Felsbuchten lassen sich sehr gut längere Schwimmtouren unternehmen. Aufpassen sollte man wegen der Klippen, die manchmal unter Wasser verborgen sind; bei längeren Schwimmausflügen empfiehlt es sich, eine Taucherbrille mitzunehmen. Wenn man bei Felsen an Land gehen will, ist es am besten, sich in Rückenlage zu nähern, mit den Füßen voran – so spürt man schnell Hindernisse unter Wasser und kann sich auch leicht wieder abstoßen.

Längst nicht so überfüllt wie die Algarve ist die **Küste des Alentejo**; besonders die Strände südlich von *Sines* können noch als absoluter Geheimtipp gelten. Allerdings sind derzeit große Bauprojekte geplant, sodass zu befürchten ist, dass die Fehler der Algarve wiederholt werden und Orte wie *Vila Nova de Milfontes* oder *Zambujeira do Mar* in einigen Jahren den Betonburgen von *Albufeira* und *Quarteira* gleichen könnten.

> ### Peixe Aranha
>
> Der Spinnenfisch (zu Deutsch „Petermännchen") ist ein guter Speisefisch, der allerdings höchst unangenehm werden kann. Er vergräbt sich gerne im Sand; wenn man auf ihn tritt, spritzen seine spitzen Stacheln ein leichtes Gift in den Fuß. Es ist ein Nervengift, das auch die roten Blutkörperchen schädigt – mit den Symptomen eines starken Wespenstichs zu vergleichen. Das Gift hat aber auch schon Zwei-Meter-Riesen binnen Sekunden vor Schmerz gefällt. Als Gegenmittel reinigen die Fischer die Wunde mit Essig und *Pedra de veneno*, der Schale einer Felsenmuschel, die auf die Wunde gelegt wird und das Gift heraussaugen soll. Vor allem bei Ostwind, wenn das Wetter sehr heiß ist, kommt der Fisch in Strandnähe. Gefahr droht besonders bei Ebbe, wenn man weit hinauslaufen kann. Dann sollte man besser mit Badeschuhen ins Wasser gehen.
>
> Alleine am kleinen Zavial-Strand bei Sagres gibt es pro Badesaison ca. 20 Petermann-Geschädigte, wobei ca. zehn Touristen ins Krankenhaus gebracht werden.

An überwachten Stränden werden drei Arten von **Flaggen** gehisst: Grün bedeutet, dass Baden unbedenklich möglich ist (geringer Wellengang); Gelb heißt, dass man sich nur so weit ins Wasser wagen darf, wie man stehen kann (Schwimmen verboten); bei gehisster roter Flagge ist es verboten, ins Wasser zu gehen. Eine zusätzlich angebrachte karierte Flagge zeigt an, dass der Strand vorübergehend ohne Aufsicht ist.

An Stränden gibt es oft so genannte **Zonas Concessionadas**, für Strandkörbe u. Ä. reservierte Bereiche, die man mieten kann. In jedem Fall sollte man für Bodyboarder oder Surfer (Wellenreiter) reservierte Wasserzonen meiden. Ein Zusammenstoß mit einem Surfboard kann zu schweren Verletzungen führen.

Die **Wassertemperaturen** sind an der portugiesischen Westküste durchweg niedriger als im Mittelmeer. Im Sommer liegen sie bei ca. 18 Grad, an der Algarve höher (Tabellen zur Wassertemperatur s. A–Z/Klima). An der Lissabonner Küste kann man von Mitte März bis Mitte November baden; im März ist das Wasser mit ca. 14 Grad allerdings noch extrem erfrischend.

Da die ultraviolette Strahlung der Sonne vom Wasser stark reflektiert wird, ist es am Strand unbedingt notwendig, die Haut zu schützen. Sonnencreme mit einem Faktor über 20 ist insbesondere für hellere Hauttypen empfehlenswert. Um sich keinen Sonnenbrand zu holen (Hautkrebsgefahr), sollte man sich anfangs nur kurz in der Sonne aufhalten, bis eine gewisse Grundbräune erreicht ist. Auch bei bewölktem Himmel kann man sich im Hochsommer Portugals einen ordentlichen Sonnenbrand holen. Die Hauptsonnenzeit zwischen 11 und 16 Uhr sollte man eigentlich meiden.

Für **Kinder** empfiehlt sich Sonnenmilch mit Faktoren über 30. **Babys** sollte man nicht unbedeckt im Sand spielen lassen, da dieser oft verschmutzt ist und eine mögliche Quelle für Entzündungen darstellt.

Nacktbaden: Noch Ende der 1970er Jahre riskierten nackt badende Sonnenanbeter, von Polizisten mit Gummiknüppeln verprügelt zu werden. Diese Zeiten sind jedoch vorbei. Inzwischen hat sich die öffentliche Meinung stark gewandelt. An der Algarve gibt es allerdings nur einen offiziellen und bewachten Nacktbadestrand: Ilho da Tavira nahe Tavira. Zusätzlich wird in vielen kleinen, versteckten Klippenbuchten nackt gebadet. Und eine Gesetzesänderung ist geplant, die die Genehmigung für FKK-Strände erleichtern wird.

Oben-ohne-Baden ist an allen Stränden inzwischen durchaus üblich. Am besten schaut man sich aber vorher um, ob sich schon andere enthüllt haben.

Behinderte

Eine Reise durch Portugal gestaltet sich für Behinderte sehr beschwerlich. Die öffentlichen Verkehrsmittel sind kaum auf ihre Bedürfnisse eingerichtet. Für Rollstuhlfahrer ist das Vorankommen auf den Bürgersteigen bei den Parkgewohnheiten in den Städten leider fast unmöglich. Auch Behindertenparkplätze sind selten zu finden. Nähere Informationen erteilt in englischer Sprache der Behindertenverband Associação Portuguesa de Deficientes.

Adresse **Associação Portuguesa de Deficientes**, Largo do Rato, 1250-185 Lisboa, ✆ 213889883, ✉ 213871095, www.pcd.pt/apd.

Botschaften/Konsulat

Wurden die Ausweispapiere gestohlen, stellen die Botschaft oder das Konsulat ohne große Probleme einen vorübergehend gültigen Ersatzausweis aus. Hierfür ist es übrigens hilfreich, vor der Reise die wichtigsten Dokumente zu fotokopieren und die Kopien auf der Reise an einer anderen Stelle als die Originale aufzubewahren.

Wer finanziell am Ende ist und keine Blitzüberweisung von zu Hause organisieren kann, dem bleibt oft nur der Weg zur Botschaft. Völlig Abgebrannte können einen Rückreisekredit in Anspruch nehmen, der allerdings gut verzinst zurückzuzahlen ist. Vor einem Gang zur Botschaft sollte man sich überlegen, ob die Geldprobleme nicht anderweitig zu lösen sind, z. B. durch eine postalische Geldanweisung (siehe A–Z/Geld).

• *Deutschland* **Botschaft in Lissabon**, Campo dos Mártires da Pátria, 38, 1169-043 Lisboa, ✆ 218810210, ✉ 218853846, Notfalltel. außerhalb der Öffnungszeiten ✆ 965808092, www.lissabon.diplo.de, Mo–Fr 9–12 Uhr; Stadtteil Santana.
Honorarkonsulat in Faro, Urbanisation Infante D. Henrique, Lote 11. Neubaugebiet am östlichen Stadtrand (Richtung Olhão), ✆ 289803148, ✉ 289801346, www.honorarkonsul-faro.de. Mo–Fr 9.30–12 Uhr.

• *Österreich* **Botschaft in Lissabon**, Av. Infante Santo, 43-4°, 1399-046 Lisboa, ✆ 213943900, ✉ 213958224; Stadtteil Lapa.
Honorarkonsulat in Albufeira/Algarve, Sociedade Imobiliária e Turistica das Areias a Oura, Lda. Complexo Turistico Borda d'Agua, Praia da Oura ✆ 289510900, ✉ 28951099 9, Mo–Fr 9–13 Uhr.

• *Schweiz* **Botschaft in Lissabon**, Travessa do Jardim, 17, 1350-233 Lisboa, ✆ 213944090; Stadtteil Lapa.

Drogen

Immer wieder meldet die Polizei den Fund von Drogen, die in Kleinbooten aus Nordafrika an die algarvianische Küste geschmuggelt werden, v. a. Albufeira ist ein

Umschlagplatz. Drogen aus Südamerika gelangen über Lissabon, versteckt in Lkws, nach Spanien, Frankreich, Holland und Deutschland. Vor einigen Jahren sank ein Frachter mit brasilianischem Tropenholz vor der portugiesischen Küste – als die Holzstämme an Land gespült wurden, fand man plötzlich Tüten mit weißem Pulver ...

Lange Zeit war Portugal hauptsächlich Durchgangsstation für den Drogenhandel, eine eigene Drogenszene fehlte weitgehend. In den letzten Jahren hat sich die Situation leider stark verändert.

Auch wenn die günstigen Preise so manchen verlocken mögen: Finger weg von Drogen! Abgesehen von den gesundheitlichen Folgen kann der Aufenthalt in einem portugiesischen Gefängnis für einen Ausländer äußerst ungemütlich werden. Deutsche Strafanstalten sind verglichen mit portugiesischen Gefängnissen Fünf-Sterne-Hotels. Deren Infrastruktur stammt oft noch aus dem 19. Jahrhundert: keine Heizungen, schlechtes und vitaminarmes Essen – Menschenrechtsorganisationen berichten immer wieder von Misshandlungen durch Wärter. Für Ausländer kommt verschärfend hinzu, dass sie oft schon wegen kleinster Delikte ins Hochsicherheitsgefängnis *Vale de Judeus* bei Alcoentre gesperrt werden. Das portugiesische Recht macht keinen großen Unterschied zwischen Drogenkonsum und -verkauf und bei Ausländern wird gerne ein Exempel statuiert (besonders wenn sie die Sprache nicht können und einen schlechten Pflichtverteidiger haben). In einem Fall musste ein Drogensüchtiger für den Besitz eines Gramms Heroin sieben Jahre im Gefängnis absitzen ...

Einkaufen

Traditionelles Kunsthandwerk hat sich noch in vielen Dörfern des Hinterlandes der Algarve erhalten. An der Küste bekommt man außerdem die kunsthandwerklichen Produkte aller Provinzen Portugals, wenn auch zu einem etwas höheren Preis als vor Ort. Darüber hinaus lohnt sich besonders der Kauf von **Lederwaren** und Schuhen.

Jeden Samstag ist Bauernmarkt in Lagos

Lebensmittel: Passt man sich der portugiesischen Ernährungsweise etwas an, so kann man in Portugal sehr preiswert Lebensmittel erstehen. *Fisch* kostet höchstens halb so viel wie in Deutschland. Auf den Fischmärkten zahlt man für 1 kg Sardinen ca. 3 € – gebraten oder gegrillt schmecken sie sehr lecker!

Generell ist ein **Einkauf auf den Märkten** empfehlenswert; dort ist die Qualität von *Obst* und *Gemüse* wesentlich besser als in den Supermärkten und man zahlt oft auch weniger! Vermeiden sollte man den Kauf von Schokolade, die ca. 100 % teurer ist als daheim. Ebenfalls teuer sind gutes *Fleisch* und *Milchprodukte*. Joghurts mit Aroma *(com aroma)* sollte man grundsätzlich meiden, denn sie enthalten im Gegensatz zu denen mit Fruchtstückchen *(com pedaços)* nur Aromastoffe.

Das Angebot an regionalen Spezialitäten ist für ein so kleines Land wie Portugal überwältigend. So sei nur auf die vorzüglichen Käsesorten (besonders Gebirgskäse/ *Queijo da Serra*) und die leicht geräucherten Würste (*Chouriço*) verwiesen. Unbedingt probieren sollte man den aus Kuhmilch hergestellten estremadurensischen Frischkäse (*Queijo fresco*). Mit einem halbdunklen, estremadurensischen Brötchen, Salz, Pfeffer und Tomate schmeckt er himmlisch. In vielen Super- und Hypermärkten ist es üblich, an den Theken eine Nummer zu ziehen, um bedient zu werden. Ist man an der Reihe, wird die entsprechende Nummer angezeigt oder aufgerufen.

Einreisebestimmungen

Zur Einreise genügt Personalausweis oder Reisepass.

Zoll: Im privaten Reiseverkehr innerhalb der EU unterliegen Waren für den Eigenbedarf keinerlei Beschränkungen. Bei Tabakwaren und Spirituosen gehen die Zöllner von folgenden Richtmengen aus: 800 Zigaretten, 200 Zigarren oder 1 kg Tabak, 10 l Spirituosen, 20 l so genannte „Zwischenprodukte" (z. B. Campari, Portwein, Madeira, Sherry), 90 l Wein, 110 l Bier. Im Einzelfall ist eine Überschreitung möglich, wenn nachgewiesen wird, dass die entsprechende Menge nur für den Privatbedarf bestimmt ist (Hochzeitsfeier etc.). Leute ohne Raucherhusten und Leberzirrhose könnten also bei größeren Ausfuhrmengen an der Grenze Probleme bekommen. Für Jugendliche unter 17 Jahren gibt es keine Freimengen!

Für Schweizer als Nicht-EU-Bürger gilt: 200 Zigaretten, 100 Zigarillos oder 250 g Tabak, 1 l Branntwein und 2 l Wein.

Auto: Führerschein und KFZ-Schein sind erforderlich; eine grüne Versicherungskarte ist empfehlenswert. Das Fahrzeug muss auf den Benutzer zugelassen sein, sonst wird eine vorher in Deutschland beglaubigte Vollmacht vom Besitzer verlangt. Zur Beglaubigung sollte das vom ADAC zur Verfügung gestellte Formular genügen.

In allen EU-Ländern gilt die Bestimmung, dass ein Fahrzeug temporär für maximal 6 Monate in einem fremden Land unterwegs sein darf. Wer länger herumfährt, begeht Steuerhinterziehung (KFZ- und Einfuhr- bzw. MWSt). Da es keine Grenzkontrollen mehr gibt, hat die Polizei vor Ort natürlich Nachweisprobleme bezüglich des Zeitraumes.

Bei einem Aufenthalt von mehr als 6 Monaten sollte man sein Auto in Portugal anmelden. Dabei sind zwei Sachlagen zu unterscheiden:

1. War das Fahrzeug in Deutschland mindestens 6 Monate auf eine Person zugelassen, die eine gültige portugiesische Aufenthaltsgenehmigung besitzt und erstmalig nach Portugal zieht, so ist die Einfuhr des Autos steuer- und zollfrei.

2. War das Fahrzeug weniger als 6 Monate oder auf einen anderen Halter angemeldet,

fällt sowohl Mehrwertsteuer (*IVA*) von 21 % als auch Autosteuer an, die vom Hubraum und dem Abgasausstoß abhängt. Es kann sehr teuer werden – gerade Gebrauchtfahrzeuge werden unverhältnismäßig hoch besteuert.

Haustiere: Erforderlich ist für die Einreise aus Deutschland oder Österreich der EU-Heimtierausweis. Für die Einreise aus der Schweiz ist ein unmittelbar vor Einreise erstelltes und ins Portugiesische übersetztes amtstierärztliches Gesundheitszeugnis notwendig. Außerdem ist eine Tollwutschutzimpfung (mindestens 30 Tage, höchstens 1 Jahr vor Einreise, bei Katzen 6 Monate vor Einreise) vorgeschrieben.

Elektrizität

Auch in Portugal beträgt die Spannung etwa 220 Volt mit einer Frequenz von 50 Hertz. Weit verbreitet sind Eurosteckdosen ohne Schutzleiter. Schukosteckdosen nach deutscher Norm sind recht selten und meist nur zum Anschluss größerer Geräte wie Waschmaschinen vorhanden. Mit Geräten, die einen Schutzleiteranschluss benötigen, kann es deswegen Probleme geben. Obwohl viele Leitungen oberirdisch verlegt sind, kommt es immer seltener zu kurzen Stromausfällen.

Feiertage

Eine Reihe von Feiertagen werden im ganzen Land begangen, neben kirchlichen auch einige historische Gedenktage.

1. Januar: *Ano Novo* (Neujahr)
Februar, März, April: Karnevalsdienstag (Entrudo), Karfreitag (Sexta-feira Santa), Ostersonntag (Páscoa)
25. April: *Dia da Liberdade* – Nationalfeiertag in Erinnerung an die Nelkenrevolution 1974
1. Mai: Tag der Arbeit
Juni: *Fronleichnam* (Corpo de Deus)
10. Juni: *Dia de Portugal* – Nationalfeiertag in Gedenken an den Todestag von Luís de Camões
15. August: Mariä Himmelfahrt
5. Oktober: *Dia da República* – Nationalfeiertag in Erinnerung an die Ausrufung der Republik 1910
1. November: *Allerheiligen*
1. Dezember: *Dia da Restauração* — Nationalfeiertag in Erinnerung an die Befreiung von der spanischen Herrschaft 1640
8. Dezember: Mariä Empfängnis
25. Dezember: *Weihnachten* (Natal)

Zusätzlich gibt es die örtlichen Feiertage zu Ehren der Stadtheiligen, meist in den Sommermonaten.

Feliz Natal!

Frauen

Wenn Portugal auch nicht mit dem äußerst patriarchalischen System Spaniens verglichen werden kann, so ist doch nicht zu übersehen, dass man sich in einem südlichen Land befindet. In den Großstädten ist die Emanzipation zwar schon fortgeschritten, in ländlichen Gegenden herrschen dagegen noch weitgehend die traditionellen Rollenverhältnisse.

Portugal weist allerdings einen überraschend hohen Frauenanteil an Erwerbstätigen auf. Er ist mit 51,2 % höher als in Deutschland (47,9 %). In den Großräumen Lissabon und Porto ist eine ganztägige Berufstätigkeit beider Elternteile die Regel.

Friseure

Wer in Portugal einen Friseur sucht, wird feststellen, dass es fast ausschließlich reine Damen- oder Herrensalons gibt. Der *Barbeiro* ist ein Herrenfriseur, im *Salão de Cabeleireiro* werden in der Regel Damen frisiert (ohne dass Herren gänzlich ausgeschlossen sind); nur ein *Cabeleireiro unisexo* bedient ausdrücklich Kunden beiderlei Geschlechtes. Schafft man es, den gewünschten Haarschnitt vorher zu beschreiben, wird man den Salon durchaus zufrieden verlassen. Im Vergleich zu Deutschland sind nämlich die Preise wesentlich günstiger.

Geld

Auch in Portugal zahlt man mit dem Euro. Das lästige Geldwechseln ist also nur noch für Schweizer nötig.

Traditionelle Rollenverhältnisse – hier im öffentlichen Waschhaus

In Portugal ist eine Bank-Karte der bequemste und günstigste Weg, an Geld zu kommen. Das Abheben mit Kreditkarten ist teuer, zum Bezahlen sind sie dagegen weit verbreitet. Reiseschecks sollte man wegen der hohen Gebühren meiden. Generell empfiehlt es sich, kleine Scheine und etwas Kleingeld mit sich zu führen. In Portugal herrscht nämlich grundsätzlich chronischer Münzenmangel. Die großen 200- und 500-Euro-Scheine sind kaum verbreitet und sollten daher besser nicht in die Reisekasse.

Der Euro hat in Portugal übrigens etwa die gleiche Kaufkraft wie in Deutschland. Österreicher bekommen in Portugal 4 % mehr für ihr Geld, für Schweizer schwankt der Wert mit dem Kurswert des Franken.

Bank-Karte: Mit den normalen Bank-Kundenkarten, den früheren EC-Karten, kann an praktisch allen Bankautomaten in Portugal Geld abgehoben werden. Dazu sollten die Karten die Zeichen von *Visa Plus* oder *Maestro* tragen, den elektronischen Netzen von Visa und Mastercard. Dann funktionieren sie mit Sicherheit an einem der zahlreich vorhandenen Automaten mit dem Multibanco-Zeichen. Der Höchstbetrag pro Abhebung beläuft sich in allen Fällen auf 400 €.

Das Abheben per Bank-Karte in Euro-Ländern darf nach einer Verordnung der EU-Kommission seit dem 1. Juli 2002 nicht mehr kosten als bei einer fremden Bank zu Hause in Deutschland oder Österreich. Die genaue Gebühr hängt dabei von Ihrer heimatlichen Bank ab. Meist liegt sie pro Abhebung bei 3 bis 5 €.

In Supermärkten und vielen anderen Geschäften ist das Electronic Cash per Bank- oder Kreditkarte sehr verbreitet, allerdings funktionieren deutsche Bank-Karten oft nicht, während es mit Kreditkarten fast immer klappt.

Diebstahl der Bank-Karte: Unverzüglich die entsprechende Bank oder den zentralen Sperrannahmedienst benachrichtigen: ✆ 0049/116116; er ist rund um die Uhr zu erreichen. Alternativnummer ✆ 0049/30/4050. Erforderlich ist in jedem Fall die Angabe von Kontonummer und Bankleitzahl, hilfreich die der Kartennummer. Wichtig: Geben Sie nie Ihre Geheimnummer an!

Kreditkarten: Die gängigen Kreditkarten wie Mastercard und Visa werden in Hotels, vielen Restaurants und Geschäften sowie an den *Multibanco*-Automaten problemlos angenommen. Weniger verbreitet sind American Express und Diners. Auch hier darf es nach der EU-Verordnung keinen Zuschlag für den Auslandseinsatz mehr geben. Da das Abheben von Bargeld teuer ist, sollte man zum Bezahlen in Hotels, Geschäften und Restaurants Kreditkarten verwenden.

Diebstahl einer Kreditkarte: Sofort die für Sie zuständige Stelle anrufen. Auch hier gilt: Kartennummer, aber nicht die Geheimnummer angeben!
American Express: ✆ 0049/69/9797000, in Portugal unter ✆ 213925757.
Diners Club: ✆ 0049/69/7966166123.
Mastercard: ✆ 0049/69/79331910; in Portugal unter ✆ 800811272 (nur Festnetz).
Visa: ✆ 0049/69/79331910; in Portugal ✆ 80081 1824 (nur Festnetz).
Unicre: Bei dieser portugiesischen Zahlungsstelle können die Kreditkarten zusätzlich noch mal für Portugal gesperrt werden, ✆ 213509500.

Geldanweisungen: Am einfachsten und innerhalb einer Stunde lässt sich Geld weltweit über das US-amerikanische Unternehmen *Western Union* überweisen, die in den größeren Städten der Algarve und am Flughafen Faro Büros unterhalten. Zusätzlich sind die Postämter sowie die Bank *Millennium BCP* Kontaktstellen von Western Union. Dem Einzahler des Geldes wird eine *Money Transfer Control Number* (MTCN) mitgeteilt, die er dem Empfänger mitteilen muss, damit dieser in Portugal das Geld in Empfang nehmen kann. Für den schnellen Service lässt sich Western Union allerdings gut entlohnen.

Deutschland: Reisebank, ✆ 0180/5225822. *Postbank*, ✆ 0180/3040500.
Österreich: Raiffeisenbank, ✆ 01/717070. *PSK*, ✆ 05/9905990.
Schweiz: *Change SBB*, ✆ 0800/007107.
Schweizerische Post, ✆ 0848/888888.
Portugal: CTT Correios de Portugal, ✆ 8002 06868. Millennium BCP, ✆ 707502424.
Internet: www.westernunion.com.

Gesundheit

Grundsätzlich sind vor der Einreise nach Portugal keine besonderen medizinischen Vorsorgemaßnahmen zu treffen. Die portugiesischen Apotheken führen in der Regel alle Medikamente, die auf dem internationalen Markt sind (mit Ausnahme homöopathischer Medikamente).

Krankenversicherung: Wer in einer gesetzlichen Krankenkasse Mitglied ist, kann sich vor Reisebeginn die EU-weit gültige Europäische Versichertenkarte (EHIC) besorgen. Mit dieser ist allerdings nur die Behandlung in den staatlichen Krankenhäusern in Faro, Lagos und Portimão sowie in den Polikliniken (*Centro de Saúde*) kostenlos. Kostenpflichtig ist die Behandlung durch niedergelassene Ärzte und in Privatkliniken. Da außerdem Leistungen wie der Rücktransport aus dem Ausland von den gesetzlichen Kassen nicht getragen werden, empfiehlt es sich, zusätzlich eine *Reisekrankenversicherung* abzuschließen. Die Leistungen sind von Anbieter zu Anbieter unterschiedlich – man sollte die Konditionen sorgfältig durchlesen und darauf achten, dass auf jeden Fall Arzt- und Krankenhauskosten, Medikamente und Rücktransport eingeschlossen sind. Quittungen der Medikamente und Bescheinigungen der Behandlung sind unbedingt aufzubewahren, da sie für die volle Rückerstattung der Kosten komplett vorgelegt werden müssen.

Ärzte: Beim Arztbesuch sollte man sich zur Erstattung der Kosten von der Krankenkasse neben der Quittung über die Behandlungskosten eine kurze Krankheitsbeschreibung (*Descrição da Doença*) ausstellen lassen.

Zwar müssen die deutschen Krankenkassen nach einem Urteil des Europäischen Gerichtshofes vom 28. April 1988 prinzipiell Behandlungen im Ausland erstatten, dies aber nur zum in Deutschland gültigen Tarif (auch ohne vorherige Genehmigung durch die Kassen). Allerdings gibt es unter den deutschen Ärzten im Ausland einige schwarze Schafe, die überhöhte Sätze berechnen. Also aufpassen!

Homöopathische Ärzte sind in Portugal noch sehr rar; eine alte Vorschrift der Ärztekammer verbietet es den Ärzten sogar, sich „homöopathisch" zu nennen.

Apotheken (*Farmácias*) findet man fast überall. Man wird dort über aushängende Listen auch darüber informiert, welche Apotheken am späten Abend und nachts geöffnet haben. Fast alle **Medikamente** (von der Pille bis zum Aspirin) sind in Portugal günstiger als in Deutschland, selbst wenn sie aus deutscher Produktion stammen. Außerdem sind viele in Deutschland verschreibungspflichtige Präparate in Portugal frei verkäuflich. Allerdings tragen sie oft andere Namensbezeichnungen, sodass es hilfreich sein kann, die genaue Zusammensetzung zu kennen. Homöopathische Medikamente sind schwer zu finden.

Hospitäler/Gesundheitszentren: Die Krankenhäuser (*Hospitais*) bieten mit ihren Notfallaufnahmen (*Urgência*) schnelle Hilfe. Für normale ärztliche Leistungen sind jedoch die Gesundheitszentren (*Centros de Saúde*) zuständig, die unter ihrem Dach verschiedenste Ärzte aller Fachrichtungen vereinen. Da die staatliche Versorgung jedoch oft mehr schlecht als recht ist, ziehen es viele Portugiesen vor, sich von Privatärzten behandeln zu lassen. Jedoch können sich diese Versorgung nicht alle leisten: Nur knapp ein Viertel sind Mitglied einer Privatversicherung; in der Regel sind die Portugiesen über die staatliche Gesundheitsvorsorge (*Segurança Social*) versichert.

Informationen

Für Auskünfte jeglicher Art stehen Ihnen die portugiesischen Touristikämter im Ausland zur Verfügung. Sie bieten umfassendes Informationsmaterial zu den verschiedensten Themen. Die Website lautet www.visitportugal.com, die regionale Seite www.visitalgarve.pt.

Deutschland: Zimmerstr. 56, 10117 Berlin, ✆ 0180-5004930.

Österreich: Opernring 11/Stiege R 2. OG, A-1010 Wien, ✆ 0810-900650.

Schweiz: Zeltweg. 15, 8032 Zürich, ✆ 0800-101212, ✉ 2688760.

Portugal: *Turismo de Portugal*, Rua Ivone Silva, Lote 6, 1050-124 Lisboa, ✆ 211140200, ✉ 217810009.

In Portugal können Touristen unter der Telefonnummer 808781212 (Ortstarif) Auskünfte zu Museumsöffnungszeiten, Hotels, öffentlichen Verkehrsmitteln, Hospitälern und Polizeiämtern erhalten. Der Dienst wird vom Tourismus- und Wirtschaftsministerium sowie von der Tourismusgeneraldirektion unterhalten und steht auf Portugiesisch, Englisch, Französisch und Spanisch zu Verfügung.

Internet

Mittlerweile gibt es eine ganze Reihe von Informationen zu Portugal im Internet, die bei der Reisevorbereitung und zur allgemeinen Information über das Land und seine Hauptstadt sehr hilfreich sein können. Webcafés und öffentliche Internetzugänge sind, wenn vorhanden, bei den Orten im Reiseteil aufgeführt.

Aktuelle Informationen zu diesem Reiseführer, die nach dem Druck dieser Auflage nicht mehr berücksichtigt werden konnten, finden sich auf den Portugal-Seiten des Michael Müller Verlages unter der Adresse: www.michael-mueller-verlag.de.

Benutzen Sie zum Informationsaustausch unser Leserforum! Gute Startseiten zu Portugal sind neben den Seiten des Michael-Müller-Verlages außerdem folgende portugiesischen Internetkataloge:

SAPO: www.sapo.pt   **AEIOU**: www.aeiou.pt

Karten

Als Straßenkarte für Portugal empfiehlt sich die *Michelin-Karte* (Maßstab 1:400.000), die recht aktuell und grafisch sehr ansprechend gestaltet ist. Die *RV-Verlag Karte* Portugal/Galizien hat einen besseren Maßstab (1:300.000), ist aber im Südteil des Landes (bei den kleinen Nebenstraßen) nicht so zuverlässig. Für die Algarve bietet sich Hildebrand's Travel Map im Maßstab 1:100.000 an.

Brauchbar sind auch die Karten des *Instituto Geográfica do Exército* (Av. Alfredo Bensaúde, 1800-174 Lisboa, ℡ °21850 5300, ℻ 218532119, igeoe@igeoe.pt). Sie kosten pro Stück ca. 6,50 € und sind mit ihrem Maßstab von 1:25.000 im Prinzip als Wanderkarten gut geeignet. Für das Gebiet der Algarve werden sie derzeit nach und nach aktualisiert.

Kinder

Die Zeiten hoher Geburtenraten sind zwar vorbei – Portugal zählt mittlerweile zu den Ländern mit Bevölkerungsrückgang –, doch Portugiesen sind generell sehr kinderfreundlich. In Restaurants und Cafés gelten Kinder meist als gern gesehene Gäste, in Bussen räumt man Eltern mit Kleinkindern bereitwillig einen Platz. Ein großes Manko sind die raren

Drei Sommerfrischler in Praiha da Rocha

Spielplätze. Nur wenige Parks haben gute Einrichtungen. Die meisten Fußballplätze sind mit Betonboden ausgestattet, der böse Abschürfungen verursachen kann.

Kino und Theater

Die portugiesischen Kinos zeigen die Filme in der Originalversion mit portugiesischen Untertiteln. So muss man, wenn man des Englischen halbwegs mächtig ist, im Urlaub nicht auf das Kinovergnügen verzichten. Einen besonderen Anreiz bieten zudem die relativ niedrigen Preise von durchschnittlich 5 €.

Wer sich ins Theater traut, sollte Portugiesisch sprechen. In Faro wurde 2005 ein neues, für die Algarve allerdings überdimensioniertes Theater eröffnet, in dem in unregelmäßigen Abständen portugiesische und internationale Ensembles auftreten. Besonders zu empfehlen sind die zeitgenössischen Inszenierungen, auch in anderen Städten der Algarve.

Kirche

Die meisten Portugiesen sind katholisch, dennoch gibt es starke regionale Unterschiede, was die Häufigkeit des Kirchenbesuchs anbelangt. In Braga, Kirchenhauptstadt Portugals und Sitz eines Erzbischofs, sind die Kirchen sehr gut besucht, während im Alentejo sonntags keine 10 % der Einwohner zur Messe gehen. In Lissabon residiert einer der wenigen Patriarchen der katholischen Kirche.

Geheiratet wird in Portugal entweder nur kirchlich oder nur staatlich; die meisten Paare lassen sich kirchlich trauen. Früher war sogar die kirchliche Variante die einzige Möglichkeit der Eheschließung.

Als Tourist sollte man beachten, dass in portugiesischen Kirchen ein Besuch in kurzen Hosen oder gar im Badeanzug überhaupt nicht gerne gesehen wird.

In den letzten Jahren ist eine zunehmende Verbreitung von amerikanischen **Sekten** und Freikirchen, die über Brasilien ins Land kommen, in der portugiesischen Gesellschaft zu verzeichnen. Besonders die *Igreja Universal de Deus,* die ihren Sitz im alten Kino *Império* an der Alameda Dom Afonso Henriques in Lissabon hat, und die *Assembleia de Deus* missionieren aufs heftigste. Einige Radiosender sind bereits im Besitz dieser Sekten.

Moslems gibt es nur wenige in Portugal; das maurische Erbe hat sich in dieser Hinsicht nicht halten können. In der schwarzen Bevölkerung, die aus den ehemaligen afrikanischen Kolonien stammt (vor allem Guinea-Bissau ist sehr islamisch geprägt), und unter den in Portugal lebenden Indern findet man allerdings einige Anhänger des Islam.

Die portugiesischen **Juden** wurden im Mittelalter vom *Santo Ofício* (Heilige Inquisition) verfolgt; so wanderten sie entweder in andere Länder aus oder konvertierten, zumindest auf dem Papier, zum Christentum. Nachdem 1760 zum letzten Mal sechs Juden verbrannt wurden, ließ der Marquês de Pombal alle Register über jüdische Abstammung verbrennen.

Im Zweiten Weltkrieg hatte Portugal einen großen Zulauf von Juden aus den Gebieten zu verzeichnen, die von Nazideutschland besetzt waren. Für fast alle Flüchtlinge war Portugal (insbesondere Lissabon) nur eine Durchgangsstation in sichere Gebiete; viele flohen von hier aus in die USA und nach Südamerika und entzogen sich damit der Verfolgung durch die Nazischergen. Einige blieben jedoch im Land und fanden hier ihre neue Heimat, so z. B. die Schriftstellerin Ilse Losa, die ihre Exil-

Acht von zehn Portugiesen sind bekennende Katholiken

erfahrungen in mehreren, inzwischen vergriffenen Büchern einer breiten Öffentlichkeit zugänglich machte. Zwar hegte das Regime unter Salazar große Sympathien für Hitlerdeutschland; es ist ihm aber immerhin zugute zu halten, dass es keine Juden an Deutschland auslieferte, auch wenn die nationalsozialistischen Pläne natürlich auch eine Vernichtung der portugiesischen Juden vorsahen.

Kleidung

Wer seinen Koffer für die Reise nach Portugal packt, sollte ein paar kleine Tipps bezüglich der Kleidung berücksichtigen.

Für Reisende, die in den Wintermonaten, im zeitigen Frühjahr oder im Spätherbst kommen, empfiehlt es sich, neben warmer Winterkleidung einen Regenschirm oder -mantel mitzunehmen, denn in diesen Monaten regnet es häufig, doch kann man mit etwas Glück selbst dann im T-Shirt am Algarve-Strand spazieren gehen. Auch im März und April kann es aber noch kühl und regnerisch sein.

Für Früh- und Hochsommer wie auch im frühen Herbst ist natürlich Sommerkleidung angesagt. Aber auch dazu einige Hinweise: Selbst im Sommer kann es vor allem in den Küstenorten an der Westküste abends und nachts recht kühl werden, wenn vom rauen Atlantik eine frische Brise weht. Es ist also immer ratsam, einen Pullover oder eine Jacke dabeizuhaben.

Sommerliche Freizeitkleidung ist für den nicht gerade hitzeverwöhnten Mitteleuropäer zwar bequem und angenehm, sollte aber nur dort getragen werden, wo sie angemessen ist. Ohne in Prüderie verfallen oder eine Kampagne gegen Schlabbershorts, Muskelshirts und Badesandalen starten zu wollen, muss doch darauf hingewiesen werden, dass Leute, die muskulöse, braun gebrannte Körper (oder auch das Gegenteil) zur Schau stellen möchten, dies besser an der Strandpromenade oder am Pool tun sollten.

Klima/Reisezeit

Das ausgeprägte atlantische Klima bringt nördlich von Lissabon an der **Küste** nicht zu heiße Temperaturen im Sommer und milde Winter, in **Lissabon** nie unter dem Gefrierpunkt. Eine ideale Gegend für Leute, die sich nicht von der Sonne braten lassen wollen. Im **Landesinneren** herrschen stärkere Temperaturunterschiede – die Sommer sind kurz und heiß, die Winter streng. Hier fallen auch die meisten Niederschläge (von November bis Januar). Wintersport ist in der Serra da Estrela möglich. Anders an der Algarve: Hier herrscht bereits vom Mittelmeer beeinflusstes - Klima vor, lange und heiße Sommer sind charakteristisch; der Frühling beginnt bereits im Januar.

Die **Wassertemperaturen** sind an der portugiesischen Westküste durchweg niedriger als im Süden der Algarve. Im Sommer liegen die Temperaturen bei ca. 18 Grad. Für die Algarve zeigt unsere Tabelle Mittelwerte. Die Temperatur ist dort stark vom Wind abhängig: Bei Südwestwind treibt warmes Oberflächenwasser an die Küste, bei Nordwind wird das Oberflächenwasser ins Meer getrieben und kalte Tiefenwasser strömen von unten nach. Die Wassertemperatur variiert daher im Hochsommer an der Algarve zwischen 19 und 22 Grad. Westlich von Lagos macht sich auch schon der kühlere Nordatlantik bemerkbar; er senkt die durchschnittliche Temperatur um bis zu zwei Grad.

Reisezeiten: Günstige Bademonate sind natürlich Juni, Juli und August. Da um diese Zeit ganz Nordeuropa und auch Portugal (Hauptreisemonat August) Urlaub macht, sieht es ähnlich aus wie in den Mittelmeerbadeorten: volle Hotels und Campingplätze. Die schönsten Reisemonate sind dagegen April/Mai und September/Oktober, wenn die Sommerhitze nicht im Land hängt und die Badeorte nicht überlaufen sind. Baden ist auch im Herbst noch möglich, da das Meer erst langsam abkühlt. Sehenswert ist übrigens die Mandelblüte im Januar/Februar an der Algarve, und im Herbst die Weinlese in den Weinanbaugebieten.

	Jan. – März		April – Juni		Juli – Sept.		Okt. – Dez.	
	Luft	*Wasser*	*Luft*	*Wasser*	*Luft*	*Wasser*	*Luft*	*Wasser*
Lissabon	17,1	14,9	21,8	17,5	26,3	19,5	17,2	16,1
Algarve	17	15,9	22,4	19,4	27,3	22,6	17,7	17
Azoren	17	17,2	19,7	18,8	23,9	22,2	19,4	20,5
Madeira	19,4	18,7	21,8	20	24,9	22,7	21,3	21,4

Kriminalität

Wie in allen Ländern sollte man auch in Portugal in mancher Hinsicht Vorsicht walten lassen, ganz besonders in den großen Küstenorten! Ein bitterer Brief erreichte uns von einem Leser, dem zusammen mit seiner Frau ein paar „freundliche" Portugiesen KO-Tropfen in einer Tasse Kaffee verabreicht hatten. Die Polizei fand die beiden am frühen Morgen auf einer Parkbank. Erst einen Tag später erwachten sie in einer Klinik aus dem Koma. Dieser Vorfall spielte sich in Lissabon ab und ist eher ein Einzelfall. Allerdings wurden 2009 mehrere Hotels in den Touristenzentren der Algarve überfallen, inklusive Einbruch in die Zimmer. Inzwischen wurde die Polizeipräsenz auch an den Stränden erheblich verstärkt.

> **Wer die folgenden Ratschläge berücksichtigt, kann sich beruhigt bewegen:**
>
> - Vor allem in den großen Küstenorten wie Albufeira keine Besichtigungstouren durch dunkle, von Drogensüchtigen bevölkerte Gegenden unternehmen! Als ausländischer Tourist ist man kaum in der Lage, gefährliche von ungefährlichen Vierteln zu unterscheiden.
> - Geldbörsen nie in der hinteren Hosentasche tragen! Am besten eignen sich ein Hüftgurt, die vorderen Taschen enger Hosen oder der berühmt-berüchtigte Brustbeutel unter dem T-Shirt.
> - Vorsicht bei **Gedränge**. Ein beliebter Trick ist es, Leute von hinten anzurempeln und den Überraschungsmoment zu nutzen, um den Geldbeutel zu entwenden.
> - Wenig **Bargeld** mitnehmen! Größere Summen an verschiedenen Stellen aufbewahren.
> - Vor der Reise **Kopien** der wichtigsten Dokumente (Personalausweis, Reisepass, EC-Karten, Kreditkarten, Bahn- und Flugtickets) machen und alles getrennt von den Originaldokumenten aufbewahren und/oder bei Freunden und Verwandten in der Heimat hinterlassen. Die Kopien können bei der Wiederbeschaffung der Originale und bei Diebstahlsanzeigen eine große Hilfe sein.
> - Gepäck nie unbeaufsichtigt lassen – immer ein Auge darauf werfen oder noch besser: Körperkontakt halten!
> - Handtaschen entlang der Straße auf der dem Bürgersteig zugewandten Seite tragen! So ist es schwieriger, sie vom Motorrad aus zu entreißen.
> - Keine Wertsachen im **Auto** oder im Kofferraum liegen lassen! Insbesondere in Albufeira, Lagos und am Cabo São Vicente sowie auf den Parkplätzen großer Supermärkte sind Autoaufbrüche leider sehr häufig, ebenso an Strandparkplätzen. Am **Strand** die mitgebrachten Sachen im Auge behalten! Man wäre nicht der Erste, dem nur noch die Badehose bleibt.
>
> Damit das Szenario nicht zu negativ wirkt, noch ein paar **positive Hinweise**: Zwar ist die Kleinkriminalität in den letzten Jahren gestiegen, dafür sind schwere Verbrechen wie Mord, Vergewaltigung etc. vergleichsweise selten. Auch Autodiebstahl ist nicht sonderlich verbreitet (Aufbrüche kommen allerdings häufig vor). Außerdem wird im Sommer die Polizeipräsenz in den Küstenorten und an den Stränden deutlich sichtbar verstärkt; auch durch Fahrradstreifen.

Mentalität

Die Portugiesen sind in ihrer Art grundsätzlich gelassener und zurückhaltender als die eher temperamentvollen Spanier. Auffallende Gestik und übertriebene Gebärden wird man in Portugal nur selten finden. Oft spürt man eine gewisse Schicksalsergebenheit, die das „weiche" Wesen der Portugiesen prägt – in der Literatur über Portugal wird dies leider oft unerträglich ausgebreitet.

Besonders auffallend ist die portugiesische Höflichkeit, wenn auch die Touristenzentren in der Algarve dafür nicht gerade repräsentativ sind. Selten wird man einem Portugiesen begegnen, der nicht versucht, auf eine Frage erschöpfend Antwort zu geben. Immer wieder kommt es vor, dass man z. B. ein Stück des Weges begleitet wird, wenn man sein Ziel nicht findet. Doch Zeit muss man haben in Portugal. Nicht alles wird schnell und sofort erledigt; *amanhã*, übersetzt eigentlich „morgen", bedeutet in der Realität genauso übermorgen oder in drei Tagen. *Paciência* –

Beim Einkauf wird nicht gehetzt

Geduld, Gelassenheit, warten können – das gehört zu den Portugiesen ebenso wie ihre Schicksalsergebenheit und Melancholie, die man *Saudade* nennt.

Geduld (*Paciência*) sollte man als Tourist jede Menge mit nach Portugal bringen; sie erleichtert hier das Leben – vieles geht nicht so einfach und schnell wie im „durchorganisierten" Deutschland, besonders Behördengänge sind Kennern ein Gräuel.

Ein Zauberspruch in Portugal ist *Com Licença*, das dem deutschen „Entschuldigung" entspricht: So bittet man um Erlaubnis, sich zu jemandem an einen Tisch zu setzen, sich irgendwo durchzudrängeln etc. Das Geheimnis liegt darin, dass man *Com Licença* sagt und seine Absicht ausführt, ohne eine Antwort abzuwarten, „mit Ihrer Erlaubnis" eben ... Wenn man etwas falsch gemacht hat (z. B. jemandem auf den Fuß getreten ist), sagt man zur Entschuldigung übrigens *Desculpe* oder *Desculpa*.

Saudade: Dieses kaum zu übersetzende Wort bezeichnet die wehmütige Großwetterlage der Portugiesen, die man häufig wahrnimmt: eine freundliche Melancholie, die sich selbst genießt und weder Erfüllung kennt noch sucht. Zwar können auch Portugiesen heiter sein, doch fühlt man nirgendwo so stark wie in Portugal diese nicht eindeutig zu definierende Mischung aus Wehmut, Einsamkeit und Schicksalsergebenheit.

Ein wichtiger Grund dafür liegt wohl in der Vergangenheit. Gerne weisen die Portugiesen traurig auf die einstmalige Größe und Bedeutung ihres Landes hin, auf die Zeit, als die Entdeckung der Welt durch die portugiesischen Seefahrer ihren Anfang nahm. Portugal gehörte damals zu den führenden Ländern Europas. Reichtum und Glorie konnten aber nicht lange gehalten werden, stattdessen hatte man bald alle Hände voll zu tun, die Unabhängigkeit gegenüber Spanien zu wahren. Bis auf 60 Jahre (von 1580 bis 1640) gelang dies zwar, der Verfall der Machtstellung war jedoch nicht mehr aufzuhalten. Gleichsam als letzter Akt des Niedergangs wurden Lissabon und die westliche Algarve 1755 von einem Erdbeben zerstört.

Saudade drückt die Erfahrung aus, dass nicht alles erreichbar und auch das Schöne vergänglich ist, dass Leiden und Unfreiheit zum Dasein gehören. Ein gewisses Quantum an leidender Passivität (*Sofrimento cultivado* / kultiviertes Leiden) gehört dazu. Nicht zuletzt deshalb konnte sich hier 40 Jahre lang eine Diktatur behaupten. Als Folge dieser Diktatur ist es um die Zivilcourage in Portugal teilweise noch immer schlecht bestellt. Für jede kleine, von der Regel abweichende Entscheidung wird der Vorgesetzte benötigt, der wiederum seinen Chef befragt usw. usf.

Musik

Am geläufigsten ist sicher der Fado. Aber daneben kann man zwei modernere portugiesische Musikrichtungen unterscheiden. Zum einen die in den 1960ern aus der Opposition gegen das Salazar-Regime hervorgegangene Liedermacherszene und zum anderen die erst seit den 1980er Jahren populär gewordenen Rockmusikströmungen.

Im **Fado**, wörtlich „Schicksal", äußert sich die *Saudade* der Portugiesen. Er ist der volkstümliche Musikstil der Lissabonner und der Studenten Coimbras. Die Texte handeln meist von unglücklicher Liebe, vergangenen Zeiten, sozialen Missständen oder der Sehnsucht nach besseren Zeiten. In Coimbra klingt der Fado weicher und melodischer als in Lissabon und hat sich hier aus den Studentenserenaden entwickelt. Auch darf er dort nur von Männern gesungen werden. Nicht verwechseln sollte man den Fado mit dem andalusischen Flamenco. Der Fado wird nicht getanzt und klingt völlig anders.

Woher der Fado kommt, kann keiner so genau sagen. Vermutet wird, dass er aus dem brasilianischen *Lundum* und der *Modinha* entstanden ist. Darauf deutet auch der Beginn des Fado um 1822 hin, als der portugiesische Königshof aus Rio de Janeiro zurückgekehrt war. Außerdem waren unter den ersten Fadosängern mehrere brasilianische Mulatten. Zuerst sangen ihn die Bewohner der Armenviertel Lissabons, besonders der Mouraria, Alfama und der Madragoa; in anrüchigen Kneipen war er von Matrosen, Stadtstreichern, unglücklichen Liebhabern und anderen wehmütigen Gesellen zu hören.

Ende des 19. Jh. fand der Fado dann auch in den bürgerlichen und aristokratischen Salons Anklang; nunmehr gesellschaftlich anerkannt, wurde er in der Region von Lissabon kultiviert und verfeinert. Ab 1930 folgte dann seine zunehmende Kommerzialisierung mit professionellen Aufnahmen, landesweiter Ausstrahlung über den Rundfunk und Auftritten in Touristenlokalen. Neben Lissabon findet man den Fado seit Mitte des 19. Jh. auch in der Universitätsstadt Coimbra, hier aber von (ausschließlich männlichen) Studenten gesungen. Legendärer Sänger ist *Augusto Hilário Costa Alves*, der von 1864-96 lebte und einfach *Hilário* genannt wurde. Während es in Lissabon zur Tagesordnung gehört, dass auch Frauen komponieren, singen und spielen, verursachte es in Coimbra einen großen Skandal, als sich 1996 die Sängerin *Manuela Bravo* erdreistete, einen *Fado de Coimbra* zu singen.

Begleitet wird der Gesang des Fado durch eine Gitarre, die den rhythmischen Part übernimmt, und eine weitere, etwas kleinere, zwölfsaitige portugiesische Gitarre für den eher melodischen Teil. Es können auch durchaus mehrere Gitarren den Sänger oder die Sängerin, traditionell von einem schwarzen Tuch umhüllt, begleiten.

Während früher die Sänger eher aus den unteren Volksschichten Lissabons stammten, kommen sie heute aus allen Schichten und zunehmend auch aus anderen Landesteilen. Dennoch wird der Fado immer noch als Musikstil der Hauptstadt und Coimbras angesehen. Zu einem wirklichen Nationalstil hat er sich nicht entwickeln können, sodass an der Algarve außer aus Anlass einiger Fado-Festivals nur in den großen Hotels Fado als touristisches Angebot auf dem Programm steht. Die Atmosphäre der engen Fado-Kneipe fehlt dann allerdings.

Namen

Die Regelung für Familiennamen ist in Portugal etwas kompliziert. Jeder Ehepartner hat das Recht, seinem Namen bis zu zwei weitere Nachnamen des Partners anzufügen. So ergeben sich oft ellenlange Familiennamen – als Deutscher mit Vornamen und einem einzigen Nachnamen wird man häufig gefragt, ob dies tatsächlich der komplette Name sei.

Notrufe

Notruf: 112 (kostenlos); **Vergiftungen**: 808250143; **Waldbrände**: 112 und 117 (kostenlos).

Öffnungszeiten

Geschäfte: In der Regel haben die Geschäfte zwischen Montag und Freitag von 9–13 und 14–19 Uhr geöffnet (samstags nur vormittags, sonntags geschlossen). Eine Ausnahme sind die Geschäfte in den großen Einkaufszentren (*Centros Comerciais*), die täglich von 10–22 oder sogar 24 Uhr offen haben. Größere *Supermercados* haben an allen Tagen durchgehend von 9–20 oder bis 21 Uhr offen, *Hipermercados* von 9–22 Uhr, sonn- und feiertags bisher aber nur vormittags; mit einer Gesetzesinitiative soll diese Beschränkung gestrichen werden. Einen besonders guten Service bieten die *Lojas de Conveniência*. Diese kleinen Supermärkte sind täglich von 7 Uhr morgens bis 2 Uhr nachts und länger geöffnet.

Banken: Alle Banken haben nur Mo–Fr von 8.30–15 Uhr geöffnet.

Polizei

Als Tourist trifft man in der Regel auf die **PSP** (*Polícia de Segurança Pública*), die besonders in den großen Städten aktiv ist. Auf dem Land übernimmt die republikanische Nationalmiliz, die **GNR** (*Guarda Nacional Republicana*), die Aufgaben der PSP (Adressen und Telefonnummern der Polizeistationen unter den einzelnen Ortsbeschreibungen). Die Polizeipräsenz ist auf portugiesischen Straßen höher als auf deutschen. Zusätzlich findet man in großen Geschäften und vor Behörden privaten Wachschutz.

Des Weiteren gibt es u. a. die Kriminalpolizei (*Polícia Judiciária*), die Wasserpolizei (*Polícia Marítima*) und die Finanzpolizei bzw. Zollfahndung (*Guarda Fiscal*).

Post

Portugals Postämter (*Correios de Portugal*) sind im Allgemeinen knallrot gestrichen oder zumindest immer durch ein rotes Schild gekennzeichnet und daher leicht zu finden. Die regulären Öffnungszeiten sind montags bis freitags 9–18 Uhr, in Dörfern mit Mittagspause.

Generell unterscheidet man in Portugal zwischen der Normalpost (*Correio Normal*) und der Expresspost (*Correio Azul*). Für ausländische Briefe gibt es bei bestimmten Gewichtsklassen auch einen Billigtarif (*Correio Económico*) mit längeren Laufzeiten als die Normalpost. Auf jeden Fall sollten die Briefe in den richtigen Briefkasten geworfen werden. Eilpost, ob national oder international, wirft man in den Schlitz *Correio Azul* oder in die blauen Briefkästen. Normalpost kommt in die roten Briefkästen. Bei großen Postämtern wird zusätzlich unterschieden: Briefe innerhalb der Algarve kommen in den Kasten *Correio Normal Algarve*, Briefe innerhalb Portugals gehören in den *Correio Normal Nacional*, Briefe ins Ausland in den *Correio Normal*

Internacional. An vielen Straßenecken trifft man auf rote, moderne Münzautomaten, die Briefmarkenverkaufsstelle und Postkasten in einem sind. Die Funktionsweise der Automaten wird auf Englisch und Französisch erklärt. Die Gebühren im Postamt können etwas höher als am Automaten sein.

Portogebühren		
Normal	*Portugal*	*EU/Schweiz*
bis 20 g	0,32 €	0,68 €
20–50 g	0,54 €	1,22 €
Económico	*Portugal*	*EU/Schweiz*
bis 20 g	–	0,67 €
20–50 g	–	1,10 €
Correio Azul	*Portugal*	*EU/Schweiz*
bis 20 g	0,47 €	1,85 €
20–50 g	0,68 €	2,50 €

95 % der mit Normalpost beförderten Briefe sind innerhalb von drei Tagen an ihrem Ziel innerhalb der EU, mit *Correio Azul* noch schneller. Wer seine Postkarten schneller befördert haben will, sollte sie in einen Briefumschlag stecken. Das Porto bleibt gleich. Am schnellsten gehen Briefe ins Aus- und Inland vom Hauptpostamt in Faro ab, das auch zusätzlich am Samstagvormittag geöffnet hat. Briefe von Deutschland nach Portugal benötigen zwischen zwei und vier Tage, Päckchen auf dem Landweg bis zu einem Monat, per Luftpost (wesentlich teurer) wenige Tage.

Die Postleitzahlen in Portugal sind ähnlich verwirrend aufgebaut wie in Deutschland. Sie bestehen aus einer siebenstelligen Nummer, die sich aus einer vierstelligen Zahl für den Ort und einer dreistelligen Zahl für die Straße zusammensetzt. Wer die zu einer Straße zugehörige Postleitzahl sucht, kann diese auf den Internetseiten der portugiesischen Post finden (www.ctt.pt). Bei den Informationen im Buch sind die jeweiligen Hauptpostzahlen dem Ort zugeordnet (z. B. 8000), die Untergliederung nach Straßen (z. B. 210) der jeweiligen Adresse.

Ländernamen zur Beschriftung Ihrer Postkarten und Briefe: Alemanha (Deutschland), Áustria (Österreich), Suíça (Schweiz).

Radio

Will man sich im Ausland schnell über das Tagesgeschehen in der Heimat informieren, so sollte man einen **Weltempfänger** mit auf die Reise nehmen, mit dem man auf Kurzwelle problemlos mehrere Sender aus Deutschland empfangen kann. Man sollte darauf achten, dass der Weltempfänger einen durchgehenden Empfang auf Kurzwelle von 2.000 kHz bis 30.000 kHz ermöglicht und über eine Digitalanzeige sowie möglichst auch eine digitale Frequenzeingabe verfügt; Speicherplätze sind sehr komfortabel.

Deutsche Welle – DW: Offizieller Auslandsrundfunksender Deutschlands, der in etwa 30 Sprachen sendet. Das deutsche Programm wird rund um die Uhr ausgestrahlt und ist 24 Stunden lang in ganz Portugal zu empfangen. Der beste Empfang gelingt auf 9545 kHz im 31-m-Band; auf 6075 kHz, der Hausfrequenz der Deutschen Welle, im 49-m-Band; und nachts auch auf 3995 kHz im 75-m-Tropenband. Einen Frequenzplan für die Reise erhält man bei: Deutsche Welle, 50698 Köln, ✆ 0228/429-400, ✉ 429-154000, www.dw-world.de.

Deutsche Inlandssender können in Portugal ebenfalls empfangen werden (leider oft nur in schlechter Qualität): Deutschlandfunk 6190 kHz; DeutschlandRadio Berlin 6005 kHz; Bayerischer Rundfunk 6085 kHz; Südwestrundfunk 6030 kHz und 7265 kHz.

Radio Österreich International – RÖI ist am besten auf 6155 kHz (49-m-Band) und 13730 kHz (22-m-Band), abends auch auf 5945 kHz (49-m-Band) zu hören. Infos: Radio Österreich International, Argentinierstr. 30a, 1040 Wien, ✆ 01/5010118006, ✉ 5010118167, www.oe1.orf.at.

Schweizer Radio International – SRI sendet nicht mehr auf Kurzwelle, sondern nur noch im Netz: www.swissinfo.ch.

Reklamationen

Alle Restaurants, Hotels, Pensionen und Campingplätze müssen ein Beschwerdebuch führen (*Livro de Reclamações*), damit Sie Ihre Beschwerde eintragen können. Sie erhalten eine Kopie Ihrer Beschwerde, das Original geht an den *Turismo de Portugal*. Häufig ist daher ein Problem allein dadurch zu lösen, dass man nach diesem Buch fragt. Ansonsten ist eine Beschwerde beim örtlichen Turismo am sinnvollsten. Man kann sich auch an *Turismo de Portugal* direkt wenden: Rua Ivone Silva, Lote 6, 1050-124 Lisboa, ✆ 217810000.

Sport

Wichtigste Sportart ist auch in Portugal König **Fußball**. Er bestimmt selbst das politische Leben. Es gibt auch in Intellektuellenkreisen kaum eine Diskussion, in der kein Vergleich zum Fußball gezogen wird. Derzeit spielt die Nationalmannschaft in der Weltspitze mit. Dies ermöglichen nicht zuletzt Fußballemigranten wie Jungstar Cristiano Ronaldo. Die portugiesische Liga ist eher schwach. Es dreht sich eigentlich alles um den FC Porto, Benfica Lissabon und Sporting Lissabon.

Der Spitzensport ist in Portugal noch wenig entwickelt. Kaum ein Portugiese oder eine Portugiesin hat olympisches Gold gewonnen. Einzig Carlos Lopes und Rosa Mota bilden mit ihren Marathon-Erfolgen ebenso eine Ausnahme wie der Dreispringer Nelson Évora mit seiner Goldmedaille in Peking. Auch keine Spitzenradler hat Portugal hervorgebracht, wie zuletzt José Azevedo. In der Leichtathletik ist der Langstreckenlauf international an der Spitze, bei den Mannschaftssportarten das Rollhockey. Im Beachvolleyball sind die Portugiesen ebenfalls Weltspitze. Auch mit dem Breitensport ist es in Portugal nicht weit her – die wenigen Sportmöglichkeiten außerhalb der Vereine verhindern eine Verbreitung.

Was man kaum vermuten würde: Sehr viele Portugiesen können nicht schwimmen, weil es nur wenige Schwimmbäder gibt und das Erlernen im rauen Atlantik sehr gefährlich ist.

Die Sportmöglichkeiten in Portugal sind insgesamt äußerst vielfältig, wobei Schwimmen im Meer, Windsurfen und Wellenreiten, also die Wassersportarten, an der Spitze stehen.

Golfen: In Portugal findet man einige der schönsten Golfplätze Europas, teilweise recht anspruchsvoll. Besonders viele Plätze gibt es an der Algarve und in der Umgebung Lissabons, dort vor allem im Kreis Cascais. Nachfolgend eine kleine Auswahl guter Plätze.

● *Einige Plätze an der Algarve* **Quinta do Lago**, angrenzend an das Haff Ria Formosa. Vier zusammenhängende 9-Loch-Plätze. Nur ca. 5 km westlich vom Flughafen Faro.

Vale do Lobo, grandiose Lage entlang der Kliffe, zwischendrin kleine Kiefernwäldchen. Weltberühmt und viel fotografiert, das siebte Loch liegt auf einem Vorsprung oben am Kliff. Die Anlage findet man zwischen der Feriensiedlung Vale do Lobo und Quarteira.

Vilamoura, vier Golfplätze am Rande von Vilamoura, jeweils mit 18 Löchern. Weitere Plätze sind geplant.

Salgados, neu angelegter Platz mit 18 Löchern, westlich von Albufeira (Galé).

Penina, einer der ältesten Plätze an der Algarve (1965). Das angegliederte Hotel hat schon viele berühmte Gäste beherbergt. Die künstlich aufgeschüttete Schwemmlandzone liegt zwischen Portimão und Lagos.

Auch westlich von Lagos sind seit Ende der 80er Jahre einige Plätze entstanden: **Palmares** (18 Loch), Meia Praia/Lagos. **Parque da Floresta** (18 Loch) bei Budens.

● *Einige Plätze im Raum Lissabon* **Quinta da Marinha**, ein von Robert Trent Jones

Sport 67

entworfener 18-Loch-Kurs zwischen Cascais und Guincho.
Penha Longa, Quinta da Penha Longa, Linhó, 2710 Sintra. Einer der renommiertesten Golfplätze Europas in einem Naturschutzgebiet am Rande der Serra de Sintra.
Golf do Estoril, Av. da República, 2765 Estoril. 18-Loch-Kurs in Estoril an der Straße nach Sintra.

Tennis: Tennis ist in Portugal längst nicht so verbreitet wie in Deutschland. Viele Hotels der gehobenen Kategorie, besonders an der Algarve, verfügen über eigene Tenniscourts.

Tauchen und Schnorcheln: Insbesondere im Küstengebiet zwischen Lagos und dem Cabo de São Vicente bietet die von Grotten durchzogene Felsenküste herrliche Tauchgänge. Dazu liegen noch einige interessante Wracks vor der Küste, so ein Kohletransporter, den ein deutsches U-Boot im Zweiten Weltkrieg vor Sagres versenkte.

Die Küste fällt bei den Kliffen in der Regel steil auf ca. 10 m Wassertiefe ab. Danach folgt ein sanft abfallender, sandiger Meeresgrund; immer wieder ragen dazwischen Felsformationen hervor, die mit Muscheln, Anemonen und Fächer-Korallen bewachsen sind.

Klippenspringer bei Albufeira

In den Felsspalten entdecken aufmerksame Beobachter zahlreiche Tintenfische, Bärenkrebse und Conger-Aale. Mit Glück begegnet man beim Tauchgang Seeteufeln, Gabeldorschen und Zackenbarschen. Wer sich jedoch eine Artenvielfalt wie im Roten Meer verspricht, wird im Atlantik enttäuscht werden. Auch die stark schwankende Sichtweite kann dabei nicht mit „karibischen" Verhältnissen konkurrieren: In ungünstigen Fällen beträgt sie nur drei Meter, es können aber auch 15 Meter und mehr werden.

Der Atlantik ist dennoch ein interessantes Tauchgebiet, das einen ursprünglicheren und besser erhaltenen Eindruck macht als die meisten Gebiete im Mittelmeer. Da die Temperaturen des Atlantiks mit 13–20 Grad teilweise recht erfrischend sind, sollte man allerdings mit einem warmen, mindestens 7 Millimeter dicken Neoprenanzug samt Weste oder einem Trockentauchanzug ins Wasser gehen. Eine Lampe lohnt sich ebenfalls, um die Tiere in den Felsspalten zu entdecken und sich in den Grotten zu orientieren.

Um als Tourist tauchen zu dürfen, benötigt man den Grundschein einer internationalen Tauchorganisation wie CMAS (Bronze/1-Stern) oder PADI (Open Water). Die Tauchbasen bieten allerdings auch Schnuppertauchen und Anfängerkurse an.

Gesetzlich ist die maximale Tiefe in Portugal auf 40 m begrenzt. Mehr ist nur mit einer mobilen Druckkammer an Bord des Bootes erlaubt, de facto ein unüberwindbares Hindernis. Pressluft-Flaschen können bei Tauchbasen und mit Glück auch bei Feuerwehrstationen aufgefüllt werden.

Vor den portugiesischen Küsten ist jegliche *Unterwasserjagd* mit Atemgerät verboten, da die Fische bei dieser Fangmethode zu schnell dezimiert würden. Beim Schnorcheln ist die Jagd allerdings erlaubt. Zur Unterwasserjagd darf nur der Handspeer benutzt werden. Gejagt werden dürfen Schalentiere und Tintenfische. Echte Sporttaucher verzichten aber sowieso darauf.

Wellenreiten (Surfen) und Bodyboarden: Wellenreiten (in diesem Buch Surfen genannt) erfreut sich in Portugal größerer Beliebtheit als in jedem anderen Land Europas. Kein Wunder, denn an der rauen Atlantikküste findet man ideale Bedingungen für diesen schönen Sport. An der Algarve sind vor allem die Spots um Carrapateira beliebt – im Sommer sind die Wellen oft nur an der Westküste hoch genug, um zu surfen, während sie an der Südküste sehr flach sein können.

Das Bodyboarden, bei dem man im Unterschied zum Wellenreiten auf dem Brett liegen bleibt, ist besonders bei jüngeren Kids beliebt. Ein Bodyboard ist kleiner, leichter und wesentlich billiger als ein Surfbrett, das immerhin um die 300 € kostet. Außerdem verwenden Bodyboarder Flossen, die beim Hinauspaddeln Kraft sparen.

Anfänger sollten sich im Klaren sein, dass Surfen wesentlich schwieriger ist, als es aussieht. Man braucht viel Geduld und Übung, allein schon um durch die Wellen zu kommen, sie einschätzen zu lernen und schließlich auf dem Brett stehen zu können. Bodyboarden ist da schon einfacher. Jedoch ist das Feeling auf einem Surfbrett nicht mit dem auf einem Bodyboard zu vergleichen.

Ein paar **Regeln** sollte man unbedingt beachten:

Nie ganz alleine surfen!
Nie weiter hinauspaddeln, als man ohne Brett zurückschwimmen könnte.
Vorsicht vor Felsen an der Küste und im Wasser! Nur wirklich erfahrene Surfer sollten sich in direkte Nähe der Felsen wagen.

Achtung bei Strömungen: Auf einem Surfbrett ist man ihnen viel stärker ausgeliefert, als man anfangs vermuten würde!
Die Leine immer vor Betreten des Wassers am Fuß befestigen!

Windsurfen: In Portugal findet man in Guincho bei Lissabon den vielleicht besten Spot Europas. Guincho ist allerdings auf Grund der starken Wellen und der gefährlichen Strömungen nichts für Anfänger. Einfachere Bedingungen herrschen dagegen am Meia-Praia-Strand in Lagos. Windsurfen ist in Portugal selbst aber kaum verbreitet – es gibt z. B. keine Profis. So findet man hauptsächlich Ausländer, die hier ihrem Lieblingssport nachgehen. Daher bezeichnen die Portugiesen mit „Surfen" das Wellenreiten, woran sich auch dieser Führer hält!

Kitesurfen: Die besten Gebiete für das Kiten sind Tavira, der Strand von Faro, Portimão und Lagos.

Sprachkenntnisse

Wie für jedes Land, so gilt auch für Portugal: Ohne Kenntnis der Landessprache wird man nie vollständig Zugang zu Land und Leuten finden.

Obwohl Portugiesisch zu den großen Weltsprachen zählt und von über 200 Mio. Menschen gesprochen wird (in Brasilien, Portugal, Angola, Mosambik, Guinea-Bissau, Cabo Verde, São Tomé e Príncipe, Macau, Goa, Timor Lorosae), ist es an deutschen Schulen eher ein Stiefkind.

Zumindest an der Algarve-Küste wird man dennoch keine Probleme haben, mit **Englisch** durchzukommen. Fast jeder Portugiese, der im Tourismusgewerbe arbeitet, spricht Englisch für den Hausgebrauch. Auch **Französisch** wird recht häufig gesprochen, vor allem von Angehörigen der älteren Generation. Kenntnisse in **Deutsch** sind seltener und nur in den großen Touristenzentren verbreitet.

Leute mit **Spanischkenntnissen** werden zumindest vom geschriebenen Portugiesisch viel verstehen. Aufgrund der schwierigeren Aussprache ist jedoch das gesprochene Portugiesisch für viele *Castellano-Hablantes* ein Buch mit sieben Siegeln. Von den Portugiesen wird man hingegen gut verstanden, wenn man Spanisch spricht, und auch mit Italienisch kommt man weiter.

Spanier – nuestros hermanos?

Nach Jahrhunderten kriegerischer Auseinandersetzungen und mehreren Versuchen, sich gegenseitig einzuverleiben, hat sich das portugiesisch-spanische Verhältnis spätestens seit dem gemeinsamen Beitritt zur Europäischen Gemeinschaft 1986 weitgehend entspannt. Nach Öffnung des portugiesischen Lebensmittelmarktes wurde das Land von spanischen Agrarprodukten überschwemmt, da die eigene Landwirtschaft nicht konkurrenzfähig war. Seitdem wurde Spanien auch zu einem der wichtigsten Investoren in Portugal; das Wirtschaftsleben beider Länder ist stark miteinander vernetzt. Portugal wurde seit seinem EG-Beitritt auch klar, dass es als kleines Land international nicht viel ausrichten kann. Daher lehnt es sich zunehmend an die spanische Außenpolitik an. Dennoch gibt es auch Kontroversen zwischen den beiden Ländern, beispielsweise über den spanischen Wasserplan (*Plano Hidrológico Espanhol*), der die Umleitung einiger großer gemeinsamer Flüsse (Tejo, Guadiana) in trockene spanische Zonen vorsieht. Ebenfalls geändert hat sich die traditionelle atlantisch orientierte Haltung der Portugiesen, deren Konsequenz insbesondere die Vernachlässigung der Verkehrswege ins Landesinnere war. Den Straßen- und Zugverbindungen nach Spanien wird endlich die notwendige Aufmerksamkeit geschenkt. So ist neben dem Aus- und Neubau einiger wichtiger Straßen auch die Realisierung einer Hochgeschwindigkeitsstrecke zwischen Lissabon bzw. Porto und Madrid geplant.

Parallel zu der wirtschaftlichen Vernetzung beider Länder hat sich auch die Einstellung zur Mentalität der Nachbarn geändert. Bei manchen älteren Portugiesen stößt zwar nach wie vor alles Spanische auf große Ablehnung; es kann immer noch vorkommen, dass man Sprüche hört wie: „Für mich ist alles, was aus Spanien kommt, schlecht." Doch ist heute vielen bewusst, dass beide Länder mehr eint als trennt, und so werden die Spanier meist als *nuestros hermanos* („unsere Brüder") bezeichnet. Immer mehr Portugiesen verbringen auch ihren Urlaub in Spanien, gerade in den großen Städten Madrid und Barcelona, aber auch auf Teneriffa und Andalusien.

Stierkampf

Im Gegensatz zu Spanien und Südamerika wird an der Algarve der Stier beim Kampf niemals getötet. Dieser Grundsatz wurde im 18. Jh. eingeführt, als ein Adliger von einem Stier getötet wurde. Der portugiesische Stierkampf ist deswegen jedoch keineswegs weniger brutal als der spanische. Portugiesischen Stieren bleibt lediglich das unwürdige Herumstochern von spanischen Anfängertoreros erspart, die es nicht schaffen, dem Stier den tödlichen Degenstoß zu versetzen.

Die Kämpfe beginnen in der Regel am späten Nachmittag, wenn die Arena durch den Sonnenstand in eine Schatten- und eine Sonnenseite geteilt ist. Die billigsten Plätze sind die in der Sonne. Die Saison wird normalerweise an Ostern eröffnet und dauert bis Oktober. Stierkämpfe gibt es nur in Südportugal; nördlich der Estremadura und des Ribatejo kennt man diese Tradition nicht. Die größte Stierkampfarena Portugals befindet sich in Cascais, jedoch muss jeder *Toureiro*, der etwas auf sich hält, einmal im *Campo Pequeno* in Lissabon gekämpft haben. Weitere bekannte Arenen in der Umgebung der Hauptstadt sind in Vila Franca de Xira, Montijo, Alcochete und Moita, eine größere noch in Setúbal. An der Algarve gibt es Arenen in Lagos und Albufeira.

Vormittags hat man oft Gelegenheit, die Kampfstiere in ihren Ställen zu bewundern. In der Vorführung am Nachmittag wird dann meist mit sechs verschiedenen Stieren nacheinander gekämpft.

Der Kampf auf dem Pferd ist dabei der wichtigste; adlige Tradition hat sich hier erhalten. Schon vor Tausenden von Jahren sollen die Lusitanier zu Pferde gekämpft haben. Der Stier wird von den *Cavaleiros* (Reitern) angegriffen. Ein Wettkampf zwischen Reiter, Pferd und Stier beginnt, wobei der Reiter versucht, *Farpas* (Pfeile mit bunten Bändern) in den Nacken des Tieres zu stoßen, um es noch mehr zu reizen. Der Stier hat keine echte Chance, sich zu wehren, da seine Hörner mit Lederkappen versehen sind, um die Pferde zu schonen. Die Reiter sind die einzigen Beteiligten, die es zu Ruhm bringen (z. B. João Moura, Bastinhas, Telles und Salvador), wenngleich sie auch nie so bekannt werden wie spanische Toreros (z. B. El Cordobés).

Anschließend betritt ein *Matador* zu Fuß die Arena, um den Stier mit einem roten Tuch, der *Muleta*, zu reizen und weiter zu ermüden. Danach müssen die *Forcados* (Forkenträger) den Stier zu Fuß ohne Waffen auf den Boden zwingen – gegenüber den grausamen Praktiken der spanischen Matadores eine fairere Art des Kampfes. Einer springt todesmutig dem Stier zwischen die Hörner, die anderen helfen von den Flanken und ein weiterer zieht ihn schließlich am Schwanz zu Boden.

Wenn das geschafft ist, kommt das für den Stier unerwartete Ende. Indem nämlich mit Kuhglockengeläute mehrere Ochsen oder Kühe in die Arena geführt werden, wird der gerade noch wild tobende Stier wieder zum Rindvieh! Leicht verwirrt steht er zunächst da – vermutlich kommen ihm jetzt wohl Gedanken an die heimatliche Weide, an seine Stier- und Ochsenfreunde – bevor er schließlich bereitwillig mit seinen Artgenossen hinaustrottet.

Allerdings sehen nur wenige Stiere ihre heimische Weide wieder. Die allerbesten Tiere werden als Zuchtbullen verwendet, den Rest erwartet das traurige Schicksal des Schlachthofs. Die Stiere haben jedoch zumindest ein weitaus besseres Leben als Rinder aus der Massentierhaltung; die meiste Zeit ihres Lebens dürfen sie auf schönen Weiden verbringen.

Eine originelle Variante des Stierkampfes wird in *Vila Franca de Xira*, ca. 30 km nördlich von Lissabon, alljährlich Ende April und Anfang Oktober durchgeführt. Aus dem traditionellen Stierzuchtgebiet Ribatejo werden eine Menge Stiere in das Städtchen gebracht und dort in die engen Gassen getrieben. Vor ihnen laufen die mutigsten Männer der Gegend und versuchen, sich vor der anstürmenden Rinderhorde in Sicherheit zu bringen. Die Gassen sind dabei mit festen Gattern abgeriegelt, die Schaufenster mit Planken stierfest vernagelt. Der ganze Wettlauf vollzieht sich dann in furchtbarer Panikstimmung. Chaos und Gebrüll überall. Wenn die Stiere kommen, versuchen einige ängstliche Läufer und überraschte Zuschauer die Bretter an den Häusern hinaufzuklettern und dort den Ansturm außer Reichweite vorbeirauschen zu lassen; manchen gelingt es, andere fallen vor die tobende Meute. Durcheinander, wilde Knäuel von Rindvieh und Menschen, blaue Flecken, Knochenbrüche und Schlimmeres kommen vor. Oft sind Tote zu beklagen. Die Zuschauer haben gut lachen – das Ganze wirkt unheimlich komisch, die Angst der vorbeisausenden Männer und Frauen, die wütenden Tiere, ein herrlicher, aber auch sehr gefährlicher Spaß! Zum Mitrennen gehört Mut, nachher gibt's dafür viel zu erzählen – bis zum nächsten Jahr!

Diese *Espera e Largada de Touros* ähnelt dem in Deutschland bekannteren und wesentlich brutaleren Fest in Pamplona, der Hauptstadt Navarras. Ähnliche lokale Ereignisse sind die *Largadas de Touros* in den Städten Alcochete (am interessantesten), Arruda dos Vinhos, Sobral de Monte Agraço und Montijo.

Tascas

Diese kleinen Tavernen findet man auf Schritt und Tritt. Im düsteren Interieur stehen große Weinfässer mit rotem Bauernwein, dem *Carrascão*. Der Wein ist so naturrein, dass man beim Trinken den Mund leicht verzieht. Besser schmeckt er als *Tracado* (mit Zitronenlimonade gemischt). Beobachtet man die Leute am Tresen, so stellt man fest, dass die kleinen Gläser in einem Schluck geleert werden.

Zu essen gibt es meist nur Kleinigkeiten, etwa Brötchen mit Steak (*Bifanas* oder *Pregos*) oder gegrillte Sardinen. Manchmal kann man den eigenen Fisch vom Fischmarkt mitbringen und von der Wirtin braten lassen. Dazu sollte man aber vorher Bescheid sagen!

Weine und andere Kleinigkeiten – die Tasca

Telefonieren

Von Deutschland nach Portugal: Telefonate von Deutschland beginnen mit der Vorwahlnummer 00351; sie sind preiswerter als umgekehrt. Durchwahl ist zu jedem Ortsnetz möglich. Die Vorwahlen sind in Portugal in die Telefonnummern integriert und müssen immer mit gewählt werden. Dabei steht die 2 für das Festnetz und die 9 für mobile Netze. Aus Deutschland wählt man daher 00351-Teilnehmernummer, beispielsweise 00351-213321123.

Wissenswertes von A bis Z

In Portugal gibt es drei **Handy**-Netzbetreiber: Optimus, TMN und Vodafone. In Portugal gilt der EU-Roamingtarif. Wer eine portugiesische Nummer von seinem Handy (mit ausländischer Karte) aus anruft, muss die portugiesische Vorwahl 00351 mitwählen.

Von Portugal nach Deutschland lautet die Vorwahl 0049, nach Österreich 0043 und in die Schweiz 0041. Ferngespräche vom Festnetz aus führt man am besten mit einer Telefonkarte oder vom Postamt aus. Bei Gesprächen vom Hotel aus kommen mindestens 100 % Extragebühr hinzu. Bei Anrufen aus dem Ausland ist nach der Ländervorwahl 0049 die 0 der Ortsvorwahl wegzulassen!

Telefonzellen: Die alten Münzautomaten sind mittlerweile größtenteils von modernen Automaten abgelöst worden, die oft nur Karten akzeptieren. Die hierfür nötigen Plastikkarten gibt es im Postamt oder am Zeitungskiosk zu 50 Einheiten (3 €), 100 Einheiten (6 €) und 150 Einheiten (9 €). Mit dem Cartão Jovem bekommt man in den Läden der Portugal Telecom 10 % Ermäßigung.

Von den Chipkartenautomaten aus ist es auch möglich, Gespräche mit Multibanco- und Kreditkarten (Visa, Eurocard/Mastercard) zu führen. Es wird eine Extra-Gebühr für Multibanco von 0,15 € und für Kreditkarten von 0,45 € fällig. Man kann mit der Extragebühr auch mehrere Gespräche führen. Bevor Sie die Telefonzelle verlassen, sollten Sie unbedingt so oft auflegen, bis die Meldung *„Inserir Cartão"* (Karte einführen) erscheint, sonst telefonieren andere auf Ihre Kosten!

Von Kaffeehäusern und Bars, die das Schild *Telefone* über dem Eingang haben, kann man problemlos telefonieren – das Telefon ist mit einer Zähluhr gekoppelt. Hier ist es allerdings etwas teurer als von der Telefonzelle aus, aber besonders in kleinen Dörfern und Städten findet man oft keine andere Möglichkeit.

Gesprächsart	Gebühren pro Minute (Billigtarif vom Privatanschluss innerhalb des Netzes der Portugal Telecom kostenlos)		
	Normaltarif	*Billigtarif*	*Wochenendtarif*
Lokal (bis 50 km im Umkreis)	0,0313 €	0,0000 €	0,0101 €
National (ab 50 km Entfernung)	0,1190 €	0,0000 €	0,0101 €
Frankreich, Schweiz, GB	0,2891 €	0,2316 €	0,1736 €
Deutschland, Österreich, EU	0,2993 €	0,2394 €	0,1795 €

Gebühren: Die Gebührentabelle anbei zeigt die Kosten für Gespräche von Telefonzellen oder Postämtern. Der billige Tarif gilt wochentags von 21–9 Uhr sowie ganztags an Feiertagen. An Samstagen und Sonntagen gilt der Wochenendtarif; für alle anderen Zeiten gilt der Normaltarif. Jede Gebühreneinheit kostet in den Telefonzellen mit Telefonkarte 0,06 €, in den Kabinen mit Münzen 0,07 €, wobei das Minimum 3 Einheiten sind. Eine Einheit nach Deutschland erlaubt ca. 7/ 9/ 12 Sekunden (Normal-/ Nacht-/ Wochenendtarif) Gesprächszeit. Am Telefon zu Hause kann man von einem Anschluss der Portugal Telecom von Mo–Fr von 21–9 Uhr kostenlos innerhalb des gesamten inländischen Festnetzes telefonieren. Dies gilt leider nicht für Telefonate vom Hotelzimmer aus. Die sonstigen Tarife sind der Gebührentabelle (Gespräche zu Privatanbietern in Portugal können etwas teurer sein) zu entnehmen, wobei der Normaltarif Mo–Fr von 9–21 Uhr gilt, der Wochenendtarif ganztägig am Samstag und Sonntag, in der restlichen Zeit der Billigtarif. Von einer

Telefonzelle aus nach Deutschland kostet es mit Telefonkarte Mo–Fr von 9–21 Uhr etwa 1,15 €, von 21–9 Uhr etwa 1 € und am Wochenende 0,80 €.

Preise im Telefontarifdschungel

Seit der Öffnung des Telekommunikationsmarktes für private Anbieter wie Arcor (Netzvorwahl 01070) oder Teledump (Netzvorwahl 09001035) haben sich die Preise auch für Auslandsgespräche teilweise erheblich verringert. Die neu entstandene Konkurrenzsituation hat auch zur Folge, dass sich die Tarife ständig ändern – ein Preisvergleich lohnt sich also immer. Bei vielen Anbietern sind übrigens auch nur einzelne Gespräche ohne Anmeldung im so genannten „echten" *Call-by-Call-Verfahren* möglich. Die Rechnung kommt zusammen mit der Telekom-Rechnung, besondere Gebühren werden nicht fällig. Dazu wählt man einfach die Netzvorwahl und danach die restliche Nummer (inkl. der Nullen am Anfang), also z. B. mit Arcor nach Lissabon: 01070 + 00351 + 1 + Teilnehmernummer.

Die aktuellen Preise gibt es im Internet u. a. unter: www.billiger-telefonieren.de.

R-Gespräche: Von Portugal nach Deutschland kann man problemlos R-Gespräche unter der Nummer 120 anmelden, für Gespräche nach Deutschland 800800490, Österreich 0080028787421, Schweiz 800800410. Der Service kostet 1,0133 € pro Gespräch.

Auskunft: Die Telefonauskunft hat in Portugal die Rufnummer 118. Der Preis für eine Auskunft beträgt ca. 0,54 €. Im Internet kann der *Serviço 118* auch kostenlos benützt werden. Zugang hat man über die Internetseiten der *Portugal Telecom* (www.telecom.pt). Auch die portugiesischen Gelben Seiten kann man im Internet jederzeit gebührenfrei konsultieren (www.paginasamarelas.pt).

In den Telefonbüchern sind die Portugiesen in der Regel übrigens unter ihrem letzten Nachnamen eingetragen.

Toiletten

Die portugiesischen Damentoiletten sind mit „S" (*Senhoras*), die Herrentoiletten mit „H" (*Homens*) gekennzeichnet. Den Standort der nächsten Toilette erfragt man

mit „*Onde fica a casa de banho?*". Der Standard der portugiesischen Toilettenanlagen ist meist sehr sauber, nur in kleineren Restaurants und Cafés herrschen oft noch traurige Zustände – die Hände kann man sich dann mit der wunderbar riechenden blauen Kernseife Marke „Offenbach" waschen, manchmal findet man auch Stehtoiletten vor.

Die Markthändler (hier Lagos) sind auf Touristen eingestellt

Tourismus

Von Ausländern wurde das abseits gelegene Land erst sehr spät entdeckt. In der ersten Ausgabe des Baedeker *Spanien/Portugal* aus dem Jahre 1898 waren an der Algarve nur Monchique, Faro und Loulé eine Erwähnung wert und während z. B. 1937 fünf Millionen Touristen Italien bereisten, weisen portugiesische Statistiken aus dem gleichen Jahr gerade einmal 36.000 Besucher aus. Auch noch in den 60er Jahren war die Algarve eher ein Geheimtipp für betuchte Engländer, obwohl der Flughafen Faro bereits im Juli 1965 seinen Betrieb aufnahm. Die lange Militärdiktatur und die unruhigen Zeiten der darauf folgenden Revolution ließen die Tourismusindustrie erst in der zweiten Hälfte der 80er Jahre richtig boomen.

„Sanfter Tourismus": Die Tourismusbehörde, die sich mehr als eine Lobby des Big Business versteht, beargwöhnt eher Aktivitäten, die versuchen, das von Landflucht geplagte Hinterland für die ausländischen Besucher interessant zu machen. Diese Sichtweise, die nur auf die Auslastung der Bettenburgen an der Küste gerichtet ist, schmälert allerdings das Image des Reiseziels Algarve für Individualisten.

Trinkgeld

In Portugal sieht man die Frage des Trinkgeldes nicht so eng wie in anderen Ländern. Unter Portugiesen sind etwa 5 % üblich; viele ausländische Touristen geben etwa 10 % Trinkgeld.

In *Restaurants* wird der Rechnungsbetrag meist auf die nächste volle Summe aufgerundet (z. B. von 23 € auf 25 €): Man lässt sich das Restgeld zurückbringen und lässt es dann liegen bzw. legt gegebenenfalls noch etwas Kleingeld dazu. In Cafés gibt man bei Bedienung am Tresen in der Regel kein Trinkgeld.

Bei *Taxifahrten* sind ebenfalls ca. 5 % Trinkgeld üblich. Platzanweisern im *Kino* wird manchmal etwas Geld gegeben. Auch Parkwächter (*Arrumadores*) erwarten einen „Beitrag" (ca. 0,50–1 €), damit sie auf das Auto „aufpassen".

Wandern

Sonnen, Baden und zwischendurch ein bisschen Golfen – so oder so ähnlich gestaltet sich für viele Pauschalurlauber der touristische Alltag an der Algarve. Sicher nicht zu verachten, doch dieser südliche Landstrich hat noch mehr zu bieten. Für Wanderfreunde gibt es seit einem Jahr ein besonderes Highlight: die *Via Algarviana*, eine über 300 km lange Wanderroute, die sich vom nordöstlichen Grenzdorf Alcoutim am Rio Guadiana durch das hügelige Hinterland bis zum Cabo de São Vicente, der Südwestspitze Portugals, schlängelt. Abseits der Bikini-Algarve mit ihren Bettenburgen und Golfplatz-Monokulturen durchwandert man auf Schotter- und Feldwegen eine touristisch noch überwiegend unerschlossene Region. Die Landschaft ist geprägt von Kiefern- und Korkeichenwäldern, Mandel-, Feigen- und Olivenbäumen, fruchtbaren Tälern sowie kleinen Äckerchen, und ab und an passiert man ein verschlafenes Dörfchen. Touristen trifft man hier derzeit noch wenige, Ruhe pur also, nur manchmal quert ein Schäfer mit seinen wolligen Gefährten die kleinen Pfade. Die *Via Algarviana* setzt sich aus insgesamt 14 Teilstrecken mit einer Länge von jeweils 15 bis 30 km zusammen. Wer also die gesamte Route durchwandern will, sollte etwa zwei Wochen

Auf der Via Algarviana geht es Richtung Küste

dafür einplanen. Nähere Informationen zur Via Algarviana findet man unter www.viaalgarviana.org. Dort gibt es auch eine Übersicht der einzelnen Etappen mit ihren kulturellen und landschaftlichen Besonderheiten.

Weitere Wandermöglichkeiten finden Sie im Verzeichnis der Wanderungen und Touren (inkl. Hinweis zum Download der GPS-Tracks) am Anfang des Buches.

Zeit

In Portugal galt von September 1992 bis Ende März 1996 mit der mitteleuropäischen Sommer- und Winterzeit die gleiche Zeit wie in Deutschland. Viele Portugiesen waren aber mit der Gleichschaltung zur mitteleuropäischen Zeit unzufrieden. Besonders weil in den Wintermonaten erst um 8 Uhr die Morgendämmerung anbrach.

Seitdem liegt die portugiesische Zeit wieder eine Stunde vor der deutschen. Da die Portugiesen aber weiterhin die Sommerzeit zum gleichen Zeitpunkt wie in Deutschland haben, gilt für Sommer wie Winter: portugiesische Zeit = deutsche Zeit minus 1 Std.; bzw. deutsche Zeit = portugiesische Zeit plus 1 Std.

Algarve

▲ Phantastische Felsenszenerie – Praia da Marinha bei Carvoeiro

Die Reiseziele an Portugals Südküste

Algarve 78
Ostalgarve (Sotavento) 78
Westalgarve (Barlavento) 134
Costa Alentejana 233

Zarte, schneeweiße Kristalle – Salzernte bei Fuzeta

Algarve

Eine abwechslungsreiche Küste mit geologisch verschiedenartigen Erscheinungsformen: im Osten geschützte Lagunen mit Muschelbänken und Salzgärten, niedrig liegendes Marschland und lange Sandstrände mit frisch-grünen Pinienhainen. Die typischen Algarvestrände findet man westlich von Faro: rot leuchtende Felsenküste mit versteckt liegenden Badebuchten und steil ins Meer abfallenden Kliffs. Die schäumende Brandung des fischreichen Atlantiks schwemmt durch Ebbe und Flut die Strände sauber und sorgt für glasklares Wasser an der Küste.

Sotavento, die dem Wind abgewandte Küste, nennen die Portugiesen den östlichen Küstenstreifen zwischen spanischer Grenze und Faro. *Barlavento* dagegen heißt die im Wind liegende Westküste zwischen Faro und Cabo de São Vicente.

Ostalgarve (Sotavento)

Vila Real de Santo António (10.500 Einw.)

Ein Ort mit geradlinigen Straßen und gleichförmiger Architektur an der Mündungsbucht des Rio Guadiana, dem Grenzfluss nach Spanien. Hier gibt es nicht viel zu tun, ein wenig Leben in den Straßencafés der Fußgängerzone an der Praça Marquês de Pombal und an der parkähnlichen, recht hübschen Flusspromenade.

1774 wurde die Stadt in nur fünf Monaten völlig neu errichtet. Der ehrgeizige Minister Pombal ließ mit riesigem Aufwand sogar Fassadensteine von Häusern aus Lissabon heranbringen, um dem feindlichen Nachbarn Spanien zu zeigen, was die portugiesische Regierung alles auf die Beine stellen kann. Pombals Vorstellungen in punkto Neubau von Städten kann man auch in der Baixa von Lissabon nachvollziehen: kerzengerade, rechtwinklige Straßenzüge, alles auf dem Reißbrett geplant.

Das „Quartier Pombal" wird zur Flussseite begrenzt durch das ehemalige Touristenbüro gegenüber dem Fähranleger und ca. 200 m flussabwärts durch das Haus mit dem Restaurant Os Arcos.

Vila Real ist immer noch ein kleines Einkaufsparadies für Spanier, die mal eben einen Tagesausflug nach Portugal unternehmen. Auch wenn sich durch den EU-Beitritt beider Länder die Preise inzwischen fast nivelliert haben – Haushaltswaren, Frotteehandtücher und Bettwäsche sind hier wesentlich billiger, und die vielen dicht an dicht stehenden, mit Ware überladenen Läden in der Fußgängerzone schaffen so etwas wie Basaratmosphäre. Die Portugiesen revanchieren sich auf der anderen Seite des Flusses mit dem Einkauf von verbilligten Haarshampoos, Geruchswässerchen, Lebensmitteln und Benzin.

Sehenswert ist die Galerie *Manuel Cabanas* im Centro Cultural António Aleixo. Der Künstler sammelte während seines langen beruflichen Schaffens Holzstiche und Druckformen. Mit seinen Entwürfen wurden viele Buchumschläge bedruckt. Manuel Cabanas verstarb 1969 fast 90-jährig.

Während der Saison werden interessante *Tagesausflüge mit dem Boot* den Rio Guadiana hinauf angeboten. Zwischenstopp zur Mittagspause in Foz de Odeleite.

*I*nfos

- *Information* Nächste Tourismus-Information in Monte Gordo.
- *Adressen/Telefonnummern* **Polizei (GNR)** ✆ 281544355, **Centro de Saúde**, ✆ 281511371, **Post** in der Rua Dr. Teofilo Braga 50, **Internet** kostenlos im Centro Cultural, Rua Amirante Cândido dos Reis 11. Geöffnet von Mo–Fr 9.30–18 Uhr, Sa 9.30–12.30, 13–15 Uhr.
- *Bootsausflüge* Den Rio Guadiana flussaufwärts, Reservierungen bei **Boiatour**. ✆ 28151292, Urb. das Laranjeiras 29, gegenüber der Feuerwehr (Bombeiros). **Peninsular** schickt ein großes Boot bis nach Alcoutim und Pomarão, allerdings nur bei genügend Fahrgästen (fast 300!). Rua Sousa Martins 101, ✆ 964334854 (Handy), 281543561.
- *Verbindungen* **Bahn**: Endstation der Eisenbahnlinie von Faro, dort mit Anschluss nach Lissabon, ca. 1,5 km vom Zentrum entfernt.

Bus: Verbindungen nach Monte Gordo, Faro, Tavira, Castro Marim, Mértola und Beja (Mo und Fr), und 2-mal tägl. (morgens und nachmittags) nach Sevilla, über Huelva (im Winter nicht am Sa, So und an Feiertagen). Busterminal zentral am Fluss bei der Bootsanlegestelle. Taxistand an der Uferstraße.

Fähre: Fährbarkassen fahren nach Spanien hinüber. Wenn Sie Zeit haben, sollten Sie diese preiswerte Überfahrt vielleicht nutzen: pro Pers. ca. 1,50 €, das Auto ca. 3,50 €. Die Fähre verkehrt etwa alle 40 Min. von 8–19 Uhr und benötigt ca. 10 Min. für die Überfahrt nach Ayamonte.

*Ü*bernachten

Villa Marquez, nahe Fähranlegestelle. Hübsche Pension mit freundlicher Wirtin, Zimmer mit Bad oder Dusche/WC und Klimaanlage. DZ saisonabhängig 30–65 €. Rua José Barão 61, (316), ✆ 281530420, ✆ 281530429.

Baixa Mar, zentral, nahe der Uferstraße. Einfache, saubere Zimmer, z. T. mit Fenster zum Fluss. DZ (teilweise mit Gemeinschaftsbad) 30–50 €. Rua do Dr. Teófilo Braga 5, ✆ 281543511.

Matos Pereira, nahe dem Hauptplatz. Besitzer der Privatpension sind Angola-Portugiesen; im Treppenaufgang stehen afrikanische Schnitzereien. 11 kleine, saubere Zimmer mit Du/WC. DZ saisonabhängig 30–50 €. Rua Dr. Sousa Martins 57, ✆ 281543325.

Ostalgarve (Sotavento)

Coração da Cidade, am südlichen Altstadtrand. Schlichte Unterkunft in einem Neubau, alle 22 Zimmer mit Bad, TV und Klimaanlage. DZ 50–70 € je nach Saison. Rua Sousa Martins 17, ✆ 281530470, www.coracaodacidade.com.

*E*ssen

Casa Pisa II, südliche Altstadt. Der Name täuscht, das empfehlenswerte Restaurant ist berühmt für seine frittierten Tintenfische und *Bife de atum de cebolada* (Thunfisch in Zwiebelsoße), halbe Portion ab 5 €, ganze ab 7 €. Rua Jornal do Algarve 44, ✆ 2815 43157. Mi Ruhetag.
Caves do Guadiana, an der Uferstraße. Empfehlenswert; besonders während der Mittagszeit ist es schwierig einen Platz zu finden. Große Auswahl an Fisch- und Fleischgerichten ab 7 €, auch Meeresfrüchte nach Kilopreisen. Av. da República 90, ✆ 2815 44498. Do Ruhetag.
Naval do Guadiana, gediegenes Restaurant an der Marina. Viele Tapas ab 2,50 €, Fisch- und Muschelgerichte ab 9 €. Schöne Aussicht auf den Fluss. Porto de Recreio, ✆ 281513038. Täglich geöffnet.
Churrasqueira Arenilha, rustikales Restaurant nahe dem Hauptplatz. Freitagabends wird hier ab 20 Uhr Fado gesungen (20 € pro Pers. einschl. Essen). Rua Almirante Cândido dos Reis, ✆ 281544038.

Castro Marim (3.000 Einw.)

Zwischen Salinen und Marsch gelegen, nur ca. 5 km nördlich von Vila Real de Santo António. Bis ins 15. Jh. war Castro Marim eine kleine Halbinsel in der Mündungsbucht des Rio Guadiana, die Fischerboote ankerten am nördlichen Dorfrand.

An der breiten Treppe, die hinauf zur Kirche Nossa Senhora dos Mártires führt, steht links eine kleine, verschlossene Kappelle, in der sich eine wundersame Quelle versteckt, die nach einer Erscheinung aus dem Felsen entsprang.

Auf einem Doppelhügel neben dem Dorf steht ein altes *Kastell*, im 13. Jh. von Dom Afonso III. erbaut. Im 14. Jh. war es vorübergehend der Hauptsitz des mächtigen Christusritterordens. Innerhalb der Mauern befindet sich die kleine, meist verschlossene Kirche *Igreja de Santiago* und weitere Ruinen, die das Erdbeben von 1755 hinterließ. Von dem *Wachgang*, der auf der Außenmauer entlangführt, hat man einen schönen Blick auf die Ziegeldächer des Dorfes und den umliegenden Naturschutzpark sowie nach Andalusien jenseits des Flusses.

Das im Kastell untergebrachte archäologische Museum wurde frisch renoviert und präsentiert anschaulich regionale Ausgrabungsfunde.

① **Kastell**: Mai bis Sept. 9–19 Uhr, Okt. bis April 9–17 Uhr. Eintritt frei.

• *Achtung* Am Ortsausgang Richtung Vila Real de Santo António wird in naher Zukunft neben einer restaurierten Windmühle und der alten Verteidigungsmauer ein Ausstellungsgebäude mit Infos zur Region eröffnet.

Reserva Natural do Sapal: Der Naturpark von Castro Marim besteht aus „Sumpfwiesen", Salzgärten, aber auch trockenen Weideflächen und erstreckt sich westlich des Rio-Guadiana-Ufers zwischen Castro Marim und Vila Real. Im Park kann man, ausgerüstet mit einem Fernglas, einige seltene Vögel beobachten, vor allem Störche und andere Stelzvögel. Beste Zeit für einen Besuch sind der Oktober und November. Das neu errichtete Parkbüro *(Sede da Reserva do Sapal)* bietet neben Führungen für Gruppen eine Fotoausstellung, zahlreiche Infobroschüren (gratis) zu Wanderwegen und der Vogelwelt, die man dort auch bestens auf einem fest installierten Fernrohr beobachten kann.
Anfahrt Ca. 2 km nordöstlich von Castro Marim: die N 122 in Richtung Beja fahren, ca. 400 m hinter der Autobahn nach rechts abbiegen, danach ca. 1 km Schotterpiste. Geöffnet von Mo–Fr 9–12.30, 14–17.30 Uhr. ✆ 281510680.

- *Postleitzahl* 8950.
- *Information* Im **Ortszentrum**, Rua Dr. José Alves Moreira, 2–4. Geöffnet von Mo–Fr 9.30–13/14–17.30 Uhr. ✆ 281531232.
Eine weitere Touristeninfo befindet sich auf der **Autobahnbrücke**. Öffnungszeiten: Di–Sa 9.30–13.30/14.30–16.30 Uhr. ✆ 281531800.
- *Adressen/Telefonnummern* **Polizei** (GNR) ✆ 281531004, Centro de Saude ✆ 281530100, Post am westlichen Ende der Rua de São Sebastião. Kostenloser Internetzugang im Espaço Internet, Praça 1º de Maio, gegenüber vom Rathaus. Geöffnet von Mo–Fr 9–13/14–19 Uhr, Sa nur vormittags.
- *Wandern* Der Verein Odiana hat zahlreiche Wanderwege entlang des Guadiana-Flusses und im Hinterland angelegt und stellt Wanderkarten zur Verfügung: gegenüber dem Turismo in einem leuchtend hellblauen Haus, Rua 25 de Abril, 1, ✆/✆ 281531171, Mo–Fr 9–13, 14–17.30 Uhr.
- *Feste* Alljährlich am 15. August findet im alten Kastell die **Festa da Vila**, das Stadtfest, statt. Die Einheimischen zeigen dabei auch die verschiedensten traditionellen Handwerksarten (Verarbeitung von Weiden und Schilf, Weberei). „**Mittelalter-Tage**" finden am letzten August- oder am ersten September-Wochenende im Kastell statt. Regionale Handarbeiten werden in urigen Verkaufsständen feilgeboten, Musik und Ritterspiele dienen der Volksbelustigung. Lokales Handwerk wird auch auf der **Feira de Artesanato** in der zweiten Juli-Hälfte verkauft.
- *Einkaufen* Die Kooperative der lokalen Salzerzeuger **Tradisal** verkauft das vor den Toren der Stadt traditionell gewonnene Meersalz in ihrem kleinen Laden oberhalb des Hauptplatzes Praça 1º de Maio. Mo–Fr.
- *Essen* **Encosta do Castelo**, nördlich vom Tourismusamt. Modern-einheimisches Restaurant mit einfachen Gerichten ab 7 €, Rua 25 de Abril 35, ✆ 281010042. Tägl. geöffnet.
Dois Irmãos, wenig westlich vom Tourismusamt. Familiäre Atmosphäre, Grillgerichte ab 6 €. Rua S. Sebastião, ✆ 281531418. So geschlossen.
Manuel D'Água, am östlichen Altstadtrand. Großes rustikales Restaurant, bekannt für seine Grillgerichte, v. a. Fisch, ab 8 €. Estrada do Mouro Vaz, 4, ✆ 281531480. Mo Ruhetag.

Castro Marim – das verschlafene Ortszentrum mit altem Kastell

Monte Gordo (3.950 Einw.)

Der Ort liegt in einer flachen Pinienlandschaft am Atlantik – duftende Pinienhaine im Osten und kilometerlanger Sandstrand.

Vom ursprünglichen Fischerdorf ist nichts mehr erhalten: Schon von weitem sieht man die vielgeschossigen Stahlbetonhotels. Im Zentrum gibt es kleine Cafébars, Souvenirshops und Restaurants, in den engen Nebengassen weiter östlich aber auch noch einige hübsch bemalte, ehemalige Fischerhäuschen.

Der feinsandige Strand ist sehr lang und bis zu 150 m breit. Am Dorfbadestrand baute man bereits zu Beginn des Touristenbooms das *Hotel Vasco da Gama* und ein *Spielcasino*. Unter der Woche wird das Casino um 16 Uhr geöffnet. Der Eintritt ist frei.

- *Information* Tourismusamt, Av. Marginal (neben dem Casino). Öffnungszeiten: im Winter Di–Do 9.30–17.30 Uhr, sonst bis 19 Uhr, Fr–Mo 9.30–13/14–17.30 Uhr, ✆ 2815 44495.
- *Verbindungen* In der Saison fahren etwa

Ostalgarve (Sotavento)

jede halbe Stunde Busse zum 3 km entfernten Vila Real; regelmäßig Busse nach Tavira und Faro. Der Bahnhof liegt 1 km nördl. des Zentrums.

• *Adressen* **Post** in der Rua Gil Eanes 4A, **Internet** im Sommer mobil beim Stand der Telecom gegenüber dem Turismo und im Cyber-Café Gig@Byte, Rua Francisco de Almeida 2 A (Mo–Sa 9.30–13, 14–22 Uhr, 1 € pro Std.). Gratis-Internetzugang der Stadt in der Av. Infante do Henrique 9, Mo–Do 9–18, Fr 9–16, Sa 9–15 Uhr.

Fahrräder kann man bei Turfortes, Rua Bartolomeu Perestreio 2 mieten: 1 Tag für 5–7 €, 3 Tage 10–15 €, 1 Woche 20–30 €, ✆/✎ 281511022.

• *Bootsausflüge* auf dem Rio Guadiana, Abfahrt in Vila Real de S. António. **Rio Sul**, die Boote dieser Firma fahren nur bis Foz de Odeleite, ca. 40 € für Tagesausflug inkl. Mittagessen. Im Winter nur Sa und Do. ✆ 2815 10200. Rua Tristão Vaz Teixeira, 15C, www.riosultravel.com.

Turismar, ein weiterer Bootsausflugsveranstalter fährt mit dem Boot bis nach Alcoutim hoch, ✆ 281513504.

• *Übernachten* ***** Baía de Monte Gordo**, strandnah im östlichen Zentrum. Fünfstöckiges, modernes Haus, geräumige Zimmer mit Klimaanlage, schöne Aussicht vom Restaurant im oberen Stockwerk. Hausgäste können Swimmingpool und Tennisplatz des Hotels Vasco da Gama mitbenutzen. DZ mit Bad je nach Saison 42–115 €. Rua Diogo Cão, (440), ✆ 281510500, ✎ 281510509, www.hotelbaia.net.

*** Navegadores, nahe Busbahnhof. 200-Betten-Hotel mit Indoor-Pool und Fitnessraum. DZ mit Bad saisonabhängig 42–138 €. Rua Gonçalo Velho, ✆ 281510860, ✎ 2815 1087, www.hotelnavegadores.com.

Promar, kleine Pension neben dem Strand. Zimmer recht klein, mit Waschbecken. Der Meerblick vieler Zimmer wird inzwischen durch einen Neubau schräg gegenüber beeinträchtigt. Im Winter geschlossen. DZ 40–70 €. Rua D. Francisco de Almeida, ✆ 2815 42250.

Pension Sarita, in Parallelstraße zur Strandavenida, nur von Mai bis Sept. geöffnet. DZ saisonabhängig von 40–50 € (ohne Frühstück). Rua António Nola 23, ✆ 281542305.

Vila Formosa, an der N125 gelegene, persönlich geführte Unterkunft mit nur 10 Zimmern und gepflegtem Garten. Ca. 1km vom Strand entfernt. DZ ab 40 €, im August 80 €. ✆/✎ 281513689, www.residencialvilaformosa.com.

• *Camping* **Camping Monte Gordo**, Platz an der Waldstraße nach Vila Real, nicht weit vom Hotel Vasco da Gama entfernt. Einer der schattigsten Campingplätze der Algarve, hübsch mit Pinien bestanden. Platz für 2000 Pers. Pro Person 3,29–5,81 € je nach Saison, Zelt 1,34–2,38 €, Auto 1,56–3,76 €. ✆ 281510970, ✎ 281510003. Ganzjährig geöffnet.

Eine Begebenheit aus der Dorfgeschichte

Im 18. Jh. wollte Marquês de Pombal, seines Zeichens Ministerpräsident aus Lissabon, die Fischer von Monte Gordo in die neu erbaute Nachbarstadt Vila Real de Santo António zwangsumsiedeln. Dort sollte ein modernes Fischereizentrum mit Kränen entstehen, die es den Fischern erspart hätten, ihre Boote selbst mit Muskelkraft aus dem Wasser zu ziehen. Statt sich jedoch in Vila Real einzurichten, flüchteten die Fischer über die Grenze nach Spanien. Dort blieben sie drei Jahre lang, bis Minister Pombal wegen eines Regierungswechsels selbst in die Verbannung geschickt wurde. Die Fischer, die sich von den Annehmlichkeiten eines neuen Hafens nicht hatten beeindrucken lassen, kehrten alle zurück und zogen wie vorher ihre kleinen Fischerboote zum Strand hoch.

• *Essen* **Marisqueira Monte Gordo**, nördlich vom Strand. Historische Schwarzweiß-Fotos an den Wänden erzählen vom harten Fischerleben. Fischgerichte ab 8,50 €, Meeresfrüchte-Eintöpfe um 30 € für 2 Pers. Rua Pedro Cabral 5, ✆ 281512363. Tägl. geöffnet.

Jopel, nahe dem Tourismusbüro am Strand. Große Auswahl günstiger Grillgerichte, aber auch den Thunfisch in Tomaten- und Paprikagemüse (*Filete de Atum à Algarvia*) für 9 € ist empfehlenswert. Av. Infante D. Henrique, ℡ 281 544 202. Di Ruhetag.

O Tapas do Arménio, nahe Busbahnhof. Im inzwischen etwas aufgepepptem Speisesaal werden einfache Gerichte ab 8 € serviert, Menü um 10 €, auch Tische im Freien. In der Saison muss man anstehen. Rua Pero Vaz de Caminha 24 a, ℡ 281541847. Mo Ruhetag.

Westlich von Monte Gordo

Praia Verde: Möglicherweise der schönste Strand der Ostalgarve. Das Tal ist üppig grün mit Pinien aufgeforstet, hinter dem Strand erstrecken sich Dünen. Im Strandrestaurant gibt es unter Palmen gute Snacks. Auf dem Gelände des früheren Campingplatzes entstand ein hochpreisiges Apartmenthotel, das „sehr gut in die Landschaft eingebettet werden soll", wie's vor Baubeginn der Immobilienprospekt versprach.

- *Essen/Trinken* **Pezinhos N'areia**, bekanntes Strandrestaurant mit netter Atmosphäre und sehr guter Küche. Tapas und Salate ab 9 €, grillte Fische nach Kilopreis, große Nachspeisen- und Kuchenauswahl. ℡ 2815 13195. Nov. bis Jan. geschlossen, tägl. bis 19 Uhr, Juni bis 15. Sept. bis 2 Uhr morgens geöffnet.

Altura: Ein größeres Bauerndorf an der Durchgangsstraße Faro – Vila Real. Die Landschaft zwischen der EN 125 und der Küste füllt sich Jahr für Jahr mehr mit kleinen Apartmentsiedlungen, und am Strand prunkt ein allein stehender Hotelklotz – Tourismus in seiner Gründerzeit.

- *Essen/Trinken* **O Infante**, Restaurant ca. 1,5 km östlich an der N125. Die riesigen Hauptgerichte (ab 10 €) reichen meist für 2 Personen. Phantastisch ist die Vorspeise „Barriga de Atum", in Salzwasser gekochter frischer Thunfisch, in Öl und Zwiebeln eingelegt, kalt serviert. Effiziente, schulterklappenbewehrte Ober. ℡ 281956817. (Lesertipp B. Hoffmann)

Vila Nova de Cacela: Nächster Ort westlich von Altura mit dem einzigen Campingplatz in der Region. Der größte Markt der Gegend findet hier jeden dritten Sonntag des Monats statt.

- *Übernachten/Essen* **Camping Caliço**, auf einem Hügel mit Blick zum Meer. Die wirklich schattigen Plätze unter den mächtigen Johannisbrotbäumen sind am schnellsten belegt. Ansonsten Schatten durch kargen Baumwuchs. Mini-Mercado, Schwimmbad (25 m), Restaurant. In einem Tal hinter dem Platz baute man vor einigen Jahren die neue Autobahn, der wenige Verkehr sollte aber nicht weiter stören. Nächster Bahnhof in Vila Nova de Cacela. Ganzjährig geöffnet. Saisonabhängig 2,60–4,60 € pro Person, Zelt 2,20–3,05 €, Auto 1,90–3 €. Ca. 2,5 km nördlich von Vila Nova de Cacela., ℡ 281951195, ✉ 281951548, transcampo@mail.telepac.pt.

O Sabrinos, an der Durchgangsstraße. Mit ländlichen Gerätschaften nett dekorierter Speisesaal. Leckere Muschelsuppe und Schweinemedaillons mit Krabben und Muscheln (30 € für zwei), gute Weinauswahl. Av. Manuel Rosa Mendes, ℡ 281 951 679. Di geschlossen.

A Camponesa, um die Ecke vom Hauptplatz, einfaches Restaurant. Die „Landfrau" ist berühmt für ihren gegrillten Fisch – von weit her kommen am Wochenende die Feinschmecker angereist, ab 9 €. Largo da Camponesa, Ecke Av. Manuel Rosa Mendes. ℡ 281951152. Mo und im Winter geschlossen.

Manta Rota: Ein neueres Dorf ohne Patina, 200 m oberhalb vom Strand. Der Küstenstreifen hat ein wenig Dünencharakter und ist bis auf Restaurantbuden unbebaut. Etwas östlich stehen nagelneue dreigeschossige Apartmentblocks. Ca. 100 m breiter Strand mit feinem, sauberem Sand, jedoch ohne Schatten.

Westlich von Manta Rota beginnt die *Sandbankküste*, die durch ein sumpfiges Wattenmeer vom Festland getrennt ist.

- *Verbindungen* **Bahnhof** in Vila Nova de Cacela, ca. 3 km entfernt.

- *Essen* **Chá com água salgada**, neues gestyltes Strandlokal, das sich seiner kreati-

ven, mediterranen Küche rühmt. Hauptspeisen ab 14 €, Salate ab 9 €, ✆ 281952856.
Lesertipp **Manta Rota**, Restaurant mitten im Ort, fast ausschließlich einheimische Gäste, sehr reichlich, sehr preiswert, z. B. *Lulas recheadas* (himmlisch) für 6,50 €.
• *Übernachten* **Turoásis**, im „neuen" Dorfteil. Direkt über den Strand gebaut. Alle Zimmer mit Balkon zum Meer, allerdings etwas renovierungsbedürftig. Die gleiche Firma unterhält weitere Apartments gleich nebenan DZ mit Bad 75–145 € je nach Saison. Praia da Lota, 8901-901 Vila Nova de Cacela, ✆ 281951644, ✉ 28151660, www.reallota.com.
** Residencial O'Sítio, an der kleinen Ausfahrtsstraße im „neuen" Dorfteil. Geräumige Zimmer mit kleinem Balkon zur Küste. DZ 40–80 €. Estrada da Lota, ✆ 281951039.

Cacela Velha

Auf einem Hügel oberhalb der Ria mit ihren Muschelfeldern steht dieses Museumsdorf mit 40 Einwohnern, im Mittelalter ein gefürchtetes Piratennest. Vom Strand aus erscheint es wie eine Festung mit Kirche – ein paar weiß gekalkte Häuser um ein altes Fort aus dem 12. Jh. Bei Abendstimmung hat man von dem Platz bei der Kirche einen der schönsten Ausblicke der ganzen Algarve.

Ein bereits vor Jahrzehnten durchgesetztes Bauverbot schützt das Dorf vor Spekulanten. Besonders seit der Ausweisung des Naturparks Ria Formosa wird bei Schwarzbauten rigoros durchgegriffen: Das Anfang der 1990er Jahre erbaute Ferienhaus eines Picasso-Sohnes zwischen Cacela Velha und Fábrica sollte z. B. wieder abgerissen werden, doch davor stand der große Name des Bauherrn. Das Haus steht noch!

Erst in den 1980er Jahren wurde das Dorf ans Wasserversorgungsnetz angeschlossen. Aus einem Brunnen am Dorfplatz kann man deshalb noch immer frisches Grundwasser schöpfen. Empfehlenswert ist ein Spaziergang die Küste entlang bis nach Manta Rota. Der Weg führt hinter dem Kastell hinab, bei Flut muss allerdings ein kleiner Fluss durchwatet werden.

• *Essen/Trinken* **Casa Velha**, direkt am Ortseingang. Neben den üblichen Grillfischen kommen hier auch die vom Wirt selbst gezüchteten Muscheln auf den Tisch. ✆ 2819 52297. Mo Ruhetag.
Casa Azul, ebenfalls direkt am Ortseingang. Im Ferienhaus ihrer Familie hat die Lissabonnerin Isabel Gorman einen alten Traum verwirklicht und ein stilvolles Café eingerichtet, das auch wechselnden Kunstausstellungen Platz bietet. Schön sitzt man auf dem traditionellen Flachdach mit Blick über den Ort und auf das Haff. ✆ 281952477. Geöffnet von 11–19 Uhr, am Wochenende bis 24 Uhr, Di Ruhetag.

Fábrica: Der Ort mit nur 30 Einwohnern liegt ein paar hundert Meter westlich von Cacela und bestand ursprünglich nur aus einer Ziegelei, deren Ruinen noch existieren. Hier sind nur eine Handvoll neuer Apartmentblocks und ein empfehlenswertes Restaurant mit Meerblickterrasse entstanden. Noch stehen die alten, wackligen Häuser, aber ihr Ausbau ist lediglich eine Frage der Zeit. Am Strand sind Fischer, die für Bares eine Überfahrt zur Sandbank anbieten.

• *Essen/Trinken* **A Costa**, im direkt am Haff gelegenen Restaurant genießt man auf der großen, schattigen Terrasse einen reichhaltigen *Arroz de Marisco* oder auch eine leckere *Cataplana* (jeweils für 34 €), die auch für 3 Esser reichen, Grillfische aus dem Meer um 15 €. ✆ 281951467. Tägl. geöffnet, geschlossen nur im Dezember.

Cabanas (1.000 Einw.): Rund um den Ort entstanden und entstehen jede Menge Ferienapartments, und mehrere Golfplätze sorgen für einen weiteren Bauboom. Nur das eigentliche Dorfbild hat sich wenig verändert. Dort sind die meisten Häu-

Cacela Velha

ser eingeschossig mit Dächern in Kopfhöhe. Parallel zur Ufermauer liegt die Hauptstraße mit etlichen Tavernen und Cafés.

Der *Strand* beginnt erst am östlichen Dorfende. Er hat zuckerfeinen Sand und liegt unterhalb eines mit Pinien und Kakteen bewachsenen Hanges. Bei Ebbe muss man allerdings zur Sandbank hinübergehen, da an der Küste das Wasser zum Schwimmen nicht mehr tief genug ist und Felsbrocken verstreut herumliegen. Zum *Baden* fahren die meisten Touristen bequem per Boot auf die Sandbank, auf der es allerdings keinen Schatten gibt. Im Sommer Pendelverkehr mit Fischerbooten bis ca. 19 Uhr. Außerhalb der Saison muss man die Fischer fragen, die die Fahrt dann gegen ein entsprechendes Entgelt privat durchführen.

Hinter dem Hang, geduckt in einer Mulde, steht noch ein gut erhaltenes *Fort* mit Wohnhäusern innerhalb der Mauern. Weiter östlich beginnt eine niedrige *Steilküste* mit schmalem Sandstreifen. Bei unseren Recherchen hatten sich im Pinienhain in der Nähe vom Kiosk allerhand Treibgut und auch Glasscherben angesammelt.

Blick von Cacela velha auf die Muschelfelder von Ria Formosa

- *Verbindungen* **Busse** 11-mal tägl. nach Tavira. **Bahnstation** ca. 1 km außerhalb.
- *Übernachten* In Privatzimmern oder in den diversen Bungalowanlagen. Ganz nett ist **Pedras da Rainha** am Dorfeingang, etwa 1,5 km vom Strand, mit Diskothek, großer Grünanlage und Swimmingpool. Apartment für 2 Pers. saisonabhängig ca. 40–110 € pro Tag, ✆ 281380680, ✉ 281380681, www.pedrasdarainha.com.
- *Essen* **Grelha Peixe**, am westlichen Ende der Promenade. Berühmt für seine Fischgerichte, auch zum Draußensitzen. Der Inhaber ist Fischgroßhändler, deshalb große Auswahl an Fischen, die man in normalen Restaurants nicht angeboten bekommt, ab 8 €. Rua Comandante Henrique Tenreiro 41, ✆ 281370491. Mo Ruhetag.

O Ideal, im Ortszentrum gelegenes, volkstümliches Traditionslokal, bekannt für seine leckeren Fischgerichte (um 10 €). Spezialität des Hauses ist die in Brotteig servierte Fischsuppe (8 €). Rua Infante Henrique, 15. ✆ 281370232. Mi Ruhetag.

Mariscos & Petiscos, ortsauswärts in der gleichen Straße gelegen. Die *Cataplana de Marisco* aus Gambas, Muscheln und Krebsfleisch ist wahrlich bombastisch (32,50 € für 2–3 Pers.). ✆ 281370722. Mi Ruhetag.

- *Camping* **Camping Ria Formosa**, direkt hinter den Zuggleisen. Wurde erst 2008 eröffnet, daher noch nicht allzu schattig. Platz für 1000 Pers., ganzjährig geöffnet. Pro Person 2,63–4,73 € je nach Saison, Zelt 2,10–3,68 €, Auto 1,58–2,63 €. ✆ 281328887, ✉ 281326087, www.campingriaformosa.com.

Tavira – Blick auf die Altstadt

Tavira (12.200 Einw.)

Historische Stadt mit viel Atmosphäre, die wie kaum eine andere zum beschaulichen Bummel einlädt. Auch die Hoteleröffnungen der jüngsten Zeit konnten dem freundlichen Charakter wenig anhaben, zumal die Stadtverwaltung auf die Ausweitung des kulturellen Angebots setzt.

Im Zentrum führt eine siebenbogige Brücke aus dem 17. Jh. über den Rio Gilão. Ihre Fundamente stammen noch aus der Römerzeit und verbinden die beiden Stadthälften. Seitdem sie 1989 bei einer Überschwemmung stark beschädigt wurde, ist sie für den Autoverkehr gesperrt. Wie in Venedig stehen dort einige Bürgerhäuser halb im Fluss, mit Treppchen zum Wasser und Bootsanlegesteg. Mittelalterlich wirken die orientalischen Treppengässchen am Stadthügel und die Ruinen der Burg. Größtenteils Überbleibsel aus der Blütezeit des 16. Jh. sind die über 20 Kirchen und sechs Klöster der Stadt. Sehenswert sind auch einige prächtig verspielte Villen der früheren „Thunfischbarone" aus dem späten 19. Jahrhundert. Typisch die Dachkonstruktionen dieser Stadtpaläste: ein Gebilde aus mehreren Walmdächern.

Obwohl einige Spuren aus der Bronzezeit gefunden wurden, beginnt die Zeitrechnung für „Tabira" erst unter der Herrschaft Roms. Ein wichtiger römischer Handelsweg von Castro Marim führte über Tavira nach Faro. Die Salzgewinnung um Tavira hatte bereits unter den Römern einen beträchtlichen wirtschaftlichen Wert. Nicht umsonst entstand der Begriff „Salär" aus dem lateinischen Wort „salarium", da die römischen Legionäre ihren Sold teilweise in Salz ausgezahlt bekamen. Das Haltbarmachen von Fisch war zu damaligen Zeiten nur durch Einsalzen möglich, wozu große Mengen nötig waren.

Während der maurischen Epoche (bis 1242) war die Stadt neben Silves und Faro das wichtigste Wirtschaftszentrum und die bedeutendste Hafenstadt der Algarve.

Tavira 87

Dies blieb sie auch nach der christlichen Rückeroberung; sie wurde zu einem wichtigen militärischen Versorgungshafen für die portugiesischen Stützpunkte an der nordafrikanischen Küste. Im 16. Jh. erlebte Tavira seine beste Zeit und war mit 1.500 Haushalten die sechstgrößte Stadt Portugals. Viele der heute noch zu bewundernden Kirchenbauten stammen aus dieser Epoche. Ihre wichtige Stellung als Handelshafen verlor die Stadt aber immer mehr an Sevilla. Eine Pestepidemie im Jahre 1645 ließ die Kräfte der Stadt erlahmen und das schwere Erdbeben von 1755 führte mit seiner großen Flutwelle zur Versandung des Hafenbeckens. Der Aufschwung des Fischfangs mit dem Bau von Konservenfabriken brachte erneut Reichtum in die Stadt, aber bereits in den 1920er Jahren entfernten sich allmählich die Thunfischschwärme von der Küste, auf der Suche nach anderen Wanderrouten, bis schließlich in den 1970er Jahren dieser wichtige Wirtschaftszweig völlig zum Erliegen kam. Mittlerweile wurde in einer früheren Fischersiedlung an der Mündung des Rio Galão ein Luxushotel (Vila Galé Albacora) eingerichtet, das mit einem kleinen Ausstellungsraum an die harte Arbeit der Thunfischfänger erinnert (vgl. Kasten).

Infos

- *Postleitzahl* 8800
- *Information* Rua da Galeria 9, ✆ 281322511. Im Winter Mo–Fr 9.30–13/14–17.30 Uhr geöffnet, im Sommer tägl. 9.30–19 Uhr.
- *Verbindungen* **Eisenbahnstation** am Ortsrand Richtung Faro, Largo de Santo Amaro, Linie Faro – Vila Real verkehrt etwa stündlich. Häufig **Busse** nach Faro und Vila Real, aber auch Direktbusse nach Sevilla, Busbahnhof in der Rua dos Pelames am westlichen Flussufer, unweit der „römischen Brücke". **Taxis** (Rotaxi) können 24 Std. gerufen werden unter ✆ 289895793 und 281325746.
- *Adressen/Telefonnummern* **Polizei** ✆ 281322022 (PSP), 281325704 (GNR). **Centro de Saúde**, ✆ 281329000. **SOS Taviclinica (1)**, ein französischer und ein spanischer Allgemeinarzt führen die Gemeinschaftspraxis; Rua Almirante Cândido dos Reis 226, nahe Sportstadion, ✆ 281380660. **Post** in der Rua da Liberdade. **Internetverbindung** kostenlos im Espaço Internet im Gebäude der Stadtverwaltung, Praça da Republica (Arkaden), Mo–Fr 9–21 Uhr, Sa 10–13 Uhr, So geschlossen; außerdem für 2 €/30 Min. im Café Anazú, Rua Jaques Pessoa 12, tägl. 10.30–22.30 Uhr.

Diverses

- *Moped- / Fahrradverleih* **Casa Abilio**, auf der anderen Flussseite, Rua João Vaz Corte Real 23, ✆ 281323467. **Sport Nautica**, ordentliche Moutainbikes für 5 € pro Tag; auch Motorroller, ✆ 281381935. An der Flusspromenade Rua Jaques Pessoa.
- *Aqua Taxi* Besonders für die Campingplatzschläfer von Vorteil sind die Fähren auf die Sandinsel Ilha de Tavira. Sie verkehren von Mai bis Sept. etwa stündlich von der Anlegestelle hinter der alten Markthalle. In den Wintermonaten muss man das Boot
- *Einkaufen* **Obst- und Fischmarkt**, in einem großzügigen Neubau (neben der neuen Brücke Richtung Quatro Águas) sind die Gemüse- und Fischhändler untergebracht. In der neuen Markthalle gibt es auch einen **Bioladen** (Beterraba), wo neben dem deutschen Bioprodukten auch frisches Obst, Gemüse und Vollkornbrot verkauft werden (Loja 8).

von Quatro Aguas auf die Insel nehmen; von 9–16 Uhr immer zur vollen Stunde, außer am 13 Uhr (Hin- und Rückfahrt 1,40 €).
- *Tourist Train* Kleiner „Spielzeugzug", fährt etwa stündlich vom historischen Zentrum bis nach Quatro Águas.
- *Stadtführungen* in kleiner Gruppe und auch auf Deutsch, beginnen Di–Sa um 10.30 Uhr am Laden „Recortes d'Alegria" beim Tourismusamt (ab 12 € pro Person). Auch (Halb-)Tagesausflüge ins Hinterland, ✆ 281323769, www.recortesdalegria.com.

Die stilvolle, alte Markthalle direkt an den Uferkais wurde hingegen schon im Jahr 2000 in eine kleine Shopping Mall mit Boutiquen und gastronomischen Betrieben umgewandelt. **Kunsthandwerk** bietet auch Casa do Artesanato in der Calçada da Galeria 11, etwas oberhalb des Palácio da Galeria. Hier werden qualitativ hochwertige, regionaltypische Produkte direkt vermarktet. Die urige Werkstatt eines betagten **Blechschmieds** liegt auf der anderen Flussseite, nahe der römischen Brücke in der Rua António Cabreira. Phantasievoll werden dort etwa alte Sardinenkonserven zu Kinderspielzeug recycled.

• *Hallenbad* Tavira besitzt ein großes Hallenbad, was für Winteraufenthalte von Vorteil ist. Av. Zeca Afonso am östlichen Stadtrand, ✆ 281380220.

• *Verão de Tavira* großartiges Kulturprogramm von Juli bis Sept. Mehrere Konzerte pro Woche von Rock bis Folklore, auch in der ehemaligen Konservenfabrik Balsense (neben der UBI Disco).

• *Nachtleben* In der historischen Altstadt finden sich vor allem auf der anderen Flussseite zahlreiche Kneipen und Bars rund um die Rua António Cabreira, die gerne von Residenten, Urlaubern und eher älteren Jahrgängen frequentiert werden. Mit dem Bau der neuen Markthalle entstanden zudem etliche Kneipen und Bars außerhalb der Altstadt, wo sich vor allem die heimischen Youngsters treffen.

Disco UBI → siehe Karte S. 97, an der Ausfallstraße nach Vila Real (wo die Umgehungsstraße einmündet). Auch eine Kneipe (Bubi Bar) mit separatem Eingang ist angeschlossen.

By the train bridge, gutes Ambiente im ockerfarbenen Lehmlook. Ausgewählte Jazzmusik und der sympathische Inhaber Sebastião als Barkeeper lohnen den kurzen Spaziergang etwas flussaufwärts zur Eisenbahnbrücke (Umgebungsplan „Tavira Inn").

• *Wäscherei* **Lavandaria Lavitt**, Rua das Salinas 6. Ortsausgang Richtung Quatro Águas, noch vor der neuen Flussbrücke. Mi geschlossen.

Süßwasserbadeausflug

Pego do Inferno (Höllenloch), im Flurgebiet Moinhos da Rocha. Ein Wasserfall, der auch in den trockenen Sommermonaten bisher immer noch rauschte, doch erstmals seit Menschengedenken im Dürresommer 2005 fast verschwand. Das Wasser stürzt ansonsten eine bizarr zerfranste Felswand herunter in einen ca. 50 m messenden Pool (Tiefe bis zu 5 m), alles eingebettet in üppiges Grün.

Anfahrt: ca. 6 km flussaufwärts von Tavira. Man kann vom Ortsausgang, unterhalb der Eisenbahnbrücke, die links vom Fluss entlangführende asphaltierte Straße benutzen. Inzwischen ist alles ausgeschildert und vom Parkplatz aus führen ein gut begehbarer Holzsteg und eine schwungvolle Brücke von oben zu dem kleinen Naturschauspiel.

Die „klassische" Anreisevariante von der andern Flussseite ist vielleicht interessanter. Ca. 4 km nach Tavira rechts über eine schmale Primitivbrücke den Fluss überqueren, ab hier noch einige hundert Meter auf der rechten Flussseite weiter. Wo die Teerstraße nach rechts vom Fluss wegführt, geradeaus den Schotterweg entlang, bis zur „Einfahrt" eines breiten, im Sommer trockenen Flusslaufes. Hundert Meter weiter unterhalb zweigt rechts ein kleiner Wasser führender Bach zum Höllenloch ab – Hosen hochkrempeln.

*Ü*bernachten

In den letzten Jahren wurde das Zimmerangebot in Tavira enorm erhöht, allerdings leider nur im höherpreisigen Segment, inkl. der neuen Pousada, die nach jahrelangen Bauarbeiten in den Mauern des früheren Augustinerkonvents im Jahr 2006 ihre feudalen Tore öffnete. Ein Blick in den restaurierten Renaissancekreuzgang wird auch Nicht-Gästen gestattet.

**** Vila Galé Albacora (12), in der stillgelegten Thunfischfangstation (Compania de Pescarias, Umgebungsplan). In den ehemaligen, ebenerdigen Reihenhäuschen der Fi-

Tavira

Übernachten
- 4 Lagoas
- 6 Hotel Princesa de Gilão
- 7 Imperial
- 8 Marés
- 11 Vila Galé Tavira
- 12 Vila Galé Albacora
- 14 Quinta do Caracol
- 15 Conv. de S. António

Essen & Trinken
- 2 Aquasul
- 3 Patio
- 4 Bica
- 5 Brisa do Rio
- 7 Imperial
- 9 Restaurant A Barquinha
- 10 Snackbar Romba
- 13 Vela 2

Sonstiges
- 1 Arzt SOS

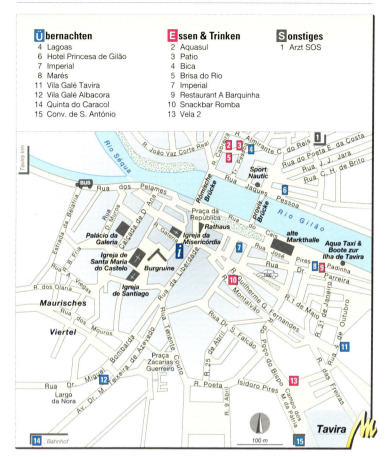

scher, ursprünglich in den 40er Jahren erbaut, wurden 161 geräumige Zimmer eingerichtet, jedes mit eigenem „Vorgarten". DZ 60–180 € je nach Saison. Quatro Águas, (901), 281380800, 281380850, www.vilagale.pt.

**** **Vila Galé Tavira (11)**, recht großer Kasten mit ca. 300 Zimmern, direkt vor der neuen Markthalle am südlichen Rand der Altstadt. DZ 60–180 €. Rua 4 de Outubro, (352), 281329900, 281329950, www.vilagale.pt.

Convento de Santo António (15), am Ortsrand von Tavira (ca. 400 m vom Zentrum), Richtung S. Luzia. Ehemaliges Kloster aus dem Jahre 1606. Geschmackvoll mit Stilmöbeln eingerichtete Suiten um den zweigeschossigen Kreuzgang – wie eine Privatwohnung. Im Garten wurde der ehemalige Bewässerungstank zum Pool umfunktioniert. Der ganze Hof ist üppig mit Bananenstauden umwachsen. Nur März bis Nov., DZ ca. 120 €, Suite ab 150 €. Rua de Santo António 56, (705), 281321608.

Quinta do Caracol (14), am Ortsrand Richtung Faro, gleich hinter dem Bahnhof (10 Gehminuten ins Zentrum). Eine Oase mit gemütlichen, z. T. stuckverzierten Apartments mit Kitchenette. Im romantischen, grünen Garten ein Wasserreservoir zum Baden und ein großer Gemeinschaftsgrill. Den Namen „Schnecke" bekam der Bauernhof wegen des seltenen Baumes Caraculeira Real, der rechts nach dem Eingang wie ein kräftiger alter Weinstock wuchert. Er stammt ursprünglich aus Afrika und trägt das ganze Jahr über gelbe Blüten. Apartment für 2 Pers. 80–140 €. Rua de São Pedro, (405), ✆ 281322475, ℻ 281323175, www.quintadocaracol.com.

Marés (8), an der Flussesplanade nahe der ehemaligen Markthalle. In dem alten Bürgerhaus, im Erdgeschoss mit Restaurant, wurden erst vor wenigen Jahren ordentlich ausgestattete Zimmer eingerichtet. DZ je nach Saison 45–92 €. Rua José Pires Padinha 134, (354), ✆ 281325815, ℻ 281325819, www.residencialmares.com.

Tavira-Inn, → siehe Karte S. 97, tolle Lage am Ortsrand, am Ufer des Rio Gilão. Die insgesamt 6 Gästezimmer sind individuell eingerichtet und haben allen Komfort (Klimaanlage). Unter dem Meerwasserpool liegt die funky Jazzbar, die der quirlige Inhaber Sebastião Bastos ab 22.30 Uhr öffnet. Der bereits in die Jahre gekommene Ex-Hoteldirektor sprüht vor Tatendrang und guten Ideen. Auf der Homepage überschwängliche Kommentare von Gästen. DZ 60–120 €, 10 % Rabatt bei mehr als vier Nächten. Rua Chefe António Afonso 39, ✆ 281326578 od. 917356623, www.tavira-inn.com.

Princesa de Gilão (6), auf der anderen Seite direkt am Fluss. Freundliche Zimmer, zum Teil mit Blick auf den Fluss, etwas hellhörig. DZ mit Bad und Frühstück saisonabhängig 48–58 €. Rua Borda d'Água de Aguiar, 10-12, ✆/℻ 281325171, residencial-gilao@hotmail.com.

Lagoas (4), an der östlichen Flussseite. Die meisten Zimmer mit viel Licht, toller Blick über die Dächer von der Terrasse im zweiten Stock. Räume sauber, mit schönen, alten Möbeln. DZ mit Bad ca. 40 € ohne Frühstück. Im Winter geschlossen. Rua Almirante Cândido dos Reis 24, (318), ✆ 281322252.

Imperial (7), an der Flussesplanade. Ganz nett sind die drei geräumigen Zimmer mit Fenster zum Fluss. DZ inkl. Frühstück mit Bad 40–60 €. Rua José Padinha 24, ✆ 281322-234, www.rimperial.com.

● *Außerhalb* **Almargem**, 3,5 km außerhalb in Richtung Vila Real, bei einer Töpferei von der N 125 links abbiegen. Das angeschlossene **Restaurant** ist berühmt für die riesigen, zarten Steaks vom heißen Stein. Ursprünglich stand hier nur eine „Hütte", in der der Wirt João seine Handvoll Spezialitäten auftischte. Tolle, ruhige Lage. Die Zimmer haben alle Bad, einen kleinen Balkon oder Zugang zum Garten, in dem auch ein kleiner Pool vorhanden ist. DZ ca. 55 €. Almargem, Santa Maria., ✆ 281323386, ℻ 281323327, http://al-margem.com.

Casa do Vale Rei, Turismo Rural von englischen Besitzern, inmitten von Orangenplantagen auf einem Hügel, ca. 3,5 km östlich von Tavira. Pool. Wurde überschwänglich von unserer Leserin Doris Gerken (aus Verden) gelobt. DZ 80–120 € inkl. exzellentem Frühstück. Almargem, Santa Maria, ✆/℻ 281323099, www.casavaledelrei.co.uk.

Quinta da Arte, 12 km landeinwärts beim Weiler Marco (Santa Catarina). Der Objektkünstler Johannes von Zweizeill hat mit seiner Lebensgefährtin Heidi Wachsmann aus dem großzügigen Grundstück einen kleinen Kunstpark gemacht. Vier Vermietobjekte, die jedes für sich ein Kunstobjekt darstellen. Auch ein Pool, Theater und Tanzsaal sind für Veranstaltungen und Feriengäste vorhanden. Apartment je nach Größe und Saison 350–670 € pro Woche. Nur März bis Okt. geöffnet. Marco, Sta. Catarina, ✆/℻ 281971296, www.quintadaarte.com.

Quinta da Fonte do Bispo, in Santa Catarina. Eine hübsch umgebaute Quinta mit 6 Mini-Apartments: kleiner Wohnraum mit 2 Extrabetten und separatem Schlafzimmer, keine Kochgelegenheit. Im riesigen Garten ein Pool. Apartment inkl. Frühstück abhängig von Saison und Größe 70–180 € pro Tag. EN 270, Fonte do Bispo, (161), ✆ 281971484, ℻ 281971714. www.qtfontebispo.com.

● *Jugendherberge* **Pousada de Juventude**, zwischen Bahnhof und Fluss. Neue Herberge mit insgesamt 62 Betten (12 Vierbett- und 7 Doppelzimmer), im Vierbettzimmer saisonabhängig 11–17 €, das DZ ca. 28–47 €. Rua Miguel Bombarda, 36-38, ✆ 9697 79545 (Handy), ℻ 217232101, http://microsites.juventude.gov.pt/Portal/pt/PTavira.htm.

● *Camping* **Camping Ilha de Tavira**, → siehe Karte S. 97. Auf der von Strandpinien spärlich beschatteten Sandinsel Ilha de Tavira, nur mit Booten – ohne Auto – zu erreichen; das Fahrzeug kann aber ohne hohes Bruchrisiko in Quatro Águas geparkt werden – hier residiert die portugiesische Zollfahndung! Auch die Boote zur Insel fahren von dort, ab 1. Mai bis Ende Sept. 8–21 Uhr ca. alle 15 Min., seltener in der Nebensaison (1,40 € hin/zurück). Seitdem 1993 die sanitären Anlagen erweitert wurden, fasst der Platz 1.550 Personen. Dazu gehört eine neugestaltete Snackbar, Kiosk, Supermarkt und Gepäckaufbewahrung, Zelte können ausgeliehen werden. Geöffnet von Ende Mai bis Mitte Okt. Mitte Juni bis Mitte Sept. pro Tag 11 € für Zelt und 1 Person, jede weitere Person ca. 5 € zusätzlich, sonst 5,50 € (Zelt u. 1 Pers.) und 2,50 € für Extraperson. ✆ 28132170, ✆ 281321716, www.campingtavira.com.

Essen (siehe Karte S. 89)

Tavira als frühere „Thunfischhauptstadt" hat noch einige spezielle Zubereitungsarten des Edelfisches parat, z. B. *Muxama de Atum*, getrocknete Thunfischstreifen, die wie das Graubündner Fleisch vor dem Verzehr in hauchdünne Scheiben geschnitten werden. Eigentlich als Vorspeise prädestiniert, wird es in Restaurants heute eher selten angeboten. Als „Beilage" nimmt man gerne ein kleines Tellerchen Tremoços (Lupinenkerne).

Imperial (7), beliebtes Restaurant an der Flussesplanade. Tagesgerichte sind meist sehr gut (ab 6,50 €). Empfehlenswert sind das *Porco à Componesa* (Mischpfanne mit Schweinefleischwürfeln, Kartoffeln, Oliven, Knoblauch und Gewürzen) oder *Tamboril na Caçarola com Ameijoas* (Seeteufel mit Muscheln im Tontopf). Hauptgerichte 7–15 €. Rua José Pires Padinha 22, ✆ 28132 2306. Außer im Sommer Di Ruhetag.

Patio (3), auf der anderen Flussseite liegt dieses etwas französisch wirkende Restaurant. Gemütlich eingerichtete Räumlichkeiten, im Sommer werden die Tische draußen auf der Straße oder oben auf dem Flachdach gedeckt. Wenn's voll ist, stoßen Küche und Service an die Kapazitätsgrenze. Hauptgerichte um 13 €, zehn verschiedene *Cataplana*-Gerichte ab 20 € (für 2 Pers.) und sehr inhaltsreicher *Arroz de Marisco* (22 €). Rua António Cabreira 30, ✆ 281323008. Nur abends geöffnet, So geschlossen.

Aquasul (2), wenige Meter weiter befindet sich dieses farbenfroh dekorierte Lokal. Täglich eine kleine Auswahl an frischen Tagesgerichten. Viele kommen auch wegen der guten Pizza, ab 7 €, und der Nudelgerichte, ab 12 €, vorbei. Menü für 25 € und gute Auswahl an Weinen. Rua Dr. Augusto Silva Carvalho 3, ✆ 281325166. So und Mo geschlossen, im Winter nur abends geöffnet.

Brisa do Rio (5), schräg gegenüber von Aquasul. Große Auswahl an Meeresfrüchten, Fisch und Fleisch, v.a. Steaks, mit französischer Note zubereitet. Hauptspeisen ab 9 €. Rua Dr. Augusto Silva Carvalho 6-8. Mi geschlossen.

Bica (4), ebenfalls auf der anderen Seite des Flusses. Einfach, sauber, preiswert. Deftige Eintopfgerichte und gegrillter Fisch (ab 7 €). Spezialität ist *Bife de perú com delicias do mar* (Truthahn, gefüllt mit einer Paste aus Meeresfrüchtefleisch) mit einer leckeren Sauce. In der engen Gasse stehen auch einige Tische im Freien. Rua Almirante Cândido dos Reis 22-28, ✆ 281323843. Sa geschlossen, außer im Sommer.

Restaurant A Barquinha (9), direkt neben Hotel Marés. Einfach und preiswert, an der Flusspromenade mit Blick auf die Fischkutter. Freundliche Atmosphäre, von Mulattinnen geführt. Rua José Pires Padinha 142, ✆ 281322843. Mi Ruhetag.

Hier wird eine Portion Muxama de Atum zubereitet

Três Palmeiras → siehe Karte S. 97, wie eine Tankstelle an der Ausfallstraße Richtung Vila Real gelegen. Das Restaurant ist wegen der zwei Palmen (die dritte wurde nachgepflanzt und ist noch klein) leicht zu finden. Der Wirt Victor ist in Sachen Grillfisch eine Institution in Tavira. Es herrscht fast Selbstbedienung, man holt sich erst sein Geschirr und Besteck im Gastraum und sucht anschließend einen freien Platz an den Tischen unter einem Vordach zur Straße. Der leckere Grillfisch wird dann vom Wirt persönlich auf den Tellern verteilt. Sie werden nur nach dem Getränk gefragt und ob Salate oder zusätzlich zum Brot Kartoffeln gewünscht werden. Das Fischgericht, nur leicht gewürzt mit einer aufgepinselten Marinade aus Öl, rotem Pfeffer und Knoblauch, ist ein Erlebnis. Menü ca. 15 €. Vale Caranguejo, ℡ 281325840. Im Winter nur mittags geöffnet, im Sommer So geschlossen.

Snackbar Romba (10), drei Straßen hinter der Flusspromenade. Kleine Auswahl an warmen Gerichten, ansonsten diverse Salate (Thunfisch) und *Bolos de bacalhau*, auch Schnitzel ab 6,75 €. Man sitzt am Tresen. Rua Guilherme Gomes Fernandes 18.

Vela 2 (13), ca. 1 km außerhalb der Altstadt, gegenüber der neuen Stadtbücherei. Im örtlichen Ruderclub gibt es reichliche Portionen Fisch oder Fleisch vom Grill, alles frisch und mit ca. 9 € sehr preiswert, Nachschlag inklusive, Gedeck und Nachtisch extra. Campo Mártires da Pátria 1, ℡ 281323 661. So geschlossen.

Lesertipp **O Ciclista**, neues preisgünstiges Restaurant unterhalb der großen Autobrücke der N125. Tagesmenü (Suppe, Hauptgericht, Nachtisch, Wein und Kaffee) für 8 €. (Ingo Rohmund)

• **Quatro Águas** **A Doca**, kurz vor Quatro Águas, das erste Restaurant auf der linken Seite. Gutbürgerlich, es gibt auch gedünstete Gerichte oder Fisch aus der Backröhre. Für den kleinen Hunger sehr guter Tintenfischsalat und andere Vorspeisen. Quatro Águas, ℡ 2812381807. Do Ruhetag.

Tintenfischgerichte

Die relativ warmen Gewässer der Ostalgarve zwischen Fuzeta und der spanischen Grenze sind besonders bei den Tintenfischen beliebt, die sich dort fleißig fortpflanzen. In den Fischerorten türmen sich entlang der Kais die durch einen Strick aneinander geketteten Tonkrüge, die – auf dem Meeresgrund abgelassen – von den arglosen Tieren als Behausung genutzt werden bis die Fischer die Häuschen aus dem Wasser hieven ... Den meisten Restaurants ist die aufwändige Zubereitung des Kraken zu viel Arbeit und es gibt (wie sattsam aus der Heimat bekannt) manchmal nur frittierte Calamaresringe aus der Tiefkühltruhe. Testen Sie in den diversen Restaurants von Santa Luzia die Polvo-Gerichte – die Restaurants sind berühmt dafür.

Sehenswertes

Burg: Ursprünglich von den Arabern erbaut, wurde die Burg unter König Dinis im 13. Jh. verstärkt. Zwar wurde sie beim Erdbeben weitgehend zerstört, doch hat man vom Burghügel einen herrlichen Blick über Stadt und Lagunenlandschaft. Man steht dabei inmitten vieler Pflanzen und Blumen zwischen den Befestigungsmauern.
⏰ 9–17 Uhr, im Sommer bis 19 Uhr. Eintritt frei.

Igreja da Misericórdia: Wer von der Praça da República aus durch das Stadttor D. Manuel die Rua da Galeria betritt, stößt direkt nach der Touristinfo auf die Igreja da Misericórdia. Sie ist eine der schönsten Renaissance-Kirchen der Algarve, erbaut 1541. Besonders prächtig ausgeschmückt ist das Eingangsportal, oberhalb flankieren die Heiligen Peter und Paul die Maria der Barmherzigkeit (*Misericórdia*), unter deren weit flatterndem Umhang sogar Könige Schutz finden. Im Inneren befinden sich schöne blau-weiße Azulejobilder.
⏰ Di–Sa 9.30–12.30, 14–18 Uhr, im Sommer bis 19 Uhr. Eintritt frei.

Companhia de Pescarias do Algarve

Die alte Thunfischfangstation an der östlichen Flussmündung vor Tavira ist seit 2000 ein Luxushotel. Ein kleiner Raum hinter der Lobby erinnert mit Schautafeln und alten Fotos an die ehemalige Bestimmung (geöffnet nur Mo/Di/Fr 10–12 Uhr). 1881 wurden an der Algarve 43.000 Stück Thunfisch gefangen, in den 1960er Jahren waren es nur noch etwa 500 pro Fangsaison. Nachdem 1971/72 nur noch je ein verirrtes Exemplar seinen Weg in das Labyrinth der Stellnetze fand, wurde der Fang eingestellt. Fischereifachleute meinen, dass das Meerwasser in Küstennähe heutzutage zu trübe sei – der Fisch fühlt sich blind und weicht ins tiefere Meer aus.

Die riesige alte Fangstation an der Flussmündung am Haff war bis vor kurzem eine Geisterstadt mit Lagerhallen und einem gelben, kirchenähnlichen Verwaltungsbau. In den Mini-Reihenhäuschen wohnten ursprünglich 200 Personen: die Fischer mit ihren Familien. Eine eigene Schule und Kirche waren ebenfalls vorhanden. Davor liegen noch heute die morschen Skelette der mächtigen Fangboote, schon halb im Schlick versunken. In den Schuppen der Fangstation wurden die kilometerlangen Netze gelagert, zusammengestellt und Boote repariert. Nach der Liquidierung der Gesellschaft wurde die Ausrüstung an Spanien verkauft. Bei Cadiz sowie vor Marokko und Tunesien hat der Thun seine Wanderrouten beibehalten und wird noch auf die gleiche Art gefangen.

Zweimal pro Sommer war Saison; von Ende April bis Ende Juli gingen die fettesten Thunfische (500 kg) ins Netz und in den Monaten Juli und August kamen die abgelaichten „Riesenmakrelen" aus Südosten erneut vorbei und wurden abgefischt. Man verankerte bis zu 3 km lange, trichterförmig angelegte Netze am Meeresgrund, um die Tiere in die Falle zu leiten. Verarbeitet und eingedost wurde der Fisch in der Fabrik am Ortsrand von Tavira.
Wegbeschreibung Von Taviras Zentrum Richtung Vila Real. Am Stadtrand beim Kreisverkehr rechts in Richtung Hotel Vila Galé Albacora.
Den Weg etwas weiter steht die Ruine des alten Forts, das früher die Einfahrt zum Hafen bewachte. Bei den eingezäunten Becken landeinwärts handelt es sich um die Klärbecken einer Abwasseranlage.

Câmara Obscura: In dem weithin sichtbaren, früheren Wasserturm auf der Hügelspitze wurde die Camera Obscura eingerichtet. Darin zu bestaunen ist eine 360°-Ansicht der Stadt Tavira und eine Ausstellung zur Stadtgeschichte.
① Mo–Sa 10–17 Uhr, im Winter geschlossen, Eintritt 3,50 €.

Igreja Santa Maria: Auf der Hügelspitze steht auf den Fundamenten einer Moschee die Igreja de Santa Maria do Castelo. Auffällig ist der Uhrturm mit dem arabischen Doppelfenster. Beim großen Erdbeben von 1755 wurde sie weitgehend zerstört, sodass nur noch das Hauptportal und wenige Seitenkapellen an die ursprünglich gotische Kirche erinnern. An der rechten Wand des Hauptchors liegen der Eroberer *Dom Paio Peres Coreia* und seine Ritter begraben. Aus Rache vertrieb er 1242 die Mauren aus der Stadt, weil seine sechs Getreuen und ein Jude, der den Rittern zu Hilfe eilte, während einer Waffenruhe bei der Jagd heimtückisch von den Muselmanen ermordet worden waren.
① Zeitweise geschlossen, nur zur sonntäglichen Messe geöffnet.

La Igreja de Santiago – verschachtelt und blendend weiß

Igreja de Santiago: Etwas unterhalb steht die vielleicht schönste Kirche Taviras. Sie ist ein verschachteltes, weiß gekalktes Steingebilde mit Kuppeln, schrägen Dächern und vielen kleinen Anbauten – gewachsen durch unzählige Umgestaltungen während vieler Jahrhunderte; ursprünglich war auch sie eine Moschee. Über der südlichen Hauptfassade prangt eine typische Darstellung des heiligen Jakob (portugiesisch *Santiago*), hoch zu Ross als Maurentöter.
 ⏱ Mo–Sa 9–12.30/13.30–17 Uhr, Eintritt frei.

Palácio da Galeria: Ein vollendet renovierter Renaissance-Stadtpalast mit wechselnden, teilweise hochkarätigen Ausstellungen von zumeist zeitgenössischer Kunst. Hier kann man gut die Struktur der traditionellen Dachkonstruktionen der Tavira-Häuser studieren: Jeder Raum hat seinen eigenen Dachstuhl. Im Eingangsbereich sind unter Glas neuere archäologische Funde aus der phönizischen Periode (7. Jh.) zu sehen.
 ⏱ Juli bis Sept. Di–So 9.30–12.30/15–17.30 Uhr, sonst Di–Sa 9.30–12.30/14–17Uhr. Eintritt je nach Ausstellung ca. 3 €.

Maurisches Viertel: Etwas südwestlich der Burg lohnt sich noch ein Spaziergang durch das Maurische Viertel, das ursprünglich außerhalb der alten Stadtmauer lag. Charakteristisch sind hier die kleinen, weiß gekalkten Häuschen mit Innenhof und oft ohne Fenster zur Straße. Hier lebte nach der portugiesischen Rückeroberung viele Jahrhunderte lang eine maurische Dorfgemeinschaft. In der Rua Olarias Nr. 1 wurde eine typische Gittertür (Porta de Reixa) restauriert. Sie schützte vor neugierigen Blicken auf die Frauen im Haus, erlaubte aber sehr wohl einen verdeckten Blick auf die Straße. Das Gittermuster findet auch heute noch an der Algarve gerne Verwendung in Fensterläden und Haustüren.
 Buchtipp: Im Eigenverlag hat Volker Gold den mit viel erklärenden Texten versehenen Bildband „TAVIRA: Impressionen einer alten Stadt am Meer" herausgegeben. Er kann direkt bei Volker.Gold@t-online.de bestellt werden.

Baden

Auf der Sandbank Ilha de Tavira: Ab Quatro Águas fährt ein Pendelboot die wenigen hundert Meter über das Haff. An dem langen Sandstrand wird es eigentlich nie zu eng. Schattenlos, nur der auf der Insel untergebrachte Campingplatz und die einfachen portugiesischen Ferienhäuser haben etwas Grün im Garten. Auch der derzeit einzige offizielle FKK-Strand der Algarve liegt hier.

Bis vor kurzem war in Quatro Águas eine Marina in Planung. Aus Gründen des Landschaftsschutzes und um die zahlreichen Fischlaichplätze im Fluss nicht zu gefährden, wurde dem Projekt die Genehmigung verweigert.

• *Verbindungen* **Pendelboot**, Quatro Águas – Ilha de Tavira, 1. Mai bis Ende Sept. 8–21 Uhr ca. alle 15 Min. (1,40 € hin/zurück). Im Winter nur stündl. Verbindung (zwischen 9–16 Uhr) mit Fischerbooten.

Auch vom Zentrum Taviras (hinter der alten Markthalle, etwa auf der Höhe des Hotels Marés) fährt während der Saison (Juli bis 15. Sept.) ein **Boot** von 8–17 Uhr, immer zur vollen Stunde direkt zur Ilha de Tavira (1,80 €). An der Abfahrtsstelle hängt der Fahrplan. **Bus**, vom 1. Juli bis 9. Sept. fährt ein EVA-Bus die Strecke von Tavira nach Quatro Águas (2,2 km) 5-mal tägl. Das **Taxi** kostet ca. 5 €.

Den Wagen über Nacht stehen zu lassen ist relativ problemlos, da hier die *Guarda Fiscal* (Zollfahndung) ihr Domizil hat.

Tavira/Umgebung

Santa Luzia (1.700 Einw.)

Das kleine Fischerdorf liegt 3 km westlich von Tavira. Interessant ist die 1975 erbaute *Dorfkirche* wegen ihrer unübersichtlichen Mischung aus Elementen aller möglichen Baustile (kantig, kubisch, mit Kuppel).

Das Ortszentrum ist die breite, platzähnliche Dorfstraße neben dem morastigen Kanal von Tavira. Stark verwitterte Tonkrüge am Wasser weisen auf den hier immer noch mit traditionellen Methoden praktizierten Tintenfischfang hin. Auf der inzwischen ansprechend gestalteten Esplanade flanieren Gäste aus dem *Feriendorf*, das etwas außerhalb des Orts liegt.

• *Übernachten* *** **Pedras d'El Rei**, das Feriendorf gehörte früher dem Club Méditerranée. Weit auseinander liegende Sommerhäuser mit viel Rasenfläche dazwischen, schön ruhig. Auf dem Gelände gibt es ein Schwimmbad, Tennisplätze, ein gutes Restaurant, eine Bar und einen Supermarkt. Besonders Familien machen hier gerne Urlaub (Kinderbetreuung). Eine Sehenswürdigkeit ist der ca. 2000 Jahre alte Olivenbaum, der älteste der Algarve, auf der Grünfläche vor dem Restaurant (Rezeption), die Baumkrone hat einen Durchmesser von fast 20 m. Ca. 1,5 km südwestlich von Santa Luzia. Ferienhäuser für 4 Pers. je nach Saison für 65–175 € pro Tag. ✆ 281380600, ✆ 28138061, www.pedrasdelrei.com.

• *Essen* **Capelo**, an der Esplanada. Gutbürgerliches Lokal mit großer Auswahl an frischem Fisch und Meeresfrüchten, aber auch das *Bife* (mit Knoblauch gewürzt) ist zart und schmackhaft. Selbst die hausgemachten Nachspeisen sind nicht zu süß. Hauptspeisen ab 12,50 €. Fazit: gutes Essen zu gehobenen Preisen mit allerdings mäßigem Service. Av. Eng. Duarte Pacheco 40, ✆ 281381670. Mi Ruhetag.

Alcatruz, nahe der Kaianlagen. Leckere traditionelle Küche, oft voll. Viele Grillspeisen ab 9 €. Rua João António Chagas 46, ✆ 281381092. Mo Ruhetag.

Baixamar, gegenüber der Kaianlagen, außergewöhnlich zuvorkommender Service. Viele preisgekrönte Tintenfischgerichte (9 13,50 €) kommen in dem gemütlichen Speisesaal auf den Tisch. Daher auch der Spitzname des Lokals „*Rei de Polvo*", König der Kraken. Auch fangfrische Fische ab 8,50 €, Tagesmenü für 11 €. Av. Duarte Pacheco 26, ✆ 281381184. Mo Ruhetag.

Baden: Fischerboote fahren im Sommer zur Sandbank, und etwa 2 km westlich des Dorfs, von der Feriensiedlung Pedras d'El Rei aus, führt eine kurze Schwimmbrücke über den Kanal zur *Sandbank*. Von da aus fährt eine Mini-Eisenbahn durch Marschland zur ca. 1,5 km entfernten *Praia do Barril*, einem sehr sauberen, von Dünen gesäumten Sandstrand. Schön ist auch der entlang der Bahngleise verlaufende Spazierweg durch das Lagunengebiet. Da am Strand kein natürlicher Schatten zu finden ist, kann man Sonnenschirme leihen. Sehr gute sanitäre Einrichtungen. Am Rand liegen viele halb verrostete Anker der weitläufigen Stellnetze und ein paar alte Fischerboote, die an die frühere Funktion dieser Insel als Thunfisch-Fangstation erinnern. Im solide gebauten Haus der früheren Küstenwache sind jetzt ein *Selbstbedienungsrestaurant, ein Café und mehrere Läden* eingerichtet worden. Hinter dem Gebäude liegen Tennisplätze für die Clubgäste.

Fuseta (2150 Einw.)

Fuseta, häufig nach alter Schreibweise auch Fuzeta, liegt inmitten üppiger Felder und weiß glänzender *Salzgärten*, in denen – wie auch in Tavira – nach der Uraltmethode Salz gewonnen wird: Das Meerwasser verdunstet in großen, sehr seichten Becken, und übrig bleibt eine dicke Salzkruste.

Ende des 15. Jh. waren es die Portugiesen, die als erste die reichen Kabeljau-Fanggründe bei der Neufundlandbank ausbeuteten. Entdeckt wurden sie von *Gaspar Corte-Real*. Gerade die Fischer von Fuseta waren bekannt für ihre erfolgreichen Fangmethoden im Eismeer.

Zum gerade wohnzimmergroßen Hauptplatz kommt man nach der ersten Hälfte der kerzengeraden Hauptstraße. Auf den Bänken hocken die Dorfältesten und schimpfen gemeinsam über die Burschen auf den knatternden Mopeds, die auf der Hauptstraße hin- und herjagen. Inzwischen dehnt sich der Ort mit flachen Häusern immer weiter aus, denn er entwickelt sich mehr und mehr zum beliebten Ferienort der Lissabonner.

Vom Flussarm (mit kleinem Fischerhafen daneben) setzen im Sommer regelmäßig *Boote* auf die „Sandbank" Armona über: Strand ohne Strauch und Schatten, die wenigen hölzernen Sommerhäuser wurden im Winter 2010 durch eine Sturmflut zerstört. In der Lagune werden wie überall in der Ria Formosa Muscheln gezüchtet.

- *Verbindungen* **Eisenbahnstation** am Ortsrand, etwa stündlich verkehrende Züge nach Faro und V.R.S. António. 11-mal tägl. **Busse** nach Faro. Nur vier Busse pro Tag, die direkt in den Ort fahren. Die Schnellbusse halten nur an der N 125 (ca. 2 km außerhalb).
- *Adressen/Diverses* **Post**, in der Avenida 25 de Abril, Bloco C. **Internet**, kostenlos in der Bibliothek, Rua da Liberdade 5, Mo–Fr 10–12 und 14–18 Uhr. **Trödelmarkt**, jeden ersten Sonntag im Monat neben dem Campingplatz.
- *Übernachten* **Liberdade**, nahe dem Bahnhof. Einfache Pension, sehr bescheiden eingerichtete Zimmer mit Sperrmüll-Charme. Leider derzeit die einzige offizielle Unterkunft in Fuseta. DZ ohne/mit Bad 15–30 €. Rua da Liberdade 130, 8700-019 Fuseta, ℡ 289793297.

Diverse **Privatzimmer** werden im Ort vermietet.

Camping, im ehemaligen Park des Dorfes am Lagunenrand. Preiswert, da städtisch. Von Okt. bis Ende Mai deutliche Preisnachlässe ab vier Nächten. Ganzjährig geöffnet. Pro Person 3,50 €, Zelt 2,80 €, Auto 3,75 €. Rua da Liberdade 2, 8700-019 Fuseta, ℡ 2897 93459, 289794034, www.roteiro-campista.pt/Faro/fuseta.htm.

- *Außerhalb* **Casa da Calma**, 6 km nördlich von Fuseta und Olhão, an der Straße nach Santa Catarina. Kleines Landhotel mit nur 7 Zimmern, Pool inmitten der gepflegten Gartenanlage. Die Inhaberin Nicole Effenberg kommt aus der Hotelbranche und hat hier ihr erstes eigenes Projekt verwirklicht. DZ 70–160 €. Sítio de Pereiro, 8700-019 Moncarapacho, ℡ 289791098, 2897

Fuseta

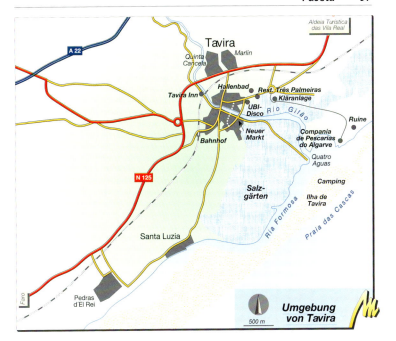

91599, www.casadacalma.com.

Quinta da Fortuna, bei Moncarapacho, ca. 8 km landeinwärts von Fuseta und Olhão, an der Straße nach Estói. Kleine Farm (Baumschule), von deutschem Ehepaar geführt. Zwei Zimmer und ein kleiner Campingplatz. Angeboten wird auch Entspannungstherapie und psychologische Beratung. DZ 30–40 € je nach Saison und Ausstattung. Sítio da Fornalha, 8700-072 Moncarapacho. ✆/✆ 289792190, http://quintadafortuna-pt.info.

● *Essen* **Capri**, an dem kleinen zentralen Platz neben der Hauptstraße. Sympathisches Lokal mit Fisch und Meeresfrüchten ab 7 €. Praça da República 4, ✆ 289793165.

Tapas Bar, direkt daneben, ist die beste Wahl für den kleinen Hunger. Wenige Tische draußen auf dem Platz oder drinnen im kleinen Gastraum *Patatas bravas* (Kartoffeln mit scharfer Soße) für 3 €, auch Hauptgerichte ab 9 €. Rua Tenente Barroso, 59.

Skandinavia, in einer Seitenstraße nahe dem Fischmarkt. Sehr empfehlenswert wegen seiner großen Auswahl an gegrilltem Fisch und Meeresfrüchten. Auch regionaltypische Gerichte wie *Xarem* (Maisgericht) für 17 € (für 2 Pers.) und *Cataplanas* (27 € für 2 Pers.). Die *Caldeirada* (Fischeintopf) für 35 € reicht für drei Esser. Der sympathische Wirt lebte eine Zeit lang in Deutschland, seine Gattin in Skandinavien. Rua Tenente Barroso 11, ✆ 289793853. Di Ruhetag.

La Plage, an einem kleinen Platz westlich vom Campingplatz. Mediterrane Küche ab 12,50 €, auch Pizza (ab 7 €), Nudeln und deutsche Biere. Gepflegtes Ambiente. Rua Projectada A Gonçalo Velho, Bloco A. ✆ 28 9793019. Tägl. geöffnet.

Snack-Bar Porto d'Abrigo, am gleichen Platz am anderen Ende. Hier bekommt man für 4,50 € einen gigantischen „portugiesischen Kebab", in den auch noch die Pommes mit reingepackt werden. Rua Projectada A Gonçalo Velho, Bloco E. Mo Ruhetag.

● *Nachtleben* Rund um den kleinen Palmen bestandenen Platz an der Rua da Liberdade ist man abends unterwegs. Einige **Pubs**, z. B. **O Abalo** und **Trevo**, gibt es in der Rua Projectada A Gonçalo Velho. An der Hauptstraße, nach 3 km Richtung Faro, besteht in der **Diskothek Top 60** die Möglichkeit, die letzten Schweißtropfen beim Tanzen loszuwerden.

Olhão (16.200 Einw.)

Die lebendige Fischereistadt erinnert mit ihren hübschen, weiß gekalkten Häusern an Nordafrika. Viele der kubischen Bauten, von denen jeder Reiseprospekt schwärmt, fielen schon der Spitzhacke zum Opfer, besonders im heute modernen Zentrum. Aus der Vogelperspektive, vom Turm der kantigen Kirche, wirkt die Stadt am schönsten.

Die würfelförmigen Terrassenhäuser mit ihren hohen Kaminen und winkeligen Treppenaufgängen geben Olhão die Konturen einer marokkanischen Wüstenstadt, an der seit Generationen gebaut und viel improvisiert wurde. Bei Familienzuwachs wird ein Kämmerchen aufs Dach gesetzt, die Treppe verlängert und der schön verzierte Kamin aufgestockt, damit der Qualm nicht ins neue Dachzimmer zieht.

Die arabische Bauweise pflegten die Bewohner wohl auch deshalb bis heute, weil im 15. Jh. die portugiesische Fangflotte nach Verhandlungen mit der spanischen Krone das Fischfangmonopol vor der marokkanischen Küste zugesprochen bekam und Olhão der wichtigste Fischereihafen wurde. Doch die meisten der heutigen „afrikanischen" Häuser stammen erst aus dem 19. Jh.

Reichtum brachte im 18. Jh. der Handel mit den beiden Kriegsparteien Spanien und England, die von Olhão aus mit dem Nötigsten versorgt wurden. Als der Krieg beendet war und der Handel nicht mehr so gut lief, wurde geschmuggelt. Von den Stützpunkten der Küstenwache, die daraufhin entlang der Sandbank zwischen Vila Real de Santo António und Faro gebaut wurden, sieht man noch an vielen Stellen die Grundmauern.

An der Praça Patrão Joaquim Lopes sitzen einige ältere Herren und verkaufen stapelweise Taschenkrebse und eingesalzte, getrocknete Tintenfischköpfe. Seinen besonderen Charme entfaltet Olhão in den engen, kopfsteingepflasterten Gässchen hinter dem *Fischmarkt*: Hier gibt es billige Fischtavernen und kleine Läden. In der Nacht öffnen die Rotlicht-Kneipen, dann sollte man die Gegend besser meiden.

Olhão war berühmt für seine Sardinenkonserven Marke Piri Piri. 82 Fabriken existierten hier noch bis Ende der 1970er Jahre. Während der Revolution wurden die Sardinenbarone enteignet und die Fischer machten sich mit kleinen Booten selbstständig. Jetzt versucht man, den Trend wieder umzukehren. Ein staatlich gefördertes Innovationszentrum soll auch der Fischereiindustrie neue Impulse geben. Zwei neu errichtete Konservenfabriken sind inzwischen wieder in Betrieb.

Hübsch hergerichtet wurde der Park entlang der Ria. Auch die beiden Markthallen, eine für Fisch, die andere für Obst und Gemüse, wurden grundlegend saniert und den heutigen hygienischen Anforderungen angepasst, ohne dabei ihren Charme zu verlieren. Die Fische sind hier frischer und günstiger als in Faro und Tavira. Rund um die Markthallen gibt es einige Cafés mit schönem Blick auf das Haff und den neuen Yachthafen. Dort ist die Stadt allerdings etwas aus den Fugen geraten. Gesichtslose Apartmentsiedlungen und ein 5-Sterne-Hotel wurden aus dem Boden gestampft und sollen Luxustourismus in den Ort holen.

Außer der Stadt selbst gibt es wenige Highlights. Besuchenswert ist vielleicht das **Museu Municipal** mit archäologischen Fundstücken, volkskundlichen Gegenständen und alten Trachten. Außerdem gibt es wechselnde Kunstausstellungen.
  ⓘ Di–Fr 10–12.30/14–17.30 Uhr, Sa 10–13 Uhr, kostenloser Eintritt.

Olhão

Olhão – die kubischen Bauformen in der Altstadt deuten auf nordafrikanische Vorbilder

- *Postleitzahl* 8700.
- *Information* Largo Sebastião Martins Mestre, ✆ 289713936. Geöffnet von Mo–Fr 9.30–13/14–17.30 Uhr, wird von mancher Angestellten auch mal kreativ verkürzt.
- *Verbindungen* Der **Bahnhof** liegt am nördlichen Rand der Altstadt in der Rua do Caminho de Ferro, regelmäßig Verbindungen nach Faro und V.R.S. António. **Busse** fahren, nicht weit entfernt in der Rua General Humberto Delgado, ebenfalls nach Faro und V.R.S. António sowie in die nähere Umgebung. Circuitolhão nennen sich zwei innerstädtische **Buslinien**; Ausgangspunkt Busbahnhof, u. a. auch zum Campingplatz (Einzelfahrschein 0,80 €, Carnets im Vorverkauf günstiger). **Boote** fahren zwischen 1. Juni und 14. Sept. etwa stündl. auf die Insel Armona und alle 2 Std. nach Culatra, in der Nebensaison nur noch 4-mal tägl. (Hin- und Rückfahrt ca. 3,10 €).
- *Adressen/Telefonnummern* **Polizei**, ✆ 289/10770 (GNR), **Centro de Saúde**, ✆ 289700260, **Post** in der Av. da República 19, **Internet** kostenlos im Espaço Internet der Stadtverwaltung, Rua Teófilo Braga, Eingang Travessa do Geibeu. Mo–Fr 10–13.30/15–18.30 Uhr geöffnet.
- *Einkaufen/Feste* Der **Markt** mit zwei Hallen, eine für Fisch, eine für Obst und Gemüse, ist einer der schönsten der Algarve (geöffnet Mo–Sa 7–13 Uhr). Eines der größten Gastronomiefeste an der Algarve ist Mitte August für fünf Tage das **Meeresfrüchtefestival** mit Musikdarbietungen bekannter portugiesischer Bands.
- *Übernachten* **Boémia**, in der nördlichen Altstadt. Alle Zimmer der Pension in ruhiger Seitenstraße mit eigenem Bad, Klimaanlage und einige mit Balkon, sauber und freundlich. Im Winter geschlossen. DZ 40–65 €, Frühstück extra für 5 € pro Pers. Rua da Cerca 20, (387), ✆ 289714513., www.pensaoboemia.com.pt.

Bela Vista, nahe dem Tourismusamt. Renovierter, hübsch verwinkelter Bau, Zimmer mit Klimaanlage, die Hälfte mit Bad. Es werden auch Privatzimmer in Olhão und der Ilha da Armona vermietet. DZ ohne Bad 25–30 €, mit Bad 40–50 €. Rua Teófilo Braga 65–67, (520), ✆/℡ 289702538.

Bicuar, in der Fußgängerzone. Acht Räume, größtenteils gleich eingerichtet. Geräumige, saubere Zimmer in sehr ruhiger Lage, auf drei Stockwerke verteilt. Dachterrasse und Küchenbenutzung. Deutliche Preisnachlässe ab einer Woche Aufenthalt. DZ 40–50 € (ohne Frühstück), auch 3–4-Bettzimmer. Rua Vasco da Gama 5, (522), ℅ 289714816, www.pension-bicuar.com.

Die Landhäuser **Casa da Calma** und **Quinta da Fortuna** liegen einige Kilometer nördlich, s. o. Fuseta.

• *Camping* Olhão, 3 km außerhalb Richtung Tavira, zu erreichen mit der grünen und gelben Linie des städtischen Busses vom Bahnhof aus. Gepflegte Anlage mit Pool und Tennisplatz. Besonders im hinteren Bereich guter Schatten durch Schirmpinien. Eigentümer der Anlage ist die Bankgewerkschaft. Ganzjährig geöffnet. Pro Person saisonabhängig 2,30–4,10 €, Zelt 1,75–3 €, Auto 1,70–3,30 €. Pinheiros de Marim, (914), ℅ 289700300, ℡ 289700390, www.roteiro-campista.pt/Faro/olhao.htm.

Weiterer **Campingplatz** auf der Armona-Insel, allerdings nur mit Bungalows, siehe weiter unten.

• *Essen* In der alten Fischereistadt stehen natürlich Fischspezialitäten auf den Speisekarten. Eine davon ist *Raia Alhada*, ein Rochen, der in der Röhre gebacken und mit einer Knoblauch-Essig-Soße übergossen wird. Auch diverse Muschelcataplanas zählen zu den Spezialitäten von Olhão. Die meisten guten Restaurants der Stadt findet man in nächster Umgebung der beiden Markthallen an der Avenida 5 de Outubro und dem kleinen, zur Stadt gelegenen, Praça Patrão Joaquim Lopes.

Kinkas, Reisgerichte mit Meeresfrüchten (*Arroz de Marisco* oder *Tamboril*, ab 14 € für 2 Pers.) aber auch südportugiesische Spezialitäten wie *Cataplanas*, *Xarem* und *Acorda de Marisco* sowie vegetarische Gerichte stehen auf der Karte des freundlich dekorierten Restaurants. Av. 5 de Outubro 46-48, ℅ 289703333. So geschlossen.

Horta, weiter in westlicher Richtung. Große Auswahl an Tagesgerichten zu 7,50–9,50 €, vor allem gegrillter Fisch. Farbenfrohe Einrichtung, aber bedauerlich lauter Fernseher. Av. 5 de Outubro 146, ℅ 289714215. Sa geschlossen.

Casa de Pasto Algarve, am kleinen Platz vor den Markthallen. Nettes Restaurant mit kleiner Terrasse, freundlichem Wirt und guten Eintopf- und Fischgerichten ab 9 €, legendär ist der Rochen in Knoblauch-Essig-Soße (13 €). Praça Patrão Joaquim Lopes 18–20, ℅ 289702470. So geschlossen.

Vai e Volta, östlich der großen Avenida da República, nahe dem *Pingo Doce*-Supermarkt. Bekannt für seinen fangfrischen Fisch, daher oft schwierig, einen Platz zu bekommen. Gegrillter Fisch bis zum Abwinken (*Rodízio de Peixe grelhado*) für ca. 8,50 € einschl. ½ l Hauswein, Oliven und Brot. Largo do Grémio, ℅ 967798395 (Handy). Nur mittags (12–15 Uhr) geöffnet, So und Mo geschlossen.

Naturpark Ria Formosa

Östlich von Olhão, gleich neben dem Campingplatz, wurde das Informationszentrum des Naturparks eingerichtet. Das gesamte Haff-Gebiet, von Faro bis kurz vor die spanischen Grenze, wurde zum Naturschutzgebiet erklärt.

⏰ Eingang (Kasse) des Parks: Mo–Fr 9.30–12.30/14–17.30 Uhr (man kann sich aber durchgängig, d.h. auch in der Mittagszeit dort aufhalten). Eintritt 2,50 €, ℅ 289700210.

Ein Besuch ist lohnenswert, weil auf einer überschaubaren Fläche das Ökosystem Haff veranschaulicht wird. Die durch mächtige Sandbänke geschützte Watt- und Marschlandschaft, die weiter landeinwärts in eine pinienbestandene

Löffelreiher im Naturpark Ria Formosa

Naturpark Ria Formosa 101

Zur Gezeitenmühle

Dünenlandschaft übergeht, bietet Brutplätze für unzählige Vogelarten und beheimatet das seltene Chamäleon (*Chamaeleo Chamaeleon*), das allerdings erst Anfang des vorigen Jahrhunderts aus Spanien oder Marokko eingeführt wurde. Wirtschaftliche Nutzung fand nur in Form von Muschelzuchten *(Viveiros)* und Gezeitenmühlen statt.

> Ein eigentümliches Bekleidungsstück, das *Bioco*, wurde nur in Olhão getragen. Es ist ein bis zum Knöchel reichendes, schwarzes Tuch und auch der Kopf wird mit einem schwarzen Turban umwickelt. Mit Sicherheit handelt es sich dabei um ein Überbleibsel der maurischen Kleiderordnung. Ende des 19. Jh. wurde diese Tracht vom König verboten, da sich mit Vorliebe Straßenräuber damit maskierten. Zu sehen ist es im **Museu Municipal** (① siehe oben).

Den Wagen parkt man am Eingang, wo ein gut einstündiger Rundweg (ca. 3 km) durch das 60 ha. große Außengelände des Umweltzentrums beginnt. Dessen Attraktivität hat sich bis jetzt noch nicht so stark herumgesprochen, weshalb man in der Nebensaison fast alleine unterwegs ist. Auf etwa 20, leider mittlerweile ziemlich verwitterten, Infotafeln werden entlang des Weges das Ökosystem und die Nutzungsformen der Ria Formosa erläutert.

Erstes Ziel ist das *Informationszentrum*, das seinem Namen gerecht wird und aufschlussreiches Material auch in deutscher Sprache bereit hält. Dazu gibt es einige Schaukästen mit Infos über Fischfang und die Maßnahmen zur Erhaltung der natürlichen Vielfalt an der Algarveküste.

Der weitere Rundweg führt auf einem Damm entlang zu einer ehemaligen **Gezeitenmühle**, die mit Unterstützung des letzten Müllers, der hier noch in den 1980er Jahren seinen Dienst tat, restauriert wurde. Bei einsetzender Ebbe wurde das im Becken angestaute Wasser der Flut über die „Turbinen" der sechs Mahlgänge (-maschinen) geleitet. Insgesamt 30 Mühlen dieser Art existierten ehemals zwischen Faro und der spanischen Grenze.

102　Ostalgarve (Sotavento)

Dem Rundweg weiter folgend, erreicht man einen großen, künstlich angelegten **Vogelweiher**, der besonders bei Wasservögeln beliebt ist. Für das Federvieh unsichtbar, kann man die Tiere hinter einem Bretterverschlag beobachten. Sogar der Löffelreiher zeigt sich hier, ein Zugvogel, der von der holländischen Nordseeküste bis hinunter nach Afrika anzutreffen ist. Sein Wanderverhalten ist immer noch nicht völlig geklärt. Diese Spezies brütet und überwintert zum Teil auch in Holland.

Abschließend führt der Rundweg zu einem riesigen historischen Wasserschöpfrad (*nora*), das für ein ebenso erhaltenes Bauernhaus früher seinen Dienst tat.

Vorgelagerte Inseln

Insel Armona: Die nächstgelegene Bademöglichkeit von Olhão. Die Überfahrt kostet einfach ca. 1,55 € und dauert 30 Min. Es gibt einen großen öffentlichen Parkplatz neben der Abfahrtsstelle der Boote beim Club Naval. Das Autobruch-Risiko soll gering sein, da sich etwas weiter westlich an der Hafenpromenade eine Polizeistation befindet (Verbindungen siehe Olhão).

● *Camping*　Orbitur-Platz, 38 kleine Holzbungalows, die zu vermieten sind. Es dürfen keine Zelte aufgestellt werden! In einem schönen Pinien- und Eukalyptuswäldchen gelegen, mit öffentlichen Duschen und Toiletten. Rummel gibt's hier besonders an den Augustwochenenden, wenn halb Olhão auf der Insel ausspannt. Bungalow für 4 Pers. saisonabhängig ca. 50–99 €, Mindestaufenthalt 2 Nächte, im Juli/Aug. 1 Woche, Ilha de Armona, ✆ 289714173, ✆ 289 705456, www.orbitur.pt

● *Essen*　Während der Hauptsaison haben mehrere Restaurants und Cafés auf der Insel geöffnet.

Insel Culatra: Die Insel ist nicht auf Tourismus eingestellt – mit viel Glück ergattert man ein Privatzimmer. Kleine Fährboote laufen die Insel von Juni bis Mitte Sept. von Olhão aus 6-7mal täglich an. Die Fahrzeit beträgt ca. 30 Minuten, Einfachpreis ca. 1,55 €. Die Rückfahrt nach Olhão erfolgt über den Farol (Leuchtturm) am anderen Ende der Insel und dauert ca. 45 Min.

Culatra selbst ist ein kleines Fischerdorf mit 1.000 Einwohnern. Wegen seiner isolierten Lage hat es eine eigene Kirche und Schule. Das Dorf besteht aus vielen kleinen Häuschen, niedlich-farbig, die fast wie Puppenhäuser wirken. Im Ort gibt es viele Kinder, die „Hauptstraße" ist für sie gleichzeitig der Sandkasten. Den Fischern ist das moderne Leben immer noch etwas fremd, Besuchern gegenüber sind sie meist zurückhaltend. Einnahmequelle der Bewohner sind neben der Fischerei hauptsächlich die Muschelfelder im Wattenmeer.

Vom Dorf führt ein Sandweg am Strand entlang zum *Farol* am anderen Ende der Insel, ca. 45 Minuten zu laufen. Ein Großteil der Insel, gesichert durch Stacheldraht, für die portugiesische Marine als Manövergelände bestimmt, das aber wenig genutzt wird. Man kann auch mit dem Boot zum Farol fahren, einfach für ca. 1,55 €. Um den Leuchtturm steht eine Ansammlung kleiner Sommerhäuser mit Wasserbehältern auf dem Dach. Wenn der Leuchtturmwärter vor Einbruch der Dunkelheit vorbeikommt, um die Lichter des Leuchtturms anzuschalten, kann man mit ihm auf den Turm steigen und von dort die phantastische Aussicht genießen.

Da es auf der Insel keine zentrale Wasserversorgung gibt, hat vor einigen Jahren eine Gruppe wild campierender Studenten aus Lissabon nach Wasser gegraben. Gerade mal 20 m neben dem Meer fanden sie mit unwahrscheinlichem Glück in nur 3 m Tiefe eine Süßwasserader.

Essen　In der Siedlung beim Leuchtturm (Farol) gibt es nur zwei kleine Sommertavernen, wo man aber gute Caldeiradas und Muschelgerichte bekommt.

Das kleine Sportbootbecken, angrenzend an den Altstadtkern

Faro
(ca. 60.000 Einw.)

Die meisten Algarve-Touristen kommen via Faro-Airport ins Land und nehmen meist gleich die erste Transportmöglichkeit wahr, um in Richtung Zielort zu verschwinden. Wer also den Touristenmassen aus dem Weg gehen will und beschauliche Kleinstadtatmosphäre schätzt, kann hier ein paar nette Urlaubstage verbringen.

Faro liegt an einem Wattenmeer mit kleinen, vorgelagerten Inseln. Im Hinterland liegt die fruchtbare Algarve-Ebene mit ihren typischen Feigen- und Mandelbaumpflanzungen, dazwischen rot leuchtendes Ackerland. In Algarve-Maßstäben ist die Provinzhauptstadt Faro so etwas wie eine Metropole, obgleich sie nur etwa 60.000 Einwohner zählt. Seit Mitte des 18. Jh. gilt sie als Hauptstadt der Algarve. Faro ist auch die Hauptstadt der Störche, über 15 Paare nisten hier, z. B. auf dem Stadttor Arco da Vila gleich neben dem Touristenbüro und auf dem Rathaus.

Geschichte: Die Römer waren lange hier und nannten den Ort „Ossonoba". Die Mauren gaben der Stadt ihren heutigen Namen und mussten sie 1249 kampflos Afonso III. überlassen. Es war die letzte Stadt an der Algarve, die von den Mauren kontrolliert wurde. Eine Geschichte aus der Maurenzeit erzählt, dass die Muselmanen nach der Eroberung von Faro eine Marienstatue ins Meer warfen. Als daraufhin die Fischschwärme ausblieben, wurden sie gläubige Marienverehrer.

1596 wurde die Stadt von englischen Truppen in Schutt und Asche gelegt. Die vorher ausgeraubte bischöfliche Bibliothek soll angeblich den Grundstock der berühmten Bibliothek von Oxford bilden.

104 Ostalgarve (Sotavento)

Warten auf den Rückflug – auf dem Rasen vor dem Flughafen

Information/Adressen

- *Postleitzahl* 8000.
- *Information* Turismo-Büro in der Rua da Misericórdia 8–11 (neben dem Stadttor). ✆ 289803604. Tägl. 9.30–17.30 Uhr, im Winter 9.30–13/14–17.30 Uhr geöffnet. Es gibt noch ein weiteres Turismo-Büro am Flughafen, ✆ 289818582. In den Touristenbüros gibt es die monatliche kostenlose *Agenda Cultural de Faro* (nur auf Portugiesisch). Das Büro in der Algarve-Touristik-Hauptverwaltung in der Av. 5 de Outubro 18 ist normalerweise nur wenig auskunftsfreudig. ✆ 289800400, ✆ 289 800489.
- *Adressen/Telefonnummern* **Polizei (P.S.P.)** ✆ 289822022, **GNR** ✆ 289887600, **Krankenhaus**: Hospital de Faro, ✆ 289891100, **Postamt**: Am Largo do Carmo und in der Rua Dr. João Lúcio. Mo–Fr 9–18 Uhr geöffnet, am Largo do Carmo auch Samstagvormittag geöffnet. Weitere Filiale mit längeren Öffnungszeiten am Flughafen (s. u.). **Internet**: bis 30 Min. gratis surfen im ersten Stock der Stadtbibliothek (Di–Fr 9.30–19.30 Uhr, Mo und Sa 14–19.30 Uhr, So geschlossen) gleich ums Eck von der Jugendherberge, und im Espaço Internet, das allerdings am westlichen Rand Faros schwer zu erreichen ist: Urbanização Alto de Sto. António, Lote 68, ✆ 28987260, Mo–Sa 10–20 Uhr. Zusätzlich gibt es zahlreiche Cafés und Computerläden mit gebührenpflichtigen Internetangeboten. **Deutsches Konsulat**: Urbanização Infante D. Henrique, Lote 11. Neubaugebiet am östlichen Stadtrand (Richtung Olhão), ✆ 289803148. www.honorar konsul-faro.de. Frau Palmar hilft bei Problemen, Mo–Fr 9.30–12 Uhr. Das Konsulat wurde bereits 1752 von den Hansestädten gegründet. 3500 deutsche Residenten werden von hier aus betreut, noch einmal so viele sind wahrscheinlich nicht registriert.

- *Verbindungen* **Bahn**, Bahnlinie Vila Real–Lagos und Faro–Lissabon (tägl. 6 Züge). Der Bahnhof liegt im Stadtzentrum.
Bus, in der Stadt verkehren drei Buslinien „Minibus de Faro" zum Fahrpreis von ca. 0,60 € pro Fahrt oder Tageskarte (Mo–Fr) für 2,50 €. Infos am Busbahnhof. Von Faro aus gelangt man per Bus selbst in die entlegensten Winkel der Algarve. In alle Küstenstädte häufige Verbindungen. Der Busbahnhof liegt hinter dem Hotel *Eva* im Zentrum.
Taxis: ✆ 289822275 (Táxis Auto Faro) und 289895795 (Táxis Rótaxis).
Flugzeug: der Flughafen liegt ca. 6 km außerhalb am Wattenmeer vor der *Ilha de Faro*.

Faro

Schließfächer zur Gepäckaufbewahrung befinden sich außerhalb des Flughafengebäudes, an der Seite des Parkplatzes für Reisebusse. Die ersten vier Std. kosten ca. 1–2 €.
Flughafen-Information: ✆ 289800800. Aktuelle Flugzeiten unter ✆ 289800801 und 289800 617, im Internet unter www.ana.pt.

• *Flughafenbus* von 7.22–22.17 Uhr fahren mindestens stündlich Stadtbusse ins Zentrum (Faro–Praia de Faro); Busnummer 14 und 16. Die Abfahrtsstelle im Zentrum ist gegenüber des Busbahnhofs (im Plan markiert).

Ein *Taxi* vom Flughafen ins Zentrum kostet ca. 12 €, 19–7 Uhr und an Sonn- und Feiertagen 20 % Aufschlag. Wenn der Kofferraum für Ihr Gepäck nicht ausreicht und Koffer auf das Dach geschnallt werden müssen, kann der Fahrer 1,50 € extra verlangen, aber nur dann.

Die *Bankfiliale* im Flughafen ist Mo–Fr 8.30–12, 13–15 Uhr geöffnet, *Geldautomaten sind jederzeit zugänglich*.

Die *Touristinformation* ist tägl. von 8–23.30 Uhr, während der Saison, wenn viele Nachtflüge ankommen, auch bis 24 Uhr besetzt.

Ein *Postamt* ist werktags von 9–19.30 Uhr, am Wochenende von 9–12.30 und 14.30–18 Uhr geöffnet.

Die Büros der *Autoverleihfirmen* liegen außerhalb des Flughafengebäudes (Ausgang rechts von der Flugankunft, gut ausgeschildert).

*E*inkaufen/*F*reizeitaktivitäten/*F*este

• *Einkaufen* In der „**Bond Street**", wie die alteingesessenen Engländer die Fußgängerzone mit den schönen Steinmosaiken am Boden nennen, findet man Touristenramschläden, Boutiquen, Cafés, Imbissbars und einige Straßenhändler (im Herbst frisch gerösteten Kastanien). Antiquitäten im Laden *Galeria da Sé* in der Altstadt, Rua da Porta Nova.

Despensa Algarvia, zentral gelegener Laden für regionaltypische Produkte (Wein, Marzipan, Liköre und Marmeladen). Rua Concelheiro Bivar 15.

Die **Markthalle** liegt ca. 10 Gehminuten nordöstlich vom Stadtzentrum entfernt und erstrahlt nach jahrelanger Renovierung seit 2007 in hypermodernem Look. Im Untergeschoss ist ein Supermarkt eingezogen.

• *Fahrradverleih* Mountain-, Trekking-, Renn- und Kinderräder verleiht **Bike Algarve** (nahe des Einkaufszentrums Forum Algarve). Kostenlose Anlieferung und Rabatte für Gruppen (1 Tag ab 15 €, 1 Woche ab 67 €). Avenida Gulbenkian, ✆ 289865672, www.bikealgarve.com.

Auch an der Praça Francisco Gomes, direkt vor dem Sporthafen, werden Fahrräder vom Ausflugsunternehmen **Formosamar** vermietet (1 Std. für 2,50 €, 1 Tag für 12 €).

• *Bootsausflüge* Das gleiche Unternehmen bietet auch mehrmals täglich Bootsausflüge durch das Haff Ria Formosa an, die zwischen 45 Min. und 2 Std. dauern (10–25 € pro Person). www.formosamar.pt. Eine längere Bootstour bietet Natura Algarve (5 ½ Std. für 52 € pro Pers.), Reservierung unter ✆ 9180566 74, www.natura-algarve.com. Eine CO$_2$-freie, ganztägige Tour mit dem Solarboot bietet Sunquays ✆ 910801801, www.sunquays.com.

• *Feste und Märkte* Das **Stadtfest** findet um den 6. Sept. herum statt, Höhepunkt ist ein kostenloses Open-Air-Konzert am Vorabend. Die **Algarve-Messe** (Feira de Sta. Iria) wird Mitte Oktober für knapp 2 Wochen abgehalten. Dort wird alles Mögliche vorgeführt, von Maschinen bis zu Handwerksprodukten, außerdem gibt's Fahrbetriebe. Ende Juli/Anfang Aug. gibt's etwa 10 Tage lang das Ria-Formosa-Festival auf dem Vorplatz der Kathedrale mit (Schlager-) Musik und preiswerten Meeresfrüchte-Gerichten.

• *Baden* Wer in Faro untergebracht ist, fährt zum Baden am besten mit dem Badeboot zur *Ilha do Farol* (Culatra) oder zur so genannten *Ilha Deserta*. Schattenlose Insel mit langem, breitem Sandstrand, Strandrestaurant, ohne Bebauung. Die Abfahrtsstelle der 5–6mal tägl. verkehrenden Boote liegt vor dem westlichen Stadttor (Porta Nova), Hin- und Rückfahrt kosten 10 €. Ilha Deserta, ✆ 918779155, www.ilha-deserta.com.

Alternativ bietet sich der lange Sandstrand der *Ilha de Faro* mit Cafés und Restaurants hinter dem Flughafen an, den man mit dem etwa einstündig verkehrenden Flughafenbus erreichen kann. Nur mit dem Auto sind die herrlichen Strände von Quinta do Lago und Vale do Lobo zu erreichen (s. Umgebung von Faro).

Übernachten

In Faro sind in den letzten Jahren zahlreiche Unterkünfte neu entstanden oder renoviert worden. Trotzdem kann es im August auch hier zu Engpässen kommen, doch steigen die Preise in der Hochsaison im Vergleich zu den Küstenorten weniger stark an.

**** Hotel Eva (12), zwischen Busbahnhof und Yachthafen. Bestes Haus am Platz mit 135 komfortablen Zimmern in einem klotzigen Bau. Schöne Aussicht vom Frühstücksraum im Dachgeschoss, aber Höhepunkt ist der Pool auf dem Dach. Zimmer zum Yachthafen sind weniger laut. DZ je nach Blick 170–185 €, bei Hotelbrokern im Internet meist deutlich billiger. Av. da República 1, (078), ℡ 289001000, ℻ 289001002, www.tdhotels.pt.

Santa Maria (9), westl. der Fußgängerzone. Neu erbautes Hotel, entsprechend komfortabel. Manche der 60 Zimmer mit kleinem Balkon. DZ 55–120 € je nach Saison und Ausstattung. Rua de Portugal, 17, ℡ 2898 98080, ℻ 289898089, www.jcr-group.com.

Algarve (3), ca. 500 m nördlich vom Bahnhof. Angenehmes Haus, nach der Erweiterung auf 40 Zimmer auch mit eigener Garage. Alle Zimmer mit Klimaanlage, teilweise mit Balkon, nach hinten ruhig. Auch 3-Bettzimmer. DZ saisonabhängig 45–75 €. Rua Infante D. Henrique 52, (363), ℡ 289895700, ℻ 289895703, www.residencialgarve.com.

Alameda (15), oberhalb des Alameda-Gartens in toller Lage. Viele Zimmer mit kleinem Balkon mit Blick über die Stadt. 10 Gehminuten vom Zentrum oder mit Minibus erreichbar, grüne Linie. Die Besitzer sind häufig nicht da, deshalb vorher besser Ankunftszeit mitteilen. DZ ca. 40 €, ohne Frühstück. Rua José de Matos 31, (503), ℡ 289801962, ℻ 289804218.

Adelaide (1), nahe Carmo-Platz. Einfache moderne Zimmer mit Klimaanlage und meist mit Kühlschrank und Balkon. Nach hinten ruhig. Sehr freundliche Wirtsleute. In der Hochsaison keine EZ. DZ saisonbedingt 35–50 €. Rua Cruz das Mestras 9, ℡ 28980 2383, ℻ 289826870.

Tivoli Guesthouse (18), im Zentrum nahe der Fußgängerzone. Ein alternatives englisches Paar führt eine sehr nette, einfache Unterkunft. Farbenfrohe Zimmer, teilweise ohne eigenes Bad, dafür steht den Gästen

Übernachten
1 Adelaide
3 Algarve
4 Apartamentos Vitória
7 Low Cost Inn
9 Santa Maria
12 Hotel Eva
15 Alameda
18 Tivoli Guesthouse
20 Jugendherberge

Essen & Trinken
2 Padaria Lisbonense
5 Adega Nova
6 Pé d'Alface
8 Fim do Mundo
10 República
11 Gengibre e Canela
13 Nortenha
14 Pastelaria Gardy
16 Café do Coreto
17 Eiscafé Welwitschia
19 Sport Faro e Benfica

Faro 107

Ostalgarve (Sotavento)

eine Küchenzeile zur Verfügung, auch Familienzimmer. DZ mit Gemeinschaftsdusche 30–35 €, mit WC/Dusche 40–50 €. Praça Alexandre Herculano 6, (159), ℡ 289829825, www.pension-tivoli.net.

Apartamentos Vitória (4), nahe Carmo-Platz. Gepflegte Studios oder Miniwohnungen mit separatem Schlafzimmer. Mindestaufenthalt 4 Nächte. Apartments für 2 Pers, 40–58 € je nach Saison, ohne Frühstück. Rua Serpa Pinto 60, (901), ℡ 289806583, 🖷 289 805883, www.apartamentosturisticosvitoria.com.

Low Cost Inn (7), gegenüber dem Busbahnhof. Sehr einfache Unterkunft für alle, die auf Komfort verzichten können und sehr zentral übernachten wollen. Sonst ist die Jugendherberge die bessere Alternative. 22 Zimmer, teilweise ohne Außenfenster und ein großer Schlafsaal. DZ ab 30–35 € (ohne/mit WC), Schlafsaal ab 10 €. Rua Teófilo Braga 38-42, ℡ /🖷 289108203, www.lowcostinnfaro.com.

• *Jugendherberge* **Instituto da Juventude (20)**, neben Park Alameda João de Deus. Viele der Zimmer mit Fenster zum angrenzenden Park, der einem Dichter gewidmet ist. 60 Betten stehen zur Verfügung. Erreichbar mit Minibus, grüne Linie vom Busbahnhof. Die Übernachtung pro Person im „Saal" kostet saisonabhängig ca. 11–14 €, ein DZ 24–32 € (ohne WC) und 28–40 € (mit WC). Rua da PSP, ohne Nummer, (408), ℡ 289826521, http://microsites.juventude.gov.pt/Portal/pt/PFaro.htm.

Essen (siehe Karte S. 106/107)

Faro bietet eine gute Auswahl an exzellenten Restaurants. Durchwegs preiswerter und höhere Qualität als an den meisten anderen Orten der Algarve.

Sport Faro e Benfica (19), auf der anderen Seite des Yachthafens. Fisch- und Meeresfrüchte-Restaurant mit exzellenter Küche, noch dazu in toller Lage an der Hafenmole, wo auch die Bahn entlangfährt. Etwas in Acht nehmen sollte man sich vor den geschäftstüchtigen Obern. Hauptspeisen ab 15 €. Doca de Faro, ℡ 289821422. Tägl. geöffnet.

República (10), zwischen Busbahnhof und Fußgängerzone. Nach dem persönlichen Geschmack des Besitzers eingerichtet, auch die kulinarische Auswahl bekommt man andernorts nicht. Viele Fleisch- und Bacalhaugerichte (ab ca. 12 €) werden mit einer leckeren Soße und Gemüse serviert. Av. da República 48, ℡ 289807312. Sa und So mittags und wenn der Wirt keine Lust hat geschlossen.

Fim do Mundo (8), in der Fußgängerzone. Institution in Faro mit breiter Auswahl an Tagesgerichten vom Grill, auch halbe Portionen. Guter Fisch (9 €) und gegrillte Hähnchen für 5 € die halbe Portion. Im Sommer sitzt man toll im Freien. Rua Vasco da Gama 53, ℡ 289826299. Mo abends und Di ganztägig geschlossen.

Nortenha (13), im Zentrum. Einfaches Restaurant mit Hausmannskost ab 7 €, in der angeschlossenen Snackbar mit Extra-Eingang um die 4 €. Praça Ferreira de Almeida, 26, ℡ 289822709. Tägl. geöffnet.

Lesertipp **Adega Nova (5)**, „Die Atmosphäre ist ungezwungen, es essen fast nur Einheimische hier – 4er und 6er Tische. Nur die an der Wand Sitzenden haben Rückenlehne – originelle Einrichtung. Bier vom Fass, Hauswein sehr gut, frische Fische, Fleischgerichte und viele tolle Süßspeisen." Rua Francisco Barreto 24, ℡ 289813433. (Dr. Eckhard Zimmermann)

Pé d'Alface (6), nahe der S. Pedro-Kirche. Jugendliches Ambiente, viele Salate um 5 €, Tofu in Curry-Soße 6 €, auch Fleischgerichte. Rua Baptista Lopes 75, ℡ 91100003. Mo–Sa 12–15, 19–23 Uhr.

• *Vegetarier* **Gengibre e Canela (11)**, in der Fußgängerzone. Ingwer und Zimt heißt das nett eingerichtete Restaurant auf Deutsch. Mittagsbuffet mit Suppe und Salat für 7,50 €, Hauptgerichte wie z. B. Seitan mit weißen Bohnen und Gemüse ab 6 €. Travessa da Mota 10, ℡ 289882424. Mo–Sa 12–14.30 Uhr.

• *Cafés* **Pastelaria Gardy (14)**, in der Fußgängerzone mit Terrassenbetrieb Hier gibt's die besten Kuchen, allerdings auch zu höheren Preisen. Die Mandelplätzchen sollte man unbedingt versuchen. Gut die *Broas de amêndoa* und *Torta de amendoa*. Es gibt auch Marzipan mit Kürbisfadenfüllung (*Queijinho de amendoa*, ohne das Geschmack tötende Bittermandelöl). Rua de Santo António 18.

Eiscafé Welwitschia (17), kleines Café mit selbst gemachtem Eis und Bestuhlung zum Platz. Praça Alexandre Herculano.

Café do Coreto (16), am zentralen Palmengarten Bivar. Moderner Glaskubus mit großer Terrasse und direktem Blick auf die schaukelnden Boote des Sporthafens. Kaffee, Gebäck, kleine Snacks und einfache Gerichte. Jardim Manuel Bivar.

Lesertipp **Padaria Lisbonense (2)**, in der Nähe des O Seu Cafés am Largo São Pedro gibt es an der Ecke Cruy da Mestras/Ferreira Neto einen libanesischen Bäcker, der um Mitternacht aufmacht. Dann strömen aus allen Ecken die Menschen herbei, um frisches Gebäck, Brot, mit Würstchen gefüllte Teigtaschen u. Ä. zu kaufen. Das ist Kult! Do–Sa ab 22 Uhr geöffnet.

*N*achtleben

Aparte Club, modern-farbenfroh durchgestylter Club, in dem zahlreiche Live-Konzerte gegeben werden. Rua Primeiro de Maio 21, gleich ums Eck vom Hotel Faro. ℡ 965777708 (Handy). Geöffnet von 22–3 Uhr.

Arcádia Bar, DJ's und Live-Musik diverser Stile. Bekannt auch für seine betörenden Cocktails. Unbedingt vorbeischauen. Travessa dos Arcos 7. Geöffnet von 23–1 Uhr, So geschlossen.

Bar Os Arcos, gemischtes Publikum und ab und zu Livemusik. Travessa dos Arcos 8.

Ché6, gleich nebenan, die angesagte Bar für die jungen und junggebliebenen Fans des argentinischen Revolutionärs, nette Atmosphäre. Rua do Prior 24.

Cidade da Musica, größte Disco in Faro, sehr junges Publikum, unterschiedliche Musikstile. Rua do Prior 21. Ab 22 Uhr geöffnet.

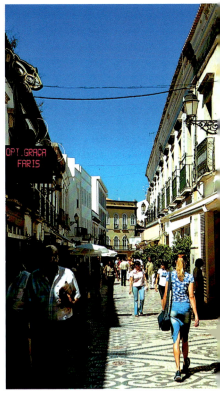

Die Fußgängerzone in Faro

Sehenswertes

Das Zentrum Faros ist der palmenbestandene Park *Jardim Manuel Bivar* neben dem kleinen Yachthafen.

Die *Altstadt* hinter den Resten der Verteidigungsmauer sollte man ruhig mal anschauen. Dieses Viertel ist kein Wohnquartier mit munterem Straßenleben, denn fast alle Gebäude beherbergen heute Behörden – vom Polizeipräsidium über das Rathaus bis zum erzbischöflichen Seminar. Aber auch einige Straßencafés und Restaurants lassen sich hier finden. Die großartigen Stadtpaläste, Privathäuser der früheren Thunfisch- und Sardinenkönige, haben oft kleine, übers Dach hinausragende Türme, von wo aus die Flotteninhaber mit Hilfe von farbigen Bändchen mit ihrer vor der Küste operierenden Fangflotte kommunizierten.

Historische Altstadt: Hinein kommt man durch den *Arco da Vila*, einen Torbogen im klassizistischen Stil, der ein Nationaldenkmal darstellt. Er liegt am Ende des Jardim Bivar und diente als Eingangstor zur alten Befestigungsanlage, in ihren Ursprüngen von den Mauren im 9. Jh. angelegt. Die heute noch bestehenden Stadt-

Lohnt einen Besuch – der Skulpturengarten im Centro Cultural São Lourenço

mauern stammen aus dem 17. Jh. Folgt man der engen Gasse hinter dem Tor aufwärts, gelangt man zum *Largo da Sé*, in dessen Mittelpunkt sich die Kathedrale erhebt. Den Platz säumen kleine Orangenbäume: Bitterorangen (Pomeranzen), die ursprünglich die Mauren an der Algarve heimisch machten. Die süßen Orangen, wie wir sie kennen, wurden erst im 17. Jh. aus China nach Europa gebracht. Seitlich der Kirche liegen der alte Bischofspalast und das Rathaus (im klassizistischen Stil erbaut), gegenüber das Priesterseminar.

Kathedrale: Die hübsche Kathedrale ist frühgotischen Ursprungs und wurde ab 1251 erbaut. Vorher standen an dieser Stelle bereits ein römisches Forum und eine Moschee. Das alles und die Zerstörung der Sé durch das Erdbeben 1755 führten zu dem heutigen, einzigartigen Sammelsurium der Baustile. Beachtenswert ist die rot bemalte Barockorgel aus deutscher Fertigung. Den schönsten Ausblick über Faro hat man in schwindelerregender Höhe vom Kirchturm, der über eine schmale Treppe bestiegen werden kann. Im Obergeschoss der Kathedrale ist ein sehenswertes Museum für sakrale Kunst untergebracht und im hinteren Bereich des Innenhofs ist eine kleine Knochenkapelle zu besichtigen.

⏲ Mo–Fr 10–18 Uhr, im Winter nur bis 17 Uhr, Sa 10–13 Uhr, Eintritt 3 €.

Igreja do Carmo: Die Kirche des Karmeliterordens schließt den Largo do Carmo am nördlichen Rande der Altstadt ab. 1807 nach fast hundertjähriger Bauzeit vollendet, präsentiert sich das spätbarocke Gotteshaus als das prunkvollste Bauwerk Faros. Hauptkapelle und alle Seitenaltäre sind üppig mit vergoldetem Schnitzwerk (*talha dourada*) verkleidet. Wird man im Innenraum der Kirche vom üppigen Goldschmuck fast erschlagen, so kann es einem im angrenzenden Innenhof unheimlich zu Mute werden. Die dortige *Capela dos Ossos* wird von menschlichen Knochen und Schädeln ausgeschmückt.

⏲ Mo–Fr 10–13/14–17.30 Uhr, Sa 10–13 Uhr. Eintritt: Kirche frei, Kapelle 2 €.

Jardim Alameda João de Deus: Zum Spazierengehen lädt der Park etwas oberhalb der Altstadt mit Pfauen, Vogelkäfigen, Teichen, einem Minigolfplatz und zwei Kiosken mit Cafébetrieb unter kühlen, schattigen Baumriesen ein. Das angrenzende alte Schlachthausgebäude, ein Prachtbau im neo-maurischen Stil, wurde zur modernen Stadtbibliothek umgebaut.

Museen

Ethnologisches Museum: Am interessantesten ist sicherlich das Museu Regional do Algarve an der neu gestalteten Praça da Liberdade am Ende der Fußgängerzone. Ausgestellt sind kunsthandwerkliche Arbeiten aus der Provinz Algarve, u. a. Korbtaschen aus Estômbar, Schnitzereien aus Monchique, schöne Lederhausschuhe aus Olhão (werden auch verkauft). In anderen Teilen des Museums sieht man, wie die Algarvios zu Hause eingerichtet sind.
 ⌚ Mo–Fr 10–13.30/14.30–18 Uhr, Eintritt 1,50 €.

Museu Marítimo: Das Seefahrtsmuseum in der Capitania do Porto liegt direkt am kleinen Hafenbecken. Die Fangmethoden der Fischer – Schleppnetze, Reusenfallen etc. – wurden hier aufwändig nachgestellt. Auch einige historisch bedeutsame, massige Schiffsmodelle sind hinter Glasvitrinen zu bewundern, z. B. die *Gallone São Gabriel*, mit der Vasco da Gama den Seeweg nach Indien entdeckte, und die *Nossa Senhora da Conceição*.
 ⌚ 9.30–12.30 /14.15–17 Uhr, Sa/So geschlossen. Eintritt 1 €.

Museu Municipal de Faro: Es ist im alten Klarissinnen-Kloster untergebracht, einem Renaissance-Bauwerk mit hübschem Portal und harmonischem Kreuzgang. Den Schwerpunkt der Sammlung bilden Fundstücke aus der römischen Epoche, wie Kaiserbüsten, Mosaike aus der *Villa Milreu* und Grabsteine sowie alte Kirchenkunst. In einem Seitenraum werden Alltagsgegenstände aus der arabischen Periode ausgestellt. Convento de Nossa Senhora da Assunção, Largo D. Afonso III.
 ⌚ Di–Fr 10–18 Uhr, Sa/So 10.30–17 Uhr, Juni bis Sept. jeweils 1 Std. länger geöffnet. Eintritt 2 €, für Jugendliche und Senioren ab 65 Jahren 1 €.

Faro/Umgebung

Faro-Strand (Praia de Faro)

Fast 8 km außerhalb gelegen und mit dem Wagen oder öffentlichen Bussen zu erreichen: Hinter dem Flughafen führt eine einspurige Brücke über die Lagune zur Sandbank. Im Sommer viel Rummel, besonders an Wochenenden, wenn jeder mit seinem eigenen Wagen ankommt und sich vor der Brücke lange Staus bilden. Doch außerhalb der Hochsaison ist es am langen Sandstrand und in den Strandcafés und Restaurants ruhig; im Osten, jenseits der meist illegal errichteten Häuser, sogar menschenleer. Auch ein Spazierweg durch die Dünen, die unter Naturschutz stehen, wurde hier angelegt.

• *Verbindungen* Die **Buslinien** Nr. 14 und 16 verlaufen im Zickzackkurs durch Faro zum Strand. Abfahrtsstelle gegenüber dem Busbahnhof, nach weiteren Haltestellen am besten im Hotel fragen. Etwa stündliche Verbindungen, einfache Fahrt 1,60 €.
• *Übernachten* Wer auf der Insel wohnen will, geht ins **Aeromar** direkt am Strand. DZ je nach Saison 45–84 €, mit Balkon 5 € teurer. Praia de Faro, (795), ☏ 289817189, ✆ 2898 175142, www.aeromar.net.
• *Camping* **Campingplatz Faro**, mit 1.200 Plätzen auf der östlichen Seite der Inselstraße. War zum Recherchezeitpunkt bis

auf unbestimmte Zeit geschlossen. Praia de Faro, ✆ 289817876, ✉ 289819101.
- *Essen* Es gibt zwei gute Tavernen westlich der Brücke. Das **Casa Zé dos Matos** (Praia do Faro 21, ✆ 289817832, tägl. geöffnet) auf der linken Straßenseite und fast gegenüber das **Roque** (Praia de Faro 24, ✆ 289817868, Mi Ruhetag). Zu empfehlen ist *Arroz de Lingueirão*, ein Reisgericht mit Lingueirão-Muscheln, die aus dem Schlick gebuddelt werden, Hauptspeisen ab 12 €, frische Fische ab 35 € pro Kilo.
Lesertipp **Camané**, östlich nach der Brücke, ca. 2 km entfernt. Sehr freundliche Bedienung. Gepflegte Weine und natürlich Fisch in allen Variationen, auch einen sehr pikanten Tintenfischsalat. Gehobene Preise. ✆ 289817539. Mo Ruhetag. (Gerhard Helmreich, Gundelsheim)

Retterin des Abendlandes

Die *Nossa Senhora da Conceição*, ein Modell der Gallone steht im Museu Naval, verteidigte 1717 vor dem griechischen Peloponnes das „Abendland" erfolgreich gegen eine Übermacht türkischer Invasoren. Die Eroberer hatten sich bereits Korfu, Sizilien und Malta unter den Nagel gerissen, als Papst Clemens XI. zur Bildung einer Streitmacht aufrief. Sieben portugiesische, 26 venezianische und zwei französische Kriegsschiffe stellten sich der türkischen Flotte, die 54 Schiffe umfasste. Überwältigt von der Übermacht des Gegners versuchten alle zu fliehen – bis auf die berühmte „Senhora da Conceição"...

Wanderung: Durch die Lagunen von Faro und Quinta do Lago

Rundwanderung durch das Feuchtgebiet der Ria Formosa westlich von Faro, ein wichtiges Überwinterungsgebiet für Zugvögel und Brutstätte vieler einheimischer Vogelarten, etwa des seltenen Purpurhuhns. Der zweite Teil der Wanderung verläuft direkt am Strand entlang.

Dauer: 2 Stunden

Schwierigkeitsgrad: einfach

Ausschilderung: keine

Wegbeschreibung: Man fährt am Flughafen Faro weiter in Richtung „Ilha de Faro". Der Ausgangspunkt der Wanderung liegt am westlichen Ende der Landebahn am Beginn der Lagune (**WP 1**). Wer mit dem Bus von Faro kommt, beginnt die Wanderung an der Endhaltestelle (**WP 2**) und geht von dort zum Ausgangspunkt. Dort lässt man sich von einer weißen Pforte mit der Aufschrift „Ludo – Entrada proibida. Propriedade privada" (auf der rechten Straßenseite) nicht abhalten, geht durch diese hindurch und beginnt den schnurgeraden Weg durch das Feuchtgebiet. Nach ca. 5 Min. ist vom Weg ein weißes Haus zu sehen (**WP 3**). Es geht weiter geradeaus, bei **WP 4** ignoriert man den rechten Abzweig und bei den Überresten einer alten Holzbarke im Schlick ebenso den Abzweig nach links (**WP 5**). Am Ende des Weges, nach etwa 40 Min., beginnen bei einer sehr markanten Schirmpinie der Golfplatz und die Prunkvillen der Quinta do Lago (**WP 6**). Hier bietet sich ein Abstecher zu einer Vogel-Beobachtungsstelle am Ufer eines künstlichen Weihers mit Süßwasser an, wo mit Glück und Geduld auch das seltene Purpurhuhn zu entdecken ist. Hierfür ganz nach rechts in einen oberhalb des bisherigen Weges verlaufenden Sandweg (mit „Durchfahrt-Verboten"-Schild) einbiegen und bis zum hölzernen Hochstand folgen (**WP 7**). Wieder zurück bei der Schirmpinie, nimmt man den Weg zwischen Golfplatz und Lagune weiter gen Westen (nicht den gepflasterten Weg!). Oft

Wanderung durch die Lagunen von Faro und Quinta do Lago

sieht man hier arme Krebsfischer, nur einen Abschlag entfernt von den ihren Golfbällen hinterher eilenden Luxustouristen. Bald erreicht man eine Holzbrücke (**WP 8**), die über die Lagune führt. Am Ende der Brücke liegt rechts die von allerlei portugiesischer und internationaler (Halb-)Prominenz frequentierte „Gigi-Bar" und dahinter das offene Meer (**WP 9**), wo wir nach links zum Strand von Faro gehen. Sobald man die ersten Häuser in den Dünen sieht, sind es noch etwa 10 Min. bis zum zentralen Parkplatz der „Praia de Faro" (**WP 10**). Von dort (Cafés und Restaurants) geht es über die Autobrücke weiter in Richtung Flughafen, vorbei an der Endhaltestelle (**WP 2**) des EVA-Busses aus Faro, und noch mal etwa 10 Min. entlang der Straße bis zum Ausgangspunkt der Wanderung (**WP 1**).

Almancil

Der Ort hat sich zu einem Einkaufszentrum für die in der Umgebung gelegenen Golfressorts entwickelt. Läden mit anspruchsvollen Einrichtungsgegenständen, Juweliere und den internationalen Supermarkt *Apolónia* findet man ebenso wie die am besten sortierte englische Buchhandlung an der Algarve, die auch deutsche Bücher (auch Second Hand) führt (*Griffin Bookshop, Rua 5 de Outubro 206A, Tel. 289392904, www.griffinbookshop.com*).

São Lourenço: Etwa 8 km außerhalb (an der Straße nach Almancil) steht eine der hübschesten, kleinen Kirchen der Algarve, *São Lourenço dos Matos*. Nach umfangreichen Restaurierungsarbeiten erstrahlt sie seit 1995 in neuem Glanz. Im Inneren ist sie fast vollständig mit Azulejos ausgekleidet. Die Wandbilder aus dem 18. Jh. zeigen Episoden aus dem Martyrium des heiligen Laurentius, der bei lebendigem Leibe auf einem Rost verbrannt wurde. Die neonbeleuchteten Deckenazulejos spiegeln fast etwas Badezimmeratmosphäre in den Raum.

① Di–Sa 10–13/14.30–18 Uhr, Mo nur nachmittags, Eintritt 2 €. Jeden So um 11 Uhr wird hier eine Messe gelesen.

Centro Cultural São Lourenço: etwas unterhalb der Kirche gelegen. Hier hat seit 1981 das deutsch-französische Ehepaar Marie und der inzwischen verstorbene Volker Huber in einem gepflegten und verschachtelten Gebäudekomplex eine Menge Kunstobjekte (Malerei, aber auch viel Objektkunst) untergebracht. Ein wirkliches Erlebnis ist ein Spaziergang durch den Garten mit seiner üppigen Vegetation und den mächtigen Skulpturen. Etwa alle 6 Wochen wechseln die Ausstellungen. Eine internationale Künstlergemeinde aus Portugiesen, Spaniern, Briten und Deutschen zählt zu den regelmäßigen Ausstellern und auch Günther Grass veranstaltete hier öfter Lesungen und stellte seine Radierungen aus. Von Juni bis Oktober finden auch Konzerte statt (Jazz bis Klassik).

Täglich außer Mo 10–19 Uhr. 289395475, Eintritt frei, www.centroculturalsaolourenco.com.

Baden/Vogelbeobachtung: Zu den schönsten Küstenabschnitten an der Algarve zählen die Strände der Luxusressorts Quinta do Lago und Vale de Lobo, jeweils ca. 7 km südlich von Almancil. Entsprechend kosten Kaffee, Gebäck oder Essen in den Einkehrmöglichkeiten vor Ort mindestens das Doppelte als in Faro. Doch die Reichen wissen, wo es schön ist. Rote Felsen vor scheinbar endlos langen, hellen Sandstränden laden zum Spazierengehen, das saubere Meer zum Baden ein. Vogelfreunde finden versteckt zwischen den Golfplätzen der Quinta do Lago Süßwasserseen, in denen es eine Vielzahl von Enten, Kormorane, Blesshühner und mit etwas Glück die seltenen Purpurhühner zu entdecken gibt. Zwei schöne Spazierwege wurden entlang des Haffs angelegt.

Estói (3.600 Einw.)

Das kleine Dorf im Hinterland von Faro hat keine Touristeninformation anzubieten. Die Tagesausflügler kommen hauptsächlich, um das Lustschloss von Estói und die römische Ausgrabung Milréu zu besichtigen.

Eine weitere Attraktion ist der riesige Markt – der größte an der Algarve, was das Vieh betrifft. Er findet jeden zweiten Sonntag im Monat statt.

Zentrum ist der kleine schattige Dorfplatz, wo auch die Busse ihren Stopp einlegen. In der kleinen Kneipe gegenüber der Haltestelle hängt eine Urkunde aus dem Jahre 1962 – das Bierzapfdiplom.

Schloss von Estói *(Palácio do Visconde de Estói)*: Nördlich vom Dorfplatz beginnt eine schöne Gartenanlage um ein kleines Schlösschen. Das Lustschloss wurde Mitte des 19. Jh. vom Adeligen Francisco José do Carvalhal im Rokokostil erbaut. Anfang des 20. Jh. ließ der neue Besitzer, ein Apotheker aus Beja, die Gebäude im neo-klassizistischen Stil renovieren. 1989 erwarb die Stadt Faro das inzwischen wieder verfallene Gebäude. 2009 wurde eine noble Pousada im Gebäude und in einem modernen Anbau eröffnet. Die Terrassen mit Brunnenanlage und der Garten sind einen Besuch wert. Wandbilder aus Azulejos und sinnesfrohe Statuetten, die ursprünglich aus der römischen Villa Milréu stammen, zeugen heute von der lebensfrohen Dekadenz der früheren Besitzer. Einige Räumlichkeiten sind auch für Besucher geöffnet.

Wenn der Parkeingang vom Dorf aus geschlossen ist, ist der Eintritt alternativ über die Pousada möglich. Eintritt frei.

Milréu: 500 m außerhalb von Estói, rechts von der Straße nach Santa Bárbara de Nexe, sind die Grundmauern eines ehemals riesigen römischen Landsitzes aus dem 1. oder 2. Jh. zu besichtigen. Besonders die Badebecken mit den fast intakten Fischmosaiken sind noch gut erhalten. Die Araber errichteten hier im 9. Jh. eine Moschee, deren Mauern heute angeblich das Wohnhaus (18. Jh.) am hinteren (rechten)

Das Schloss von Estói – Pousada Hotel inmitten eines üppig grünen Parks

Rand des Ausgrabungsgeländes bilden. Rechts vom Eingang befinden sich die Überreste eines mächtigen Ziegelsteinbaus, die wahrscheinlich Teil einer römischen Wasserkultstätte und späteren christlichen Kirche waren. Im Eingangsbereich werden in einer kleinen Ausstellung die Ausgrabungen anschaulich erklärt, von den bedeutendsten dort gefundenen Kaiserbüsten sind hier Kopien aufgestellt.

⏱ 9–12.30/14–17 Uhr, von Mai bis Sept. bis 18 Uhr (letzter Einlass 30 Min. vor Schließung), Mo geschlossen. Eintritt 2 €, Jugendliche und über 65-Jährige 1 €, www.cultalg.pt/milreu

• *Übernachten* **Vale Mouro**, „1 km weit außerhalb, umgeben von Orangenhainen und kleinen Gehöften. Betrieben von José Feliciano Matias und seiner aus England stammenden Frau. Die 8 einfach eingerichteten Zimmer sind groß und haben zumeist Balkon mit tollen Ausblicken aufs 8 km entfernte Meer. Auch ein Pool ist vorhanden." ☎ 289991037. (Lesertipp Dr. Marcus, Groettrup)

Das Hinterland im Osten

Das Meer ist nahe und dennoch blieben die Hügel des Hinterlandes vom Massentourismus bisher verschont. Wer Ruhe an der Algarve sucht und in unberührter Natur einfach ausspannen möchte, wird hier sein Plätzchen finden. Für Wanderer wurden in den letzten Jahren zahlreiche Wege markiert. Stärkung findet man in Restaurants, die häufig noch traditionelle Gerichte auf den Tisch bringen.

Den Rio Guadiana entlang in den Alentejo

Durch eine hügelige, zistrosenbewachsene Gegend mit nur spärlichem Korkeichenbestand führt die mit EU-Mitteln begradigte und verbreiterte N 122 von Castro Marim (siehe S. 81) aus nach Norden. Trotzdem ist sie nur wenig befahren, auf der ganzen Strecke nach Alcoutim kommt einem gerade mal eine Handvoll Autos entgegen. Das Hinterland der Algarve ist auch hier sehr dünn besiedelt; nur ab und zu tauchen hübsche, saubere Dörfer auf, in denen im Sommer die Luft vor Hitze flimmert.

Azinhal: Ein sympathisches, stilles Hinterlandsdorf, das mit einer erstaunlichen Zahl von Kneipen, Cafés und kleinen Restaurants aufwartet. Sie stammen wohl noch aus den Zeiten, als der Ort direkt am früheren Verlauf der Nationalstraße N 122 lag und gerne von Fernfahrern zur Einkehr genutzt wurde. Weithin bekannt ist Azinhal für die Tradition des Spitzenklöppelns, die lokale Händler im 17. Jh. aus Flandern mitbrachten. Ein leider meist geschlossenes Heimatkundemuseum ist diesen filigranen Meisterwerken aus Frauenhand gewidmet. Für ihre süßen Leckereien und Kuchen ist eine Bäckerinnen-Kooperative bekannt, die ihre Back- und Verkaufsstube *A Prova* am Largo Santa Barbara um einen kleinen Caféraum erweitert hat (Mo–Sa 9–19 Uhr geöffnet, ✆ 281495654).

Wanderung: Azinhal – das Fenster zum Guadiana-Fluss

Die Rundwanderung eröffnet weite Blicke auf den Guadiana-Fluss mit seiner imposanten, grenzüberschreitenden Brücke. Sie führt zunächst durch karges Bergland und schließlich hinunter in eine Talsenke, die im Winter und Frühjahr von zahlreichen Flussläufen durchzogen wird.

Dauer: knapp 2 Stunden

Schwierigkeitsgrad: einfach bis mittel, wegen der Vegetation am schönsten im Winter und Frühjahr, nicht bei großer Hitze.

Ausschilderung: rot-gelbe Markierung.

Wegbeschreibung: Ausgangspunkt **(WP 1)** ist der zentrale Parkplatz (*Largo do Mercado*) mit einer hölzernen Informationstafel zur Wanderung. Man überquert die Hauptstraße (EN 122) und folgt immer der Rua Santa Barbara in Richtung Osten, vorbei am Café Central, dann nach links und um die Gemeindeverwaltung (mit Postamt) herum, bis zur am östlichen Ortsrand gelegenen Pfarrkirche aus dem 16. Jh. **(WP 2)**. Dort verlassen wir vorübergehend den Hauptweg und biegen nach links in einen auf die Dorfschule führenden Weg ein, an dessen Ende (bei der „Vivenda Palma") es nach rechts, auf die Ruine einer Windmühle zugeht **(WP 3)**. Hier weiter halb rechts. Bald kommt man an dem alten Brunnen vorbei, an dem sich noch vor wenigen Jahren die Dorfbevölkerung mit Trinkwasser versorgte. Etwas unterhalb des Friedhofs stoßen wir wieder auf den Hauptweg **(WP 4)**, biegen nach links ab und folgen der Straße wenige Minuten. Wenn links eine auffallende, von zwei Palmen gesäumte Auffahrt zu sehen ist, biegen wir nach rechts in einen Erdweg ein **(WP 5)**, der auf einen Hügel führt.

Von hier oben **(WP 6)** genießt man einen weiten Blick auf den Guadiana-Fluss. Weiter geht's rechts in den kreuzenden Erdweg bis zu einer kreuzenden, breiteren Erdstraße **(WP 7)**; auf dieser nach links und ins Tal hinunter. Etwa 20 Min. geht es geradeaus bis zur südöstlichen „Spitze" der Wanderung **(WP 8)**. Dort zweigt der Weg nach rechts ab zu einem von mehreren Flussläufen durchzogenen Tal (*Varzea das Almas*). An dessen tiefster Stelle erreichen wir den **WP 9**. Dem Hauptweg immer weiter geradeaus folgen, dabei einen Abzweig nach links **(WP 10)** ignorieren und geradeaus bergan gehen. Ca. 5 Min. später ignorieren wir einen Abzweig nach rechts **(WP 11)**, weiter etwa 7 Min. bis zu einem mit einem Schild kenntlich gemachten Abzweig nach rechts **(WP 12)**. Der Aufstieg nach Azinhal beginnt. Die kleineren Abzweige nach links und rechts **(WP 13)** bis zum Ortsrand von Azinhal **(WP 14)** ignorieren. Dort nimmt man die linke, von ei-

Wanderung bei Azinhal – das Fenster zum Guadiana-Fluss

ner Mauer eingefasste Asphaltstraße bis zur EN 122 (**WP 15**), auf der es noch wenige Schritte nach rechts bis zum Ausgangspunkt sind.

Museu do Rio: Ungefähr 10 km vor Alcoutim, im Ort *Guerreiros do Rio*, steht dieses kleine Museum links an der Straße (ehem. Grundschule). In dem überschaubaren Ausstellungsraum hängen interessante Fotografien der Flusslandschaft und einige Arbeitsgeräte der Flussfischer. Die erläuternden Schrifttafeln sind nur in portugiesischer Sprache verfasst.

⏱ Di–Sa 9.30–13/14.30–19 Uhr, im Winter 9–13/14–17 Uhr. Eintritt 2,50 € (berechtigt als Kombiticket auch zum Besuch der übrigen Museen im Kreis Alcoutim).

• *Übernachten* **Guerreiros do Rio,** modernes, erst 2006 eröffnetes Hotel am Fluss mit 26 farbenfroh eingerichteten Zimmern und Pool. DZ 70–105 €, ✆ 281540170, www.guerreirosdorio.com.

• *Essen* **António Guerreiro**, ländliches Restaurant gleich in der Gasse neben dem Museum.

Alcoutim (1.100 Einw.)

Das kleine Dorf am Fluss liegt ca. 35 km nördlich der Küste, trotzdem ist der Rio Guadiana an dieser Stelle noch ca. 200 m breit. Ohne Fahrzeug kann man sich mit kleinen Motorbooten zum spanischen Dorf *Sanlúcar de Guadiana* übersetzen lassen. In Alcoutim wurde im Jahre 1371 ein berühmter Friedensvertrag zwischen den Portugiesen und den Spaniern unterzeichnet, der allerdings kurze Zeit später von den Spaniern gebrochen wurde.

Castelo und archäologisches Museum: Innerhalb der gekonnt restaurierten Festungsmauern oberhalb des Ortes sind in einem Museum regionale Ausgrabungsfunde zu sehen, die einen Zeitraum vom 5 Jahrtausenden umfassen. Die meisten Grundsteine der Festungsanlagen entlang des Flusses wurden – wie auch hier – bereits von den Römern gesetzt. Daneben befindet sich ein kleiner Kunsthandwerksladen, in dem es Schnitzereien und bäuerliche Handwerkskunst zu kaufen gibt. Besonders von den Schäfern werden die kleinen Hilfsmittelchen für den Alltag auch heute noch hergestellt: Aus Holzstückchen entstehen geschnitzte Tierfiguren

118   Ostalgarve (Sotavento)

für die Kinder und aus Bambusrohrstücken kleine Schnapstrinkgefäße für den Medronho. Wunderschön ist der Blick von den Burgmauern auf den Ort, die umliegenden Hügel und über den Fluss nach Spanien.

⏰ Täglich 9.30–17.30 Uhr, So bis 19 Uhr, Eintritt 2,50 € (Kombiticket für alle Museen im Kreis Alcoutim).

Baden: Flussbadeanstalt links nach der Brücke zur Jugendherberge. Das Becken wird gespeist durch einen Zufluss des Rio Guadiana (Ribeira de Cadavais), der eine ordentliche Wasserqualität aufweisen soll.

- *Postleitzahl* 8970.
- *Information* Etwas unterhalb des Hauptplatzes, Rua 1° de Maio, ✆ 281546179. Im Sommer Di–Do 9.30–19 Uhr, Fr–Mo 9.30–13/14–17.30 Uhr geöffnet; zu diesen Zeiten auch im Winter, dann auch Di–Do mit Mittagspause.
- *Verbindungen* **Bus**: nach Vila Real de Santo António morgens um 7.45 Uhr und nachmittags (Mo–Fr), nach Mértola/Beja um 10 Uhr (nur Mo und Fr).

Boote: Ein Boot zum gegenüberliegenden spanischen Dorf San Lucar fährt bei Bedarf zwischen 9–21 Uhr (Sommer) und 9–18 Uhr (Winter) und kostet ca. 1 € pro Person (Busverbindung weiter nach Huelva).

- *Essen* **O Soeiro**, neben der Kirche. Einige Tischchen auch im Freien mit Blick auf den Fluss; in der ersten Etage das Restaurant. Regionale Spezialitäten (Wild und Flussfische) ab 9 €, Rua Município 4, ✆ 281546241. So geschlossen.
- *Übernachten* ***** Estalagem Guadiana**, am Fluss ca. 700 m vom Zentrum. Die wohl üppig mit Staatsgeldern geförderte Estalagem (Landhotel) wurde nach langem Leerstand 1998 eröffnet und liegt malerisch direkt am Fluss. Funktionale Zimmer, großer Speisesaal, Pool. DZ saisonbedingt 65–95 €. Bairro do Rossio, (052), ✆ 281540120, ✉ 2815 46647, www.grupofbarata.com.

Jugendherberge Pousada de Alcoutim, direkt daneben Erst seit 1994 gibt es diese Herberge; moderner Bau mit Kuppel am Rio Guadiana. Auch Kanus und Fahrräder werden verliehen. 50 Betten, ganzjährig geöffnet. DZ 28–43 €, Bett im Mehrbettzimmer 11–14 €, Apartment mit Kochgelegenheit 60–80 €. Bairro do Rossio, (052), ✆ 281546004, ✉ 281546332, http://microsites.juventude.gov.pt/Portal/pt/PAlcoutim.htm.

Rio Guadiana – viel Schmutz und wenig Wasser

Der drittgrößte Fluss Portugals entspringt 830 km nordöstlich in der spanischen Mancha und bildet im südlichen Teil Portugals die natürliche Grenze zu Spanien. Dieser Grenzsituation verdankten die Anwohner des Flussufers seit Jahrhunderten ein einträgliches Nebengeschäft: den Schmuggel zwischen den Königreichen Spanien und Portugal. Ein Zubrot für die Bauern brachte die Flussfischerei, hauptsächlich mit Reusen. Aber bereits im letzten Jahrhundert verursachte die industrielle Erschließung der Minen von S. Domingos, ca. 70 km flussaufwärts, eine extreme Verschmutzung durch schwefelhaltige Abwässer, die den Fischbestand fast auf Null reduzierten. Die Minen sind inzwischen seit Jahrzehnten geschlossen, allerdings verunreinigen heute die Abwässer von Papierfabriken das wegen der zahlreichen Staudämme nur spärlich fließende Wasser des Rio Guadiana.

Siebzig Kilometer flussaufwärts bis nach Mértola war der Fluss für Frachtkähne mit bis zu 3 m Tiefgang schiffbar, wovon schon die Römer profitierten. Später hat man die Erze der São Domingos-Mine, die bis zum Verladehafen Pomarão per Eisenbahn transportiert wurden, per Frachtkahn zum Meer verschifft. Sogar eine regelmäßige Verbindung von Mértola zur Küste nach Vila Real per Dampfboot gab es. Die langen Trockenperioden der letzten Jahre und große Staudämme flussaufwärts in Spanien haben den Rio ▶

Guadiana allerdings zu einem Rinnsaal verkommen lassen. 1995 hat deshalb das salzige Brackwasser aufgrund der Pumpbewegung von Ebbe und Flut erstmals Mértola erreicht. Sintfluten, wie sie zuletzt 1875 auftraten, als das Hochwasser in Mértola 10 m (!) über Normalwert lag, können eigentlich nicht mehr vorkommen.

Äußerst umstritten, ökonomisch wie ökologisch, war das gigantische Staudammprojekt *Alqueva* bei Moura. Für den größten künstlichen See Europas, in einem der trockensten Gebiete, wurden 250 qkm Fläche, hunderttausende Bäume und ein ganzes Dorf unter Wasser gesetzt. Das Projekt verschlang über 1 Mrd. Euro an portugiesischen Staatsgeldern und europäischen Fördermitteln. Die wenigsten einheimischen Bauern haben etwas davon, denn inzwischen haben große spanische und holländische Firmen zu günstigen Preisen deren Grund erworben. In Deutschland angebotene „holländische" Tomaten kommen jetzt nicht selten von hier, sie werden nur in Holland verpackt und dort mit dem „Gütesiegel" versehen. Geld bringen auch zahlreiche touristische Großprojekte vom Hotel bis zum Golfplatz.

Cachopo (1.026 Einw.)

Wer etwas Zeit hat, sollte von Alcoutim oder Tavira über die einsamen Hügel nach Cachopo fahren. Hier ist die Landschaft noch unberührt, die alten Lebensweisen haben sich erhalten. Cachopo ist ein Tausend-Seelen-Städtchen inmitten des Hügellandes.

Besiedelt wurde das Gebiet von Sammlern und Jägern bereits vor fünf Jahrtausenden, später von halb sesshaften Hirten und schließlich von Bauern, die das Land in den fruchtbaren Tälern kultivierten. Bereits 1535 wurde der Gemeindestatus verliehen, allerdings dauerte es bis ins 20. Jh., bis die erste Straße gebaut wurde.

Über diese alten Zeiten erzählt das im Jahr 2000 eröffnete **Heimatkundemuseum**, das im früheren Haus der Straßenbauarbeiter in der Rua Matos Casaca untergebracht ist und in dem wechselnde Ausstellungen zu unterschiedlichen Themen des Alltagslebens gezeigt werden (Mo–Fr 9.30–13 und 14.30–18 Uhr, Eintritt frei. Wenn geschlossen im Restaurant Retiro dos Caçadores nachfragen). Lebendig gehalten wird die Vergangenheit auch in einem privaten *Museu Vivo* einer Leinenweberei (an der Durchgangsstraße im Ortszentrum, unterhalb des Verkaufs- und Infokiosks „O Moinho"). Auf verschiedenen Fotos werden die 11 verschiedenen Arbeitsgänge der Leinenverarbeitung dargestellt, aber auch von der Besitzerin Otília am konkreten Beispiel vorgeführt. Im gleichen Raum entstehen an zwei alten Webstühlen Stoffe, Decken und Teppiche aus Baumwolle und Leinen. Auch ein Schmied und ein Sattler, beide schon über 80 Jahre alt, sind in ihren Werkstätten nahe des Kirchplatzes gelegentlich noch anzutreffen (ggf. im Heimatkundemuseum nachfragen). Die Kirche selbst stammt aus dem Gründungsjahr der Gemeinde und ist Ziel einer großen Prozession am zweiten Weihnachtsfeiertag.

In den vergangenen Jahren sind in der Umgebung insgesamt sieben **Wanderwege** auf alten Landwirtschaftswegen markiert worden. Dabei werden drei ehemalige Dorfschulen in den Orten *Casas Baixas*, *Feiteira* und *Mealha* miteinander verbunden, die heute als einfache Wanderunterkünfte dienen. Etwa 1 km südlich von Cachopo befindet sich die eisenhaltige Quelle Fonte Férrea mit **Naturschwimmbecken** und Picknickplatz – ein willkommener Rastplatz und nicht nur für Wandersleute eine Möglichkeit zur Abkühlung!

• *Übernachten/Essen* **Centros de Descoberta do Mundo Rural**, die „Zentren zur Entdeckung der ländlichen Welt" befinden sich in ehemaligen Schulhäusern, in denen jeweils zwei Zimmer mit 6 Betten, Küche und einem Bad eingerichtet wurden. Für deutsche Normgrößen sind die Betten allerdings etwas kurz geraten. Auskunft erteilt die Associação In Loco, Campus da Boa Esperança, 8150-022 São Brás de Alportel, ℡ 289840860, ℻ 289840879, www.in-loco.pt. **Retiro dos Caçadores**, an der Hauptstraße. Einfaches Restaurant mit deftigen Gerichten, Spezialität Wild. Dazu fließt viel Medronho-Schnaps die Kehlen der Jäger hinunter, für den Cachopo berühmt ist. Hauptspeisen ab 7 €, Rua Padre Júlio de Oliveira 64, ℡ 289844174.

• *Feste* Wie in vielen Orten im Hinterland, feiert man auch in Cachopo gerne. Höhepunkte sind das Fest des lokalen Kunsthandwerks am 2. Wochenende im Mai, das Folklore-Festival am letzten Juli-Wochenende und die Prozession am 26. Dezember.

São Brás de Alportel (10.000 Einw.)

Inmitten einer fruchtbaren Gartenlandschaft mit knorrigen Korkeichen und Mandel-, Feigen- und Orangenhainen liegt das lebendige Provinzstädtchen, das sich gerne als inoffizielle Hauptstadt der algarvianischen Süßspeisen und Kuchen präsentiert.

Dabei blickt es auf eine lange Geschichte zurück, denn unter römischer Herrschaft wurde der Ort an der Kreuzung zweier bedeutsamer Straßen gegründet. Zahlreiche Ortsnamen der Umgebung weisen zudem auf ihren maurische Ursprung hin: Der arabische Artikel „al" verbirgt sich in Alportel, und im nahe gelegenen Mesquita (port. für Moschee) muss ein islamisches Gotteshaus gestanden haben. Seit dem 16. Jh. wurde das im grünen Hügelland gelegene São Brás zum kühlen Sommersitz der algarvianischen Kurie, was den Bau eines bischöflichen Sommerpalastes und der Pfarrkirche nach sich zog. Im 19. Jh. wurde der Ort zu einem Zentrum der Korkverarbeitung – etwa 60 kleine Fabriken waren ansässig. In den 1930er Jahren führte der Standortnachteil wegen des fehlenden Eisenbahnanschlusses dazu, dass die meisten Fabriken nach Lissabon abwanderten und heute nur noch vier kleinere Werkstätten übrig geblieben sind. Der damalige Reichtum zeigt sich aber noch heute in prächtigen Stadthäusern.

Auf historischen Pfaden wandeln kann man auf der **Calçadinha Romana**. Links neben der Pfarrkirche führt ein kurzer, stimmungsvoller Spaziergang im Schatten alter Oliven- und Johannesbrotbäume und entlang hoher Steinmauern auf den Überresten der alten römischen Pflasterstraße nach Faro.

Besuchenswert ist das **Museu Etnográfico do Trajo Algarvio,** das im restaurierten Stadtpalast eines lokalen Korkhändlers aus dem 19. Jh. untergebracht ist. Hier werden die alten landwirtschaftlichen Gerätschaften und Fahrzeuge der Landbevölkerung und ihre Trachten ausgestellt. Auch die Korkernte und Weiterverarbeitung der Rinde wird ausführlich dargestellt. Einmal jährlich wechselt das Thema einer Sonderausstellung über regionale Volkskunde oder Geschichte (z. B. Spielzeug, die napoleonische Okkupation etc.). Ein aktiver multikultureller Freundeskreis des Museums sorgt mittlerweile für ein breites Kulturprogramm mit Filmen, Konzerten, Ausstellungen, Kursen und Ausflügen. Informationen unter www.amigos-museusbras.org.

⏰ Mo–Fr 10–13/14–17 Uhr, Sa/So 14–17 Uhr. Eintritt 2 €. ℡ 289840100.

Wanderung: Auf alten Bauernpfaden 121

Die Initiative **Rota da Cortiça** erklärt alles zum Thema Kork und führt u.a. durch Korkfabriken und Korkhaine. Die Führung findet auch auf Englisch statt und kostet pro Person 15 € (halbtägig) bzw. 20 € für einen ganzen Tag. Rua Gago Coutinho 18, (nahe der Pfarrkirche), ☎ 289840000, www.rotadacortica.pt

- *Postleitzahl* 8150.
- *Information* Largo de São Sebastião 23 (107). ☎ 289843165. Von 9.30–13/14–17.30 Uhr geöffnet, Sa/So geschlossen.
- *Verbindungen* Mehrmals tägl. **Busse** nach Faro und 3x tägl. nach Loulé, weitere Infos unter ☎ 289842286 (Eva Transportes). **Taxis** erreicht man unter ☎ 289842611.
- *Adressen/Telefonnummern* **Polizei** ☎ 289 842210 (GNR), **Gesundheitszentrum** (Centro de Saude) ☎ 289840440, die **Post** liegt am nördlichen Rand des Stadtzentrums in der Rua Estanco Louro.
- *Übernachten* **Pousada de São Brás**, 3 km nördlich auf einem Hügel gelegen, von den Zimmern schöne Aussicht auf die Umgebung. Das edle Gemäuer zählt zu den ältesten Pousadas Portugals. DZ 120–180 €. Poço dos Ferreiros, Alportel, ☎ 289842305/6, ✉ 289841726.

** **Residêncial Rocha da Gralheira**, ca. 2,5 km westlich in Richtung Loulé. Ruhige Unterkunft, alle modernen 15 Zimmer mit TV, Bad, Minibar und Klimaanlage. Vom großen Pool genießt man einen weiten Blick ins Land. DZ saisonabhängig 40–50 €. Rocha da Gralheira (039), ☎ 289842394, ✉ 289841999.

** **Residencial São Brás**, zentral, westlich vom Hauptplatz gelegen, eingerichtet im klassisch-portugiesischen Stil. DZ mit Dusche ca. 40–50 €. Rua Luís Bivar 27, ☎ 2898 42213, ✉ 289841995.

Quinta das Fontes, 13 km nördlich im Bergdorf Barranco do Velho. Der ehemalige Bremer Philosophieprofessor Franzisko Diessenbacher hat seinen Traum verwirklicht und am Waldrand geschmackvolle Apartments eingerichtet. Interessante Gespräche mit dem Hausherrn sind im Preis eingeschlossen. Apartment für 2 Pers. 60–70 €, für 4 Pers. ca. 100 €, Endreinigung 30 €. 8100-159 Barranco do Velho, ☎/✉ 289846449, www. dasfontes.info.

- *Essen* **Rocha da Gralheira**, Restaurant im Haus der gleichnamigen Unterkunft (s. o.). Hauptgerichte ab 9 €, Spezialität des Hauses sind die riesigen Fleisch- oder Tintenfisch-Spieße sowie Reis- und Cataplana-Gerichte (für 2 Pers. 25 €). ☎ 289842394. Mo Ruhetag.

A Casa Portuguesa, mitten in der Altstadt. Gemütlich im alten Landstil eingerichtetes kleines Lokal mit günstigem Mittagstisch (7 €) und regionaltypischen Gerichten, etwa Hühnchen mit Kichererbsen (*grão com galinha*). Einmal wöchentlich abends Fado, das Menü kostet dann inkl. Gesang und Wein 15 € pro Person. Rua da Praça 18, ☎ 28984534 oder 96510809 (Handy).

Adega Nunes, ca. 2 km in Richtung Faro, im Dorf *Machados* geht's links die Straße hinunter. Deftige portugiesische Küche in angenehmer Atmosphäre, oft ausgebucht. Wein aus eigener Herstellung und auch gute Nachspeisen. Hauptspeisen ab 8 €. Sítio dos Machados, ☎ 289842 506. So geschlossen.

- *Café* **Ervilha** am Hauptplatz, immer gut besucht. Im Sommer kann man auch draußen sitzen und Eis essen oder die hervorragende Auswahl der herrlich süßen Kuchen der Region testen. Largo de São Sebastião.

Wanderung: Auf alten Bauernpfaden bei São Brás

Die überwiegend schattige Wanderung führt auf alten Landwirtschaftswegen entlang fruchtbarer Felder und durch Olivenhaine, im nördlichen Teil auch durch eine karge Hügellandschaft mit Korkeichen und Erdbeerbäumen, häufig mit weiten Ausblicken hinein ins Bergland und bis an die Küste.

Dauer: 2,5–3 Stunden.

Schwierigkeit: leicht bis mittelschwer, mit moderaten Steigungen. Nach starken Regenfällen wird die Überquerung einer Furt schwierig.

Ausschilderung: sporadische gelb-rote Markierungen.

Wegbeschreibung: Ausgangspunkt: Vom Stadtzentrum São Brás die Straße EN 270 Richtung Tavira nehmen. Nach ca. 2,5 km rechts Richtung „Fonte de Mesquita" abbiegen. Beginn der Wanderung nach 1 km am auffälligen Dorfbrunnen des kleinen Ortes (**WP 1**).

Am gegenüberliegenden, ansehnlichen weißen Gebäude (ehemals Olivenmühle) rechts vorbei, biegt man hinter diesem Haus (dem Parkplatzschild Lagar folgend) in eine kleine Teerstraße nach links ein, die sich bei der „Vivenda Jardim" zu einem Pfad zwischen Steinmauern verengt. Dieser kreuzt kurz darauf einen weiteren Pfad (**WP 2**), dort weiter geradeaus und bald an einem alten Brunnen (Poço Monte Negro) vorbei, der das darauf folgende Dörfchen Monte Negro (**WP 3**) lange Zeit mit Wasser versorgte. Hier zunächst die Asphaltstraße nach rechts, dann gleich wieder nach links. Der Weg führt zwischen Mauern (links) um eine protzige, ockerfarbene Villa herum und führt dann hinunter ins Tal. Nach ca. 5 Minuten überquert man die Landstraße EN 270 (**WP 4**) und folgt dem Weg geradeaus. Nach einer leichten Linkskurve führt er um das zweite Haus (auf der rechten Seite) herum weiter gen Norden. Man verlässt den Schotterweg (**WP 5**) nach rechts auf dem roten Lehmweg ins Tal hinunter. Dort soll sich in Zeiten der Reconquista (13. Jh.) eine erbitterte Schlacht zwischen maurischen und christlichen Heeren abgespielt haben. Hier nun überquert man ein Bächlein, das nach starken Regenfällen gefährlich anschwillt. Kurz darauf biegt man rechts in eine breite Erdstraße ein (**WP 6**), die später asphaltiert ist. Wenig später (**WP 7**) geht es rechts über die Brücke. Die nun ansteigende Asphaltstraße führt an einem ausgedehnten Korkeichenhain entlang. Ein Schild (**WP 8**) lädt zu einem fakultativen Abstecher nach links zu unterirdischen Wasserquellen („Minas de Águas") ein. Weiter ansteigend, folgt man der Asphaltstraße bis zu einem links abzweigenden Erdweg (**WP 9**), der in eine weitere Asphaltstraße übergeht (**WP 10**) und durch den Ort Bengado führt. Wenige Minuten danach biegt die Straße nach rechts ab (**WP 11**) und überquert kurz darauf die Regionalstraße (EN 270). Das gegenüberliegende gelbe Haus passiert man auf der Teerstraße in südliche Richtung nach Desbarato, dabei einen späteren Abzweig nach rechts (Mesquita Baixa) ignorierend. Ca. 300 m nach einer ausgeprägten Rechtskurve biegt ein schmaler Feldweg nach rechts ein (**WP 12**), der nun eine Weile unterhalb der Landstraße verläuft. Nach ca. 10 Min. geht es an einer T-Kreuzung (**WP 13**) nach links und etwa 2 Min. bergan. Hinter einer sehr scharfen Rechtskurve nimmt man den schmäleren Feldweg weiter hinauf, der auf ein

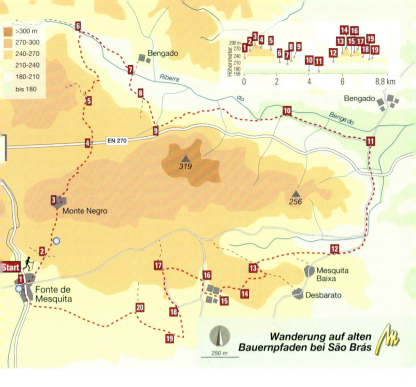

Ferienhaus zuläuft. Dahinter öffnet sich nach einer Linkskurve ein beeindruckender Blick auf die Küste. Nun geht's hinab zu ein paar traditionellen Häusern, wo man einen asphaltierten Weg **(WP 14)** nach rechts nimmt, um nur 20 m danach in einen links abzweigenden, bergab führenden Feldweg einzubiegen. Man gelangt zu einem weiteren Örtchen **(WP 15)**, dort geht's die rechts abzweigende Straße zwischen den Häusern hindurch, bis zu einer regionalen Verbindungsstraße. Dieser nach rechts nur ca. 100 m bis zum alten Waschhaus **(WP 16)** hinauf folgen. Unmittelbar dahinter, unübersehbar bei einem riesigen Johannisbrotbaum, geht es links auf einem kleinen Feldweg entlang alter Feldmauern ca. 10 Min. steil hinan. Kurz vor einem renovierten Landhaus biegt der Weg nach links **(WP 17)** ab, nun immer geradeaus weiter. Wenn die mittlerweile asphaltierte Straße eine Linkskurve macht **(WP 18)**, geht es auf einem engen Feldweg weiter geradeaus. Achtung: Auf dieser Strecke kommt man an zwei Wohnhäusern mit aggressiven Hunden vorbei, die jedoch normalerweise angekettet sind!

Man gelangt zu einer querenden Schotterpiste, in die man rechts einbiegt. Bei der folgenden Gabelung **(WP 19)** nimmt man den mittleren, zwischen Steinmauern verlaufenden Weg. Bei der anschließenden T-Kreuzung rechts einbiegen. Bei der nächsten Kreuzung **(WP 20)** dem Weg nach links, später zwischen hellen Steinmauern hindurch, folgen. Nach ca. 10 Min. gelangt man zur Hauptstraße, auf der man rechts nach 200 m den Ausgangspunkt der Wanderung erreicht.

Loulé (21.000 Einw.)

Bäuerliche Marktstadt inmitten hügeliger Gartenlandschaft, ca. 16 km nördlich von Faro. Da Loulé nicht an der Küste liegt und somit touristisch weniger interessant ist, hat sich das Ortsbild während der letzten Jahrzehnte nur wenig verändert.

Sehr schön sind die alten Häuser an der baumbestandenen Hauptstraße mit der Markthalle am Anfang der zweispurigen Avenida. Deren neuer Straßenbelag beweist aufs Neue die Meisterhaftigkeit der portugiesischen Straßenpflasterer, die aus weißen und schwarzen Steinen wahre Kunstwerke zaubern. Der *Markt*, der täglich außer Sonntag in der im arabischen Stil erbauten und frisch renovierten Markthalle stattfindet, ist einer der farbenprächtigsten der Algarve. Auf den Tischen stapeln sich Obst und Gemüse, darüber hängen geschnitzte Kochlöffel und Kräutersträußchen. Im hinteren Bereich werden auch Gebrauchskeramik und Wohnzimmerkitsch zum Verkauf angeboten. Schön sind die unglasierten, bis zu 60 cm hohen Amphoren. Nur die einfachen Tonwaren werden in Loulé hergestellt; die glasierten Töpfe, Karaffen und Figuren kommen aus dem Alentejo oder aus Nordportugal.

Es lohnt vielleicht ein Besuch des *Bauernmarktes* um die Markthalle herum, der jeden Samstagvormittag stattfindet. Am gleichen Tag gibt es auch den so genannten Zigeunermarkt (*feira dos ciganos*) an der westlichen Ausfahrtsstraße (nach Boliqueime) mit preiswerter Bekleidung, Küchenausstattung etc.

Zwar mussten die alten *Handwerksstätten* in den letzten Jahren schließen; auch der alte Kupferschmied in der Rua da Barbacã verstarb vor kurzem. Doch kann man immer noch in den Läden unterhalb der alten Stadtmauern schöne regionale Mitbringsel finden, etwa die Kupfer-Cataplanas für den Muscheleintopf zu Hause, Lederwaren, Scherenstühle oder Webteppiche. Das Handbemalen von Keramik mit farbenfrohen Motiven (Orangen, Zitronen und anderen Früchten) kann man hinter der alten Burg (*Castelo*) im kleinen Keramikgeschäft am Largo D. Pedro I (Nr. 15) im Casa Louart bewundern.

- *Postleitzahl* 8100.
- *Information* Av. 25 de Abril 9, nahe Markthalle. ✆ 289463900. Di–Fr 9.30–17.30 Uhr, im Sommer bis 19 Uhr, Sa und Mo 9.30–13/14–17.30 Uhr geöffnet.
- *Verbindungen* Häufige **Busverbindungen** nach Faro, Quarteira und Albufeira mit Anschluss in die westlichen Städte, 5-mal tägl. zum Strand nach Val de Lobo. Busbahnhof in der Rua de Nossa Senhora de Fátima am nördlichen Stadtrand. Der **Bahnhof** liegt 7 km außerhalb ohne Busanbindung oder Taxistand. Ein **Taxi** bestellen kann man unter ✆ 289414488 (Radiotaxi).
- *Adressen/Telefonnummern* **Polizei** (GNR) ✆ 289410490, **Centro de Saúde** (24 Std. geöffnet) ✆ 289401000, **Post**, Av. 25 de Abril.
- *Markt/Feste* Die stimmungsvolle neo-arabische **Markthalle** im Ortszentrum ist nach grundlegender Renovierung tägl. außer So bis ca. 14 Uhr geöffnet. Samstags gibt es noch Stände von Bauern in den umliegenden Gassen.

In Loulé wird besonders der **Karneval** gefeiert, ganze drei Tage steht der Ort Kopf.

Weithin berühmt sind auch die Prozessionen der **Mãe Soberana**. Am Ostersonntag wird ab 17 Uhr die schwere Figur dieser Himmelskönigin von der Kapelle N.S. da Piedade in die São-Francisco-Kirche getragen, wo sie zwei Wochen zu sehen ist. Am übernächsten Sonntag wird sie dann von besonders kräftigen Burschen wieder zurück in die Kapelle gebracht. Dort hinauf geht es dann im Laufschritt – und ganz Loulé schaut dabei zu.

Der eigentliche Stadtfeiertag ist der **Dia Espiga**, er liegt 40 Tage nach Ostern.

- *Übernachten* *** **Loulé Jardim**, in der westlichen Altstadt. Freundlicher „Stadtpalast" an einem ruhigen, begrünten Platz. Angenehme Zimmer mit guten Betten. Swim-

Loulé 125

Die Markthalle von Loulé im neo-maurischen Stil – Treffpunkt der Veteranen

mingpool auf der Dachterrasse. DZ inkl. „deutschem" Frühstücksbuffet saisonabhängig 50–78 €. Praça Manuel de Arriaga, (665), ℅ 289413094, ℅ 289463177, www.loule jardimhotel.com.

Residêncial D. Payo, östlich vom Stadtzentrum gelegene Pension mit kleinen, aber funktionalen Zimmern. April bis Sept. DZ 50 €, sonst 40 €. Rua Dr. Francisco Sá Carneiro, ℅ 289414422, ℅ 289416453.

• *Essen* **Avenida Velha**, in der ersten Etage, seit vier Jahrzehnten derselbe Besitzer, deshalb mit gemütlichem, antiquiertem Interieur. Spezialität sind die insgesamt fünf verschiedenen *Cataplanas*, allerdings mit ca. 35 € für 2 Pers. etwas teuer. Av. José da Costa Mealha 40. So geschlossen.

A Moagem, nahe dem zentralen Kreisverkehr. Große Auswahl an algarvianischen und alentejanischen Vorspeisen und Spezialitäten in freundlichem Ambiente. Empfehlenswert das Wildschwein (*javali*) oder der Maisbrei (*papas de milho*) mit kleinen Seezungen (für ca. 13 €). Rua Maria Campina 37A, ℅ 289425418. So geschlossen.

Casa dos Arcos, versteckt in einer kleinen Parallelgasse zur Praça da República. Frische Tagesgerichte, v. a. vom Grill, ab 5 €. Rua Sá de Miranda 23, ℅ 289416713. Mo abends geschlossen.

Lesertipp **O Beco**, zentrumsnah in einer versteckten Seitengasse. Preiswerte landestypische Gerichte und gute Nachspeisen. Av. 25 de Abril. ℅ 289462980. So geschlossen.

Lesertipp **Museu do Lagar**, an der Pfarrkirche. Das Restaurant wird von einer Brasilianerin und ihrem deutschen Gatten geführt. Karte und Bestellung auch auf Deutsch möglich. Sehr gutes Essen und entspannte Atmosphäre. Lg. Igreja Matriz. (Ingo Rohmund)

Café Calçinha, auf der Hauptavenida etwas unterhalb vom Markt. Als Bronzestatue sitzt der Heimatdichter António Aleixo davor. Der Raum innen ist durch zwei Marmorsäulen unterteilt. Dunkle Holztäfelung an den Wänden, teilweise noch alte Marmortische. Hier treffen sich die Männer von Loulé zum Schwatz, Würfeln und Ausfüllen des Lottoscheins. Sehr gute Auswahl an regionalem Gebäck und kleinen Snacks. Praça da República 67. Mo–Fr 8–24 Uhr, Sa bis ca. 15 Uhr geöffnet, So geschlossen.

Sehenswertes

Kastell: Die ehemals mächtige Burganlage mitten im Zentrum geht auf maurische Ursprünge zurück. Einst hatte sie eine Befestigungsmauer von 940 m Länge. Übrig geblieben sind drei Türme, ein Mauerabschnitt und die frühere Residenz des Bürgermeisters. Hier wurden sogar Könige empfangen: Pedro I., Afonso V und Sebastião. Die steinernen Bögen am Rande des Innenhofs bildeten zu diesen Zeiten den Durchgang zur Stadt. Heute kann die Burg wieder erklommen werden. Vom Wehrturm eröffnet sich ein herrlicher Panoramablick bis zum Meer.

Stadtmuseum: Das Museum ist in der Burganlage untergebracht. Unten befindet sich der Eingang in die archäologische Abteilung mit Fundstücken aus vorchristlicher, römischer, maurischer und mittelalterlicher Besiedlung. Nimmt man die Treppen hinauf zum Burgturm, gelangt man ins Küchenmuseum. Allerlei alte Küchengeräte sind ausgestellt, darunter auch eine Handmühle, mit der früher Mais für die traditionellen Eintöpfe (*papas de milho*) gemahlen wurde. Gegenüber befindet sich das Stadtarchiv mit alten Prägestempeln, Urkunden und uralten Amtsblättern.

> Burg und Museum: Mo–Fr 9–17.30 Uhr, Sa 10–14 Uhr. Das Eintrittsticket für beide kostet 1,50 € und schließt auch den Besuch eines westlich gelegenen kleinen Museums zur traditionellen Verarbeitung von Trockenfrüchten (*Frutos Secos*) mit ein.

Kapelle Nossa Senhora de Conceição: Ein kürzlich renoviertes Kleinod barocker Kirchenkunst liegt schräg gegenüber des Kastells. Die völlig mit blau-weißen Kacheln verkleideten Seitenwände des kleinen Innenraums erzählen Szenen aus dem Leben von Maria. Gleich am Eingang kann man unter Glas das Fundament eines an dieser Stelle ausgegrabenen arabischen Stadttors bewundern.

> Mo–Fr 14–17.30 Uhr, Sa 10–14 Uhr, Eintritt frei.

Pfarrkirche: Vom Kastell führt die Rua Garcia da Horta zur frühgotischen Pfarrkirche *Igreja Matriz* – vielleicht die älteste Kirche der Algarve, dies behauptet zumindest der Pfarrer. Die Kirche steht in der Mitte eines malerischen Platzes neben einem kleinen Palmengarten (unregelmäßige Öffnungszeiten). Von der terrassenförmigen Palmenanlage hat man eine schöne Aussicht auf die pinienbewachsene Hügellandschaft der Umgebung und auf das wichtigste Heiligtum von Loulé, die Kapelle *Nossa Senhora da Piedade*. Auf einem Hügel an der Straße nach Boliqueime wurde sie im 16. Jh. zu Ehren der Stadtheiligen erbaut. Gleich daneben erhebt sich der futuristische Kuppelbau des gleichnamigen Santuário, der 1995 nach zwanzigjähriger Bauzeit eingeweiht wurde.

Loulé/Umgebung

Querença (788 Einw.)

Vom hoch gelegenen Dorfplatz, ca. 8 km nördlich von Loulé, geht noch immer eine ganz besondere Atmosphäre aus, auch wenn die vor kurzem abgeschlossenen Dorfplatz-Modernisierungsarbeiten ein wenig das 21. Jh. einkehren ließen. Die strahlend weiße Kirche glänzt im Sonnenlicht, unwiderstehlich locken die Stühle und Bänke zweier Bars. Genau deswegen aber ist es am Wochenende vorbei mit der Ruhe. Denn die Dorfgaststätte zieht viele portugiesische Ausflügler an. Auch die zahlreichen Feste sind in der ganzen Algarve bekannt, v. a. die „*Festa dos Petiscos*" am 1. oder 2. Augustwochenende. Allerdings sind die *petiscos* (Appetithappen) eine ziemlich deftige Hausmannskost, zubereitet auch vom örtlichen Restaurant.

Die Kirche stammt aus dem 16. Jh., vom Erdbeben verschont geblieben ist das pittoreske manuelinische Portal. Gegenüber entsteht als weitere Attraktion ein Museum, das dem Wasser gewidmet ist, liegt doch ganz in der Nähe die *Fonte Benémola*, ein unter Naturschutz stehendes Quellgebiet. Diese Unberührtheit drohte einem

Wanderung: Zu den Quellen und Höhlen von Benémola

monströsen Golfplatzprojekt mit umfangreichen Hotel- und Apartmentbauten zum Opfer zu fallen, das nur vorübergehend mit Verweis auf EU-Umweltstandards gestoppt, aber nicht dauerhaft verhindert werden konnte.

- *Information* **Posto de Turismo** am Kirchplatz. Verkauf regionaler Handwerksprodukte und Informationen zu umliegenden Wanderwegen. Hier gerne nach dem Schlüssel für die Dorfkirche fragen! ✆ 289422495. Di–Sa 9–12.30/13.30-17 Uhr, in den Sommermonaten zu den gleichen Uhrzeiten von Mo–Fr geöffnet.
- *Essen* **Querença**, Restaurant direkt am Kirchplatz, wo bei schönem Wetter auch Tische und Bänke aufgestellt sind. Angeboten werden Salate und *Petiscos* (kleine Vorspeisen) sowie lokale Hauptspeisen ab 5 €. Sehr lecker ist das Wildschwein (8 €) und der Tintenfisch-Gambas-Spieß (9 €). ✆ 28942 2540. Außerhalb der Saison Mi abends und im Nov. geschlossen.
- *Einkaufen* Im Obergeschoß des Restaurants verkauft der Wirt die in seinem Familienbetrieb produzierten Marmeladen, Liköre und Schnäpse sowie regionales Kunsthandwerk.

Im Tal von Benémola (s. Wanderung) kann man bei António handgefertigte Körbe aus Schilfrohr kaufen und dem Flechtkünstler bei der Arbeit zusehen.

Wanderung: Von Querença (10 km nordöstlich von Loulé) zu den Quellen und Höhlen von Benémola

Eine landschaftlich sehr reizvolle, abwechslungsreiche und leichte Wanderung, die in der Nähe der Quellen durch tropisch anmutende Vegetation führt. Gutes Schuhwerk ist besonders für den Anstieg zu den Höhlen erforderlich. Eine Taschenlampe leistet bei der Höhlenbesichtigung gute Dienste.

GPS kartierte Wanderung – Waypoint-Dateien zum Download unter:
www.michael-mueller-verlag.de/gps/homepage.html

Dauer: ca. 3 Std.

Wegbeschreibung: Ausgangspunkt ist der **Dorfplatz** von Querença. Rechts von den beiden nebeneinander liegenden Cafés geht es auf einer schmalen Straße 300 m steil hinunter bis zu einer Kreuzung, hier links. Bei **WP 1** wartet ein weiteres Café auf Gäste. Nun geht es ca. 20 Min. geradeaus (rechts und links bewaldete Grundstücke mit Korkeichen, Oliven-, Johannisbrot- und Feigenbäumen), vorbei an den Ortsschildern *Pombal, Barrocal, Vale Mulher* und *Arneiros* (die in Wirklichkeit allerdings nur einzelne Gehöfte bezeichnen) bis zum Hinweisschild **(WP 2)** zu den **Fontes e Grutas de Benémola.**

Hier geht es nach rechts ab auf einen Schotterweg. Die Vegetation wird nun noch üppiger, Medronhosträucher (Erdbeerbaum) und wilde Pistazien gesellen sich dazu, etwas später auch Farne. Bienenstöcke stehen frei zwischen Zistrosen. Nach ca. 15 Min. auf diesem Weg kommt eine Y-Gabelung **(WP 3)**, der wir nach links folgen. Hier stehen große Walnussbäume. 10 Min. später erreichen wir die ersten Quellen **(WP 4)**. Wir können es schon plätschern hören, und am Rande eines Baches führen Stufen zu ihnen hinunter. Das Schilf steht hier so hoch und dick, dass man es eher für Bambus halten könnte. Dazwischen hat sich Oleander seinen Platz erkämpft. Man fühlt sich in die Tropen versetzt. Wenige Meter weiter überspannte früher eine schmale **Holzbrücke (WP 6)** den Bach, die jedoch vom Hochwasser zerstört wurde. Sie wurde durch hohe Steinblöcke ersetzt, über die man balancierend schon hier das andere Ufer erreichen kann.

Wir folgen jedoch noch dem Weg auf der rechten Seite bachaufwärts und gelangen nach wenigen Minuten an eine Furt bzw. **Staustufe** des Baches. Marmorbänkchen und Tische unter einem mächtigen Johannisbrotbaum bieten einen gemütlichen Rastplatz.

Geht man über die Furt auf die andere Bachseite und von dort nach links den Weg hinunter, trifft man auf eine oft überschwemmte Passage des Weges (etwa bis zur früheren Holzbrücke). Nach einem ca. 10-minütigen Abstecher kommt man zum Gehöft des **Korbflechters António**. Er führt einem gerne vor, wie mit einer vom Dorfschmied konstruierten Maschine das lokale Riesenschilfrohr geschält wird, aus dem er seine Körbe von ganz unterschiedlicher Größe herstellt Auf dem Hof sind die Produkte – vom Schnapsbecher bis hin zum riesigen Wäschekorb – ausgestellt.

Vom Rastplatz aus führt auf der rechten Bachseite ein schmaler, steiler Pfad hinauf zu den Höhlen. Wem dieser Pfad zu

Korbflechter António

steil ist, der geht einfach unten den Weg weiter, der im rechten Bogen mit mäßiger Steigung in 15–20 Min. auch zu den beiden Höhlen hinaufführt. Diese liegen ca. 100 m voneinander entfernt. Von hier aus können wir den Blick auf ein fast unberührtes Tal genießen.

Die **Höhlen (WP 5)** selbst sind relativ klein. Man kommt erst in einen Raum, in dem man stehen kann. Danach geht es trichterförmig in den Berg, sehr dunkel und mit hohen Stufen aus rund gewaschenem Fels. Beide Höhlen sind nur etwa 15 m tief begehbar, danach wird die Röhre zu eng. Im Hauptraum findet man jeweils eine Feuerstelle. Die Höhlen werden gelegentlich als Nachtlager von Rucksacktouristen oder Ziegenhirten genutzt.

Wer gerne einen anderen Weg zurück nach Querença nehmen möchte, kann nach ca. 20 Min. (ab der Holzbrücke gerechnet) den linken Schotterweg einschlagen. Nach weiteren 20 Min. durch dichten Wald, gelangen wir an eine schmale, wenig befahrene Teerstraße und biegen rechts ab. Auf dieser aufund absteigenden Straße durch eine herrliche Gegend gehen wir ca. 35 Min. bis Querença. Unterwegs passieren wir die Schilder *Pirinéu*, *Várzea Redonda* und *Portela do Monte* (weit verstreute Häuser) und gelangen dann auf die Straße des Hinweges. Hier können wir geradeaus weitergehen und uns dem Hauptplatz von einer anderen Richtung durchs Dorf nähern.

Salir (3.023 Einw.)

Der Wasserturm erhebt sich mächtig über den Ort und lässt den benachbarten Kirchturm fast klein erscheinen. Unterhalb des Turms lädt ein kleiner Park mit Fernblick zu einer Rast ein, die stillen Sträßchen lassen die Ruhe vergangener Jahrhunderte erahnen.

Die Kirche, an der Stelle der früheren Moschee erbaut, wurde im Erdbeben von 1755 vollständig zerstört und später neu aufgebaut. Nur der originale Altar blieb erhalten. Auch einige schöne Kacheln gäbe es zu sehen, wenn das Gotteshaus nicht meist verschlossen wäre.

Zu besichtigen sind die Überreste eines Maurenkastells, eine von drei als gesichert geltenden maurischen Burgen. Im 12. Jh. aus Lehm erbaut, stehen am nordwestlichen Ortsende noch die Ruinen der Befestigungstürme. Hier schlossen sich 1249 der Feldherr Dom Paio Peres Correio und König Afonso III. zusammen, um gemeinsam den letzten und entscheidenden Schlag gegen die Mauren zu führen. Wunderschön ist der weite Blick auf die Umgebung und die idyllischen Gassen von Salir, mit ihren traditionellen, einfachen Häusern. Die Zeit scheint hier still zu stehen. Im hinteren Bereich dieses „maurischen" Ortsteils wurde manch eine archäologische Kostbarkeit aus der arabischen Epoche geborgen. Einige Exponate werden in einem kleinen archäologischen Museum vor Ort ausgestellt und von der Museumsangestellten auf Wunsch erläutert (geöffnet von Mo–Fr 9–12.30/14–17.30 Uhr, Eintritt frei).

Die Menschen, die hier leben, finden ihr Auskommen noch häufig in der Landwirtschaft, die in nennenswertem Umfang Mandeln, Johannisbrot, Oliven und Korkrinde produziert. Doch einige neu gebaute Häuser zeigen, dass Salir auch eine Zukunft hat, nicht zuletzt dank des Schulzentrums für die ganze Umgebung, das sich am südlichen Ortsausgang befindet.

- *Information/Verbindungen* **Posto de Turismo**, Rua José Viegas Gregório. Mo–Fr 9–13/14–17 Uhr geöffnet. ✆ 289489733. Ein kleines **Postamt** befindet sich in der gleichen Straße. 6-mal täglich verkehren **Busse** nach Loulé.
- *Feste* In der ersten Maiwoche trifft man sich in Salir zum Ährenfest, der **Festa da Espiga**, und feiert die Wiederkehr des Frühlings. Große Wagen werden mit den noch grünen Ähren festlich geschmückt, Reiter ziehen durch die Dorfstraßen. Dazu gibt's an Buden jede Menge Essen, Trinken und Kunsthandwerk.
- *Übernachten/Essen* **Casa da Mãe**, in Ameijoafra, 2 km nördlich von Salir. 25 Jahre hat Dona Graciete Valério in Frankreich gearbeitet und dann aus dem Bauernhof ihrer Mutter eine schmucke Unterkunft mit Apartments und Zimmern gemacht. Letzteren steht eine Gemeinschaftsküche zur Verfügung. Garten mit seltenen Pflanzen und Pool gehören ebenso dazu wie Familienanschluss, besonders bei französischen Sprachkenntnissen. Sehr ruhig. DZ für 64–72 € mit Frühstück, Apartment für 4–5 Pers. ca. 105 € (ohne Frühstück). Almejoafra (155), ✆/℻ 289489179, www.casadamae.com.

Churrasqueira Papagaio Dourado, bei Einheimischen sehr beliebtes Lokal mit großer Zahl von Grillgerichten (Fleisch), nach entsprechender Vorbestellung wird auch mal ein Wildschwein serviert. Hauptspeisen ab 5 €. Rua José Viegas Gregório, 25B, ✆ 28948 9609. Mi Ruhetag.

Salir/Umgebung

Benafim

Der erste Blick auf Benafim, ca. 5 km östlich von Salir, täuscht nicht, denn viele Menschen haben den Ort während der letzten Jahrzehnte verlassen, Häuser stehen leer, wenige alte Menschen sieht man in den Straßen. Doch einige sind zurückgekehrt. Der Name des Restaurants Hamburg an der Straße nach Alte weist darauf hin, dass sein portugiesischer Besitzer einst in der Hansestadt gelebt hat. Zwischen die verfallenden Häuser in den engen Dorfstraßen jenseits der Hauptstraße haben sich wahre Paläste geschoben. Man will in seiner Heimat zeigen, dass der Gang ins Ausland sich finanziell ausgezahlt hat.

Wirklich schön ist der Ort rund um den kleinen Dorfplatz am nördlichen Ende. An blauweiß gekachelten Bänken lässt sich gut rasten und picknicken, an einem Brunnen (*nora*) kann man selbst ausprobieren, wie einst das Wasser (nicht trinkbar!) geschöpft wurde; das Waschhaus wird noch heute in den Morgenstunden genutzt. Das große Kachelbild weist auf die Legende hin, nach der der Ort seinen Namen bekam: Ein maurischer Prinz traf sich hier heimlich mit seiner blonden, christlichen Geliebten. Er hieß Aben-Afam, woraus sich Benafim ableiten soll.

> Wer das „Dach der Algarve" besuchen möchte, muss von der Straße Salir-Alte den ca. 10 km weiten Abstecher nach Malhão machen. Am Dorfeingang steht auf einer Bergkuppe ein kleines Café. Von dort kann man eine 180-Grad-Rundumsicht über das Gebirge bis zum Meer genießen. Auch eine buddhistische Gemeinschaft hat sich hier in tibetischen Höhen angesiedelt

Die 3 km nördlich gelegene *Quinta do Freixo* ist das größte private Landgut der Algarve, das mittlerweile auf ökologische Produktion umgestellt hat, v. a. von Schafsfleisch, von köstlichen Marmeladen und Feigenschnaps, die vor Ort auch probiert und gekauft werden können. Allerdings ist in der Nähe ein Golfplatz geplant, der bei seiner Verwirklichung die Idylle und das ökologische Gleichgewicht zerstören dürfte.

- **Übernachten/Essen** **Quinta do Freixo**, 3 km nördlich von Benafim. Idyllischer Urlaub auf einem Bauernhof mit 1.100 Hektar Land. Das Gästehaus Casa d'Alvada liegt etwas abseits vom eigentlichen Hof und hat 8 geschmackvoll eingerichtete Zimmer und zwei Familien-Suiten mit Klimaanlage, Swimmingpool und Liegewiese unter duftenden Orangenbäumen. DZ 54–65 € je nach Saison und Größe, 15 % Nachlass ab 7 Tagen Aufenthalt. 8100-253 Benafim, ✆ 2894 72185, ✆ 289472148, www.quintadofreixo.org.

Rosmaninho, in Sarnadas, einem kleinen Dorf, 2 km westlich der Quinta Richtung Alte. Dona Fernanda hat einst ihr Geld mit dem Flechten des Esparto-Grases verdient. Da sie eine begnadete Köchin ist, hat sie es schließlich riskiert, ihr eigenes Restaurant mit einheimischer Küche zu eröffnen. Hervorragend ist der Entenreis mit Enten aus eigener Aufzucht (*Arroz de Pato*). Außerhalb der Saison ist Vorbestellung ratsam. Hauptspeisen ab 7,50 €. Außerdem gibt es in einem Anbau 3 moderne Zimmer mit Klimaanlage zu mieten. Übrigens: Rosmaninho heißt wider allen Erwartens Schopflavendel! DZ 35–50 € inkl. Frühstück. Sarnadas, ✆ 289478482.

Wanderung auf den Rocha da Pena

Die Rundwanderung auf den weithin sichtbaren Berg Rocha da Pena gehört zum Standardprogramm an der Algarve und ist entsprechend gut ausgeschildert und mit Informationsschildern versehen. Ausgangspunkt ist die Bar „das Grutas", die über eine kleine Straße erreicht wird, die im Ort Pena von der Verbindungsstraße Salir–Alte nach rechts abzweigt (der blauen Ausschilderung folgen). Die Wanderung ist 4,7 km lang und dauert ca. 2,5 Stunden. Zu Beginn müssen etwa 200 Höhenmeter überwunden werden, um das Plateau des felsigen Berges zu erreichen. Kletterer finden in den Felshängen auch ausgezeichnete Übungsmöglichkeiten. Seltene Pflanzen, 122 Vogelarten und verschiedene Kleinsäugetiere sind hier beheimatet. Außerdem eröffnen sich bei klarem Wetter Ausblicke bis zum Meer. Die mittelschwere Wanderung führt über manchmal schmale und steinige, aber deutlich erkennbare Wege und ist unübersehbar rot-gelb markiert.

Alte (2.180 Einw.)

Mitten im „gebirgigen" Hinterland liegt Alte, etwa auf der Höhe von Olhos de Água (Albufeira) und 15 km Luftlinie von der Küste entfernt. Das malerische Dorf mit weiß gekalkten Häuschen, engen Gassen und zwei kühlen Quellen schmiegt sich an einen Hügel. Es hat sich zu einem beliebten Ausflugsort entwickelt – und das ganz zu Recht!

Die Landflucht, die bereits 1950 einsetzte, konnte inzwischen gestoppt werden. So lebten damals im Kreis Alte noch 7.500 Menschen, 1991 kam eine Zählung auf gerade Mal die Hälfte, aktuell hat sich die Zahl bei gut 2.000 eingependelt. Viele hier noch Ansässige pendeln täglich an die Küste und haben im dortigen Tourismus ihr Auskommen. Doch zieht der Ruf des Ortes als „weißes Dorf" mehr und mehr Tagesausflügler an, die so Arbeitsplätze entstehen lassen. Die Kleinbauern, die auf den kargen Böden meist nur das Nötigste für die eigene Familie anbauen, sind mittlerweile aber fast ganz verschwunden.

Alte ist einer der wenigen Orte der Algarve, wo „echtes" Süßwasser plätschert. Eine grüne, schattige Baumallee und das erfrischende Wasser oberhalb des Dorfes sind ein beliebtes Ziel, besonders im Sommer. Im kleinen Park erinnert eine Büste an den Heimatdichter Cândido Guerreio (1871–1953), und einige seiner Verse wurden in Azulejos verewigt: *„Weil ich am Fuße der vier Berge geboren, wo die Wasser im Vorbeigehen singen, die Lieder der Mühlen und der Brücken, lehrten mich die Wasser das Sprechen."* Dem berühmten Sohn des Ortes wurde mittlerweile eine kleine Ausstellung in einem recht avantgardistischen Bau in der südlichen Altstadt gewidmet, in der auch die Stadtbücherei untergebracht wurde (Rua Condes de Alte, geöffnet von Mo–Fr 9.30–12.30/14–18 Uhr).

Auch ein Bad im aufgestauten, betongefassten Bachlauf an der „Großen Quelle", ein paar hundert Meter oberhalb des Dorfes, ist möglich. Für Unterhaltung, Speis und Trank sorgen die Einheimischen auf ihren mitgebrachten Grills selbst. Die gesamte Anlage wurde erst 2005 komplett saniert.

Sehr sehenswert ist die **Pfarrkirche** im Dorfzentrum. Bereits Ende des 13. Jh. wurde der Grundstein gelegt, vollendet wurde der Bau Ende des 15. Jh. Aus dieser Zeit stammen das manuelinische Portal, das Weihwasserbecken und das Gewölbe des Hochaltars. Seltene polychrome Kacheln aus Sevilla aus dem Jahr 1578 (rechte Seitenkapelle) und barocke Verzierungen (blauweiße Kachelpaneele, vergoldetes Schnitzwerk) lassen den Kirchenraum richtig bunt erscheinen, dessen Wiederaufbau nach dem großen Erdbeben bis 1829 andauerte (Mo–Fr 10–13/15–18 Uhr, Sa 10–13 Uhr, So nur während der Messe um 12 Uhr geöffnet, Eintritt 0,50 €).

Kunsthandwerk: Eine Spezialität der Gegend sind Flechtkörbe aus *Esparto* (Espartogras). Der zähe Grashalm, der wild auf kargen, steinigen Böden wächst, lässt sich u. a. zu Seilen, Netzen, Körben und Fußmatten verarbeiten. All die Gegenstände, die in Mitteleuropa aus Hanf oder Flachs hergestellt wurden, sind in Südeuropa aus Espartogras gefertigt. Aus der strauchartigen, endemischen Zwergpalme (*Palmeira-Anã*) werden vorzugsweise Hüte und Taschen geflochten.

• *Information/Verbindungen* **Casa Memória d'Alte**, im unteren Dorfteil, an der Straße nach Loulé. Hier gibt es auch eine kleine Ausstellung mit Fotos und Beispielen des lokalen Kunsthandwerks. ✆ 289478666. Mo–Fr 9–12.30/14–17.30 Uhr, die Öffnungszeiten werden allerdings eher kreativ gehandhabt. Ein **Postamt** befindet sich in der Rua da Praça 8 (unterhalb der Kirche, Mo–Fr 9–12 Uhr). Ein kostenloser **Internetzugang** existiert in der neuen Stadtbücherei (Rua Condes de Alte), Mo–Fr 9.30–12.30/14–18 Uhr geöffnet. **Busse** nach Messines und Loulé (ca. 3-mal tägl.).

• *Einkaufen* **Doçaria Amendoinha** an der unteren Hauptstraße. In der kleinen Kuchenbäckerei werden u. a. nach alten regionalen Rezepturen überaus leckere Kuchen gefertigt. Man kann auch einen Blick in den Backraum werfen und sich in einem Musterbuch die passende Geburtstagstorte aussuchen.

Horta das Artes, 100 m oberhalb der Casa Memória, das Atelier von Daniel Vieira. Die Werke des hier geborenen Malers sind meist monochrome Motive von Dorfansichten. Auch junge Künstler stellen in dem geräumigen Haus aus. Allerdings oft geschlossen, Rua Nova do Ribeiro 4. Bei geschlossener Tür gerne mit dem Künstler telefonisch eine Besichtigung vereinbaren (✆ 967523687, Handy).

Papa-Figo, nahe der kleinen Quelle verkauft der zugewanderte Schotte Kenneth

Alte – grüne Oase an der ansonsten ausgedörrten Algarve

John Walker selbstgemachte Olivenölseifen mit unzähligen Duftaromen. Rua da Fonte 11.

Brinquedos de Torre, in Torre, 3 km nordwestlich (in Santa Margarida dem Holzschild an einem Abzweig in Richtung Westen folgen). Die drei Damen fertigen in der früheren Dorfschule Spielzeug und Schmuck aus einheimischem Holz. Man kann ihnen zu-schauen und die fertigen Produkte dort sehr günstig erwerben. Vormittags geöffnet.

• *Feste* Großes Kulturfestival mit zehntausenden von Besuchern, Umzügen, Theater, Konzerten, Essen und Tanz; zwischen dem 25. April und dem 1. Mai. Jahresmarkt am 17. September.

• *Übernachten* ***** Alte Hotel**, 1km oberhalb vom Dorf. Absolute Spitzenlage, einsam, mit grandiosem Blick. Geräumige Zimmer mit 2 Einzelbetten, Balkon/Terrasse. Pool vorhanden, auch das Restaurant ist empfehlenswert. DZ 44–87 € je nach Saison. Montinho, (012), ✆ 289478523, ✉ 289478646, altehotel@mail.telepac.pt, www.altehotel.com.

Casa de Mario, in Santa Margarida ca. 4 km nördlich. Kathy und Bob Chapman vermieten für längere Zeitspannen zwei gemütliche „cottages" für jeweils 4 bis 6 Personen, inkl. Pool. Die Mindestmietdauer beträgt 6 Wochen. Cottage 450 € pro Monat, im Winter nur 350 €/Monat zzgl. Wasser- und Heizkosten. Rua do Curralões 26, Santa Margarida, (033), ✆/✉ 289478659, www.casademario.com.

• *Essen* **Cantinho Alte**, gegenüber des kleinen Marktes an der Hauptstraße. Von den Ortsbewohnern gern frequentierte Gaststätte; Sandwich (1,80 €) und Tagesgerichte (6 €). Beliebt sind auch die großen Spieße (10 Varianten) für 11–14 €. Man kann auch draußen auf einer seitlichen Terrasse sitzen. Av. 25 de Abril, ✆ 289478272, Mi geschlossen.

• *Cafés* **Casa Água Mel**, an der Hauptstraße gegenüber dem Supermarkt Alisuper. Geschmackvoll eingerichtetes Café mit leckeren Kuchen, preiswerten Suppen, Toasts und Sandwiches. Verkauft werden hier auch selbstgemachte Liköre und Marmeladen. Von der rückwärtigen Terrasse genießt man einen tollen Blick auf die Umgebung. Rua José Vieira, 4A, ✆ 289478338. Tägl. von 9–17.30 Uhr geöffnet.

Ballspiele am Strand von Carvoeiro

Westalgarve (Barlavento)

Der Küstenabschnitt zwischen Faro und Albufeira wird durch großzügig angelegte Ferienanlagen geprägt und die vielen Golfplätze verschafften ihm den Spitznamen „Sportugal". *Quinta do Lago*, *Vale do Lobo* und *Vilamoura* sind die größten und bekanntesten Ferien"dörfer", die auch in kaum einem Veranstalterprospekt fehlen. Der Badeort Quarteira mit seinen vielen Apartmenttürmen ist für diesen Küstenteil eigentlich untypisch.

Quarteira (16.000 Einw.)

Der Badeort liegt in einer flachen, mehrere Kilometer breiten Talsenke, die am östlichen Strandende durch ein hohes Kliff mit einer alten Burgruine begrenzt wird. In der Umgebung sandige Dünenlandschaft mit sattgrünen Pinienhainen. Die 2003 fertig gestellte, begrünte Strandpromenade, zum großen Teil Fußgängerzone, hat Quarteira endlich mal etwas aufgewertet. Durch ungezügelte Bauwut, die sich durch zehngeschossige Apartmenthäuser ein Denkmal gesetzt hat, hat der Ort nicht den besten Ruf.

Das eigentliche Dorf mit seinen kleinen Bauernhäusern liegt etwas versteckt ca. 1 km landeinwärts.

Bei der Markthalle am westlichen Strandende ändert sich das auf Urlauber zugeschnittene Ortsbild: Der neu angelegte kleine Fischerhafen will auch zeigen, dass man hier nicht nur auf die Tourismuskarte setzt.

Quarteira, an der Algarve *das* Negativbeispiel für wild wucherndenTourismus, hat seine ersten bitteren Erfahrungen gemacht. Obwohl inzwischen eine breite Avenida ins Zentrum führt, sackten die Besucherzahlen in den Keller und zwei große Hotels mussten Konkurs anmelden. Zusätzlich war das Image durch eine offene Drogenszene geprägt, bis 1995 die Bewohner dagegen einen medienwirksamen Generalstreik organisierten. Alle Läden blieben einen Tag lang geschlossen und Fernsehsender berichteten ausführlich darüber. Durch massive Polizeirazzien wurde der Ort inzwischen „clean" und etliche Drogendealer wanderten ins Gefängnis. Doch infolge der hohen Publizität der Ereignisse sanken die Besucherzahlen nochmals. Erst langsam spricht sich das inzwischen freundlichere Erscheinungsbild des Ortes herum.

Baden: Der Strand vor der Uferpromenade ist ca. 20 m breit und, von ins Meer gelegten Wellenbrechern, in 100 m lange Parzellen aufgeteilt. Die Molen verhindern, dass die Winterstürme den Sand wegspülen.

Jeden Mittwochvormittag ist *Markt* auf der Avenida Sá Carneiro hinter dem Busbahnhof. Dort werden regionale Produkte angeboten.

Information/Verbindungen/Diverses

- *Postleitzahl* 8125.
- *Information* **Tourismusamt** an der Praça do Mar, dem springbrunnenverzierten Platz an der Strandpromenade, ✆ 289389209. Im Winter 9.30–17.30 Uhr, im Sommer bis 19 Uhr geöffnet, jeweils meist mit Mittagspause von 13–14 Uhr.
- *Verbindungen* Häufig **Busse** nach Loulé, Faro und Albufeira. In Strandnähe liegt der Busbahnhof (Av. Francisco Sá Carneiro), wo es auch einen Taxistand gibt. **Taxis** können unter ✆ 289315650 (Radiotaxi) bestellt werden.
- *Adressen/Telefonnummern* **Polizei** (GNR) ✆ 289310420, **Centro de Saúde** ✆ 289303160, **Post**, Praceta do Correio (gegenüber dem Busbahnhof), **Internet** kostenlos im Espaço Internet, Av. Mota Pinto, Mo–Fr 9.30–17.30 Uhr, und gegen Gebühr im Café Aqua Net Sport Bar, Av. Francisco Sá Carneiro, gegenüber des Busbahnhofs, 1 Std. für 3 €, dafür bis 4 Uhr nachts.
- *Fahrräder* Bei **Moto-Tours** werden Fahrräder für ca. 10 € und Mopeds (Zweisitzer) für ca. 22,50 € pro Tag vermietet. Rua da Mónica 64, ✆ 289313401.
- *Tauchen* beim Centro de Mergulho (Tauchzentrum) Open Waters, ✆ 917225413.
- *Einkaufen* Mehrere **Supermärkte** entlang der Av. Francisco Sá Carneiro, besonders nahe des Busbahnhofs. Noch typisch alte **Markthallen** (eine mit Obst/Gemüse, die andere mit Fisch) am westlichen Ende der Strandpromenade, allerdings steht eine Modernisierung mit vorübergehender Schließung an.

Übernachten

*** **Hotel Dom José**, an der Standpromenade. 300-Betten-Komplex mit kleinem Pool und Panorama-Minigolf (!). Recht geräumige, komfortable Zimmer, viele mit Balkon. DZ 60–153 € je nach Ausstattung und Saison, 10 % Aufschlag für Meerblick. Av. Infante de Sagres, (157). ✆ 289302750, ✉ 289302755, www.hoteldomjose.com.

Romeu, nahe Strand. Eine der billigsten Unterkünfte im Ort. DZ mit Bad ca. 30–60 €. Rua Gonçalo Velho 38, (221), ✆/✉ 289314114.

Nosso Paraíso, ca. 500 m nördlich vom Strand. Saubere, geräumige Zimmer in recht ruhiger Lage, mit Balkon, etwas altbacken eingerichtet. Nebenan Snackbar, die vom gleichen Besitzer geleitet wird. DZ mit Bad 35-65 €. Rua do Levante 7–9, ✆ 289315494, ✉ 289328348. Im Winter geschlossen.

- *Privatzimmer* Ca. 300 nicht-offizielle Zimmer bei Familien stehen in Quarteira zur Verfügung. Am besten fragt man in Cafés, denn Aushänge dürfen nicht mehr gemacht werden. Preise um die 40 € für das DZ, außerhalb der Hauptsaison bedeutend günstiger. Das Tourismusburo warnt vor diesen „illegalen" Vermietungen, da bei auftretenden Problemen kein Schutz gewährt werden könne.
- *Camping* *** **Orbitur**, ca. 1 km östlich vom Zentrum, 500 m vom Strand. Schatten durch Pinien und Eukalyptusbäume; Bar,

Westalgarve (Barlavento)

Restaurant, Supermarkt. Pro Pers. 3,60–6,10 € je nach Saison, Zelt 4,20–11 €, Auto 3,60–6,10 €. Estrada da Fonte Santa, ✆ 289302826, ✆ 289302822, Ganzjährig geöffnet. www.orbitur.pt. Achtung: Für 2012/13 ist ein Umzug des Campingplatzes geplant.

Essen/Nachtleben

Alphonso's, neben Hotel Dom José nahe Strand. Geschmackvolle Einrichtung mit Stofftischdecken, entsprechend etwas höhere Preise, ca. 12–15 €, Fisch nach Gewicht. Große Auswahl. Centro Comercial Abertura Mar, Loja 8. Sa geschlossen.

A Cabana, in der Altstadt. Fischgerichte werden in typischer Atmosphäre an langen Tischen gereicht, ab 10 €. Rua do Levante, ✆ 289313819.

Café Beira Mar, an der Promenade gleich neben der Praça do Mar. Gilt als eines der besten Cafés der Gegend, sehr gute Auswahl an Kuchen und Sandwiches. Av. Infante Sagres 65. Mo Ruhetag.

Auf verschiedenen Bühnen entlang der Strandpromenade spielen in den Sommermonaten oft Bands. Auf dem Programm stehen Fadosänger, Pop-Bands und Liedermacher.

Vilamoura: Einige hundert Meter westlich von Quarteira befindet sich das gigantischste Tourismusprojekt in ganz Portugal. Auf einer Fläche von 1.600 ha wurden mehrere zehnstöckige Hotels (Hotel Dom Pedro), Villen und inzwischen sechs Golfplätze aus dem Boden gestampft. Alles zusammen bildet eine größere Kleinstadt mit einem etwas undurchsichtigen Gewirr von Sträßchen. Außerdem besitzt Vilamoura den größten Yachthafen an der Algarve und mit der *Disco Kadoc* (gegenüber der Mobil-Tankstelle) auch den größten Tanzpalast. Sehenswert ist der *Cerro da Vila*, ein Ausgrabungsgelände aus römischer Zeit, 50 m oberhalb der Marina (westlich). ⏰ 9.30–13/14–18 Uhr, im Sommer 9.30–13/14.30–19 Uhr. Eintritt 3 €.

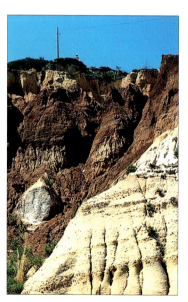

Falésia – Sandsteinklippen wie im Bilderbuch

Baden: Westlich von Vilamoura beginnt der *Falésia-Strand*. Die Parkplätze am Ende der Straße sind während der Sommermonate gebührenpflichtig, aber dafür bewacht (ca. 3 € pro Stunde).

● *Bootsausflüge* kann man mit der 34 m langen Segelyacht *Condor de Vilamoura* an der Küste entlang zu den Felsgrotten von Carvoeiro machen. Auf dem erst 1986 gebauten Schiff, der Nachbildung eines amerikanischen Hochseefischers der Jahrhundertwende, haben 120 Personen Platz.

Auch das Unternehmen *Algarve Charters* bietet an der Marina Bootsausflüge an (im Sommer für 3 Std. oder 6,5 Std., im Winter Abfahrten in Albufeira) und verleiht Segelboote, ✆ 289314867.

● *Marina* Der Yachthafen bietet insgesamt ca. 600 Yachten Platz. Infos unter ✆ 289310 560.

● *Reiten* kann man im Centro Hípico – *Estalagem da Cegonha*, ✆ 289302577. Im ehemaligen Gutsbesitzerhaus gibt es ein prämiertes *Restaurant* und auch einige *Fremdenzimmer* (DZ ca. 80 €). Die Pferde machen keinen schlechten Eindruck, sind aber schon etwas bejahrt. Die Reitstunde kostet ca. 20 €.

- *Golf* „Old Course", der älteste der sechs Plätze, wurde bereits 1969 eröffnet. Die gut bewässerten Schirmpinien haben die Bahnen über die Jahre etwas schmaler werden lassen. Beim Platz „Laguna Course" schaffen Wasser-Hindernisse die Schwierigkeiten. Info unter ✆ 289310341.

Falésia-Strand: Der schönste Küstenabschnitt an diesem Teil der Algarve – unverbaut und kilometerlang. Der Strand ist nicht nur zum Baden interessant, seine bunten Felsformationen bieten auch herrliche Fotomotive – weiß leuchtende Sandsteingebirge mit farbenprächtigem Streifenmuster dazwischen. Unterbrochen wird die Steilküste durch talförmige Auswaschungen (man kann hineinspazieren), in denen das Tiefgrün der Pinien einen starken Kontrast zum Stein bildet. Davor lässt es sich gut baden, während man sich etwas weiter weg, bei den aus dem Meer ragenden Felsen, an den unter Wasser liegenden Brocken anständig die Beine zerkratzen kann.

Das **Sheraton-Algarve-Hotel**, eine der luxuriösesten Hotelanlagen an der Algarve, hat für sich ein wunderschönes, dicht mit Pinien bewachsenes Areal oberhalb der Klippen reserviert. Ein Aufzug fährt die Gäste sogar an den Strand hinunter. Der angeschlossene Pine-Cliffs-Golfplatz hat neun Löcher und zieht sich zum Teil an den Klippen entlang.

Olhos d'Água (3.200 Einw.)

Der Ort hat rund um seinen hübschen Strand noch den Charme eines kleinen, etwas improvisierten Badeortes. Ein erholsamer Gegensatz zwischen Quarteira und der Tourismusmaschine Albufeira.

Das ehemalige Fischerdörfchen liegt sehr schön an einer kleinen, sandigen Bucht mit rotbraunen Kliffen zu beiden Seiten. Im pinienbewaldeten Tal dahinter stehen verstreut weiß gekalkte Häuser der früheren Fischer, aber auch bereits immer mehr Apartmentblocks.

Morgens kann man an manchen Tagen noch zusehen, wie einzelne bunte Fischerboote an den Strand gezogen und die Sardinen korbweise entladen werden. Olhos d'Água bedeutet „Augen des Wassers" und bezieht sich auf die Süßwasserquellen am Strand. Sie sprudeln aber nur bei Ebbe, wenn sie der niedrige Wasserstand freigibt. Seinen Reiz als ursprüngliches Fischerdorf hat Olhos d'Água weitgehend verloren. In den vergangenen Jahren sind immer mehr Hotels und Apartmenthäuser in die Gegend gesetzt worden. Die Hauptstraße ist inzwischen asphaltiert und vieles richtet sich nach den Wünschen der Touristen. Sogar ein Parkhaus ist am Strand entstanden.

Das größte Kapital des Ortes ist der angrenzende Traumstrand von *Falésia* (nur 15 Min. zu Fuß vom Dorf entfernt, auf der anderen Seite des Hügels, in östlicher Richtung).

- *Postleitzahl* 8200.
- *Adresse* **Postamt** in der Rua da Igreja, nahe Hauptstraße. Dort auch Banken und Einkaufsmöglichkeiten.
- *Übernachten* Individualreisende haben in der Saison schlechte Karten bezüglich einfacher Privatquartiere, die oft schon Monate im Voraus ausgebucht sind. Auch wenn die Apartmentanlagen und Hotels in guter Lage und mit Blick zum Meer meist bei Reiseveranstaltern fest unter Vertrag sind, so sind mittlerweile so viele Großanlagen entstanden (alleine zwei zur TUI-Gruppe gehörende RIU-Häuser mit zusammen über 1.000 Betten), dass auch Einzelreisende dort häufig noch ein Zimmer ergattern können. Aber dann kosten sehr einfach ausgestattete Apartments ca. 75 € pro Tag. In der Nebensaison wird's dafür ruhig und preiswert.
**** Villas d'Água, über den Klippen westlich des Ortes gelegen und auf die Bucht ausgerichtet. Modern eingerichteter Bau,

Westalgarve (Barlavento)

bietet viel Komfort wie Schwimmbad und Sauna, in der Hochsaison allerdings völlig überteuert. Apartment T1 für max. 2 Pers. saisonabhängig ca. 66–222 €, Apartment T1 für bis zu 4 Pers. ca. 93–300 €. Torre da Medronheira (591), ℅ 289580000, ℡ 289580009, www.vilasdagua.pt.

*** **Club Med da Balaia**, ca. 1,5 km westlich von Olhos d'Água. Luxuriöses Clubhotel am Strand. Die Empfangshalle ist fünf Stockwerke hoch – durch die dreiecksförmige Anordnung der Gebäudeflügel entsteht eine riesige, überdachte Eingangshalle. Nov. bis März geschlossen. DZ ab 650 €/Woche pro Person, all inclusiv. Praia Maria Luisa, (854), ℅ 28951050, ℡ 289587179, www.clubmed.de.

*** **Apartamentos do Parque**, oberhalb vom Strand. Gut eingepasste Apartmentanlage mit Pool. Apartments mit Balkon und Meerblick, auch einfachere Studios. Preise sehr saisonabhängig. Studio im Winter ab 28 € für 2 Pers., im Sommer bis 144 €, ohne Frühstück. Rua do Parque, (637), ℅ 2895 02812, ℡ 289502930, www.apartamentosdoparque.com.

Privatzimmer im Restaurant Cabrita, an der Straße nach Albufeira, ca. 500 m vom Strand. Zimmer mit Kühlschrank. Hinter dem eigentlichen Restaurant entstand inzwischen ein eigenes, 3-geschossiges Apartmenthaus. Hier können Wohnungen für bis zu 6 Personen wochenweise gemietet werden. DZ saisonabhängig ca. 25–50 €. Apartment 420–700 € für 4 Pers. (pro Woche). Estrada de Albufeira, (640), ℅ 2895014 12, ℡ 289502806, www.algarvecabrita.com.

• *Essen* **Caixote**, am Strand. Portugiesische Küche, z. B. Carne à Alentejana (Muscheln mit Schweinefleisch), jugendliche Atmosphäre, auch Barbetrieb. Hauptspeisen ab 9 €. Praia de Olhos d'Água, ℅ 28950 1003. Mo hat das Restaurant geschlossen, die Bar ist offen.

La Cigale, direkt oberhalb am Strand. Edles Restaurant, bekannt vor allem wegen seiner Meeresfrüchte. Man sitzt auch schön auf der Terrasse. Hauptspeisen beginnen abends allerdings erst bei 14 €, Mittagstisch schon ab 7,50 €. Praia de Olhos d'Água, ℅ 289501637. Im Winter nicht immer geöffnet.

Tavertino's, an der Hauptstraße. Innen Bar und Restaurantbetrieb, draußen Sitzgelegenheiten auf Steinbänken, umringt von Azulejos. Spezialität des Hauses ist das Bife a regional (Schnitzel, gebacken in einer Kartoffel-Tomaten-Sauce), das nicht auf der Karte steht, aber auf Wunsch sofort zubereitet wird. Hauptspeisen ab 7 €. Estrada de Albufeira, ℅ 289501573.

Olhos d'Água – in den letzten Jahren stark erweiterte Übernachtungskapazitäten

Klippenpromenade in Albufeira

Albufeira (25.000 Einw.)

Um den maurisch wirkenden Dorfkern mit seinen niedrigen, weiß gekalkten Häuschen ist im Umkreis von 10 km eine gut geölte Tourismusmaschinerie entstanden.

Besonders hübsch wirkt das Dorf vom Strand aus betrachtet. Oberhalb der roten Sandsteinklippen stehen die weiß getünchten Häuser terrassenförmig angeordnet auf dem felsigen Dorfhügel. Dort oben liegt der älteste Teil Albufeiras und mit seinen engen Gassen, ohne den üblichen Boutiquen- und Diskothekenrummel, ist er auch der schönste... selbst wenn anstelle der alten Polizeikaserne, die direkt neben der Kirche Igreja da Misericórdia lag, ein Neubau ins eigentlich winzige „historische Zentrum" von Albufeira gestellt wurde. Unglaublich, wie man die wenigen Reste, die vom alten Dorf noch übrig geblieben sind, auch heute noch den finanziellen Interessen einiger weniger Profiteure opfert.

Beim **Fischmarkt**, an einem kleinen, kopfsteingepflasterten Platz hinter dem Fischerstrand, hat sich über die Jahre einiges geändert. Die ehemals hübsch ordinären Fischerspelunken, wie z. B. die *Oceano Bar*, haben aufgerüstet und renoviert – inzwischen ist fast die gesamte Platzfläche bestuhlt. Auch die kleine Fischmarkthalle (eigentlich nur ein Dach) wurde herausgeputzt und beschattet jetzt nur noch die Müßiggänger.

Am Fischerstrand wurden die Holzboote jeden Morgen nach Rückkehr der Fischer mit dem Traktor hochgezogen. Sie sind inzwischen verschwunden, der Strand ist für Urlauber hergerichtet, auch Veranstaltungen finden hier statt. Doch noch immer treffen sich hier die in Rente gegangenen Fischer und lästern wahrscheinlich über die sommerliche Touristenschwemme. Für diese wurde inzwischen eine lange

Westalgarve

140 Westalgarve (Barlavento)

Rolltreppe (!) in den Hügel gebaut. So kommt man bequem zum östlichen Aussichtspunkt über der Küste. Aber es gibt – trotz EU-Abwrackprämie und vorgeschriebener Netzmaschenweite nach Brüsseler Richtlinien – auch noch einige hauptberufliche Fischer. Sie sind aber inzwischen an den neuen Yachthafen mit dem kleinen, angegliederten Fischerhafen westlich von Albufeira umgezogen und haben die Stadt ihrer letzten Real-Folklore beraubt.

Information/Verbindungen/Adressen/ Telefonnummern

- *Postleitzahl* 8200.
- *Information* Tourismusamt in der Rua 5 de Outubro, links vor dem Tunnel, der zum Badestrand führt, ✆ 289585279. Mo–Fr 9.30–13/14–17.30 Uhr geöffnet.
- *Verbindungen* **Bus**, Fahrpläne erhält man im Touristenbüro. Neuer Busbahnhof in der Estrada do Alto dos Caliços am nördlichen Rand der „Neustadt". Dort Ticketverkauf, zusätzlich auch im „Bus-Shop" im Zentrum an der Av. da Liberdade. Innerstädtisch verkehren 4 Buslinien (zwei rote, je eine grüne und blaue Linie), die auch den Busbahnhof ansteuern. Fahrpreis ca. 1,10 €, Tagesticket ca. 3,50 €, aufladbare Karte (für 3 €) mit 10 Fahrten ca. 5,50 €.

Bahn, nächste Station in Ferreiras, ca. 6 km von Albufeira entfernt. Die Anbindung an den Bahnhof ist schon seit längerem geplant. Ein Taxi kostet etwa 10 €. Von Ferreiras Direktzug nach Lissabon.

Taxis, an der Rua 1° de Dezembro, Av. 25 de Abril und Av. da Liberdade. Tagesausflüge sollte man auf jeden Fall einen Tag vorher mit dem Taxifahrer absprechen.

Mietautos: Es gibt zahlreiche Firmen im Ort. Anfragen kann man in den Reisebüros im Zentrum. **Auto Atlântico**, Av. Sá Carneira 173, beim Montechoro Hotel ist eine der preiswerteren Firmen.

- *Adressen/Telefonnummern* **Polizei** (GNR) ✆ 289590790, **Centro de Saúde** ✆ 289598400, **Deutsch sprechender Allgemeinarzt** Dr. Melo, Vale de Santa Maria – Bloco G-C r/c Dt⁰, ✆ 289512878, Notfalltelefon 919633657 (Handy). **Post**, Rua 5 de Outubro neben Tourismusamt, Zweigstellen in den Apartment-Ansiedlungen Cerro de Alagoa und

Übernachten
6 Residencial Limas
7 Apartamentos Atlantica
8 Pensão Albufeirense
9 Baltum
12 Apartamentos Sousa
13 Pensão Silva
15 Residencial/Apartments Vila Recife
16 Appartementhotel Turial Park
18 Vila São Vicente
21 Rocamar
22 Sol e Mar
23 Residencial Vila Branca
25 Pensão Vila Bela
27 Privatzimmer Engrila
33 Residencial Água Viva
34 Hotel Apart. Auramar
35 Aveiro Apartments

Sonstiges
30 Vespa Rent
32 Disco Kiss

Essen & Trinken
2 O Manjar
5 Bagatelle
10 Cervejaria Maré
11 Churrasqueira Gracinda Pragos
14 Dom Carlos
17 Royal Orchid Thai Cuisine
19 Tasca do Viegas
20 Os Azeiteiros
24 Bar Bizarro
26 O Penedo
28 A Casa da Avó
31 Três Palmeiras

Cafés
1 H@ppynet Netka
3 Augusto's
4 Tequila Café
29 Pastelaria Riviera

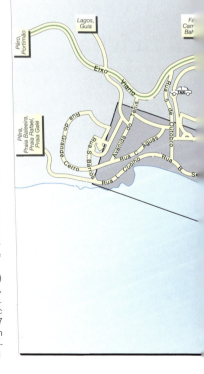

Albufeira 141

Westalgarve (Barlavento)

Areias de São João. **Internet** bis 30 Min. kostenlos im Espaço Internet in der Bibliothek, Rua da Quinta Correeira. Daneben mehrere Internetcafés, die aber mit Gebühren von durchschnittlich 1 € pro 15 Min. teuer sind, z. B. **H@ppynet Netkafé (1)**, Rua 5 Outubro 87 B. und **Augusto's (3)**, Kneipe mit wenigen Internetcomputern, Av. da Liberdade 81.

*E*inkaufen/*F*este/*K*ultur

• *Einkaufen* Der **Fischmarkt** befand sich noch bis Ende der 80er Jahre unter dem freistehenden Dach hinter dem „Strand der Boote", und in der Gasse zum Hauptplatz gab es einen Gemüsestand neben dem anderen. Die Gemüse- und Fischhändler wurden leider in die Neustadt verbannt.
Wochenmarkt (viele Billigklamotten) jeden 1. und 3. Di im Monat, ebenfalls in der Neustadt in der Estrada do Alto dos Caliços, nahe Busbahnhof. **Algarve Shopping**, ein riesiges Einkaufszentrum, Richtung Guia an der N 125. Viele internationale Marken haben hier ihren eigenen Laden (Vobis, Bang and Olufsen etc.).
• *Feste und Konzerte* Am 14. (15.) Aug. findet das Heiligenfest **Festa da Nossa Senhora do Ourado** statt, mit Prozession durch den Ort um ca. 17 Uhr. Während der Saison finden Di- und Sa-Abend am Largo Pacheco Konzerte statt, abwechselnd Latino, Folk und portugiesische Folklore.
• *Kultur* Das **Archäologische Museum** befindet sich auf dem Dorfhügel bei der Misericórdia-Kirche. Während der Saison auch wechselnde Ausstellungen, z. B. werden historische Aufnahmen Albufeiras gezeigt. Täglich außer Mo 10.30–16.30 Uhr, Juli bis Sept. 14–20 Uhr geöffnet, Eintritt frei. In der **Galeria de Arte Pintor Samora**, im alten Kraftwerksgebäude, direkt am Hauptplatz Duarte Pacheco, finden wechselnde Kunstausstellungen statt.

*F*reizeit/*S*port

• *Freizeit* **Fahrräder und Mopeds** können ausgeliehen werden bei **Vespa Rent (30)**, ums Eck vom „Strip" nördlich der Praia da Oura, Rua Alexandre Herculano. ℅ 289542 377, www.vesparent.com. Preise variieren nach Mietdauer. Auch „richtige" Motorräder über 600 ccm gibt es zu mieten.
Wer Albufeira per Yacht ansteuert, landet an der neuen Marina. Gigantische Erdbewegungen am westlichen Ortsrand ließen aus einem niedrigen, zum Meer abfallenden Talausschnitt einen künstlichen Hafen entstehen. Drumherum gibt's bunte Häuser und Cafés, etwas oberhalb Luxushotels.
Stierkampf wird in einer richtigen Arena mit Wohnungen, Läden und einer Diskothek unterhalb der Sitzreihen geboten. Insgesamt haben 5.000 Zuschauer Platz, es wird aber nur selten ein Spezialveranstaltungen voll. Von Juni bis Ende Sept. jeden Sa Beginn der Vorführung gegen 22 Uhr. Tickets beim Eingang erhältlich sowie in fast allen Hotels und Reiseagenturen. Adresse: Av. dos Descobrimentos am Ortsausgang von Albufeira Richtung Vilamoura, ℅ 289510280.
Hauptattraktion des **Wasserzoos Zoomarine** ist die Delfinshow (mehrmals tägl.). Außerdem gibt's ein Interaktionsprogramm mit Delfinen, das allerdings 149 € pro Person kostet. Ansonsten werden noch Kunststückchen mit Papageien, Seelöwen und Haien gezeigt. Täglich 10–17 Uhr, Mitte Mai bis Anfang Juli und 2. Septemberhälfte bis 18 Uhr, im Hochsommer bis 19.30 Uhr, vom 1. Nov. bis 30. März Mo und Di geschlossen. Eintritt ca. 15/24 € (Kinder/Erwachsene). Adresse: an der Nationalstraße 125 (65 km) bei Guia, ℅ 289560300, www.zoomarine.com.
• *Sport* Nächstgelegene Möglichkeit fürs **Tennisspiel** ist im Apartmenthotel *Albufeira Jardim*, Cerro da Piedade, mehrere Kilometer außerhalb von Albufeira. In der Saison sollte man besser unter ℅ 289570070 vorbuchen. Weitere Plätze im Hotel *Montechoro*, Hotel *Auramar*, Hotel *Aldeia* und auf dem Campingplatz.
Wassersport bieten zahlreiche Anbieter im Yachthafen. Dream Wave (℅ 289102117, www.dreamwavealgarve.com) vermietet auch Jet Skis.
Westlich, bei der Praia da Galé, liegt der **Golfplatz** *Salgados* mit 18 Löchern. Ein neuer Platz in einem ehemaligen Feuchtgebiet. Zum Bewässern wird zum Teil aufbereitetes Abwasser benutzt, um die Grundwasservorräte zu schonen, Vale de Rabalho, ℅ 289583030.

Albufeira

Übernachten (siehe Karte S. 140/141)

Das Zimmerangebot wird in den Sommermonaten sehr knapp, was bei dem Massenandrang leicht verständlich ist. Insgesamt sind 130.000 Betten in Albufeira registriert! Viele große Hotelbauten und Feriendörfer haben sich mehrere Kilometer außerhalb angesiedelt. Im Winter sind einige Unterkünfte geschlossen.

**** Sol e Mar (22), zwischen den Klippen vom Hauptbadestrand. Optimale Lage. Mit dem Bau dieses Hotels etablierte sich Anfang der 1960er Jahre der Tourismus in Albufeira. DZ ca. 60–200 € je nach Saison. Rua José Bernardino de Sousa, (146), ℡ 289580080, ℻ 289587036, www.grupofbarata.com.

*** Rocamar (21), 500 m südwestlich vom Zentrum. Würfelförmig zusammengesetzter Bau am Strand oberhalb der Klippen. Geräumige, wohnlich eingerichtete Zimmer mit Balkon. Insgesamt 180 Betten. DZ 60–125 €, mit Landblick 20 % billiger. Largo Jacinto d'Ayet, (071), ℡ 289540280, ℻ 289540281, www.rocamarbeachhotel.com.

*** Vila São Vicente (18), schmucke Unterkunft im traditionellen Baustil mit Pool. Wurde 2000 unter deutscher Leitung in der westlichen Altstadt eröffnet. DZ 50–140 € je nach Saison und Blick. Largo Jacinto D'Ayet 4, (071), ℡ 289583700, ℻ 289583708, www.sao-vicente-hotel.com.

** Baltum (9), mitten im Zentrum. Komplett saniertes Hotel, alle 58 sachlich eingerichteten Zimmer haben Klimaanlage, Heizung und Sat-TV. DZ je nach Saison 30–75 €, mit Balkon 5 € Aufschlag. Av. 25 de Abril 26 (014), ℡ 289589102, ℻ 289586146, www.hotelbaltum.pt.

Vila Bela (25), am Rande der Altstadt. Terrassenförmig an den Hang gebaut, insgesamt 40 Zimmer, davon die meisten mit Meerblick. Die Zimmer sind einfach, aber relativ geräumig, fast alle mit Balkon und Bad, kleiner Pool auf der Hotelterrasse. Überwiegend engl. Publikum. DZ saisonabhängig ca. 65–70 €, inkl. Frühstück. Nov. bis April geschlossen. Rua Coronel Águas 32–34, (111), ℡ 289515535, ℻ 289512101, www.algarvenet.com/vilabela.

Atlântica (7), westlich oberhalb vom Zentrum. Moderner Bau, ruhig gelegen. Funktional möblierte Räume mit kleinem Balkon. Angenehm harte Betten. Zimmer für 2 Pers.

An den Stränden wird es im Sommer eng

50–60 €, für 4 Pers. 75–90 €. Nur von Juni bis Sept. geöffnet. Rua Padre Semedo Azevedo 13, (111), ℡ 289512120.

Vila Branca (23), am oberen Rand der Altstadt, ca. 5 Min. bis zum Strand. Alle Zimmer des dreigeschossigen Baus haben einen eigenen Balkon, Klimaanlage und Kühlschrank. DZ 50–80 €. Rua do Ténis 4, (186), ℡ 289586804, ℻ 289589592, ptwww.vilabranca.com.pt.

Vila Recife (15), westlich vom Zentrum. Ehemalige Villa mit Vorgarten und Palmen, am Eingang kleiner Pool. Zimmer im Altbau noch teilweise mit schönen alten Möbeln (die meisten der recht kleinen Zimmer sind in einem Anbau untergebracht). DZ saisonabhängig ca. 45–90 €. Im Winter geschlossen. Rua Miguel Bombarda 12, (186), ℡ 289583740, ℻ 289587182, www.grupofbarata.com/pt.

Westalgarve

Silva (13), im Zentrum, trotzdem wenig Verkehrslärm, da die Gasse für Autos zu eng ist. Einfache Zimmer mit altem Holzfußboden und Waschgelegenheit. Im Haus ein einfaches Restaurant. DZ saisonbedingt ca. 30–50 €. Travessa André Rebelo 18, (191), ℘ 289512669, ℻ 289514318.

Limas (6), in der Altstadt. In der Gasse, in der sich auch die nachgenannte Pension Albufeirense befindet. DZ ca. 50–70 € je nach Saison, auch Apartments für 4–6 Pers. Im Winter geschlossen. Rua da Liberdade 25, (151), ℘/℻ 289514025, www.limasresidencial.com.

Albufeirense (8), am Eck des Hauptplatzes. Älteres, einfaches Haus mit 18 Gästebetten. DZ mit Dusche saisonabhängig ca. 50–70 €. Im Winter geschlossen. Rua da Liberdade 18, (151), ℘/℻ 289512079.

** Apartmenthotel Turial Park (16), zentral mitten im Geschehen, beim Fischmarkt. Hübsch verschachtelte Bauweise, fast jedes der einfachen Apartments mit kleinem Balkon und Kochecke. Saisonabhängig sehr unterschiedliche Preise. Studio für 1–2 Pers. 41–133 (!) €, für 4 Pers. 64–170 €. Im Winter geschlossen. Av. 25 de Abril, (015), ℘ 289599800, ℻ 289587103.

Die Suche nach **Privatzimmern** ist Erfolg versprechend auf dem Altstadthügel zwischen den beiden Badestränden und im oberen Ortsteil Richtung Friedhof („Onde há um quarto particular?").

Apartamentos Sousa (12), westlich vom Zentrum. Moderne Apartments für 2 oder 4 Personen, Garten mit einigen Palmen und Pool. Apartments für 2 Pers. 40–80 €, für 4 Pers. 55–115 €. Rua Dr. Diogo Leote, 19 und 22, (121), ℘ 289501548.

Maria u. João Engrila (27), am westlichen Stadtrand. „Große Auswahl" an Miniatyrments und Zimmern, einige der Dachwohnungen mit tollem Ausblick, im Winter geschlossen. Rua Latino Coelho 52, (150), ℘ 289514091.

● *Camping* ****** Campisul**, ca. 2 km nördlich an der Straße zum Bahnhof Ferreiras. Großflächiges Areal, das sich über ein hügeliges Gelände erstreckt, mit Tennisplatz und Schwimmbad. Einer der teuersten Plätze an der Algarve. Ermäßigung mit Camping-Ausweis und Cartão Jovem. Es werden auch Bungalows vermietet. Ganzjährig geöffnet. Tagsüber verkehren etwa stündlich Busse nach Albufeira bzw. zum Bahnhof Ferreira. Pro Person ca. 5,50 €, Auto 6,50 €, Zelt 7,20 €. Estrada das Ferreiras, ℘ 289587629, ℻ 2895 87633, www.campingalbufeira.net.

Lesertipp ****** Alisios**, direkt auf der Klippe. Im Familienbesitz, relativ klein, sehr stilvolle Einrichtung. Das Hotelrestaurant bietet ambitionierte portugiesische Küche. Av. Infante D. Henrique 83, www.hotelalisios.com.

Essen (siehe Karte S. 140/141)

Die gemütlich aufgemachten Touristenrestaurants liegen preislich beträchtlich über dem Niveau der einfachen Tavernen. Die Qualität des Essens und die Preise dieser Restaurants ändern sich von Jahr zu Jahr, da ständig die Besitzer wechseln. Wir haben auch versucht, ein paar schlichte Tavernen außerhalb Albufeiras zu finden, zu denen es sich für Leute mit Auto hinzufahren lohnt, denn im Ort selbst gibt es keine Geheimtipps mehr.

Três Palmeiras (31), im Ortsteil Areias de S. João, ca. 1,2 km östlich des „Strandes der Boote" an der Küstenstraße (an Inatel vorbei), nicht weit vom großen Kreisverkehr. Gutbürgerliches Restaurant. Hier stimmt das Preis-Leistungs-Verhältnis, was für ein ständig gefülltes Lokal sorgt. Täglich wechselnde Karte. Spezialitäten sind z. B. *Camarão de caril* oder *Coelho a palmeiras* (Kanincheneintopf). Fleischgerichte ab 10 €, Fisch ab 11 €. Av. Infante Dom Henrique 10, ℘ 289515423. So geschlossen.

Royal Orchid Thai Cuisine (17), mitten im alten Kern von Albufeira, nahe des Stadtmuseums. Stimmungsvolle Atmosphäre im Thai-Garten und tolle Gerichte, auch vegetarisch. Hauptgerichte um 14–20 €. Beco Bernardino de Sousa, ℘ 289502505. Im Winter zeitweise geschlossen oder nur abends geöffnet.

Bagatelle (5), etwas abseits, nordwestlich vom Zentrum. Nette Atmosphäre, man sitzt auf einer geräumigen Terrasse, relativ preiswerte Pizzen, Omelettes und andere einfache Gerichte ab 6 €. Rua Dr. Diogo Leote 36, ℘ 289515334. Im Winter geschlossen.

Dom Carlos (14), nördlich vom ehemaligen Fischmarkt, oberhalb der Bucht gelegen. Das kleine, in weiß gehaltene Lokal wird in Albufeira schon als Feinschmeckerlokal gehandelt. Das fünfgängige Festmenü kostet ca. 35 €. Vorbuchen empfehlenswert (ca.

Albufeira

Auf die letzten „historischen" Reste an der Promenade wartet die Spitzhacke

25 Sitzplätze), Rua Alves Correia 100, ℡ 2895 41224.

O Penedo (26), etwas abseits vom Haupttrubel. Relativ klein; Fisch, Meeresfrüchte, Nudelgerichte. Stimmungsvolle Lage - Terrasse über den Klippen. Hauptspeisen (auch vegetarisch) ab 10 €, Salate und Tagesgerichte um 9 €. Rua Latino Coelho 15, ℡ 289587429.

Os Azeiteiros (20), am Fischmarktplatz, Grillgerichte, bekannt für seinen frischen Fisch. Auch gerne von Einheimischen besucht. Hauptgerichte ab 10 €. Cais Herculano 15, ℡ 289512356. So geschlossen.

Tasca do Viegas (19), ebenfalls am Platz. Frischer Fisch, Meeresfrüchte, auch Schnitzel. Hauptgerichte ab 11 €, frischer Fisch zu Kilo-Preisen ab 50 €/kg. Mittags gibt's auch preiswertere Snacks. Rua Cais Herculano 2, ℡ 289514087. So geschlossen.

O Manjar (2), typisch portugiesisch, leckere Eintopfgerichte, preiswerte Tagesgerichte, meist vom Grill ab 8 €. Rua do M.F.A. 17, ℡ 289588908. So geschlossen.

A Casa da Avó (28), am nordöstlichen Stadtrand. Das vielfach prämierte Traditionslokal wurde auf *chic* getrimmt. Das Essen (z.B. Lammtopf mit Erbsen, Kartoffeln und Kräutern) ist noch immer empfehlenswert. Aber man muss das Moderne (inkl. Flachbildschirm-TV) mögen. Hauptspeisen ab 12,50 €. Rua do MFA 97, ℡ 289587886. Di geschlossen.

Churrasqueira Gracinda Pragosa (11), nördlich vom alten Fischmarkt. Kleines, einfaches Lokal für Einheimische. Grillspezialitäten ab 7 €, Cataplanas ab 25 € für 2 Pers. Travessa dos Telheiros 4, ℡ 289512981. So geschlossen.

Cervejaria Maré (10), am Hauptplatz Largo Eng. Duarte Pacheco. Wir aßen hier schon des Öfteren leckeren Tintenfischsalat. Etwas kleinere Auswahl als üblich, dafür aber gemütlichere Atmosphäre, da die Räumlichkeiten kleiner sind. Hauptspeisen ab 8 €, Largo Eng. Duarte Pacheco 25, ℡ 289512219. Im Winter und So geschlossen.

Lesertipp **O Pinhal do António**, in Roja Pé, östlich von Albufeira, nahe dem Falesia-Strand, direkt gegenüber dem Sheraton Hotel, ℡ 289501894. „Hier gibt es große Portionen zu relativ günstigen Preisen. Das Ganze in einem schon fast noblen Ambiente. Hier sollte man auf keinen Fall dem Couvert zurückgehen lassen, sondern die in Öl und Knoblauch eingelegten Möhrchen genießen." (Frank Schmidt)

• *Cafés* **Pastelaria Riviera (29)**, im Neubauviertel, in der monströsen Apartmentanlage Brisa Sol an der Avenida dos Descobrimen-

Westalgarve

tos. Köstliche Sahne- und Obsttorten, alles selbst gemacht, auch das Eis. Lecker z. B. die Torta de Maçã cozida, ein gedeckter Apfelkuchen; oder Bratapfel im Teigmantel, der für 2 reicht. Rua do Município, Lote 27.

Lesertipp **O Veleiro**, recht ordentliche portugiesische Küche, besonders der Hauswein ist von außergewöhnlicher Qualität. Auf Nachfrage gibt es auch einen selbst gebrannten Medronho, Touristenmenu 9,50 €. Rua 5 de Outubro 87-A. (Matthias Rinke)

● *Restaurants in der Umgebung – Westlich von Albufeira* **O Marmeleiro**, 2,5 km vom Ortsrand Richtung Guia. Sehr preiswert ist das gegrillte Hähnchen für ca. 5 €. ✆ 289513293.

O Marinheiro, in Sesmaria/Praia S. Rafael, ca. 4 km westlich von Albufeira. Abzweig Richtung Praia da Coelha. Das von Joaquim Coelho und seiner Frau Monika (Schweizerin) geführte Lokal ist bekannt für seine abwechslungsreiche mediterrane Küche (Hauptspeisen ab 13 €). Es stehen auch einige vegetarische Spezialitäten auf der Karte. Caminho da Praia da Coelha, ✆ 289 592350. Nur abends ab 18.30 Uhr geöffnet, im Winter So geschlossen.

Casa da Carne, an der Straße von Albufeira nach Vale Parra. Guter Service und exzellente Fleischgerichte (der Inhaber ist gelernter Metzger) ab 14 €. Vale Rabelho–Galé, ✆ 289591898.

Lesertipp **São Domingo**, „gute Mischung aus internationaler und algarvianischer Küche, Fleisch- und Fischgerichte haben uns gleichermaßen begeistert, köstliche hausgemachte Nachspeisen." (Frank Schmidt). Estrada de Vale Rabelho, ✆ 289592349.

Pitéu da Galé, ca. 300 m nördlich vom Centro Comercial de Galé in Richtung Guia. Das kleine, saubere Lokal wurde vom mittlerweile verstorbenen deutschen Wirt Heino gegründet. Seine Witwe bietet Steaks, Fisch und Meeresfrüchte-Eintöpfe (Hauptgericht ab 15 €). Auch vegetarische Gerichte stehen auf der Karte (um 12 €). Vale Rabelho–Galé, ✆ 289591249. Nur abends geöffnet (ab 18.30 Uhr).

Ramires, in *Guia*, an der N 125 von Faro nach Lagos. In der Dorfstraße, parallel zur Durchgangsstraße (südlich). Das Lokal mit seinem urigen Gastraum existiert bereits seit 1964 und ist bekannt für sein Piri-Piri-Hähnchen, ca. 6,50 € für ein halbes Hähnchen. Rua 25 de Abril 14, ✆ 289561232.

O Teodosio – O Rei dos Frangos, am nördlichen Ortsrand von Guia, an der Straße nach Algoz gelegen. Es gilt als das beste „Chicken-Restaurant" in Portugal. Preis pro halbe Hähnchenportion ca. 6,50 €. ✆ 28956 1318.

Richtung Landesinneres **Veneza**, am Ortsausgang von Mem Moniz, etwa auf halbem Weg zwischen Ferreiras und Purgatório rechts an der Straße. Berühmt für seine Meeresgerichte und seine ausgezeichnete Weinauswahl. Klein, freundlich, aber überdurchschnittliche Preise. Hauptspeisen ab 13 €. Mem Moniz, ✆ 289367129. Di und Mi mittags geschl.

Zip Zip, in *Purgatório*, ca. 11 km nördlich an der Straße nach Lissabon. *Purgatório* bedeutet „Fegefeuer". Das „Hähnchen im Fegefeuer" ist sündhaft gut. Der knusprige *Frango no forno* kommt in einer prima Sauce. Als Vorspeise sind *Caracois* zu empfehlen, Schnecken, die mittels eines Agaven-Dornes aus dem Gehäuse gezogen werden. Hauptspeisen ab 6,50 €. Das Essen wird im kleinen Nebenraum oder auf der Terrasse serviert. ✆ 289367155. Mo Ruhetag.

Moiras Encantadas, noch etwas weiter (in Purgatório rechts abbiegen) in *Paderne*. Der Landgasthof offeriert unter Steingewölben, verfeinerte portugiesische Gerichte, die man in den Touristenhochburgen meist nicht angeboten bekommt; etwa Tintenfisch (*Polvo*) mit Süßkartoffeln. Hauptspeisen um 15 €. Rua Miguel Bombarda 2, Paderne, (495), ✆ 289368797. Nur Abendessen, So geschlossen.

*N*achtleben *(siehe* **K***arte S. 140/141)*

Im Schatten des „historischen" Dorfkerns hat sich die *Rua Cândido dos Reis* als Kneipenstraße etabliert. In der engen Gasse ist am späteren Abend fast kein Durchkommen mehr möglich, da zu beiden Seiten auch noch Kleidungs- und Schmuckhändler ihre Waren anbieten.

Nicht ganz so gedrängt verläuft ein Kneipenbummel entlang des so genannten „*Strip*" im Hotelviertel östlich der Altstadt. Lohnenswert dort die **Libertos Bar**: Auf der Freiluftterrasse mit Pool und TV-Großleinwand spielt im Sommer fast täg-

Albufeira

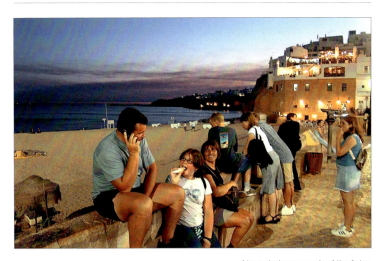

Abendstimmung in Albufeira

lich bis 24 Uhr eine Band, danach geht es in den schallisolierten Diskoräumen weiter.

Bar Bizarro (24), neben dem unteren Ausgang des Hotels *Rocamar*. Geschmackvoll, Bildergalerie an den Wänden. Fällt gerade hier in Albufeira aus dem Rahmen. Toplage an der Esplanade, die an den Kliffen entlangführt. Die Amerikanerin Joanne führt dieses Lokal schon seit 1974 (früher Antik-Shop). Esplanada Dr. F. Silva. Im Winter ab 16.30 Uhr geöffnet und ganzjährig am So geschlossen.

Tequila Café (4), nördlich vom Hauptplatz. Milchcafébraune Wände wie in einem Lehmhaus, vegetarische und Thai-Gerichte, coole Musik. Rua Alves Correia 37.

Sir Harry's Bar, am Hauptplatz. Eine der ältesten Bars von Albufeira, die jahrzehntelang wegen des früheren schnauzbärtigen Wirts Harry berühmt war. Heute eines der wenigen Lokale mit Live-Musik ab 22 Uhr, geöffnet tägl. von 9–4 Uhr. Largo Eng. Duarte Pacheco.

• *Diskotheken* So richtig los geht's erst um Mitternacht – dann ist nur noch wenig Platz auf den Tanzflächen.

7 ½, oberhalb vom alten Fischmarkt. Traditionsreiche Disco gleich hinter dem Fischerstrand, jetzt Bar, im Sommer mit regelmäßiger Live-Musik, Rua São Gonçalvo de Lagos.

Weitere Discos: **Kiss (32)** in Praia da Oura und **Capitulo V** im Tourismuskomplex Borda d'Água (nur im Juli und August). Außerhalb, an der Straße nach Vilamoura **Kadoc**, die größte an der Algarve. Auf drei verschiedenen Tanzflächen wird eigene Musik geboten.

Baden

Der schätzungsweise 800 m lange Hauptbadestrand ist im Sommer ziemlich überfüllt, aber sauber. Eine weit vorgeschobene Felsnase mit Grotten unterteilt den Strand in zwei Hälften, wovon auf einer Seite der Fischerstrand liegt. Auf der anderen kann man Sonnensegel leihen und eiskalte Limonade an den Buden unterhalb der Klippen kaufen. Zum westlichen Strand führt im Sommer ein Lift hinab. Am Strandende führt ein betonierter Fußweg die Felsküste entlang. Dort hat man auf den Felsen mehr Ruhe als am Strand und findet Schatten in den vom Meer ausgespülten Grotten. Allerdings ist es von hier aus schwierig, zum Wasser hinunterzuklettern.

Schöne Strände findet man in Richtung *Praia da Oura*. Keine Steilküste, sondern eine felsige Hügellandschaft mit vereinzelten, Schatten spendenden Pinien. Am Ende des Strands führen steile Stufen die Klippen hinauf zu einem Trampelpfad, der am Hotel *Auramar* vorbei nach Praia da Oura geht. Durch ausufernde Bebauung verlieren die Spazierwege leider zunehmend an Reiz.

Zu den Küsten um Albufeira ist allgemein zu sagen, dass die Urbanisierung mit Riesenschritten voranschreitet. Immer mehr geteerte Straßen werden angelegt. Apartmentbauten schießen wie Pilze aus dem Boden. Durch den Yachthafen sind nun auch die Strände westlich von Albufeira (siehe auch unten) von der Bauwirtschaft stark in Mitleidenschaft gezogen, doch sind sie noch weniger besucht als jene in östlicher Richtung. Erreichbar sind sie mit dem eigenen Wagen bzw. per Taxi oder mit dem städtischen Bus (rote Linie, bis zum Yachthafen und von dort aus zu Fuß).

Strände/Urbanisationen östlich von Albufeira

Forte São João, ca. 1,5 km östlich vom Fischerstrand. Hier stand wohl einmal ein Fort, heute nennen sich einige Apartmentanlagen so. Der Apartmentblock A ist hübscher angelegt, ohne Parkplatz zwischen Strand und Ferienwohnung. Die neueren Apartmentblocks sind innen geräumiger, aber strenger und funktioneller, außerdem teurer, auch wegen der eingebauten Klimaanlage.

Der kleine Sandstrand unterhalb der Siedlung ist im Sommer natürlich voll. Weiter östlich beginnt eine Klippenküste, in Richtung Westen bis nach Albufeira Sandstrand.

Praia dos Aveiros: Die Steilküste wird an dieser Stelle für 100 m von einem traumhaften Sandstrand unterbrochen. Da der große Hotelkomplex Auramar hinter den Klippen angesiedelt ist, wird es im August eng. Aber in der Vor- und Nachsaison gibt's wieder Platz, da viele Gäste lieber am großzügigen Hotelpool herumlungern.

Aveiros Apartments (35), direkt oberhalb der Bucht gelegen. Die einzelnen Apartments sind in Privatbesitz. Der Verwalter vermittelt gegebenenfalls leere Wohnungen weiter. Rezeption von 10–12 Uhr geöffnet. Praia dos Aveiros, (377), ✆ 917210099 (Handy).

*** Hotel Apart. Auramar (34), großzügige Hotelanlage mit Poolterrasse zum Meer, allerdings etwas verwöhnte Zimmer. DZ saisonabhängig 60–140 €, Angebot „all inclusive" für 35 € Aufschlag pro Person. Praia dos Aveiros (377), ✆ 289599100, ✆ 289599195, www.grupofbarata.com.

Água Viva (33), einfaches Hotel kurz vor Hotel Auramar. Rezeption nicht immer besetzt, besser vorher anrufen. DZ ca. 60 €. Praia dos Aveiros, (377), ✆ 289514695, ✆ 289514718.

Praia da Oura: An der kleinen, ca. 300 m langen Sandbucht wurde „urbanisiert", wie es so schön heißt. Durch einen riesig angelegten Apartmentblock wurde ein großer Teil des an der Bucht liegenden Hangs zugebaut, der allerdings in Teilen noch hübsch mit Schirmpinien bewaldet ist. Essen und trinken kann man oberhalb des Strandes auf der Terrasse eines Self-Service-Restaurants. Hauptattraktion sind die wenigen Nebenerwerbsfischer, die – den Blicken schaulustiger Touristen ausgesetzt - ihre Boote noch mit Muskelkraft an den Strand ziehen.

Strände/Urbanisationen westlich von Albufeira

Praia S. Rafael: 4 km westlich von Albufeira. Etwas östlich vom Strand liegt die so genannte *Bibliothek*: Verschiedenartige Gesteinsschichten türmen sich hier senkrecht zur Wasserlinie auf – besonders eindrucksvoll ist die Perspektive vom Boot aus. Die Fläche oberhalb des Strandes wurde in den letzten Jahren relativ luxuriös

Wanderung: Entlang des Algibre-Flusses 149

zugebaut, etwa mit einem monströsen 5-Sterne-Hotel, das mit hunderten, künstlich angepflanzten Palmen umgeben wurde. Der Hauptstrand am westlichen Buchtende hat somit seine Ruhe verloren und das dortige *Strandrestaurant* wurde ziemlich teuer und chic aufgemotzt.

*** **Vila Channa**, in der kleinen, von Elisabeth Eden gegründeten Anlage kann man sich wohl fühlen. Insgesamt nur 18 Zimmer, auch ein Pool ist vorhanden. Gelegen an der Durchgangsstraße oberhalb des S.-Rafael-Strandes (ca. 10 Min zum Strand). Nov. bis März geschlossen. DZ ca. 68–82 € je nach Saison und Blick. São Rafael, (383), ✆ 289592354, ✆ 289591597, www.sao-vicente-hotel.com.

Praia da Coelha: 6 km westlich von Albufeira. Von der Küstenstraße führt beim Restaurant *O Marinheiro* ein ca. 10 Min. langer Fußweg (auf einer schmalen Straße) hinunter zur Badebucht.

Praia do Castelo: Nur etwa 1 km weiter westlich gelegen, stärker besucht, da direkt oberhalb an den Klippen geparkt werden kann. Der westlich gelegene Club Castelo, der VIP-Club für portugiesische Promis schlechthin, wurde 2005 geschlossen. An dessen Stelle ist nun eine riesige futuristische Ferienanlage mit 500 Apartments im Bau. Damit wird nun einer der letzten natürlich gebliebenen Küstenabschnitte zerstört. Ein empfehlenswertes *Strandrestaurant* sowie eine Dusche sind noch vorhanden.

Praia do Galé: Der Sandstrand zieht sich kilometerlang Richtung *Armação de Pêra*. Das Hinterland überziehen mehr und mehr mächtige Apartmentblöcke. Kein historischer Dorfkern vorhanden. In östliche Richtung führt ein hübscher Wanderweg oberhalb der Felsküste zur Praia do Castelo.

Praia Grande: Ein langer, weitgehend noch unverbauter Strandabschnitt zwischen Albufeira und Armação de Pêra. Hinter dem Strand hat sich ein mächtiger, nur mit Gras bewachsener Dünenwall aufgetürmt. Zwei Strandbars finden sich am Ende der beiden Stichstraßen. Treppengänge aus alten Eisenbahnschwellen erleichtern die letzten 150 m über die Dünen. Im August ist trotz der abgelegenen Lage fast jede Parkmöglichkeit belegt.

Wanderung: Entlang des Algibre-Flusses (östlich von Paderne)

Abwechslungsreiche Rundwanderung im grünen Barrocal, durch verlassene Kulturlandschaften und mit weiten Blicken. Der schattige Rückweg verläuft direkt am Algibre-Fluss entlang, der allerdings nur im Winter und Frühjahr Wasser führt.

> **GPS kartierte Wanderung** – Waypoint-Dateien zum Download unter:
> *www.michael-mueller-verlag.de/gps/homepage.html*

Dauer: knapp 3 Stunden

Schwierigkeitsgrad: bis auf einen kurzen, sehr steilen Anstieg einfach, festes Schuhwerk erforderlich.

Ausschilderung: ab WP 3 sporadische, recht verblichene, rot-gelbe Markierung.

Zufahrt zum Ausgangspunkt Moinho Novo: In Paderne die Hauptkirche links umfahren, an der Post vorbei und beim Café O Flor nach rechts in eine schmale Gasse einbiegen. Unterhalb des Ortes der Straße bis zu einer 400 m entfernten Kreuzung folgen. Hier geradeaus in Richtung Moinho Novo, nach ca. 2,3 km

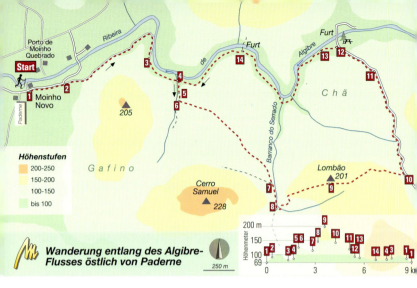

Wanderung entlang des Algibre-Flusses östlich von Paderne

an einer großen Gärtnerei vorbei. Nach weiteren 600 m biegt man an einer T-Kreuzung (auffallend hoher Strommast!) nach links ab und erreicht nach 200 m Moinho Novo, eine Ansammlung weniger Häuser mit handgeschriebenem Ortsschild. Man nimmt hier die schmalere Zufahrt noch etwa 200 m geradeaus bis zum Ende des „Ortes".

Wegbeschreibung: Ausgangspunkt der Wanderung ist ein Wohnhaus mit auffallender weiß-rosa-karierter Fassade **(WP 1)**. Rechts davon nehmen wir den Feldweg, der zunächst schnurstracks nach Osten führt. Nach etwa 5 Min. gabelt sich der Weg **(WP 2)** und man nimmt die rechte Variante bergan. Der Weg verläuft hier deutlich oberhalb des Flusses und macht mit diesem eine Rechtskurve. Nach ca. 15 Min. erreicht man die Ruine einer alten Wassermühle **(WP 3)**. Hier wird der Weg schmaler und verläuft durch ein Waldstück, direkt oberhalb des Flussbettes. Nun beginnen auch spärliche rot-gelbe Markierungen. Nach ca. 5 Min. gabelt sich der Weg **(WP 4)**, man nimmt den rechten, bergauf führenden und zunehmend felsigen Pfad. Bei einem ersten Abzweig **(WP 5)** nach ca. 5 Min. noch geradeaus gehen. Kurz darauf **(WP 6)** geht es einen sehr steilen Hang auf einem markierten, schmalen Pfad bergauf (Achtung: ein rot-gelbes Kreuz verweist darauf, den unteren Pfad nicht weiter zu gehen!). Oben angelangt, folgen wir der breiten Erdstraße geradeaus über eine Hochebene mit Oliven- und Johannisbrotbäumen. Ein Linksabzweig **(WP 7)** nach etwa 10 Min. bei einem knorrigen Olivenbaum wird ignoriert. Allerdings biegt nach weiteren 5 Min. der Weg (bei einem hohen Johannisbrotbaum) nach links **(WP 8)**, dort stand zum Zeitpunkt der Recherche ein Schild „Campo de Treino de Caça". Nach etwa 50 m biegen wir nochmals nach links und nehmen einen verwitterten Erdweg bergauf, der üppig von Thymian und Rosmarinbüschen gesäumt wird. Nach etwa 15 Min. Aufstieg erreicht man den höchsten Punkt (201 m) der Wanderung **(WP 9)** mit weitem Rundblick bis zum Monchique-Gebirge. Nach etwa zehnminütigem Abstieg biegt man in die quer kreuzende, breitere Erdstraße **(WP 10)** nach links ein und folgt diesem Hauptweg - ungeachtet kleinerer Abzweige. Nach einer Viertelstunde macht die Erdstraße eine leichte Linkskurve

(WP 11) und führt weiter ins Tal, wo sie nach weiteren 5 Min. zu einer Staustufe bzw. einer Furt am Algibre-Fluss führt. Dort lässt sich bestens eine schattige Pause einlegen! Kurz vor dem Fluss (WP 12) führt der Wanderweg zunächst gen Westen (vom Fluss aus: nach rechts) über einen kleinen Olivenhain, man kommt an einem alten, verrosteten Wasserschöpfrad vorbei. Kurz dahinter (WP 13) führt ein enger werdender Weg (mit Markierung an einem Felsen) zunächst durch einen „Wald" von riesigen Schilfrohren und dann immer am schattigen, linken Flussufer entlang, in westliche Richtung zurück zum Ausgangspunkt. Nach ca. 20 Min. erreicht man eine weitere Staustufe bzw. Furt (WP 14) und kurz dahinter eine weitere Ruine einer Wassermühle. Nach weiteren 8 Minuten ist man an dem Punkt angelangt, wo man den Abzweig bergauf gegangen ist (WP 4), und man nimmt den gleichen Weg zurück nach Moinho Novo, das in einer knappen halben Stunde wieder erreicht ist.

Armação de Pêra (5.000 Einw.)

Der hochgeschossene Badeort mit seinen Apartmenttürmen wirkt auf den ersten Blick wenig einladend, aber die gepflegte, hübsch begrünte Strandpromenade zeigt dem Besucher die schöne Seite Armação de Pêras. Auch der alte Ortskern zwischen dem Fischerstrand mit den bunt gestrichenen Booten und dem alten Fort besitzt noch etwas Ursprünglichkeit.

Der Ort liegt an einer breiten, sandigen Bucht, die nach Westen in eine Felsenküste mit kleinen Sandbuchten übergeht. Richtung Osten erstreckt sich ein ca. 7 km langer Sandstrand bis nach Galé. Diese baufreie Zone mit spärlich bewachsenem Hinterland sollte auch in Zukunft eigentlich Natur pur bleiben. Trotzdem entstand inzwischen im Dünengebiet um die Praia dos Salgados eine große Tourismus- und Apartmentanlage. Ursprünglich war Armação de Pêra nur eine Ansammlung von Fischerhütten der Bauern des etwas landeinwärts gelegenen Dorfes Pêra (= Birne). Erst als im 18. Jh. das heute noch vorhandene Küstenfort erbaut wurde, entstand der eigentliche Ort.

Information/Verbindungen/Adressen/Feste

- *Postleitzahl* 8365.
- *Information* **Tourismusamt** an der Av. Marginal (Strandpromenade), ✆ 282312145. Im Sommer tägl. geöffnet von 9.30–19 Uhr, im Winter bis 17.30 Uhr, allerdings sehr flexibel gehandhabt.
- *Verbindungen* **Bus**: Lokalbusse nach Portimão, Silves und Faro ab dem Busterminal (ca. 300 m landeinwärts vom Fort). Busse halten auch an der Strandavenida, etwas weiter außerhalb vom Hotel Garbe. **Bahn**: nächste Eisenbahnstation ist Alcantarilha ca. 4 km nördlich.

- *Adressen/Telefonnummern* **Polizei** (GNR) ✆ 282312140, **Centro de Saúde** ✆ 282312572, Dr. Bianca Többen (prakt. Ärztin und Fachärztin für Naturheilverfahren) ✆ 914635661 (Handy). Die **Post** befindet sich in der Rua Dom Afonso III.
- *Feste* **Stadtfest** am dritten Sonntag im September mit einer Prozession durch den Ort. Abends Tanz zu Akkordeonmusik am Fischerstrand. Am 24. September **Festa da Nossa Senhora dos Aflitos** für verzweifelte Seelen.

Übernachten

**** Hotel Garbe**, an der Strandpromenade. Sternförmiger, moderner Bau direkt am Strand. Wie üblich in dieser Preisklasse mit Pool und direktem Strandzugang. DZ 54– 230 € je nach Saison und Lage der Zimmer. Av. Marginal, (909), ✆ 282320260, ✆ 282315087, www.hotelgarbe.com.

***** **Vilalara Thalassa Resort**, etwas westlich von Armação de Pêra. Der Prospekt verspricht „Luxus für eine internationale Elite, die unter sich bleibt". Hübsch sind sie schon, die sandfarbenen, niedrigen Häuser, optimal der Landschaft angepasst, „weicher" Baustil, keine Kanten und rechte Winkel – erinnern etwas an die von Gaudi entworfenen Häuser in Barcelona. Ursprünglich das Privathotel für die Freunde eines Ölhändlers, jetzt ein Wellness-Hotel. Studio für 2 Pers. ca. 220–500 €. Praia Gaivotas, (450), ℘ 282320000, ✆ 282320077, www.vilalararesort.com.

***** **Hotel Vila Vita Parc**, wie das benachbarte Vilalara unbestrittene Luxusklasse. Mit einer aufwändig gestalteten Gartenanlage und neu eingerichteter Wellness-Abteilung, in der Hand eines deutschen Versicherungskonsortiums. DZ ca. 370–620 € je nach Saison. Praia Gaivotas, (450), ℘ 282310100, ✆ 282320333, www.vilavitaparc.com.

Casa Bela Moura, ebenfalls westlich vom Ort. Als Country Guest House firmierendes Minihotel mit 13 Zimmern, im Haupthaus modern, im Nebengebäude rustikaler eingerichtet. Zum Strand Senhora da Rocha sind es ca. 10 Min. Pool vorhanden. DZ saisonabhängig ca. 70–180 €. Jan./Feb. geschlossen. Estrada de Porches, (323), ℘ 282313422, ✆ 282313025, www.casabelamoura.com.

Casa Sofia, am nördlichen Altstadtrand.

Moderner Bau mit 11 Zimmern. Ruhige Lage, kleiner, begrünter Patio. Zum Frühstück frischer Orangensaft. DZ saisonabhängig ca. 55–80 €. Besitzer sind oft nicht da, vorher anrufen. Rua Vasco da Gama 22, (130), ℘ 282312478, www.algarve-live.de/casasofia/.

● *Außerhalb* **Casa do Catavento**, 8 km nördlich nahe der Bahnstation Alcântara Gare. Ein pensionierter französischer Agraringenieur, der bis 1993 in Mosambik arbeitete, führt zusammen mit seiner portugiesischen Frau diesen kleinen „Turismo Rural". Nur 4 Zimmer bzw. Studios, topp ausgestattet und super gepflegt. Pool. Abendessen auf Wunsch. DZ je nach Ausstattung und Saison 57–80 €, Nov. bis Jan. geschlossen. Escorrega do Malhão, 8356-024 Alcantarilha, ℘ 282449084, ✆ 282449638, www.casadocatavento.com.

● *Camping* *** **Canelas**, ca. 600 m außerhalb an der Straße nach Alcantarilha. Freundlicher Campingplatz auf leicht hügeligem Gelände, auch Schattenplätze. Pro Person ca. 4,50 €, Zelt ca. 4 €, Auto ca. 3 €. Alcantarilha, (908), ℘ 282312612, ✆ 282314719.

*** **Armação de Pêra**, etwa 500 m vom Strand entfernt. Pro Person saisonabhängig ca. 2,50–5,50 €, Zelt ca. 2–6 €, PKW 1,50–3 €. Im Hochsommer 3 Tage Mindestaufenthalt. Alcantarilha, (908), ℘ 282312260, ✆ 282315379.

Essen

O Serol, an der Promenade nahe dem Fischerstrand. Exzellentes, einfaches Restaurant mit Snackbar, um die Bedienung zu sparen. Es gibt ausgezeichnete *Cataplana de Peixe* um 15 €, Fischgerichte um 10 €. Es werden auch Zimmer vermietet. Rua Portas do Mar 2, ℘ 282312146. Mi Ruhetag.

Zé Leitero, beim oben genannten Restaurant O Serol links die Gasse hinein. Frisch gegrillter Fisch, so viel man will. Man muss meist erst Schlange stehen, bis ein Platz frei wird. Unaufgefordert kommt dann der Fisch auf den Tisch. Die Fischplatte einschließlich Nachschlag kostet ca. 10 €. Rua Portas do Mar 15, keine Reservierung. Mo

Ruhetag.

O Casarão, schräg gegenüber der Markthalle am nördlichen Altstadtrand. Preiswertes Restaurant, alle Hauptspeisen (ab 7 €) kommen vom Grill. Rua Bartolomeu Dias 71, ℘ 282313715. Do Ruhetag.

Papo Cheio, im Neubauviertel am Übergang zur Altstadt. Über dem Tresen mit landwirtschaftlichen Geräten dekoriert. Günstige Gerichte, allerdings muss der neue Wirt nach einem Besitzerwechsel noch zeigen, dass er die langjährige Qualität halten kann. Fischgerichte ab 8,50 €, Cataplanas um 12 € pro Person. Rua José Prudencio Vieira 20, ℘ 282082409.

Senhora da Rocha: Die sehenswerte romanische **Kapelle** liegt einige Kilometer westlich von Armação de Pêra. Auf einer weit ins Meer ragenden Klippe entdeckt man ein merkwürdiges Kirchlein, das wegen seines weiß gekalkten, sechskantigen Pyramidenturms auffällt. Im Innern hängen Wachsbüsten und andere Dankesgaben für die wundertätige Senhora – für viele Bewohner der benachbarten Dörfer ist die

Armação de Pêra 153

Die Klippenkapelle Senhora da Rocha

Kapelle ein Wallfahrtsort. Erbaut wurde sie im 13. Jh., nachdem die Muttergottes erschien und ein Fischerboot aus dem Sturm rettete. Die alten Kapitelle und Säulen stammen aus einem ehemals weiter landeinwärts gelegenen römischen Tempelchen (wahrscheinlich 3. Jh.).

Auf dem die Kirche umgebenden Plateau stehen einige kleine Zierkirschenbäumchen, die zu den weißen Mäuerchen der Kirchenumfriedung einen fotogenen tiefgrünen Kontrast schaffen. Da das Kliff ca. 30 m über dem Meer liegt, hat man einen sehr schönen Ausblick auf die rot leuchtende Felsküste. König Afonso III. wählte diesen Küstenabschnitt für seine Sommerresidenz; Mauerreste sind aber keine zu finden.

Zu beiden Seiten des Kliffs schöne Sandstrände, die durch einen Tunnel miteinander verbunden sind. Für Getränke und Snacks gibt es mehrere Tascas.

Lesertipp: **Strandrestaurant Vilarinho**, das preiswerte Strandrestaurant ist täglich geöffnet, liegt direkt am Strand und bereitet die beste Caldeirada an der Algarve zu (mit Vorbestellung für ca. 22 €); Renate Liebel, Remchingen.

● *Leserhinweis* **Fußweg zur Kapelle** „am Strand Richtung Westen bis zum Hotel Garbe, dort die Treppe hoch und links den Schildern zum Hotel do Levante folgen. Dort durch den Parkplatz und rechts auf dem Klippenweg bis zur Hotelanlage Vila Vita. Daran rechts vorbei durch die Siedlung hindurch bis zur Hauptstraße. Dort links ca. 100 m bis zur Tankstelle, dann links immer Richtung Hotel Viking. Von dort die Stufen runter und dann die asphaltierte Straße zur Kapelle hoch." (Gabi Schwarzenböck, Oberlaufkirchen)

Meeresgrotten: Interessante Ausflugsmöglichkeiten gibt es per Boot zu den Meeresgrotten westlich von Armação de Pêra. Durch die Grotten kann nur bei niedrigem Wellengang gefahren werden. Es ist ein schönes Erlebnis, wenn der Kapitän das Boot ohne Motor treiben lässt und kein Lärm das Glucksen des Wassers stört.

Außerhalb der Fischfang-Zeiten fahren Fischer am Strand entlang und werben mit einem Schild für Grottenfahrten.

Küste zwischen Armação de Pêra und Portimão

Dieser Küstenabschnitt ist erfreulicherweise wenig mit Feriensiedlungen bebaut. Die meisten Badebuchten erreicht man über inzwischen geteerte, schmale Sträßchen mit Ausweichbuchten.

Praia Albandeira: Kleine, durch eine Felsnase aufgeteilte Bucht. Im linken Bereich sind die Felsen so überhängend, dass man sich dort ein schattiges Plätzchen suchen kann. Auch ein Strandcafé ist vorhanden. An der westlichen Seite gelangt man durch einen natürlichen Felsdurchbruch in die Minibucht *Beijinho* (Küsschen), die durch eine quergestellte Klippe fast völlig vom Meer abgetrennt ist. Der lang gestreckte Fels, der nur etwa 2 m aus dem Meer herausragt, heißt bei den Einheimischen „U-Boot". Bei Flut bietet die Bucht auf dem schmalen Sandstreifen allerdings kaum Liegemöglichkeiten. Achtung: Felsabbrüche machen die Stelle nicht ungefährlich. Es sollen riesige Bauvorhaben in der Gegend geplant sein.

Praia Marinha: Ein eindrucksvoller Strandabschnitt mit hohen, zum Teil überhängenden Felsen. Ein gut gepflegter Treppenweg führt von einem geräumigen Parkplatz hinunter. Auch hier unbebaute Küste pur.

Benagil: Hier führt die asphaltierte Küstenstraße in einer Schleife direkt in die enge Badebucht hinunter. Dementsprechend groß ist der Andrang, besonders bei den Parkplätzen entlang der Straße. Das eigentliche Dorf etwas weiter oben hat keine touristische Infrastruktur.

• *Übernachten* Wenig Möglichkeiten um Benagil.
Rest. O Rústico, an der Abzweigung zur Praia Marinha werden einige einfache Zimmer vermietet. DZ mit Bad für ca. 30–50 €. Caramujeira, (403), ℡ 282342933.
• *Essen* **Casa Velha do Pescador**, an der wenig befahrenen Straße von Benagil nach Caramujeira. In einem alten Häuschen werden frischer Fisch nach Kilo-Preisen oder Cataplanas gereicht. Hauptspeisen ab 11 €. ℡ Tel. 913672887 (Handy).

O Algar, oberhalb der Benagil-Bucht. Von der Terrasse schöner Blick hinunter. Das Lokal ist jedoch für das Touristenauge nicht so gefällig wie die Konkurrenz. Hauptsächlich gibt's frischen Fisch. Praia de Benagil, ℡ 282358951. Nur abends geöffnet, Mo schlossen.

Carvoeiro (2.850 Einw.)

Carvoeiro war einst eines der attraktivsten Küstendörfer der Algarve. Es liegt in einer engen, sandigen Bucht mit steil aus dem Meer ragenden Felswänden. Dahinter stehen auf niedrigen Hügeln weiß gekalkte und bunt angestrichene Sommerhäuser aus den 1930er Jahren. Der Bauboom der vergangenen 25 Jahre aber hat Carvoeiro zu einer der größten Ferienhaussiedlungen an der ganzen Algarve gemacht.

An diesem Küstenabschnitt ist die Steilküste schroff und felsig, mit wenigen, schmalen Sandbuchten. Direkt an der Küste wächst spärliche Vegetation. Im hügeligen Hinterland fallen insbesondere Öl- und Mandelbäume ins Auge.

Das Hügelland Carvoeiros gehörte den Bauern von *Lagoa*, einem Dorf 5 km landeinwärts. Durch den Verkauf von Wein nach Bordeaux, der dort mit den etwas herben französischen Säften verschnitten wurde, kamen die Bauern zu einigem Wohlstand. Ihre Söhne konnten sich ein Studium in Lissabon leisten, erwarben Dok-

Carvoeiro – malerischer Dorfkern in enger Sandbucht

tortitel und ließen sich in Carvoeiro Sommerhäuser bauen. Dazu gesellten sich ein französischer Filmdirektor und ein englischer Adliger – und schon war Carvoeiro ein Modeort. Ein Spielcasino wurde gebaut, ging aber wieder Pleite.

Später kamen die Grundstücksmakler. Das „wertlose" Land am Meer, das dem Müßiggang frönenden Bauernsöhnen vererbt worden war, erfuhr jetzt einen enormen Wertzuwachs. So entstanden ums Dorf viele kleine und große Sommerhäuser, Vorgärten und Grundstücke mit hohen Mauern – Geld spielte oft keine Rolle ... Große Hotels wurden erst spät gebaut, lange konnte die starke Villenlobby dies verhindern, auch Apartmentsiedlungen überziehen inzwischen sämtliche Hügel.

Sehenswert sind die bizarren Felsformationen und verwunschenen Grotten von *Algar Seco*, die über Stufen unterhalb der gleichnamigen Ferienanlage im Osten des Ortes erreicht werden können.

*I*nformation/*V*erbindungen/*A*dressen

- *Postleitzahl* 8400.
- *Information* **Tourismusamt** am zentralen Dorfplatz Praia do Carvoeiro (Strandbucht), dort auch Infos zu Apartments und Unterkünften. ✆ 282357728. Mo–Fr 9.30–13 und 14–17.30 Uhr geöffnet.
- *Verbindungen* **Bus** etwa stündl. nach Lagoa (5 km), 7-mal tägl. direkte Busverbindung nach Portimão. Expressbusse Faro–Portimão halten in Lagoa. Nächste **Bahnstation** 7 km entfernt in Estombar (an der Linie Faro–Portimão).
- *Adressen/Telefonnummern* **Polizei** (GNR) ✆ 282356460, **Centro de Saúde** ✆ 282357320. Mehrere **deutsche** Arztpraxen in Carvoeiro, u. a Dr. Pertl, Allgemeinarzt, Clínica Pro Familiar Monte Carvoeiro, ✆ 282357720, 282358632 (privat). Dr. Großklaus, Rua do Barranco 2, ✆ 282356339, mobil 962618588 (24-Std.-Notfalldienst). Ein deutsches Facharztzentrum liegt an der Estrada do Farol 27, ✆ 282356925. Postamt, Rua do Escondidinho 6 (an der Einfahrtsstraße). **Internet** im „China-Laden" Casa Melanie, Rua dos Pescadores 17. Tägl. von 10–24 Uhr geöffnet (15 Min. für 1 €).

Westalgarve (Barlavento)

Farbenspiel

*E*inkaufen/*A*ktivitäten

- *Einkaufen* **Fatacil**, die größte Kunsthandwerks- und Landwirtschaftsmesse in Südportugal findet alljährlich in der 2. Augusthälfte auf dem Messegelände von Lagoa, 5 km nördlich statt.
- *Tauchschule* **Divers Cove**, etablierte Tauchschule im Touristen-Village Quinta do Paraíso, etwas westlich von Carvoeiro. Geführt von Sabine und Stefan Fend, ✆ 282356 594, www.diverscove.de.
- *Grottenfahrten* In der Hauptbucht im Zentrum warten die Ex-Fischer auf Kundschaft. Carvoeiro zählt mit zu den besten Ausgangspunkten für Grottenfahrten. Der Küstenstreifen zwischen hier und Ferragudo ist eine wilde Steilküste mit skurrilen Felsformationen und Grotten, die mit den kleinen Booten besser erkundet werden können als mit den „Ausflugsdampfern" in Portimão. Eine Stunde kostet etwa 15 €.
- *Golf* 3 Golfplätze befinden sich in der Umgebung von Carvoeiro. **Vale de Pinta** und **Quinta do Gramacho** im Hinterland, westlich von Carvoeiro.

Der für Algarve-Verhältnisse relativ preiswerte 9-Loch-Platz **Vale do Milho** liegt etwas östlich von Carvoeiro und ist auch für Anfänger empfehlenswert.

*Ü*bernachten

**** Hotel Carvoeiro Sol, direkt an der Strandbucht im Ortszentrum. Moderner, zweigeschossiger Bau, frisch renovierte, komfortable Zimmer mit Klimaanlage und Balkon. Sonnenterrasse mit beheiztem Pool. Preise sehr saisonabhängig. DZ von 45 € im Jan. bis 140 € im Hochsommer, mit Meerblick ca. 20 % Aufschlag. Praia do Carvoeiro, (517), ✆ 282357301, ✉ 282357211, www.carvoeirosol.com.

**** Hotel Tivoli Carvoeiro, ca. 2 km östlich des Zentrums. Von 1974 bis Anfang der 90er Jahre ein Denkmal der portugiesischen Revolution. So lange blieb der damals eingestellte Bau als Rohbau stehen. Die privilegierte Lage oberhalb einer etwas engen Strandbucht lässt die Zimmerpreise im August entsprechend ansteigen. DZ in der Hochsaison bis ca. 300 €, im Winter schon ab 70 €. Trotz saisonabhängig unterschied-

Carvoeiro

lich hohem Aufschlag unbedingt die Zimmer mit Meerblick nehmen. Vale Covo, (911), ℡ 282351100, ℻ 282351345, www.tivolihotels.com.

Casa de Hóspedes Baselli, sehr hübsch am Dorfhang oberhalb der Bucht gelegen. Die insgesamt 5 Zimmer des Hauses sind geräumig und persönlich eingerichtet, zum Teil mit Sitzecke. Die Besitzerin ist Deutsche. Frühstück mit weich gekochtem Ei und selbst gemachter Marmelade. Auch Apartments zu vermieten. DZ (inkl. Frühstück) ohne Bad ca. 40–45 €, Apartments für 2 Pers. 50 € (ohne Frühstück). Rua da Escola, ℡/℻ 282357159.

Castelo Guesthouse, rechts oberhalb vom Dorfstrand. Das Restaurant vermietet einige Zimmer/Apartments, zum Teil mit kleiner Terrasse zum Meer. DZ ca. 30–80 €, Nachlass bei mindestens 7 Nächten. Rua do Casino 63, ℡/℻ 282357218, www.ocastelo.net.

Vila Horizonte, etwas abseits der Touristenmeile. Die private Unterkunft bietet 4 Zimmer (Doppel/Einzel/Familie) mit Bad. Terrasse, Pool und Hausbar vorhanden. Zimmer 50–80 € je nach Saison und Größe. Estrada do Farol, Apartado 1260, ℡ 282356047, ℻ 282 356048, www.vila-horizonte.com.

Lesertipp **Casa Luis**, „DZ mit Dusche/WC (Kühlschrank und Kaffeemaschine im Zimmer) und einer tollen Terrasse mit Blick aufs Meer und den Strand von Carvoeiro." (Daniela Kamm, Ostfildern). DZ 45–55 €. Rampa da Nossa Senhora da Encarnação 27, ℡/℻ 282356318.

*** Algar Seco, oberhalb der gleichnamigen Felsformationen. Eine überschaubare, luxuriöse Ferienhausanlage. Alle 48 sehr großen Unterkünfte mit Blick aufs Meer. Sonnenterrasse, Pool, Safe etc. Studios und 1-Zimmer-Apartments 56–166 €, Apartments für 4 Pers. 97–201 €. Rua das Flores, (909), 2823 50400, ℡ 282350450, www.algarseco.pt.

Karl Kalkbrenner, vermittelt Apartments und Villen. ℡ 282357205, ℻ 282357762, www.carvoeiro.com/kalkbrenner.

Essen

Bon Bon, in Sesmarias am Wasserturm. Feinschmeckertreff, geführt von einem Holländer, indonesischer Kücheneinschlag, auch ein vegetarisches Menu. Hauptgerichte 15–20 €, Menus ab 20 €. Urbanização Cabeço de Pias, Sesmarias ℡ 282341496. Nur abends geöffnet, Mo geschlossen.

O Chefe António, an der östlichen Ausfahrtsstraße bzw. Restaurantmeile. Hübsche Anlage mit lauschiger Terrasse. Der Wirt baute sich die „Restaurantanlage" aufgrund eines Lottogewinns. Oft etwas hektisch, große Portionen, Schwerpunkt Fisch. Hauptspeisen ab 10 €. Estrada do Farol, ℡ 282358937.

O Cantinho, an der gleichen Straße. Einfach, aber sympathisch eingerichtet, Schnitzel und Fisch ab 12 €, Spezialität ist der Meeresfrüchtereis für 28 € für 2 Pers. Die Qualität ist aber sehr wechselnd. Estrada do Farol, ℡ 282358234.

Jardim do Farol, ebenfalls an der östlichen Ausfahrtsstraße. Klein und typisch portugiesisch. Der freundliche Wirt spricht auch etwas Deutsch. Hauptgerichte ab ca. 8 €. Estrada do Farol, ℡ 282358840. So geschlossen.

A Palmeira, 200 m vom Markt entfernt, etwas abseits des Trubels. Hübsche Terrasse, innen ist's aber nicht das Gemütlichste. Spezialitäten sind Cataplanas und Reisintöpfe. Der *Arroz de marisco* ist empfehlenswert. Hauptspeisen ab 8,50 €. Rua do Cerro, ℡ 282357739. Nur abends geöffnet.

Mehrere **Bierbars** gibt es in der Gegend um den Dorfplatz, meist von Ausländern geführt.

• *Außerhalb im Ort Lagoa* **Lotus**, direkt an der Durchgangsstraße, neben der Tankstelle. Rein portugiesisches Lokal mit zwei Speiseräumen. Gute *Cataplana de Peixe* (30 € für 2 Pers.) und empfehlenswerte Tagesgerichte. Gepflegtes Ambiente, aber nicht teuer. Marquês de Pombal 11, Lagoa, ℡ 282352098. Sa geschlossen.

O Casarão, an der Durchgangsstraße. Mit kleinem Garten, allerdings direkt zur Straße, was den Grillgerichten ab ca. 7 € jedoch nicht abträglich ist. Estrada Nacional 125, ℡ 282352091. Sa geschlossen.

Lesertipps **O Boteco**, oberhalb der kleinen Praia do Paraíso, nur ca. 200 m westlich vom Hauptstrand. Wunderschöner Blick aufs Meer. Nette Bedienung. **O Charneco**, in Estômbar. 7 Vorspeisen, 1 Fisch- bzw. Fleischgericht, Wein, Kaffee für 25 €. Rua D. Sancho II, ℡ 282 431 113. So geschlossen. Im **O Tasca** in der Estrada do Farol (gegenüber Cantinho) passt das Preis-Leistungsverhältnis, ebenso in der **Casa Algarvia** in

Westalgarve

der gleichen Straße. Wer italienisch möchte, findet guten Service und reichliche Portionen in der **Villa Medici** (Estrada do Farol 90).

• *Nachtleben* **Disco O Bote**, direkt am Strand von Carvoeiro, während der Saison geöffnet von Mi–Sa 23–6 Uhr.

Jailhouse Bar, bei der Post die Gasse hoch. Gehört einem englischen Musiker, der live spielt. Kleiner „Garten" zum Draußensitzen. Im Sommer ab 19 Uhr geöffnet, ab 22 Uhr Programm.

Jazzclub O Manuel, in Monte Carvoeiro. Montags afrikanische Musik, freitags brasilianische. Im Sommer zusätzlich Mi geöffnet, jeweils ab 23 Uhr.

Brady's Bar, an der östlichen Ausfahrtsstraße. Die Vorgängerbar Flic-Flac machte einst (anno 2000) in einem bissigen Artikel im Stern-Magazin Furore, als sie als positive Ausnahme in Carvoeiro beschrieben wurde. Ansonsten wurde der Ort als ehemaliges Fischernest mit 26 Immobilienmaklern, 110 Kneipen und Restaurants beschimpft, was die deutsche Gemeinde erheblich in Aufruhr versetzte. Attraktiv ist auch die neue Bar, v.a. dank ihrer häufigen abendlichen Jazz-Konzerte. Estrada do Farol 65.

Baden

Die schmalen Buchten der Gegend sind sehr windgeschützt und lassen das Baden auch in der Vorsaison nicht zu einer Abhärtungskur werden. Nachteil ist, dass die Sonne bereits am Nachmittag hinter den Felsen verschwindet. Wegen der hohen Kliffe zu beiden Seiten der Bucht und der bunten Fischerboote wirkt der *Dorfbadestrand* besonders malerisch. In der Saison drängeln sich hier allerdings wesentlich mehr Menschen, als der nur ca. 200 m lange Strand eigentlich verträgt. Dusche vorhanden. Eine Ausweichmöglichkeit, aber meist ebenso überfüllt, bietet der *Paraíso-Strand* westlich des Dorfes.

Östlich von Carvoeiro gibt es mehrere *Badebuchten*. Die näher gelegenen sind bequem zu Fuß zu erreichen. Für die anderen gibt es ca. 16-mal tägl. die Busverbindung von Carvoeiro zum Praia do Carvalho.

Centeanes-Strand: Er gehört zu einer der schönsten Buchten der Gegend und liegt ca. 1 km östlich vom Tivoli-Hotel. Der schmale Sandstrand, dessen überhängendes Kliff aus Sicherheitsgründen abgebaggert wurde, ist von der Straße über Treppen und Muschelfelsen zu erreichen. Die Strandlänge variiert stark, je nach Wasserstand (Durchschnittslänge 100 m). Für kühles Bier und Imbiss sorgt der Kiosk in einer Bretterbude. In den Hang über dem Strand wurde ein monströser Apartmentblock gebaut.

Carvalho: Ungefähr 5 km östlich von Carvoeiro liegt der Strand von Carvalho: Kurz hinter dem Leuchtturm, nach der Villensiedlung Alfanzina und dem Club Atlântico, endet die Straße zum Strand. Ein Fußweg führt rechts an der Mauer entlang bis zu einem Durchbruch, dann talwärts über einen Trampelpfad bis zu einem Felstunnel, der einzigen Verbindung zum eindrucksvollen Strand. Seit in der Villensiedlung „Club Atlântico" jeden Sommer Hunderte von Touristen untergebracht sind, ist er nicht mehr so abgeschieden, doch immer noch nicht überlaufen. Allerdings verschwindet wegen der überhängenden Felswände auch hier die Sonne schon recht früh am Nachmittag. Der alte Wachturm und die Mäuerchen oberhalb vom Strand stammen aus einer Zeit, als das ganze Gebiet Privateigentum war (bis 1930). Der Großgrundbesitzer und Tyrann Carvalho litt unter Verfolgungswahn und kapselte sich mit einigen Bodyguards und vielen Bediensteten völlig von der Außenwelt ab. Nicht einmal die Polizei durfte seine Residenz und seinen Privathafen am Strand betreten.

Ferragudo

Das malerische Fischerdorf liegt an der Mündung des Rio Arade, direkt gegenüber der Algarve-Metropole Portimão. Den Sommer über (Mitte Juli bis Ende August) gibt's am Wochenende Livemusik am Dorfplatz.

Die kleinen Fischerhäuser gruppieren sich um einen niedrigen Hügel, unverdorbene Dorfatmosphäre, enge Gassen. Auch eine ansehnliche Pfarrkirche kann besichtigt werden. Am Dorfrand thront ein märchenhaftes *Kastell* auf einer mit Pinien bestandenen Felsnase, es wurde auf den Ruinen einer von König *Sebastião* errichteten Burg erbaut. Darunter erstreckt sich ein breiter Sandstrand. Den lange als Geheimtipp gehandelten Ort säumen heute leider recht phantasielose Neubausiedlungen, die sich immer mehr in die Landschaft fressen. Auch ein großer Jachthafen ist geplant und dürfte die Idylle endgültig zerstören.

Ferragudo – verschachteltes Häusermeer

Hauptbadeplatz bei Ferragudo ist der *Caneiros-Strand*. Östlich davon liegt der „Nacktbadestrand" *Praia da Corda*, so genannt, weil man sich an einem Strick die Felsen hinunterhangeln muss. In der Nähe des Campingplatzes (siehe unten) gibt es noch viele weitere Strände. Der Strand zum Rio Arade, *Praia Grande*, ist wegen des ruhigen Seegangs auch für Surfer geeignet.

Die *Praia do Pintadinho* ist der erste Strand außerhalb des Mündungstrichters des Rio Arade. Um die Bucht viel Grün und nur wenige Häuser an den Hängen.

Torre de Marinha: Die Turmruine ist ca. 2000 Jahre alt und wurde bereits von den Römern als Leuchtfeuer betrieben. Sie steht einige Kilometer östlich von Ferragudo, auf halbem Weg nach Seismarias. Von dort hat man eine der schönsten Aussichten an der Küste: nach Osten bis nach Alfanzina (Rocha Brava) und nach Westen bis zur Ponta da Piedade bei Lagos.

- *Postleitzahl* 8400.
- *Verbindungen* Regelmäßig nach Portimão, 7–mal tägl. fährt der Bus noch die paar Kilometer weiter bis zum Campingplatz. Vorverkaufstickets sind nur halb so teuer.

Ein **Postamt** befindet sich am Largo Dona Leonor.

- *Information* **Reisebüro Beroli**, die Holländerin Lidi vermittelt Apartments und Bootsausflüge etc. Rua 25 de Abril 40, ✆ 282461100, in Deutschland 02402-28478, www.beroli.de.

- *Übernachten* *** **Apartmenthotel Praia Grande**, im Dorf gelegen. Kleine Apartments mit Balkon und Kochgelegenheit, unterschiedliche Größe, bis max. 6 Personen. Apartment für 2 Pers. 38–65 € je nach Saison. Rua da Hortinha, Lote 12, (275), ✆ 282 461488, ✉ 282461229, www.apartamentos turisticospraiagrande.pt.

Lesertipp **Quinta da Horta**, zu dem Anwesen gehört ein Pool (Achtung: Naturisten!) und ein wunderschöner Garten mit etlichen Tieren (Pferde; schwarze, portugiesische

Landschweine; Esel). Geführt von den Engländern Frances und David. Anfahrt: Durch den Ort Richtung Carvoeiro. Wo das gefasste Bachbett endet, rechts rein. DZ ca. 37–89 € je nach Größe und Saison. ℡ 914264949 (Handy), www.naturist-holidays-portugal.com.

• *Camping* **Clube de Campismo de Lisboa**, es dürfen nur Gäste mit einem gültigen F. I. C. C. oder Carnet Camping International aufgenommen werden, da es bei Club-Campingplätzen die gesetzlichen Bestimmungen so fordern und Neider den Platz angezeigt hatten. Das Gelände des Platzes ist leicht hügelig, Schatten durch Oleander und Olivenbäume. Pool, Supermarkt und ein empfehlenswertes Restaurant vorhanden. Zu den diversen Stränden ca. 10 Min. zu Fuß. Mehrmals tägl. Busverbindung von/nach Portimão. Preis je nach Campingausweis pro Person 2,60–6 €, Zelt 4,50–8,50 €, Auto 1,50–4 €. 8400-280 Ferradgudo, ca. 2 km südöstlich von Ferragudo., ℡ 282461121, ℡ 282461355.

• *Essen* **Sueste**, man sitzt am kleinen Hafen von Ferragudo, tolle Stimmung bei Sonnenuntergang. Gute portugiesische Küche und appetitlich angemachte Salate. Hauptspeisen ab 8,50 €, Fisch nach Kilo-Preisen. Rua da Ribeira 91, ℡ 282461391.

A Ria, noch preislich akzeptabel, neben dem Markt an der Flusspromenade. Frischer Fisch, *Cataplanas*, verschiedene Reisgerichte. Hauptspeisen ab 10 €, Fisch nach Kilo-Preisen. Rua Infante Santo 27, ℡ 282461790.

Le Paradis, an der Straße zwischen Campingplatz und Farol. Holzhaus mit schattiger Terrasse. Fleisch-, Fisch- und Meeresfrüchte, auch mit etwas ausgefallenen Geschmacksnoten, z. B. Grillplatte mit Banane und Maniok. Um 12 €. ℡ 282461123. Im Winter geschlossen.

• *Nachtleben* In der 2010 renovierten Bar **A Chaminé** wird man mit unterschiedlicher Musik empfangen, Schwerpunkt 80er Jahre. Sehr beliebt auch bei Einheimischen, auch Livemusik. Direkt am Platz. Geöffnet von 10–4 Uhr, So geschlossen.

Três Macacos, abendlicher Treffpunkt für Touristen und Einheimische mit kleinem Biergarten. In der Altstadt, 50 m vom Platz. Mo–Sa 21.30–2 Uhr geöffnet, im Winter seltener.

• *Flohmarkt* Jeden zweiten Sonntagvormittag im Monat feilscht man entlang der Flusspromenade im Zentrum um alten Trödel.

• *Für Kids* **Playoasis**, 2 km außerhalb, überdachtes Spiel- und Abenteuerzentrum, Gaudi ohne Verletzungsgefahr für Kinder von 6 Monaten bis 12 Jahren, erholsam für gestresste Eltern, auch Snacks und Getränke, Geburtstagspartys. Aus Ri Portimão in Ferragudo über die zweite Brücke, dann links 1 km am Kanal entlang, nun rechts auf der Teerstrasse bleiben und noch 1 km weiter. Im Sommer Di–So 11–20 Uhr geöffnet. ℡ 282461122, www.playoasis.com.pt.

Gekachelte Hauswände in Portimão

Portimão (35.850 Einw.)

Die „Hauptstadt" der westlichen Algarve liegt 3 km flussaufwärts an der breiten Mündungsbucht des Rio Arade. Das Stadtbild bietet weniger historisches Gemäuer als Faro, aber die hübsche Lage am Wasser mit dem einladenden Park davor gleicht das wieder aus.

Wer genug hat vom Strandleben und zur Abwechslung etwas Stadtluft schnuppern möchte, unternimmt zumindest einen Tagesausflug nach Portimão. Hier gibt es neben Faro die vielfältigsten Einkaufsmöglichkeiten – und die beliebten Flussfahrten nach Silves.

Interessant waren noch vor Jahren die Fischerkais unterhalb der Flussbrücke, besonders nachts und am frühen Morgen, wenn die Fischtrawler vom Fang zurückkehrten und die glitschigen Sardinen korbweise ausgeladen wurden; heute befindet sich ein neuer Fischereihafen auf der gegenüberliegenden Flussseite. Vor allem deshalb sind an den Kais inzwischen mehr Ausflugsboote als Fischkutter festgezurrt und in der ehemaligen Fischkonservenfabrik wurde ein sehenswertes Museum eröffnet. An historisch wertvollen Bauwerken hat Portimão wenig zu bieten, da das Erdbeben von 1755 die Stadt fast vollständig verwüstete.

Sehenswertes: Hübsch ist der *Largo 1. de Dezembro* mit seinem kleinen Park. Die Sitzbänke sind mit Azulejos aus dem 19. Jh. verkleidet. Die Bilder zeigen Szenen aus der portugiesischen Geschichte. Auch die Schlacht von Aljubarrota, in der die Spanier mit Hilfe englischer Söldner geschlagen wurden, ist dargestellt.

Westalgarve

Auf dem „höchsten" Hügel der Stadt liegt die *Pfarrkirche*. Sie wurde nach dem Erdbeben wieder aufgebaut. Das Westportal im manuelinischen Stil und die Azulejos aus dem 17. Jh. sollte man nicht verpassen. Innen ist die Kirche barock gestaltet, wobei der vergoldete Marienalter mit den drei aufeinander aufgebauten Bögen und das schöne Zwiebeltürmchen hervorstechen.

Information/Verbindungen/Einkaufen/Adressen

- *Postleitzahl* 8500.
- *Information* Neben dem Stadion, Avenida Zeca Afonso, ✆ 282470717. 9–17.30 Uhr, Sa/So geschlossen. Direkt daneben gibt's kostenlose Parkplätze; manchmal stehen einige falsche Parkwächter davor, Sie brauchen Ihnen nichts zu geben!
- *Verbindungen* **Expressbus** nach Faro (7-mal tägl.), Fahrzeit ca. 1,5 Std. **Busse** nach Monchique, Ferragudo, Albufeira (4-6 mal tägl.), Silves (5-9-mal tägl.), Carvoeiro (teilw. umsteigen in Lagoa), Lissabon (mind. 6-mal tägl.), via Küstenstraße allerdings nur 2-mal tägl., Sevilla (2-mal tägl.) Häufig Busverbindungen nach Praia da Rocha (6-mal tägl.) oder Lagos (15-mal tägl., hier ist aber die Zugfahrt oft um einiges kürzer).

Abfahrtstellen: siehe Stadtplan.
Die meisten Verbindungen hat die Gesellschaft *Frota Azul*. Die EVA-Busse fahren nach Alvor, Carvoeiro, Armação de Pêra, Sagres, Sevilla, Lissabon, www.eva-bus.com.
Stadtbusse: Die Minibusse *Vai e Vem* bedienen das Stadtgebiet und fahren bis Alvor und Praia da Rocha. Einfache Fahrt 1,40 €, für Vielfahrer günstiger im Vorverkauf im Büro, Largo de Dique, ca. 3 € für die Karte, die man dann für 7,50 € mit 10 Fahrten im Stadtgebiet laden kann. Berechtigt eine Stunde zum Umsteigen, keine Kinderermäßigung, zum Bahnhof fährt die Linie 5 (lila), rollstuhlgerecht.
Alle Fahrkarten gibt es im EVA-Büro am Largo de Dique, neben dem Hauptplatz mit Springbrunnen am Fluss, direkt hinter dem Taxistand.
Eisenbahn: Portimão liegt an der Bahnlinie Vila Real – Lagos. Der Bahnhof befindet sich am nördlichen Ende der Innenstadt. Die Preise sind sehr moderat, nach Lagos geht es für 1,40 €, nach Faro für 4,85 €, Kinder zahlen die Hälfte.

- *Museen* Das **Museu Municipal do Portimão** in der ehemaligen Sardinenfabrik, auch *Museu da Sardinha* genannt, wurde lange restauriert, aber das Warten hat sich gelohnt. Rund 10 Mio. € wurden bis 2009 investiert. Aufwendig wurde rekonstruiert und neben den alten Maschinen dienen Figuren, Bild und Ton der größeren Anschaulichkeit. Sobald die Sardinen in Körben direkt von den Booten hereinschaukelten, begann man sofort mit der Reinigung, Sortierung und Haltbarmachung in großen Dampföfen, dann ging es in die Büchse – damals waren Ölsardinen hochbezahlte Leckerbissen. Dazu gibt es noch Exponate zu geschichtlichen Themen, z.B. steinzeitliche Grab- und Kultstätten. Am Südende der Hafenmole, direkt am Fluss. Fábrica Feu, R. D. Carlos I. Im Sommer Mi–So 15–23 Uhr, im Winter 10–18 Uhr, Di 19.30–23/14.30–18 Uhr. ✆282405230, Eintritt 3 €, unter 15 Jahren und für Studenten frei, Studentenausweis vorzeigen.

Direkt hinter dem Museum, Seite zur Stadt hin, gibt es ein sehr günstiges Büffet-Restaurant, **Myself** (s.u.).
EMARP, im neuen Gebäude der städtischen Wasserwerke sind wechselnde Kunstausstellungen aktueller Künstler zu sehen, Rua José António Marques (neben Fußballstadion und Polizei P.S.P.). Werktags 8.30–17 Uhr, Eintritt frei.

- *Theater* **O Tempo**, Stadttheater mit Veranstaltungen und Ausstellungen, Largo 1.º de Dezembro, ✆ 282402475. Di–Sa 14–19 Uhr, an Tagen mit Vorstellung bis 21.30 Uhr, www.teatromunicipaldeportimao.pt
- *Einkaufen* Portimão ist „die Einkaufsstadt" der Algarve. In der Fußgängerzone findet man jede Menge Bekleidungs- und Schuhgeschäfte. Alle Boutiquen und Souvenirläden liegen in der Gegend um die Rua Direita und die Rua Sta. Isabel.
- *Kultur* Im städtische Auditorium, Theater s.o., und auch an anderen Orten gibt es häufig internationale Musikveranstaltungen mit Schwerpunkt Klassik. ✆ 282470700 (Information der Stadtverwaltung).
- *Sprachunterricht* Schulungszentrum **CLCC** mit großem Kursangebot, dazu noch ein Café mit unschlagbaren Preisen und nettem Ambiente, unter deutscher Leitung. ✆ 282430250, geral@clcc.pt, www.clcc.pt Geöffnet von 8–22 Uhr, im August geschlossen. Rua D. Maria Luísa, Nº122.

Westalgarve

Übernachten/Camping

*** **Globo (6)**, schöner Blick über die Stadt. Mit seinen kastenförmigen, an der Fassade „aufgehängten" Balkonen passt der moderne, vierstöckige Bau nicht so recht ins Stadtbild. DZ 43–105 €. Rua 5 de Outubro, 26, ℡ 282416350, ℻ 282483142, www.hotel-globo.de.
** **Hotel Made Inn (2)**, neu renoviert, komfortabel und modern, neben der Fußgängerzone Rua do Comércio. Alle Zimmer mit Klimaanlage und Bad; Lift und WLAN vorhanden. DZ mit Frühstück 42–75 €. Rua Vicente Vaz das Vacas, 22, ℡ 282418588, www.madeinn.com.pt.
Pensão Pimenta (7), saubere Zimmer mit Telefon, Teppichboden und Privatbad. In einer ruhigen Nebenstraße in der Nähe des Largo 1.º de Dezembro. DZ mit Klimaanlage und Frühstück 37,50–60 €. Rua Dr. Ernesto Cabrita, 7, ℡ 282423203, ℻ 282423204.
Residencial Arabi (9), im ersten Stock eines ehemaligen Wohnhauses am Hauptplatz mit 20 Zimmern. Blick auf den Rio. Bei mehreren Tagen Aufenthalt gibt es Rabatte! DZ mit Bad ca. 45–65 €. Praça Manuel Teixeira Gomes 13, ℡ 282423334 u. 964 332728, ℻ 282423334, www.lusanarade.com.
Jugendherberge, relativ neu, mit Pool und Tennisplatz im Garten. Auch einige Doppelzimmer. 2 km außerhalb Richtung Monchique bei Coca Maravilhas. Gut zu erreichen mit der grünen, gelben oder hellblauen Buslinie (Station Esc. Coca Maravilhas), dann noch ca. 800 m zu Fuß (hinter dem Wasserturm). Ganzjährig geöffnet. 11–17 € im Mehrbettzimmer, DZ mit Bad 30–47 €. Lugar Coca Maravilhas, ℡/℻ 282491804, portimao@movijovem.pt.
• *Camping* Zwei Campingplätze in der näheren Umgebung zur Auswahl. Der wohl empfehlenswerteste bei **Ferragudo**. Ein weiterer in **Alvor**.

Essen

Ein touristisches Muss bei einem Portimão-Besuch ist ein Sardinenessen in einem der sieben Grillrestaurants bei der alten Straßenbrücke, die aber seit der Umquartierung der Kais auf die andere Flussseite ihrer Kulisse beraubt wurden.

Das ehemalige Seemannsviertel von Portimão liegt etwas versteckt. Am besten orientiert man sich, wenn man zunächst unten am Wasser entlangläuft. Kurz vor der alten Straßenbrücke (die nach Ferragudo übersetzt) führen links zwei Bögen der alten Straßenrampe ins Revier der Seeleute, wo sich inzwischen diverse Lokale niedergelassen haben. Gleich am Platz (Largo da Barca) links das Restaurant **Forte & Feio (3)**. Hier, wie auch im **Dona Barca** kommt der etwas anspruchsvollere Gast auf seine Kosten und die Auswahl an Gerichten ist etwas größer.
Unseres Erachtens netter: In der kleinen Seitengasse, die rechts vom Platz wegführt (Travessa da Barca 9), befindet sich linker Hand die kleine **Taberna da Maré (4)**. Hier fühlt man sich um Jahre zurückversetzt, in eine Zeit, als auch an der Algarve die meisten Lokale noch genauso aussahen. Die Gerichte, die aus der Küche kommen, sind erstklassig, die Preise mit ca. 10 € für Fisch nicht übertrieben!
O Palaioo (1), viel von Portugiesen wegen seines frischen Fisches besucht, aber auch *Seeteufelreis* und einige Fleischgerichte auf der Karte. Mo geschlossen. Nähe Bahnhof, Largo Gil Eanes, 12, ℡ 282418410.
Escondidinho (10), einfache, empfehlenswerte Taverne. Gute Auswahl mit Preisen zwischen 6 und 9 €. Schmackhafte Eintöpfe und Menüs, soweit auf der Tageskarte vorhanden. *Cataplana* (Muschelgericht) für 2 Pers. ca. 22 €. Rua Porta de São João 22. So geschlossen.
Unicórnio (8), eine Seltenheit an der Algarve, da hier endlich einmal die Vegetarier auf ihre Kosten kommen! Der Innenraum des „Einhorns" ist in warme Farben getaucht, die Einrichtung und das Besteck sind alternativ-elegant – hier ist alles ein wenig liebevoller als anderswo. Zwei wechselnde Mittagsmenüs für 7,50 €, nur Fr/Sa auch abends geöffnet und mehr Auswahl. Rua Direita 60/62. So geschlossen.
A Casa da Isabel (11), gegenüber dem *Unicórnio*, hier bekommen Sie für 0,65 € Leckereien der portugiesischen Nachspeisen-Kunst in einer Art „Oma-Wohnzimmer" angeboten. Stuckverzierungen, Spitzenklöppel und ein Kaffee für 55 Cent machen den Aufenthalt angenehm. Rua Direita.
Myself, direkt hinter dem Sardinenmu-

Portimão 165

Sardinen, Sardinen

seum, günstiges und gutes Büffetrestaurant, Fleischgericht 3,99 €, Fischgericht 4,99 €. Abends, in der Vorsaison, auch manchmal Konzerte. Antiga Fábrica Féu, ℡ 282418335 od. 919999819. Tägl. 12–15/ 19–22.30 Uhr geöffnet.

Simsa (5), feine und phantasievolle Gerichte von holländischer Besitzerin, kleines Restaurant mit gehobenem Preisniveau, mehrfach ausgezeichnete Küche. Nur abends Do–Sa geöffnet, besser reservieren. Menü ca. 30 €. Rua S. Gonçalves, 7, ℡ 282423057.

O Mané (13), portugiesisches Mittelklasserestaurant, zwei Speiseräume, fixe Bedienung. Empfehlenswert sind die Gerichte vom Grill. Das gebratene *Bife a Mané* für ca. 8 € kommt mit Ei und viel Olivenöl. Jedes Gericht hat etwas Salat als Beilage. Gut für einen Nachmittagssnack, z. B. Muscheln oder Gambas. Durchgehend geöffnet, So geschlossen. Largo Dr. Bastos 1–3.

Comidinha, direkt hinter *O Mané* am Platz, Tapas- und Weinbar mit Terrasse.

O Pipo (12), schräg gegenüber von *O Mané*. Kleine Bar mit großer Auswahl an Fischgerichten. Empfehlenswert auch die Spezialitäten vom Grill. Hat mittlerweile auch ein Terrasse zur Straße hin. Largo 1 de Maio, 4. So geschlossen.

Clube de Ténis (14), hinter dem Auditorium und nicht nur etwas für Tennisspieler. Vereinslokal, etwas versteckt, aber für jedermann offen und mit vielen leckeren Tagesgerichten. Man sitzt zudem noch nett draußen an Holztischen.

• *Außerhalb* **Campus**, einige Kilometer außerhalb, rechts an der Straße nach Lagos, liegt das gutbürgerliche Lokal, das auch gerne von durchreisenden Vertretern besucht wird. Aldeia Carrasco, Chão das Donas, ℡ 282475270.

Bootsausflüge

An den Fischerkais stehen die Infostände für Bootsausflüge. Am häufigsten werden Grottenfahrten (2,5 Std., ca. 25 €) verkauft.

Flussfahrt nach Silves: Etwas Besonderes sind die Fahrten den Rio Arade hinauf nach Silves. Diese sind allerdings nur 4 Tage um Neumond sowie Vollmond möglich, da ansonsten der Wasserstand zu niedrig ist. Solch ein Ausflug dauert ca. 4 Std., inklusive 2 Bummelstunden in Silves. Mit etwas Glück sieht man sogar eine

Die zwei Gesichter ...

Flussschildkröte. Eines der Boote wurde nach den Originalplänen eines arabischen Frachtkahnes gebaut: *Cegonha do Arade,* Infostand am Flusskai, ✆ 914983967, Sr. Adriano, Fahrt pro Person zwischen 17–20 €.

Über diesen Schiffsweg zur ehemaligen Maurenstadt Silves ranken sich viele Legenden, auch die einer alten „Lorelei", die von den Schiffern Wegzoll forderte. Auf halbem Weg stehen die ziemlich verfallenen Gebäude von Gezeitenmühlen und noch etwas weiter flussaufwärts ist in einer Felsengrotte eine Kapelle eingerichtet. Hier wurden zu besonderen Gelegenheiten die Schiffe feierlich vom Bischof von Silves verabschiedet.

Kurz vor Silves die **Quinta de Matamouros** (*mata* = töten, *mouros* = Mauren), wo ein Geheimgang aus dem Kastell von Silves der Legende nach im Freien endet. Hier soll ein letztes Häuflein flüchtender Mauren von den Reconquistadoren niedergemetzelt worden sein. Eine harmlosere Deutung des Namens ist einfach „Maurenwald" (*mato* = *macchia*). Bis zum 15. Jh. stand hier ein Kloster, später der Landsitz des Grafen von Silves. Heute ist die Quinta das Feriendomizil eines Volkswagenmanagers aus dem portugiesischen Werk in Palmela. Im Privathafen liegt eine schnelle Monstermotorjacht, die wegen ihrer Bugwelle der Schrecken aller Grottenfahrt-Kapitäne ist.

Boots- und Fischsafaris bietet „Big Game Fishing" *Cepemar* an, Rua António Dias Cordeiro 1, ✆ 282425866 oder 917348414, www.biggamefishinginalgarve.com. Die Kapitäne sind ehemalige Berufsfischer. Unterwegs kann man auf traditionell portugiesische Art angeln oder auch nur die zum Teil sehr bizarren Küstenformationen von der See aus betrachten. Ein 5 Std. dauernder Ausflug kostet für Hochseeangler ca. 60 €, für „Zuschauer" etwa 30 €.

Segeljachten kann man ab 240 € pro Tag chartern bei www.quima-yachting.com, ✆ 282-912993.

... von Praia da Rocha

Segelausflüge mit einer sehenswerten, 23 m langen Holzkaravelle bietet die Santa Bernarda an, so auch der Name des Bootes, 30 € für gut 3 Stunden, Tagestouren 60 €. R. Júdice Fialho 11, oder direkt am Kai, www.santa-bernarda.com, ✆ 282422791, 967023840 oder 964042754.

Praia da Rocha

In den 1930er Jahren galt Praia da Rocha als *der* Badeort für reiche Engländer und Portugiesen, die damals noch per Wasserflugzeug aus Lissabon anreisten. Zeugnisse dieser Zeit sind prunkvolle Villen im viktorianischen Stil und grüne, gepflegte Vorgärten wie in Kensington.

Aus den alten Zeiten sind leider nur noch verschwindend geringe Teile des Ortskerns übrig und auch dort bröckelt bei etlichen Villen bereits der Putz ... Am Ortsrand und bei den Klippen dominieren moderne Hotelbauten: Im Sommer wälzen sich die Autos im Schneckentempo über die erhöhte Strandpromenade. Aus Bars grölen englische Fans und von der Terrasse beim Bela Vista singt lautstark ein portugiesischer Julio Iglesias auf Band bis mindestens 1 Uhr früh.

Praia da Rocha liegt oberhalb einer Klippenformation an einem ca. 1,5 km langen Strand, der als einer der schönsten der Algarve gilt – Fotos vom „Strand der Felsen" findet man in jedem Prospekt über Südportugal (wobei die scheußlichen Hotelburgen gerne vertuscht werden). Der Strand war früher schmaler und wurde mit Hafensand aus Portimão aufgepeppt. Aus dem breiten Sandstrand ragen honiggelbe Sandsteinfelsen heraus – skurrile Arkaden und Säulengebilde, denen die Einheimischen Namen wie „Drei Bären" oder „Die versteinerten Riesen" gaben. Vor einigen Jahren donnerte ein Felsbrocken von einem der „Riesen" auf den Strand. Unglücklicherweise traf es den Fischer Pedro. Aber keine Angst, so etwas passiert nur alle hundert Jahre!

168 Westalgarve

Sehenswertes: Am östlichen Ende der Strandpromenade entlang der Klippen liegt die *Festung Santa Catarina*, die im 17. Jh. zur Verteidigung von Portimão erbaut wurde. Das Fort liegt genau an der Mündung des Rio Arade, unterhalb davon befindet sich jetzt der neue Jachthafen mit einigen Restaurants und Bars. Auf der anderen Seite des Flusses erblickt man die alte Burg von Ferragudo – das war es dann auch, ansonsten macht man sich umsonst auf, um historisches zu finden.

Information/Verbindungen/Fahrradverleih

- *Postleitzahl* 8500.
- *Information* An der Strandpromenade, Av. Tomás Cabreira, gegenüber dem Hotel Jupiter. ✆ 282419132. Tägl. 9.30–19 Uhr geöffnet.
- *Verbindungen* Im Sommer alle 15 Min. **Busse** ins 3 km entfernten Portimão.
- *Fahrräder* kann man bei *Motorent*, Residências Portas da Rocha Lt. 8, Estr. da Rocha, beim großen Kreisverkehr Richtung Portimão für ca. 10 € pro Tag mieten. **Mopeds** gibt es für ca. 28 €. ✆ 282 416998.
- *Marina* Seit 2000 ist der neue Jachthafen in der Flussmündung in Betrieb.

Übernachten

In der Mehrzahl gibt es in Praia da Rocha Hotels der gehobenen Preisklasse. Wer nichts Günstiges bekommt, weil alle entsprechenden Unterkünfte ausgebucht sind, kann nach Portimão ausweichen und täglich mit dem Bus pendeln.

***** **Algarve**, das „First Hotel" der Algarve, zumindest eines der Ersten! Zur Straßenseite hin ein gewöhnlicher Hotelklotz, wird erst im Inneren der Luxus spürbar. Die Wände in den Hallen sind gediegen dunkelblau gekachelt. Großzügige Club- und Aufenthaltsräume, direkter Zugang zum Meer. Die Zimmer haben fast alle Balkon und Meerblick, 24-Std.-Service. Swimmingpool im Garten über den Klippen. Für all das muss man entsprechend tief ins Portemonnaie greifen. DZ 217–245 €. Av. Tomas Cabreira, ✆ 282415001, ✉ 282415999.

*** **Club Praia da Rocha**, der größte Hotelkomplex Iberiens, ein absoluter Riesenkasten mit blauweißen Kuppeln. In den drei riesigen Gebäuden, 1994 von spanischen Investoren erbaut, befinden sich insgesamt 6.500 Betten. Apartment 28–124 € (Neben-/Hauptsaison), laut Gästen sehr hellhörig und nüchtern eingerichtet; viel Billigtourismus. Avenida das Comunidades Lusíadas, ✆ 282400500, www.iberotel.pt

Pensão Sol, Pension mit 28 sauberen Zimmern, die schlicht eingerichtet sind. Die Zimmer nach hinten sind ruhig, manche haben einen kleinen Balkon. Die Frontzimmer sind etwas laut, Neonbeleuchtung über den Betten. DZ mit Bad ca. 60 €. Av. Tomás Cabreira, ✆ 282424071/2, ✉ 282417199.

Essen

Titanic, im Edifício Columbia. Hohes Niveau der Küche mit entsprechenden Preisen. Große Auswahl internationaler Gerichte (engl./portug. Inhaber).

Safari, vom früheren deutschen Besitzer stammt die Jagddekoration an den Wänden. Heute ist die Küche angolanisch: pikant, mit viel Piri-Piri-Gewürz. Von der Glasveranda hat man besonders bei Abendstimmung eine schöne Sicht auf die Kliffe. Spezialität ist *Curry Safari*, ein Gericht mit Huhn und Reis für ca. 8 €. Bei der ehemaligen Pension *Solar Penguin* (Avenida Tomás Cabreira) rechts den Klippenweg ca. 50 m weitergehen.

Cervejaria Praia da Rocha, vielleicht das typischste portugiesische Restaurant im Ort. Preiswerte Mittagsgerichte, auch die Gerichte auf der Karte sind erschwinglich, vieles vom Grill. Hinter Hotel Alcalá, Edifício Colunas.

Pizzeria La Dolce Vita, an der Uferpromenade gegenüber dem Hotel *Algarve*. Echt italienisches Restaurant mit selbst gemachten Nudeln, leckerem Knoblauchbrot und guter Pizza.

Gutes Gebäck in der **Pastelaria Palmar**, auf halbem Weg zwischen dem Hotel *Algarve* und der Festung auf der linken Seite.

*N*achtleben

Vor der **Disco Katedral** eine peppige Cafébar, am frühen Abend mit eigenem DJ. Auf dem Vorplatz zur Strandavenida werden zur Belustigung der Passanten Katastrophen-Heimvideos gezeigt.

An der Strandpromenade auch die Disco **Horagá** und die Bar/Disco **On the Rocks**. Für Nachtschwärmer seien noch **Cool** und **Voxx** genannt, in letzterem spielt Chico Barata 1-mal wöchentlich afro-brasilianische Livemusik. Urbanização Encosta da Marina, oberhalb der Marina beim Kreisverkehr. Geöffnet von 13–4 Uhr. Im Jachthafen kann man zwischen dem **Waterside** (℡ 914864907) mit Livemusik samstags und dem **Capicua**, in dem ausschließlich Latinomusik zu hören ist (Mi ab 22 Uhr sogar live), wählen.

Alvor (5.000 Einw.)

Bis Ende der 1980er Jahre stand Alvor touristisch etwas im Abseits. Doch Praia da Rocha lag zu nah, um den hübschen Küstenabschnitt zwischen den beiden Orten nicht zu nutzen. Es entstanden Ferienhäuser, aber auch etliche monströse Apartmenttürme, vor allem am östlichen Ortsrand. Das nur noch im Kern ursprüngliche Dorf an der Schwemmlandzone des Rio Alvor hat inzwischen auch jede Menge Souvenirshops. Nach wie vor herrscht unten an der Flusslagune das geschäftige Treiben der Fischer (noch 50 sind es hauptberuflich!). Aber das staubige Fischerviertel mit den tranig riechenden Geräteschuppen wich einer sauber asphaltierten und gepflasterten, breiten Promenade voller Cafés, an deren Ende man aber immer noch den Fischern beim Netzeflicken zusehen kann. Das Zentrum ist sympathisch und überschaubar und eignet sich besonders für Familien als Sommerquartier.

In der Geschichtsschreibung spielte Alvor lediglich eine Rolle, als König D. João II. 1495 nur 40-jährig hier verstarb. Der Regent erhoffte sich im nahen Bergort Monchique eine Linderung seines Asthmaleidens, aber sein Leibarzt machte im Nachhinein die heißen Bäder in Monchique für das Ableben des Königs verantwortlich. Die Lungenentzündung, die zu seinem Tod führte, zog sich der Monarch zu, als er trotz der Warnungen seines Leibarztes an einem kühlen Sonntagmorgen zweimal badete und anschließend Wildschweine jagen ging.

Baden: langer Sandstrand von der unbebauten Sandbank, die die Flusslagune vom Meer abschirmt, bis zu den Felsklippen am Ostende (hier stehen 12-stöckige Apartmentblocks). Vom Ort Alvor sind es ca. 500 m bis zum Strand, weil dazwischen eine flache Schwemmlandzone liegt.

Sehenswertes: Die äußerlich schön gestaltete Kirche (manuelinisch), die im Inneren mit zahlreichen barocken Seitenaltären aufwartet, sollte man vor allem aufgrund der Azulejos im Chorraum besuchen; dargestellt sind die Fußwaschung Jesu Christi und auf der anderen Seite das letzte Abendmahl.

- *Information*   Rua Dr. Afonso Costa, 51, blauweißes Haus, direkt an der Straßenecke. Mo–Fr 9.30–13/14–17.30 Uhr geöffnet. ℡ 282457540.
- *Einkaufen*   **Caleidoscópio**, ausgefallene Souvenirs, die man sonst nicht so leicht bekommt, viele Korksachen, Jacken, Handtaschen, Regenschirme … Es bedient Sie Frau Mauritius aus Helgoland. Rua 25 de Abril 6.
Kraftwerk, Kunsthandwerk in Designerqualität von fünf Frauen verschiedener Nationalitäten, denen man sogar bei der Arbeit über die Schulter schauen kann. Ausgefallen, dennoch bezahlbar: Schmuck, Kleidung, Glas etc. Hinter Mercado, R. D. João II, 24.
- *Sport*   Im Sportzentrum, zwischen Dorf und Strand gelegen, gibt es einige Tennisplätze. Hier ist auch das Freibad.
Kitesurfing, in der Lagune kann man diese Sportart, eine Mischung zwischen Drachenfliegen und Wellensurfen, bei *Windbrigade* lernen, 100 € für 4 Std. inkl. Ausrüstung, An-

fänger- und Fortgeschrittenenkurse. Rossio Grande, Lote B, 2.Stock, oder am Strand, www.windbrigade.com, ℅ 963839150. **Algarve Watersport** bietet ebenfalls Kitesurfing an und wirbt mit Kursen ab 49 €, worunter aber nur ein 2-stündiges Ausprobieren zu verstehen ist. Ein-Tages-Kurs für 119 €. ℅ 960460800, www.algarvewatersport.com.

Golf, *Penina*, der erste Grasplatz an der Algarve. Erbaut vom legendären Henry Cotton. Das frühere Sumpf- und Reisanbaugebiet wurde zum Teil aufgeschüttet. Angeschlossen an das 5-Sterne-Hotel Penina. Anfahrt: an der N 125 Richtung Lagos. ℅ 282 420200.

Alto Golf, dieser 18-Loch-Platz zwischen Praia da Rocha und Alvor wurde 1991 angelegt, leicht hügeliges Gelände.

• *Übernachten* **Hospedaria Buganvilia**, moderne Pension im Zentrum, gepflegt, mit Lift. Alle 21 Zimmer mit Balkon, ab dem zweiten Stock mit Blick bis zum Meer. Auch das hauseigene Restaurant ist aufgrund der großen Portionen und der guten Auswahl an typischen Gerichten empfehlenswert. Im Dezember geschlossen. DZ ca. 45–60 €. Rossio de S. Pedro 6-A, ℅ 282 459412.

• *Camping* **Parque de Campismo da Dourada**, am oberen Ortseingang, ca. 1,2 km bis zum Fischerhafen. Halbschattig, mit Pool, Supermarkt und Restaurant/Bar. 4,50–5 € pro Person, Zelt 4–4,50 €. Auch Holzhaus/Apt./DZ ca.50–60 €. Estrada Monte de Alvor, Sítio da Dourada, ℅ 282459178, campingdourada@hotmail.com.

• *Essen* **O Caniço**, weit und breit das beste Essen, noch dazu in traumhafter Lage. Etwas östlich (Prainha, etwa 500 m von Alvor entfernt), eingezwängt in einer Klippenspalte, mit toller Speiseterrasse über dem Strand. Von den Klippen geht's per Lift hinunter. Exzellente Küche zu fast durchschnittlichen Preisen, abends oft Livemusik. ℅ 282458503.

Vagabondo, Steakhaus, in dem es v. a. Gegrilltes, aber auch frischen Fisch gibt. Häufig sehr voll, von Portugiesen gerne besucht. Ein Essen kostet ca. 12 €. Nur abends von 17.30–22.30 Uhr geöffnet. Rua Dr. Fredrico Ramos Mendes. ℅ 282458726.

L'Angolo, die beste und günstigste Pizzeria am Ort (Pizza ca. 5–7 €). Auch Pasta, Salate. Direkt unterhalb der Kirche. Di Ruhetag. Rua da Igreja 18, ℅282458369.

O Ruccula, vielgelobt für sein Filetsteak, Lamm, den Wolfsbarsch und netten Service, gehobenere Preise. Nähe Kirche, Rua Poeta João de Deus, Ecke Rua da Igreja. Dez/Jan geschlossen, Mo Ruhetag, sonst ab 18.30 Uhr geöffnet. ℅ 968169927.

• *Nachtleben* Auch wenn man Alvor nicht als typische Disko-Stadt bezeichnen kann, ist in der Rua Dr. Fredrico Ramos Mendes, von den Einheimischen nur „Barstraße" genannt, abends immer etwas geboten. Beliebt ist z. B. die **Albar** (an der Ecke zur Rua Marquês de Pombal), die die Nachtschwärmer mit verschiedenen Kaffeesorten bei Laune hält; gerne auch von den hier lebenden Ausländern (Engländer, Holländer, Iren, Deutsche) besucht, auch viele Snacks und leichte Gerichte. Ganztägig geöffnet.

Die von zwei Frauen (Nienke und Josee aus Amsterdam) geführte Kneipe **Bar 13** wartet mit hausgemachten Tapas, aber auch diversen Biersorten und Drinks in der Travessa do Castelo auf (leicht von der *Albar* aus zu erreichen) und hat bis spät in die Nacht geöffnet. Terrasse nach hinten, WLAN.

Spaziergang in der Ria de Alvor (Mexilhoeira Grande)

Einfache Rundwanderung auf einem Damm in der Lagune Ria de Alvor zwischen Lagos und Alvor. Zu allen Jahreszeiten und mit der ganzen Familie machbar.

Wanderzeit: 40 Min.

Anfahrt: Von Lagos aus auf der N 125 kommend, fährt man bei der Ortseinfahrt nach Mexilhoeira Grande genau in die entgegengesetzte Richtung, d. h. nach rechts (neben einem größeren Gartenzentrum mit Palmen), folgt diesem Weg über die Bahnschienen (Achtung: nicht beschrankt!) und immer weiter langsam abwärts, bis der Weg auf einem größeren Wendehammer direkt an der Lagune von Alvor endet. Hier parken.

Besuchsmöglichkeit: Auf halbem Weg passiert man die Vogelwarte **A Rocha** oder auch „Cruzinha" genannt, die jeden Donnerstag für Besucher offen steht (☎ 282968380, portugal@arocha.org). Hauptaktivität ist die Beringung von kleineren Zugvögeln, die zum Teil auch aus Deutschland hierher kommen, um in der Ria de Alvor zu pausieren – für alle Vogelliebhaber eine interessante Besuchsmöglichkeit! Diese kirchennahe Vereinigung finanziert sich aus Spenden und Schenkungen und hat mittlerweile schon weltweit einige Tochterzentren in Sachen Umwelt- und Vogelschutz. Die Vogelwarte wird von Marcial und Paula, einem sehr sympathischen portugiesischen Paar, geleitet und hat einige ehrenamtliche Mitarbeiter sowie Gaststudenten aus unterschiedlichen Ländern. Besonders interessant ist natürlich ein Besuch in den Zugvogelzeiten im Herbst und Frühling.

Kleidung: Keine spezielle Kleidung notwendig, allerdings Sonnenschutz nicht vergessen, da kein Schatten. In Regenzeiten kann es leicht schlammig werden.

Spazierwanderung: Am Ende der Fahrbahn geht rechts vorne ein Weg auf einem künstlichen Damm entlang. Diesem folgt man, rechts und links ist man nun von Wasser umgeben (früher wurde hier auf der Landseite Reis angebaut) und mit etwas Glück kann man einige Wasservögel und auch Flamingos beobachten. Der Weg macht einen großen Bogen, und nach etwa 40 Minuten kommt man ein paar Meter weiter oben wieder zum gleichen Fahrweg und rechts zum Wendehammer.

Abicada: Hier, auf einer Landzunge zwischen zwei Flussmündungen, entdeckte man eine römische Villa, die vom 1. bis 4. Jh. bewohnt war. Die Römer hatten hier wahrscheinlich einen kleinen Fischereihafen unterhalten. Damals lag der Ort noch direkt am Meer, über die Jahrtausende hat sich über 1 km Marschland dazwischengeschoben. Zwischen den Grundmauern der dreiräumigen Villa sind gut erhaltene Fußbodenmosaike zu bewundern. Unten am Hügel fand man die Kaimauer und gemauerte Tanks, in denen Sardinen zur Konservierung eingesalzen wurden. Das überschaubare Areal hat keine regulären Öffnungszeiten, aber ein Rundgang um die Umzäunung gleicht einer Besichtigung.

• *Anfahrt* aus Richtung Lagos: in Figueira einige 100 m weiter Richtung Portimão, die Eisenbahnbrücke überqueren (etwa auf derselben Höhe steht links der Straße ein nicht zu übersehender Wasserturm) und rechts in einen Feldweg einbiegen, der ein Stück neben den Bahngleisen entlangführt und dann scharf nach links abknickt. Nach ca. 1 km erreicht man ein fast verlassenes Landgut, gleich dahinter, an dem zur Küste abfallenden Hang, ist die Ausgrabung zu finden.

Alcalar: Um das Dorf Alcalar wurden Dolmen, Menhire und vor allem Kuppelgräber aus dem Neolithikum (5000-2000 v. Chr.) entdeckt. Man vermutet, dass auf einem ca. 10 ha großen Areal eine der größten Siedlungen der Algarve existierte. Nach neueren Theorien wurden die dazugehörigen heiligen Grabstätten im Quadrat um das eigentliche Dorf angelegt, insgesamt 29 dieser Anlagen wurden bis dato lokalisiert. Die bisher entdeckten Menhire sind an der Algarve – im Gegensatz zu den Fundstellen weiter nördlich im Alentejo – nicht kreisförmig, sondern in einer Linie angeordnet (auch in Sagres). Hier zu sehen sind jedoch vor allem die Ganggräber mit einer Kammer als Kult- und Grabbereich und einem engen, dorthin führenden Gang. Innen diente ein großer Kalksteinzylinder als Altarblock. Das Dach bildeten große Felsplatten, zumeist aus Schiefer, und das Ganze lag dann gut versteckt in einem Hügel von 36 m Durchmesser. In einer der Grabstätten fanden sich Überreste von mehr als 140 Menschen. 2001 wurde ein dazugehöriges Dokumentationszentrum eröffnet. Eintritt 2 €, ermäßigt 1 €.

Im Sommer (1.5.–15.9.) Di–So 10–18.30 Uhr, Winter (16.9.–1.4.) 10.30–16.30 Uhr; Mo und an Feiertagen geschlossen. 282471410.

• *Essen/Übernachten* In direkter Nachbarschaft des Geländes: **Fonte da Pedra**, portugiesisches Restaurant mit Terrasse. Mi geschlossen, Do nur abends geöffnet. 282471034.
Amadeus, tolle Anlage mit einem japanisch anmutenden Ziergarten (Wasserteiche). Im Restaurant (Mo Ruhetag) ist die Spezialität der beliebte Seeteufel-Eintopf. Auch einige luftige Apartments zu vermieten. Es wird Deutsch gesprochen. Apartment für 2 Personen für ca. 60–80 €. 282471832 oder 9690 17289.

Silves (ca. 14.000 Einw.)

Die Stadt liegt im „Vorgebirge" der Serra de Monchique, einem Hügelland, das hauptsächlich durch Baumkulturen (Oliven, Mandeln und Orangen) landwirtschaftlich genutzt wird. Die alte Marktstadt am Ufer des schiffbaren Rio Arade wird von einer mächtigen Festungsanlage aus rötlichem Sandstein überragt. Im Sommer findet hier ein gut organisiertes Bierfest statt.

Wer an einem Augusttag, wenn das Thermometer auf 40 Grad steigt, die Stadt besucht, kann sich gut vorstellen, dass die Mauren sich hier zu Hause fühlten. Über Jahrhunderte war die Stadt Kulturzentrum der maurischen Algarve: Dichter, Philosophen und sogar eine Rhetorikschule gab es hier. Aber nach der Vertreibung der Besatzer verkam die Stadt immer mehr und erholte sich erst wieder im 19. Jh., als spanische Einwanderer den Grundstein zu einer florierenden Korkindustrie legten. Zehn große Fabriken produzierten bis in die 70er Jahre; es folgte ein landesweiter Konzentrationsprozess. Heute wird fast sämtlicher Kork in Montijo (südlich von Lissabon) verarbeitet. In Silves existieren nur noch eine größere Isolierkorkfabrik (an der Straße nach Alcantarilha) und einige kleine Handwerksbetriebe für Flaschenkork.

Geschichte: Unter der arabischen Herrschaft blühte die Stadt auf – Silves war der Regierungssitz der Al-Gharb und nannte sich Xelb. Bereits 1189 lebten dort 15.000 Menschen. Die Araber, die sich hier niederließen, stammten übrigens aus dem heutigen Jemen. Ausgrabungen am Rocha Branca, einem Hügel am Fluss etwas west-

Silves 173

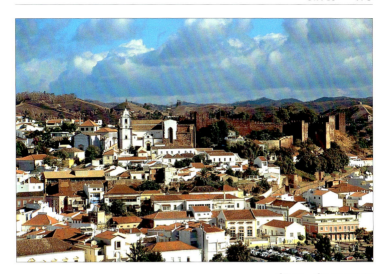

Silves – Stadtansicht

lich vom heutigen Silves, lassen vermuten, dass die Stadt ursprünglich hier erbaut wurde. Der Rio Arade war an dieser Stelle so tief, dass auch die Schiffe der Kreuzritter, die 1189 die Stadt belagerten, hier vor Anker gingen. Dom Sancho I., König von Portugal, führte erfolgreich das Heer des dritten Kreuzzuges an, das von Soldaten Friedrich Barbarossas, König Eisenherz' und des französischen Königs Philipp August unterstützt wurde. Leere Wasserzisternen erzwangen die Übergabe der Stadt. Aber bereits zwei Jahre später verschacherte Dom Sancho I. seine Eroberung wieder an die Mauren. Erst seit 1246 war die Macht der Kalifen endgültig gebrochen. Die Bischöfe von Silves hatten aber fortan ihr Kreuz mit den Sitten und Gebräuchen der Einwohner – es dauerte Jahrhunderte, bis es die Vielehe nicht mehr gab. 1497 wurden Juden und Mauren, die die christliche Taufe verweigerten, vertrieben. Besonders hart verfuhr man mit den Juden. Mauren wurden dezenter angefasst, weil man wegen der vielen in Nordafrika lebenden Christen Repressalien fürchtete.

Als im 16. Jh. König D. Sebastião die Provinzverwaltung nach Lagos verlegte, verlor Silves seine Bedeutung. Jetzt war das Schicksal der Stadt besiegelt, ganze 140 Haushalte blieben übrig – und auch der Bischof zog nach Faro.

Sehenswertes

Burg: Wer vom Fluss den Hügel hinaufläuft, kommt auf halber Höhe durch das alte, mächtige Stadttor, das zwei Ausgänge besitzt. Die römische Straße von Portimão nach Loulé führte durch das Tor und konnte so leichter kontrolliert werden. Die Römer bauten auch die einfache Festungsanlage zur Burg aus und gruben unterirdische Getreidekammern. Von den später erbauten maurischen Palästen im Inneren gibt es heute allerdings nur noch ein paar Grundmauern zu sehen; klein wirken die Räume, ein von Säulen flankiertes Doppelportal führt zu einem Innenhof mit Wasserbecken, daneben der Küchentrakt, insgesamt wenige Spuren. Von 1930 bis

1940 wurde die Burg, die zu jener Zeit ein Gefängnis beherbergte, restauriert. Deshalb wirken die Burgmauern so gut erhalten, dass sie auch Rekonstruktionen sein könnten. Die Festungstürme haben Namen, die an die jahrhundertelange Nutzung als Gefängnis erinnern: Im „Turm der Geheimnisse" waren die Gefangenen in Einzelhaft untergebracht und im „Turm der Frauen" befand sich, wie der Name schon sagt, das Frauengefängnis. Innerhalb der Ringmauer werden mittlerweile die Grundmauern des maurischen Palastes freigelegt.

Kurz vor dem Eingang thront die mächtige Bronzestatue des Königs Dom Sancho, die in den letzten Jahren mehrfach umquartiert wurde. Die „Zisterne der Hunde" (*Cisterna dos Cães*) soll ein ursprünglich von den Römern gegrabener Bergwerksstollen sein, dessen Geheimgang bis vor die Tore der Stadt reichte. Zu seinem Namen kam die Zisterne, weil man den Kindern von Silves erzählte, dass die in Wirklichkeit ermordeten Welpen eines Hundewurfes in jener Zisterne wohnten. Am nordwestlichen Ende befindet sich, knallrosa angestrichen, die *Cisterna da Moura*, die größte Zisterne der Burg, die im 19. Jh. die Einwohner der Stadt noch das ganze Jahr hindurch mit Wasser versorgte.

Bei einem Besuch mit Kindern sollte man aufpassen, da die Burgmauern in den Innenhof nicht befestigt sind (an manchen Stellen einige spärliche Geländer)! Es gibt einen kurzen Führer in Deutsch (des Öfteren vergriffen) und einige kleinere Tafeln auf Englisch. Auf einer Bank im Innenhof ergeht sich manchmal ein Akkordeonspieler in melancholischer Weise oder es hallt Fado vom Band, was die relativ gut erhaltene Anlage mit einem Hauch Nostalgie umgibt. Im Sommer ist das Café innen geöffnet.

🕐 Im Sommer 9–19 Uhr, im Winter bis 17.30 Uhr. Eintritt ca. 2,50 €, 1,25 € ermäßigt, für Kinder unter 10 Jahren frei, kombinierte Karte Museum und Burg für 3,50 €.

Archäologisches Museum: Ein unterirdischer Gang, der über Generationen die Jugend von Silves zu Möchtegern-Schatzgräbern machte, wurde 1980 gründlich erforscht. Dabei stieß man auf eine Wendeltreppe, die zu einem etwa 15 m tiefen arabischen Zisternenbrunnen führte. Im Haus um den Brunnen herum wurde das Museum eingerichtet. Das heute wichtigste Museum dieser Art an der Algarve zeigt chronologisch geordnet Exponate aus den verschiedensten Epochen. Die Ausstellung beginnt mit Riesenhinkelsteinen, die östlich von Sagres gefunden wurden und einige tausend Jahre alt sind. Die auf den Menhiren angebrachten Wellensymbole versinnbildlichen wahrscheinlich das Wasser oder das Meer. Andere meinen, es handele sich um männliche Samenfäden als Symbol der Fruchtbarkeit. Leider sind die Erläuterungen nur teilweise in englischer Sprache angebracht.

🕐 9–18 Uhr, So geschlossen. Eintritt 2 €, für Studenten und Kinder unter 10 Jahren frei.

Kathedrale: Nach der Rechristianisierung von Domingos Johannes möglicherweise am Ort der ehemaligen Moschee erbaut. In einer alten Sakristei fand man sogar den Grabstein des Baumeisters (gest. 1279). Nachdem Silves im 15. Jh. verarmt – weniger als 1.000 Menschen wohnten hier – und die Kathedrale wegen Baufälligkeit eingestürzt war, wurde 1473 ein neuer Plan verfolgt. Von der ursprünglich frühgotischen Kirche ist so nur noch links die Seitenkapelle mit dem „Schießschartenfenster" übrig geblieben. Aus der nächsten Epoche stammt der gesamte Hauptchor mit Vierung, in dem uns bärtige Gesichter von den schwindelerregend hohen Kapitellen anstarren. Durch das Erdbeben von 1755 stürzte der Hauptteil der Kirche ein, und da der Bischofssitz bereits schon seit längerem von Silves nach Faro verlegt worden war, musste der Wiederaufbau mit bescheideneren Mitteln aus-

Silves

kommen. So wurden im 18. Jh. weitere (unbedeutendere) architektonische Veränderungen der dreischiffigen, mit barocken Seitenaltären bestückten (in Marmorfarbe!) und von außen leider renovierungsbedürftigen Kathedrale vorgenommen.

Der portugiesische König Dom João II., der sich bei der Badekur in den Caldas de Monchique eine Lungenentzündung zuzog und 1495 verstarb (vgl. Kapitel Alvor), wurde im Chor bestattet. Die Überreste überführte man aber 1499 ins Kloster von Batalha. Eine Steinplatte erinnert noch heute daran.

⌚ Geöffnet von 9–12 und 14–17.30 Uhr, im Sommer teilweise auch bis 18 Uhr. Die Öffnungszeiten können variieren, Eintritt 1 €.

Gegenüber liegt die **Misericórdia-Kirche** mit ebenfalls renovierungsbedürftigem manuelinischen Seitenportal.

⌚ 9–13 und 14–17 Uhr geöffnet, Sa/So und an Feiertagen geschlossen. Auch hier wird bei den Öffnungszeiten eher eine südländische Flexibilität praktiziert.

Korkmuseum: bis auf weiteres geschlossen. Nachdem die gesamte „Fábrica do Inglês" erst 1999 ihre Tore öffnete und das Museum sogar als eines der besten landesweit galt, kam knapp 10 Jahre später das Aus. Der Pleitegeier hatte bei der privat finanzierten Anlage zugeschlagen und bislang ist keine Rettung, sprich Wiedereröffnung, in Sicht und es bleibt dicht.

Feste: Mitte August herrscht für 9 Tage in der Altstadt mittelalterliches Treiben bei der **Feira medieval**, einem der schönsten Feste der Algarve.

Praça Al-Muthamid: der neu angelegte Vorzeigeplatz von Silves. Am Rand steht die neue Bibliothek und auf der durch Bäume aufgelockerten Fläche finden den Sommer über verschiedenste Veranstaltungen statt. Besonders der moderne Brunnen mit armlosen Figuren, welche Händler, Fischträger und einen Poeten im Schneidersitz darstellen, werten den Platz auf. Benannt wurde er nach dem arabischen Dichter und Gouverneur von Silves (1051–1091) und späterem Herrscher von Sevilla, von dem der „Gruß an Silves" überliefert ist: „Wie viele Nächte habe ich wohl dort in seinem Schatten verbracht, in der süßen Gesellschaft von Hofdamen mit vollendeter Taille, einige so weiß, andere so braun, dass sie in meiner Seele leuchteten wie funkelnde Schwerter und schwarze Lanzen …"

Cruz de Portugal: Am Ortsausgang Richtung Messines steht das 3 m hohe Kreuz aus weißem Kalkstein. Um es vor Witterungseinflüssen zu schützen, ist es überdacht. Auf der einen Seite zeigt es den Heiland am Kreuz, auf der Rückseite liegt der Leichnam in den Armen seiner Mutter. Das im verspielten, manuelinischen Stil gearbeitete Kunstwerk wurde wahrscheinlich im 16 Jh. geschaffen und gilt als Geschenk von König Manuel I an die Stadt Silves.

Largo do Município: Platz beim Stadtturm, unterhalb des Rathauses mit schattigem Arkadengang. Hier sitzen die alten Männer gemütlich auf ihren Bänken am ruhig plätschernden Springbrunnen, und die Zeit scheint langsamer zu vergehen. Auch in das **Café Rosa** in den Arkaden sollte man einen Blick riskieren, wie ein Puppenwohnzimmer mit blau-weißen Kacheln und Blumen dekoriert, und dabei gleich eines der dortigen Marzipanteilchen probieren. Den Espresso gibt es hier noch für 0,60 €, nur eilig sollte man es lieber nicht haben.

Parque Biológico: 8 km außerhalb, Richtung São Marco da Serra. Besteht aus dem *Centro cinegético* mit Wildtieren der Gegend (☎ 282445765), und der *Quinta pedagógica* gegenüber, in der man Kulturpflanzen und Nutztiere sieht und in der Kinder selber Brot backen und zuschauen können, wie Käse gemacht wird (☎ 282444044).

⌚ Täglich 9–16 Uhr, Sa/So ist nur die Quinta geöffnet.

Westalgarve

- *Postleitzahl* 8300.
- *Information* Turismo, Parque das Merendas, am Fluss Richtung Monchique, am Anfang des neu angelegten Parks. Geöffnet von 9.30–13/14–17.30 Uhr, Sa/So geschlossen.

Im Zentrum: **Centro de Interpretação do Património Islamico**, Informationen der Stadtverwaltung zur islamischen Algarve, aber auch zu anderen Themen, Largo do Município, unter den Arkaden. Mo–Fr 9–13/14–17 Uhr geöffnet, Sa/So u. feiertags zu.

- *Verbindungen* Mehrmals tägl. **Busse** nach Portimão (ca. 8-mal tägl.), Albufeira und Armação de Pèra (ca. 7-mal tägl.).

Bahnstation *Silves Gare* an der Linie Faro – Lagos liegt ca. 2 km außerhalb, an der Straße nach Lagoa; Zubringerbusse, die aber nicht für jeden Zug existieren, deshalb ist es wichtig, vorher nachzufragen.

- *Übernachten* *** **Colina dos Mouros (13)**, modernes Komforthotel auf der anderen Flussseite, Ortsausgang Faro. Schöner Blick auf Silves. Klimaanlage, Pool. DZ 35–80 €. Sítio do Poinho Santo, ✆ 282440420, ✆ 2824 40426, colinadosmouros@hotmail.com, www.colinahotels.com.

* **Pensão Sousa (6)**, etwas heruntergekommene Pension im Zentrum neben einer Snackbar (Schild Residencial), Bad am Gang. Beliebt wegen sehr günstiger Preise. DZ ca. 25–35 €. Rua Samora Barros 17, ✆ 282442502.

Pensão da Silva (4), ein Geheimtipp, vor allem der günstigen Preise wegen. 5 Zimmer werden vermietet, Toilette auf dem Gang, Gemeinschaftsküche, Balkon, alles ziemlich antiquiert. Von außen nicht als Pension zu erkennen! Die Besitzerin spricht gut Französisch. DZ ca. 30–35 €. Rua Cândido dos Reis 36, ✆ 282442667 oder 919938585.

Quinta do Rio (3), kleine Privatpension, einige Kilometer außerhalb, Richtung Messines. Das freundliche Haus wird von einer italienischen Familie geführt. DZ mit Frühstück ca. 50–60 €. ✆ 282445528 www.quintariocountryinn.home.sapo.pt.

- *Urlaub auf dem Bauernhof* **Quinta da Figueirinha**, Gerd Zabel, Agronom, lange Jahre im Entwicklungsdienst tätig und eine bemerkenswerte Persönlichkeit, hat sich etwas außerhalb von Silves niedergelassen. Hauptsächlich werden Früchte angebaut und frisch oder auch getrocknet vermarktet – alles nach biologischen Richtlinien! Insgesamt 11 Ferienwohnungen, und ein Gästehaus. Anfahrtsbeschreibung auf der Homepage. Ferienwohnung 60–80 €. Figueirinha, ✆ 282440700, ✆ 282440709, www.qdf.pt.

Übernachten
3 Quinta do Rio
4 Pensão da Silva
6 Pensão Sousa
13 Colina dos Mouros

Essen & Trinken
1 Recanto dos Mouros
2 Café Inglês
5 Casa Velha
7 Tasca Béné
8 Rui
9 Barbinha
10 Pic-nic
11 Valdemar
12 Ponte Romana

- *Essen* **Café Inglês (2)**, stimmungsvolles Café-Restaurant, hübscher Garten und eine Dachterrasse mit phantastischem Ausblick. Sonntags ab 15 Uhr, aber auch freitag- und samstagabends häufig Livemusik (Jazz). Hinter der Kathedrale, etwas unterhalb des Kastells, es gibt einige Stufen zu bewältigen. Mo Ruhetag. ✆ 282442585.

Casa Velha (5), Restaurant im Zentrum in der Nähe des alten Stadttors, im Sommer zum Draußensitzen. Die Hausspezialitäten (*Cataplana*) sind mit ca. 22 € für 2 Personen vergleichsweise günstig. Fleischgerichte für 8–10 €. Auf Fischgaststätte gemacht, Schalentiere im Aquarium. Rua 25 de Abril, 13, ✆ 282445491.

Rui (8), bekannte Marisqueira und entsprechend teuer, mit großer Auswahl an Fisch- und anderen Meeresgerichten. Hauptgerichte ab 8 €, die Gerichte für 2 Pers. liegen

Silves 177

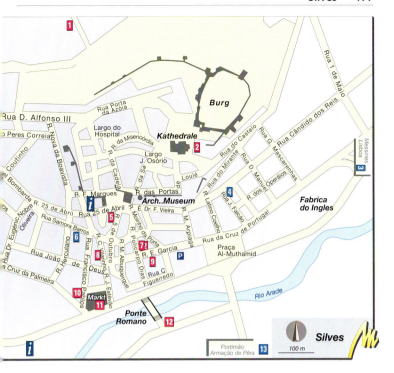

zwischen 25–30 €. Di Ruhetag. Rua Vilarinho 27, beim Markt in die Stadt hoch. ☎ 282442682.

Barbinha (9), leckere Hausmannskost, ein schneller Service und eine sehr aufmerksame Besitzerin. Die fünf mittags zur Auswahl stehenden Tagesgerichte sind günstig. Lediglich das Ambiente ist nicht übertrieben schön. In der Fußgängerzone Rua Elias Garcia 13. So geschlossen.

A Tasca Béné (7), in einer kleinen Nebengasse der Fußgängerzone. Nettes Ambiente, abwechslungsreiche Speisekarte von flambierter Hühnerbrust bis Stockfisch. R. Policarpo Dias. Mo geschlossen, ☎ 282444797.

Recanto dos Mouros (1), man kann auch im Freien sitzen und hat einen schönen, unverbauten Blick auf den Ort. Preiswert, der Ziegeneintopf (*Ensopada de Borrego*), reicht eigentlich für zwei Personen. Man kann aber auch halbe Portionen bestellen. Von der schmalen Straße, die nördlich der Altstadt unterhalb der Mauern entlang führt, zweigt ein Weg durch eine Orangenplantage ab. Monte Branco, ☎ 282443240. Mi Ruhetag.

Ponte Romana (12), bekannt wegen seiner guten *Chanfana* (Ziegeneintopf). Auch Zimmer werden vermietet. Mo Ruhetag. Auf der anderen Seite der alten römischen Brücke.

Lesertipp: „Zwischenzeitlich zwei Kategorien von Zimmern, ein Anbau, in dem große Zimmer vermietet werden, aber auch noch die DZ im Altbau, total schnuckelig-antik eingerichtet um ein original altes Wohnzimmer; nur das Bad war unter aller Kanone, dafür aber günstig."

Valdemar (11), berühmt für Silves sind die kleinen Hähnchenbratereien an der Flussavenida vor der Markthalle. *Valdemar* hat sich völlig auf Hähnchen spezialisiert – Sie können wählen, ob mit oder ohne Piri-Piri! Mit Beilage (Pommes und Salat) kostet die Portion ca. 7 €. So geschlossen. Mercado Municipal de Silves 11.

Pic-nic (10), um die Ecke vom *Valdemar*, gegenüber der Markthalle. Sehr einfaches, kleines Restaurant, gute Hausmannskost, daher bei Einheimischen v. a. zum Mittagessen beliebt. Man kann der Köchin über die Schulter schauen. Mittagsmenü konkurrenzlos günstig für 7 €, dazu gibt es sogar ein Schnäpschen. R. Francisco Pablos. So nur mittags geöffnet, sonst auch abends. ✆ 968966416.

• *Außerhalb* **O Alambique**, Spitzenküche zu gehobenen Preisen, auch vegetarische Gerichte. Inhaber Marlen Schmid und Xavier Dupin. *Poço Barreto*, nur abends, Hauptgerichte 10–16 €. Di Ruhetag. ✆ 282449283. 7 km außerhalb (östlich), links an der Straße nach *Algoz*, www.alambique.de.

O Barradas, hübsche Quinta, sehr gute Weinauswahl und frischer Fisch aus dem Backofen. Auch zum Draußensitzen. Besser reservieren, da meist sehr voll. ✆ 282443308. Mi Ruhetag. Rechts der Straße nach Lagoa (2,8 km davor) folgen!

• *Bootsverleih und Café* **Quinta da Rocha Branca, Clube Náutico**, direkt am Fluss gelegen, mit Pool zur Allgemeinbenutzung, Terrassencafé, Kanus und Tretbooten, schönem Blick auf Silves. Jetzt sogar mit kleinem, privatem **Campingplatz**, Zelt und Auto 8 €, pro Person 2 €. Die Straße Richtung Odelouca/Monchique entlang und nach ca. 3 km, kurz vor dem Ort Falacho, links auf einen Sandweg (Schild Clínica do Falacho und Clube Náutico, kleine Bar und Obststand an der Ecke), am Ende nach kleiner Brücke links und noch ca. 1 km weiter. ✆ 282445921, rocha.branca@hotmail.com.

• *Reiten* **Country Riding Centre** von Martina und Steven, Ausritte und Reitunterricht, auch für ganz Kleine ab 4 Jahren ein Ponywalk (20 €), Reitstunde Erwachsene 22 €, Kinder 17 €. Genau 2 km von Silves links an der Straße nach Messines. Norinha, ✆ 917976992 oder 913510530, www.countryridingcentre.com.

> ### Zitrusanbau um Silves
>
> Der Arade-Stausee oberhalb von Silves ist der älteste Stausee an der Algarve und ermöglichte den dort lebenden Landwirten schon seit Ende der 50er Jahre das großzügige Anlegen von Bewässerungskulturen. Seitdem aber die Spanier mit ertragsstarken Neuanpflanzungen (50 Tonnen pro Hektar) die Preise ins Bodenlose fallen lassen, geht die Existenzangst um. In einer spektakulären Aktion machte sich im August 2000 der Unmut der Erzeuger Luft, die den Zitrusanbau symbolisch zu Grabe trugen und 5 Tonnen der Früchte in einem Baggerloch vergruben. Gerade mal 15 Cent pro Kilo bekommt der Bauer für seine älteren Sorten, dazu noch 6 Cent EU-Zuschuss. Aus diesem Grund verfault auch viel Obst in den Anlagen, weil sich die Ernte eigentlich nicht mehr lohnt – ein Zustand, der sich bis heute nicht verändert hat.

Serra de Monchique

Von Portimão fährt man die Straße Richtung Norden etwa 25 km weit durch üppige Gartenlandschaften mit kleinen Feldern und Alleen. Fast 1.000 m hoch ragt der Gipfel Fóia, der an einigen Wintertagen sogar mit einer dünnen Schneeschicht bedeckt ist.

Für das Auge ist die Landschaft eine echte Erholung: Korkeichen, Pinien und silbrig glänzende Ölbäume – mit so viel frischem Grün rechnet man im Süden Portugals eigentlich nicht. Dazwischen liegen Obsthaine mit leuchtend gelben Orangen. Erst das Monchique-Gebirge verschafft der Algarve dieses ausgeglichene Klima, weil es besonders in den Wintermonaten die Nordwinde aus dem kalten Inneren der Iberischen Halbinsel abschirmt.

Der alte Thermalkomplex von Caldas

Caldas de Monchique

In einer Bergfalte einige Kilometer unterhalb des Dorfes Monchique liegen die Thermalquellen Caldas de Monchique. Das Thermalbad, von dem sich bereits 1495 König Dom João Linderung erhoffte, hatte seine Glanzzeit im 19. Jh., als es besonders beim spanischen Adel beliebt war. Aus dieser Epoche stammen auch die meisten, während der letzten Jahre renovierten Gebäude. Die Überreste der römischen Badehäuser wurden damals leider zerstört. Herausragend das ehemalige *Casino* im *neomaurischen Stil*, in dem heute wechselnde Ausstellungen eingerichtet werden. Ein Parkspaziergang bergauf, am plätschernden Bach entlang, ist dank der Höhenlage und der riesigen Eukalyptusbäume auch im Hochsommer eine Erfrischung.

Etwas talabwärts vom Zentrum liegt die *Buvette*, so heißt das kleine Tempelchen an der Thermalquelle, wo das 32 Grad warme Heilwasser wohldosiert an die Besucher abgegeben wurde. Indikation: Rheuma, Bronchitis und unreine Haut. Am besten dreimal täglich vor den Mahlzeiten je ein Glas. Vor ein paar Jahren wurde die Buvette geschlossen, für kleinere Reparaturen, wie es hieß, nun kommt ein Durstiger nur noch im weiter unten im Tal gelegenen Kurhotel an das gesund schmeckende Wasser heran, links von der Rezeption, im Eingangsbereich. Im Zweifelsfall kann man auch das Wasser der etwas oberhalb im Park gelegenen befestigten Quelle genießen, die zudem den Namen *Fonte dos Amores*/Liebesquelle trägt und um einiges besser schmeckt, da es sich um normales Quellwasser handelt – über etwaige Wirkungen müssen Sie sich selbst ein Bild machen!

Die Abfüllanlagen für das ausgezeichnete Mineralwasser befinden sich in einem Fabrikgebäude etwas unterhalb von Caldas. 1994 kaufte der in Portugal hoch angesehene Macau-Chinese Stanly Ho, ein milliardenschwerer Spielcasinobetreiber, mit seiner *Fundação Oriente* das Gelände der Caldas de Monchique inkl. der Mineralwasserrechte vom portugiesischen Staat und investierte sogleich 7,5 Millionen Mark in eine neue Abfüllanlage. Auch die gesamte Anlage der Caldas war über viele Jahre eine Großbaustelle. Inzwischen ist alles fertig und in frischer Farbe für die Besucher zugänglich.

• *Übernachten* ****** Albergaria do Lageado**, die beste Unterkunft in Caldas de Monchique, für das Niveau preiswert. Im Garten ein Pool voll mit Mineralwasser, eigenes Restaurant. DZ ca. 55 €. ✆ 282912616.
Estalagem Dom Lourenço, es soll die älteste Herberge der ganzen Algarve sein, bereits 1692 wurde sie eröffnet. Die nebenan liegende Pension *Central* und auch das Hotel *D. Carlos* dahinter werden von derselben Holding geführt und können mit denselben hohen Preisen aufwarten. DZ ca. 130 €. Die Benutzung der Kuranlagen muss dann noch extra bezahlt werden, ca. 15 € pro Tag. Caldas de Monchique, ✆ 2829 10910, www.monchiquetermas.com.
• *Essen* In den Caldas sitz man schön, aber besser und günstiger lässt es sich in der näheren Umgebung tafeln, z.B. im **Foz do Banho** am südl. Kreisverkehr mit angegliedertem Kunsthandwerksladen und zusätzl. kleiner Terrasse nach hinten raus.

Parque da Mina: ca. 3 km unterhalb von Caldas de Monchique. Hier sieht man das ehemalige Haus der reichsten Familie der Gegend, mit alten Möbeln und Gegenständen, Schnapsdestillerie, Park mit Tauben- und Hühnerzucht, Köhlerei, Eingang in eine Erzmine. Führung durch das Haus auf Englisch, etwas teuer, für das, was geboten wird. Es heißt, einer der ehemaligen Besitzer habe seine Frau in dieses Haus gesperrt und sei dann seinen Vergnügungen nachgegangen, von den Ergebnissen dieser Vergnügungen wurde er dann immerhin Taufpate ...

Eintritt 8 €, 3–15 Jahre 5 €, Familienkarte (2 Erwachsene, 2 Kinder) 21 €. Geöffnet von 10–17 Uhr, im Sommer bis 19 Uhr. Von Nov. bis Jan. Mo geschlossen.

Mit dem Fahrrad ins Monchique

Ideales Revier für Rennrad-Touren zwischen Lagos und Monchique. Auf verkehrsarmen bis fast autofreien Straßen; teilweise sind es ganz neue Nebenstraßen, die noch in keiner Karte eingezeichnet sind. Höhenunterschied: 50–900 m, teilweise Hochgebirgsstraßen-Feeling! Phantastische Fernsichten nach Süden aufs Meer, nach Norden bis in den Alentejo.

Tour A: Dauer etwa 3 Std. Bis Cotifo leicht ansteigend, dann bis Marmelete starke Steigungen von 70 auf 400 m Höhe. Bis Casais eben, bis Montes de Cima stark abfallend, dann flach. Gaststätten in allen Ortschaften.
Strecke: Von Lagos (nach 2,5 km von der N 125 abbiegen) über Odiaxere, Cotifo, Marmelete, Casais, Montes de Cima, Pereira, Arao und zurück nach Odiaxere und weiter nach Lagos.

Tour B: Dauer etwa 2,5 Std. Nördlich vom Foia mit ständigem Höhenwechsel. Südliche Route eben. Gaststätten nur in Monchique und Casais. Nördlich des Foia keine Rastmöglichkeit. Einsame Strecke.
Strecke: Von Monchique über Casais, (Monchique Nordroute) Chilrao, Portela da Viuva, Alcaria do Peso nach Monchique.

Monchique (5.400 Einw.)

Das Städtchen Monchique (445 m) liegt auf halbem Weg zum Gipfel, die kleinen, weißen Häuser schmiegen sich malerisch an den Hang. Entlang der Dorfstraße eine Menge kleiner Läden, die ganze Ladenfront voll mit Weidenkörben und anderen Souvenirs, die geduldig auf Käufer warten. Sehenswert ist das aus Stein „geflochtene" Portal der Matriz-Kirche. Wegen der ansonsten schlichten, weiß gekalk-

Monchique 181

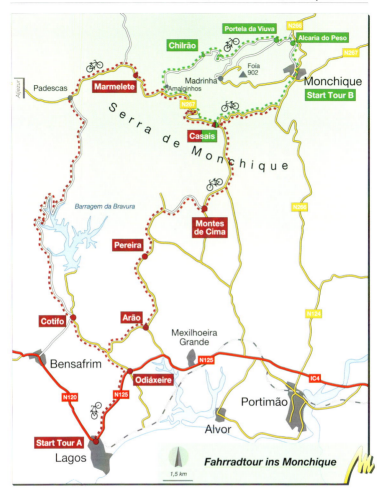

Fahrradtour ins Monchique

ten Kirchenfassade kommt dieses Schmuckstück im manuelinischen Stil besonders zur Geltung.

In einem der Cafés sollten Sie den Medronho-Schnaps probieren; er kommt hauptsächlich hier aus der Gegend, viele Bauern brennen ihn noch selbst.

Sehenswertes: 10 Fußminuten oberhalb von Monchique steht die Klosterruine *Nossa Senhora do Desterro*. Das 1632 vom späteren indischen Vizekönig Pedro da Silva gegründete Franziskanerkloster wurde durch das Erdbeben von 1755 beschädigt und ist heute eine Ruine. Es soll hier schon seit Jahren eine Luxusherberge eingerichtet werden, bislang wohnt aber immer noch eine arme Bauernfamilie im linken Flügel, mit Hund, Hühnern und Tomaten, und bessert ihr Einkommen teilweise durch den Verkauf von selbstgeernteten Früchten auf.

182 Westalgarve

Handwerk und Kunsthandwerk

- *Postleitzahl* 8550.
- *Information* Largo de São Sebastião, die steile Straße vom Hauptplatz Richtung Foia hoch und dort am Kreisverkehr. ✆ 2829 11189. Geöffnet von 9.30–13/14–17.30 Uhr, Sa/So geschlossen.
- *Verbindung* **Busse** nach Portimão 10-mal täglich.
- *Veranstaltungen* **Feira de Artesanato**, am ersten Wochenende im September, entlang der Straße zwischen dem Platz der Nora und dem Rathaus: Weidenkörbe, Tonwaren, Patchwork ...
- *Kunstgalerie* **Galeria de Sto. António** mit thematischen Ausstellungen in neu renoviertem Gebäude, gegenüber der Post, Rua de Sto. António. Di 12–18 Uhr, Mi–Fr und So 12–16 Uhr geöffnet.

Wandern geführte Wanderungen von Uwe Schemionek auf den Picota Gipfel. Jeden Montag und Donnerstag. Die Teilnehmer sind jedes Mal begeistert. Treffpunkt ist die Galp-Tankstelle am Ortseingang von Monchique. ✆ 966524822, www.wandern-mit-uwe.de.

- *Wanderkarte* **Trilhos de Bio-Park Network Monchique**. In die sehr detaillierten Karten aus den 60er Jahren im Maßstab 1:22.150 haben die Kartenmacher, farblich abgehoben, die Wanderrouten eingezeichnet. Preis 4,50 €.
- *Montainbike-Touren* mit den **Foia Downhill** oder **Outdoor Tours** immer den Berg runter. Am Morgen geht's von Portimao mit dem Bus zum Gipfel hoch. ✆ 916736226, www.outdoor-tours.com.

Alternativtour: Wer sich gerne mal wie James Bond fühlen möchte, kann hier für ca. 50 € vom Gipfel des Foia aus eine Abenteuertour beginnen: Mountainbike, Cable Sliding, Kajak. Nichts für Kinder unter 15 Jahren!

Auch Fahrradverleih: ✆ 282913204 oder 96500 4337, www.alternativtour.com.

- *Medronho-Schnapsdestillerie* Bei António Maria und seinem Vater Joaquim kann man einen Einblick in eine Erdbeerbaumschnaps-Destillerie erhalten; dazu gibt's einen guten Gebirgshonig aus eigener Herstellung. Einfach die Straße zum Fóia hochfahren, rechts beim Jardim da Oliveira einbiegen und auf einer breit ausgebauten Asphaltstraße noch ca. 3,5 km weiter. Abzweigung links zum Fóia ignorieren, nach ca. 150 m stehen sich links ein neues und rechts ein älteres Haus gegenüber (darunter Destillerie). Besser die Zeit zwischen 14–15 Uhr meiden, da dann häufig die Teilnehmer von Jeepsafaris hier auftauchen. ✆ 963048417.
- *Metzgerei* Wer die im Gebirge hergestell-

ten Wurstsorten vom schwarzen Schwein direkt vom Bauernhof kaufen will, der fährt am Ortseingang von Monchique (nach der Tankstelle) rechts Richtung Alferce, dann nach ca. 100 m rechts den Berg hoch (Linkskurve). Ab hier sind die „Enchidos Tradicionais", so die portugiesische Bezeichnung, ausgeschildert. Mittlerweile gibt es auch vom gleichen Betrieb eine Metzgerei am Ortseingang links, kurz vor dem Hauptplatz mit dem Nora-Brunnen.

Stühle römischer Bauart?

Hier in Monchique soll das Design eines Stuhles überliefert sein, den vor 1.500 Jahren die römischen Kolonialherren als bevorzugtes Sitzmöbel benutzten. Der Stuhl besteht aus in sich verzinkten Holzleisten und ist deshalb zusammenklappbar. Er besitzt kein Rückenteil und findet gerne in Fluren und kleinen Vorzimmern Verwendung, wobei die Hauswand die Lehne ersetzt. Als Material wird hauptsächlich Erle (*Amieiro*) genommen, ein Holz, das relativ fest ist, sich aber auch noch gut verarbeiten lässt. Die Erle ist zumindest heutzutage im Monchique-Gebirge äußerst selten, da der Baum ganzjährig feuchte Bachläufe in der Nachbarschaft braucht.

Senhor José Salvador ist einer der wenigen Stuhlmacher in Monchique, die noch hauptberuflich dieses eigenartige Sitzgestell anfertigen. Sein Laden *Casa dos Arcos,* links der Einbahnstraße, die zurück nach Portimão führt (Rua Calouste Gulbenkian), bietet eine gute Auswahl an Stühlen – und es liegen dicke Mappen aus, in denen er Zeitungsausschnitte über seine Profession gesammelt hat.

*Ü*bernachten/*E*ssen

•*Übernachten* **Residência Minuh**, phantastische Lage, einsam am Berghang inmitten eines alten, urwüchsigen Korkeichenbestandes. Top gepflegt. Von der Terrasse Blick bis zur Küste! Insgesamt nur 8 Zimmer und 1 Apt., Pool vorhanden. Einige Kilometer außerhalb, Richtung Fóia, beim Restaurante *O'Luar* links abbiegen. DZ 75 €, Apartment 97 €. Corta Porcas, ✆ 282911175 und 966379471, www.residencia-minuh.com.
Residencial Estrela de Monchique, gepflegtes Haus, relativ neu. Bestes Zimmer ist die Nr. 204 mit kleinem Balkon und toller Sicht auf den Ort. Am Ortseingang von Portimao aus. Alle Zimmer mit Bad. DZ ca. 40 €. Rua do Porto Fundo 46, ✆ 282913111.
Pension Mirante, ruhige Lage im Ort, z. T. mit Balkon. DZ mit Bad ca. 25–30 €. Beco Miradouro 7, ✆ 282912364.
Albergaria Bica-Boa, gute und ausgefallene Küche. Bei der Auswahl kann man nichts falsch machen, jedes Gericht schmeckt, auch Vegetarisches (Gerichte ab ca. 8 €). Serviert wird bei gutem Wetter im Vorgarten mit spektakulärem Blick ins Tal. Nach dem lukullischen Genuss bekommt man an einer echt irischen Bar sorgfältig gemixte Drinks. Durch den Ort und dann an der Ausfallstraße nach Lissabon. DZ ca. 70 €. Estrada de Lisboa 266, ✆ 282912271, ✆ 282912360.
Quinta no Estaço, topp ausgestattete Quinta mit geräumigen Apartments, terrassiertem Garten, Pool, Kinderpool, und sagenhaftem Blick. Apt. für 2 Pers. 60–80 €. Vgl. unsere Website www.casa-feria.de.
Vila Foia, elegant und großzügig gebaut unter Verwendung natürlicher Materialien, schöner Blick zur Küste, großer Garten. 7 DZ und 2 Familienzimmer, 2 Apts. in Planung, Pool, WLAN kostenlos, DZ 69-87 € inkl. reichhaltigem Frühstück, ein behindertengerechtes Zimmer. Südhang des Fóia, am Restaurant *O Luar* links abwärts. ✆ 282910110, www.vilafoia.com.
Residência Miradouro, von den insgesamt 16 Zimmern haben 8 einen Balkon sowie Blick aufs Tal. 5 Min. vom Zentrum, bei Kreisverkehr zum Fóia. DZ ca. 35–40 €. Rua dos Combatentes do Ultramar, ✆ 282912163.

Westalgarve

• *Essen* **A Charrette**, ganz oben im Dorf kurz vorm Rathaus. Gilt bei den Einheimischen als das beste Restaurant. Tolle Küche, besonders die Ziegenfleischgerichte und die *Feijão com Arroz* (Bohnen mit Reis, Schweinefleisch und Würsteln). Rua Dr. Samora Gil 30–34, ✆ 282912142.

Jardim das Oliveiras, besonders an Sonntagen, wenn die portugiesischen Ausflügler das Lokal beherrschen, gibt es viele Spezialitäten, die es sonst nirgendwo in Restaurants gibt. Man kann auch im Freien sitzen. Oberhalb von Monchique, beim Wasserreservoir. Sítio do Porto Escuro. ✆ 282912874.

Palmeirinha dos Chorões, leckere Tagesgerichte, preiswert und einfach, Speisesaal hinter dem Café, mit Terrasse zum Stadtgarten. Im Ort, kurz vor dem Hauptplatz, Rua Serpa Pinto 23.

• *Richtung Fóia* **Estalagem Abrigo da Montanha**, inmitten eines gepflegten Gartens. Nur 16 Zimmer, alle mit tollem Blick auf die Küste. Relativ kleine, aber gemütliche Räume. DZ ca. 80 €. 1,5 km oberhalb von Monchique. ✆ 282912131.

Restaurant O Fernando, gute Auswahl an Fleisch- und Fischgerichten, an Wochenenden auch viele seltene Gerichte und Eintöpfe, erstes Restaurant links an der Straße zum Fóia, ✆282913243.

O Luar da Fóia, viele leckere Gerichte vom *Porco Preto*, großzügige Portionen, Terrasse mit Aussicht. Für die Einheimische gilt es als eines der besten Lokale. Straße zum Fóia weiter aufwärts, auf der linken Seite. ✆ 282911149.

Restaurant A Rampa, von der Terrasse hat man eine schöne Aussicht. Sehr zu empfehlen ist das *Frango Piri-Piri*: Das Huhn wird in pikante Piri-Piri-Sauce eingelegt und schmeckt dann fast nussähnlich – die Schärfe macht sich erst später bemerkbar. Als Vorspeise ist geräucherter Schinken (*presunto*) sehr lecker, als Dessert das hausgemachte Marzipan. Ca. 4 km von Monchique, Richtung Foia, vorletztes Restaurant vor Fóia, auf der rechten Seite.

Fóia: Der Gipfel des Monchique-Gebirges, 902 m über dem Meeresspiegel – eine schmale Straße (8 km) windet sich vom Dorf aus hoch. Von hier hat man an klaren Tagen das phantastische Panorama der Küste vor sich. Ein Wald von Sendemasten, militärischen Abhör- und Radarantennen stört allerdings die Idylle. Die Baumgrenze liegt heute weit unterhalb des Gipfels. Folge eines Waldfrevels, als 1824 König João IV. den Berg den Bewohnern von Monchique vermachte und diese nichts Besseres im Sinn hatten, als den Wald in Holzkohle zu verwandeln.

Rundwanderung: Nave–Caldas de Monchique–Nave

Diese Wanderung hat zwei Teile: von Nave nach Caldas dauert es ca. 2 Std., die alternative Strecke zurück ca. 1 Std. Es geht ordentlich auf und ab! Bei Caldas wunderschöne Szenerie. der zweite Teil ab WP 14 ist nur etwas für Abenteuerlustige weil man sich einen Weg durch Dickicht bahnen muß.

GPS kartierte Wanderung – Waypoint-Dateien zum Downloaden unter:
www.michael-mueller-verlag.de/gps/homepage.html

Rundwanderung: Nave–Caldas–Nave 185

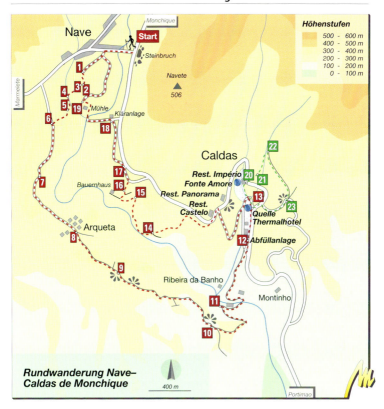

Wegbeschreibung: Von der Straße Portimão – Monchique zweigt 4 km vor Monchique links eine Verbindung nach Marmelete ab, genau dort, wo rechts der große **Granit-Steinbruch** liegt. Also links abbiegen und der ersten asphaltierten Straße wieder links folgen bis zum Ende der Asphaltierung folgen, dabei leicht rechts halten, bis man zu großen Gewächshäusern und einer Baumschule kommt **(WP 1)**. Entweder etwas oberhalb parken oder im Sandweg, der am Feldrand geradeaus weiterführt, wo links die Einfahrt der Baumschule liegt, da er dann gleich vor einem Korkeichenwald **(WP 2)** endet. Wir folgen dem Feldrand gleich nach rechts und laufen nach ein paar Schritten auf einem schmalen Pfad parallel zu einem kleinen Aquädukt **(WP 3)** mit einer alten *Nora* (Wasserförderanlage). Nach ca. 100 Metern geht es direkt geradeaus auf Steinen über das Bächlein (Ribeira de Boina), dann links aufwärts, unterhalb der alten Mauer entlang **(WP 4)**, dann leicht rechts auf den Resten eines überwucherten, steingepflasterten Weges weiter. Nun kommt man direkt zu einem langgezogenen alten Haus **(WP 5)**, in der Mitte gelb gestrichen, danach nicht links hinunter, sondern rechts dem breiten Weg folgen bis zur asphaltierten Straße, in die wir nach links einbiegen **(WP 6)**.

Nun immer geradeaus – an der Quinta Zikomo (**WP 7**) vorbei – bis zum Ende der Asphaltierung (**WP 8**) und weiter dem Hauptweg folgen. Von (**WP 9**) hat man weite Sicht auf die Küste, dann noch mal 700 m dem Hauptweg folgen. Danach Ausblick nach links auf das etwas klobige, gelb gestrichene Hotel von Caldas de Monchique. Kurz danach nehmen wir den links abgehenden Weg (**WP 10**), der bald recht steil in das Tal führt. Unten stehen einige Häuser (**WP 11**). Über eine kleine Betonbrücke überqueren wir den Fluss. Wenn wir hier jetzt dem Bach nach links (aufwärts) folgen, erreichen wir über einen märchenhaft schattigen, bewachsenen Pfad den Park von Caldas. An der Fabrikhalle der Abfüllanlage für das Mineralwasser (**WP 12**) rechts vorbei, kommt man an das mehrstöckige Thermalbadhotel mit warmem Pool im Inneren. Hier rechts die Treppe hoch und um das Gebäude herum. Es sind noch ca. 300 m bis zum Zentrum des kleinen Örtchens (**WP 13**) mit Souvenirläden und Restaurants um einen baumumstandenen Platz. Nun können wir nach einer kleinen Pause zur zweiten Etappe aufbrechen:

Beim englischen, schön rot angestrichenen Telefonhäuschen links vom Platz führt eine schmale Kopfsteinpflasterstraße schräg hoch. So kommt man nach 15 Min. wieder zur Hauptstraße und passiert das **Restaurant Castelo**.

(Alternativ der Straße folgen bis WP 17, da folgender Abschnitt etwas Verbissenheit abfordert).

Man folgt der Straße nur 100 m, um gleich wieder hinter der Leitplanke (die gleiche Straßenseite) einen gut sichtbaren Weg nach links steil abwärts zu nehmen. Diesem Weg folgt man ca. 80 m bis vor einer scharfen Linkskurve (kleinerer Weg nach links) ein schmaler, fast nicht zu erkennender Fußweg **rechtsaufwärts** durch die Bäume führt (**WP 14**), er ist schmal und beginnt etwas steil direkt neben einer kleinen Korkeiche (wir haben ein paar Streifen aufgehängt, die hoffentlich noch hängen). Dieser schlängelt sich aufwärts, quert eine kleine Wasserader und führt zu einer verlassenen Ruine (**WP 15**). Vor dieser rechts zwischen den Kakteen hindurch und aufwärts, nach ein paar Metern trifft der Fußweg auf einen Fahrweg, dem man rechts im Zickzack weiter folgt.

Kurz bevor man die Straße erreicht, direkt vor 2 Betonpfosten rechts und links des Fahrwegs, geht es wieder **links** in einen unscheinbaren kleinen Fußweg hinein. Nach ca. 30 m sieht man eine Kiefer an der sich die in der Gegend zahlreichen Wildschweine gerne ihr Fell bürsten, daher ist die Rinde unten so abgetragen. Der schmale Pfad endet auf einer großen Lichtung, links sogar ein Fußballtor.

Nun direkt rechts auf dem breiten Fahrweg und nach ein paar Metern links auf einer Asphaltstraße mit Schild Cortez (**WP 16**) weiter.

Bei der Straßenlaterne am Betonpfosten (**WP 17**) folgen wir der Straße nach links.

Wir erreichen eine Kreuzung (**WP 18**) mit Kläranlage daneben. Wir folgen dem zweiten Weg links, der gleich in einen Erdweg übergeht. Man läuft um einen Baumaschinenhof herum und kommt zu einem kleinen, ehemaligen Mühlengebäude (**WP 19**), das hübsch renoviert ist. Der Erdweg endet hier. Das kleine Brücklein neben dem Mühlengebäude überqueren und immer geradeaus durch die Gartenlandschaft (bitte kein Obst pflücken!). Bald erreicht man wieder ein kleines Teersträßchen, auf dem man zum Ausgangspunkt der Wanderung zurückkehrt.

Kleiner Spaziergang um Caldas de Monchique

> **GPS kartierte Wanderung** – Waypoint-Dateien zum Downloaden unter:
> *www.michael-mueller-verlag.de/gps/homepage.html*

Wegbeschreibung: Man läuft die hübsche Parkanlage der Caldas von Monchique mit vielen schattigen Picknick-Tischen bis zum oberen Ende. Hier hält man sich rechts und erreicht so über Treppen die Hauptstraße nach Monchique. Hier das ebenso originell einfache wie empfehlenswerte Restaurant *Império* **(WP 20)** von Senhora Idalina (erkennbar an der großen Tafel mit Schweppes-Werbung!). Die vielen Kanarienvögel zwitschern mit dem Straßenlärm um die Wette. Schräg rechts gegenüber führt ein schmaler Pfad (schwer erkennbar) den Hang hoch (wer diesen Pfad nicht findet, kann auch etwas weiter abwärts den nächsten deutlichen Pfad bergauf nehmen, sich am Haus rechts halten und weiter über die Felsen). Es geht durch schattige Silberakazien (werden als Mimosen-Ersatz für den Blumenhandel verwendet), man steuert das letzte Haus auf der rechten Seite an und geht an der rechten Hausseite (hier Korkeiche mit einer Riesenmonstera) **(WP 21)** vorbei und in einem Linksbogen über die Felsen auf einem Pfad weiter. Wir stoßen dann auf einen Schotterweg **(WP 22)**, dem wir nach rechts folgen. Bei **(WP 23)** erreichen wir eine Aussichtsplattform mit tollem Ausblick auf Caldas. Zurück gehen wir einfach weiter die Straße entlang (geübte Kletterer können links vom Aussichtspunkt die Felsplatten hinabsteigen) oder gehen an der Zwergschule vorbei wieder hinunter auf die Teerstraße.

Wer links abbiegt, kommt in das Villenviertel Montinhos mit prächtigen Sommerhäusern neueren Datums.

Rundwanderung: Monchique–Picota

Der Picota ist der zweite Gipfel des Monchique-Gebirges und liegt östlich vom Ort. Er ist nicht ganz so hoch wie der Fóia-Gipfel und deshalb bis zum Gipfel bewaldet (Eukalyptus, Kastanien, Pinien) und gut zum Wandern geeignet.

> **GPS kartierte Wanderung** – Waypoint-Dateien zum Downloaden unter:
> *www.michael-mueller-verlag.de/gps/homepage.html*

Die Waldbrände vom Sommer 2003 haben diesen Teil des Monchique arg in Mitleidenschaft gezogen, aber inzwischen ist alles zumindest wieder Grün, wenn auch der große Baumbestand fehlt.

Dauer: Etwa 2 Std. und 15 Min. Nicht besonders schwieriger Aufstieg. Zu Anfang auf schmalen Teersträßchen mit praktisch keinem Verkehr. Der Großteil der Strecke verläuft aber auf alten Waldpfaden.

188 Westalgarve

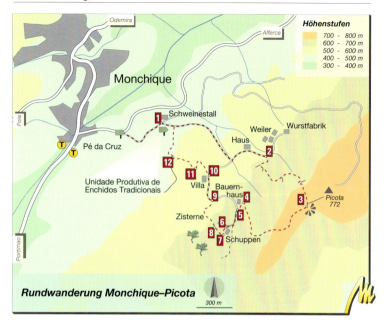

Wegbeschreibung: Die Wanderung beginnt etwas unterhalb von Monchique im Ortsteil **Pé da Cruz**; nach der Tankstelle an der Abzweigung dem Hinweisschild „Alferce 8 km" rechts folgen. Nach ca. 150 m biegt rechts eine kleine Teerstraße bergauf ab, an einer geruchsintensiven Schweinezucht **(WP 1)** vorbei und rechts dem Richtungsschild „Unidade Produtiva de Enchidos Tradicionais" (Regionale Wurstfabrik) folgen, links halten. Nach ca. 900 m, zwischen einem einzelnen Bauernhaus direkt links an der Straße und kurz bevor der kleine Weiler links am Hang zu sehen ist, verlassen wir die Teerstraße und biegen rechts in den Waldweg ein **(WP 2)**, der zum Gipfel hochführt.

Wir erreichen den Bergkamm mit phantastischem Blick zur Küste (Portimão). Linker Hand (ca. 200 m) lockt der kurze Aufstieg auf den Granitgipfel des Picota **(WP 3)**. Oben ein Beobachtungsturm der Feuerwache, der während der Sommermonate rund um die Uhr besetzt ist.

Unser Rundweg geht oben rechts (dem Bergkamm folgend) weiter. Erst über ein offenes Stück mit schönem Blick gerade oberhalb der Baumgrenze, dann führt der Weg durch Eukalyptuswald abwärts, 500 m tiefer sieht man kultivierte Terrassen, auf denen Mais, Bohnen und im Frühsommer Kartoffeln angebaut werden. In einiger Entfernung (ca. 200 m) steht das alte Bauernhaus. Bald erreicht man ein rechts des Weges liegendes, neues Haus **(WP 4)**. Hier endet eine von rechts den Berg hoch führende Teerstraße **(WP 5)**. Wir halten uns aber links und nehmen den gepflegten Schotterweg, der bald nach rechts hinunter in Richtung eines kleinen Gehöftes mit hübschem, altem Korkeichenbestand abzweigt. Gleich links nach der Abzweigung zwei gemauerte Schuppen **(WP 6)**, zwischen denen man bis zu einer bergauf, bergab verlaufenden Steinmauer (**WP 7**) stößt. Gleich hinter der teilweise eingefallenen Mauer folgt man rechts (bergab) dem schmalen Pfad.

Bei (**WP 8**) beginnt wieder ein bergab führender Schotterweg (rechts eine große, aus Ziegelsteinen gemauerte Zisterne). Ab (**WP 9**) ist die Straße wieder geteert. Bei (**WP 10**) verlassen wir lieber wieder die Teerstraße nach links auf einem breiten Waldweg und gehen dabei gleich darauf rechts an einer Villeneinfahrt vorbei. Der Weg führt zu einem Bauernhof (**WP 11**), wir biegen aber vor der Hofeinfahrt rechts ab und folgen gleich nach 5 m wieder rechts dem unscheinbaren Trampelpfad. Bei (**WP 12**) trifft man auf einen Schotterweg – rechts halten, der Weg geht in eine schmale Teerstraße über und nach knapp 2 km sind wir wieder an unserem Ausgangspunkt angelangt.

Wanderung: Fonte Santa

Ehemalige Badeanstalt, versteckt in einer Bergfalte. Der Überlieferung nach nahmen bereits König Dom Sancho II. (12. Jh.) und Dom João I. (14. Jh.) hier ein Bad.

> **GPS kartierte Wanderung** – Waypoint-Dateien zum Downloaden unter:
> *www.michael-mueller-verlag.de/gps/homepage.html*

Heute sind die Häuser vom Verfall bedroht, aber eines der Badebecken kann noch benutzt werden, wenn der Abfluss mit einem Lappen abgedichtet wird. Es dauert allerdings Stunden, bis das Becken mit dem Quellwasser gefüllt ist.

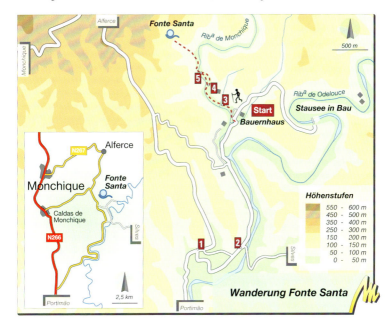

Wegbeschreibung: Vom Abstellplatz des Wagens eine ca. 30-minütige gemächliche Wanderung am Bach entlang. Nur der letzte Teil ist ein wenig steiler ansteigend, führt aber im abgeschatteten Bereich an der Talsohle entlang.

Man erreicht den Ausgangspunkt der Wanderung am sichersten, wenn man bei (**WP 1**) die Teerstraße, die nach Alferce führt, rechts verlässt (ausgeschildert mit „Silves") und auf der, wegen des Staudammbaues weiter oben extrem weit ausgebauten Schotterpiste am Odelouca-Fluss entlangfährt. Bei (**WP 2**) zweigt nach rechts eine Brücke (sehr reizvoller Fleck) über den Fluss Richtung Silves ab. Wir halten uns aber geradeaus auf der aufgeschütteten Piste. Nach einer Bachquerung (**WP 5**) orientieren wir uns nach links (auf der linken Seite des Tals ist ein Haus zu sehen, das von Holländern bewohnt wird), um, dem Tal folgend, den Ausgangspunkt der Wanderung zu erreichen.

Zwischen (**WP 4**) und (**WP 5**) gibt es zwei Varianten, im Frühjahr (bei „Hochwasser") kann man auf einem schmalen Pfad rechts am steilen Hang entlanggehen.

Lagos (17.350 Einw.)

Einer der ältesten Orte der Algarve mit historischer Kleinstadtatmosphäre. Optimale Bedingungen zum Baden und Tauchen: Man hat die Wahl zwischen einem kilometerlangen Strand mit Dünen auf der gegenüberliegenden Flussseite und kleinen Felsbuchten mit kristallklarem Wasser westlich von Lagos.

Der Ort, umgeben von einer Stadtmauer, liegt auf eng bebauten Hügeln am Ufer des Ribeira de Bensafrim, der hier in eine breite Meeresbucht mündet. Entlang dem Flussufer verläuft eine lange Hafenavenida, die inzwischen mit kanarischen Dattelpalmen begrünt wurde. Im historischen Zentrum dominieren niedrige, rot gedeckte Häuser aus dem 18. Jh., renovierungsbedürftige Paläste und die schon ziemlich lädierte Stadtmauer mit altem Kastell an der Flussmündung.

Auch an Lagos ging der Massentourismus nicht spurlos vorüber. Am Stadtrand, besonders in Richtung Porto de Mós und Meia Praia, wachsen neue Hotelbauten in den Himmel – noch ist trotz Wirtschaftskrise kein Ende in Sicht. Die kleinen Strände bei den Kliffen sind hier im Sommer völlig überlaufen.

Aber nicht nur der Tourismus verändert das Stadtbild: Die wirtschaftlich „unterentwickelte" Region der Algarve wird nach dem immer noch anhaltenden Tourismusboom zunehmend Standort von Industrieansiedlungen und modernen, exportorientierten Agrarbetrieben. Besonders augenfällig ist dies im benachbarten Portimão, wo neue Wohnanlagen nach dem „Neue-Heimat"-Muster entstanden.

Die Geschichte der Stadt Lagos ist eng verknüpft mit den Entdeckungsfahrten, aber auch mit dem *Sebastianismus*, dem Glauben und Wunsch der Portugiesen, dass König Sebastião, 1573 bei einer für Portugal katastrophalen Schlacht in Marokko verschollen, eines Tages zurückkehren und sein Land zur Weltmacht erheben würde. König Sebastião, der „Ersehnte", war von Lagos mit 18.000 Soldaten zu seinem Afrikafeldzug aufgebrochen. Davon kamen nur 60 zurück. Eine übermannsgroße Statue des Königs Sebastião mit auffallend weiblich-knabenhaftem Aussehen steht heute vor dem Rathaus – sie wirkt wie ein Raumfahrer auf dem Weg zum Mond.

Immer wieder fanden vor Lagos auch große Seeschlachten statt. Heinrich der Seefahrer rüstete hier seine Flotten aus, mit denen zu den Entdeckungsfahrten ausge-

Blick vom Fischerhafen auf die Altstadt

schwärmt wurde. Im Schlamm der Hafenbucht werden noch viele vermoderte Rümpfe der „Seelenverkäufer" vermutet.

Sehenswertes

Igreja de Santo António: Eine der schmuckvollsten Kirchen Portugals. Man fühlt sich im Inneren wie in einem Schatzkästchen. Die einschiffige Kirche ist überladen mit vergoldeten *Schnitzereien*: An den Seitenwänden hängen kugelbäuchige Engelskinder mit enormen Gewichten auf ihren Schultern, zwischen ihnen groteske, fast surrealistische Ornamente von Pflanzen, Tieren, Monstern und Szenen weltlicher Episoden wie Fischerei und Jagd. Die acht *Seitenbilder* stellen die Wunder des Hl. Antonius dar; der Heilige selbst thront im Zentrum des Altars, das Jesuskind auf dem Arm. Die *Deckenmalerei* imitiert ein Kreuzgewölbe – die Säulen, Fenster und das Wappen im Zentrum wirken so plastisch, dass man sie fast für echt halten möchte.

Über den Ursprung der Kirche ist nahezu nichts bekannt – außer dass sie bereits lange vor dem Erdbeben von 1755 gebaut wurde und dem Militär diente. Es heißt, sie wäre früher mit noch mehr Reichtümern bestückt gewesen, die jedoch die Truppen Napoleons geplündert haben. Übrigens: Ein im Boden eingelassener Grabstein erinnert an Hugo Beaty, einen irischen General, der das Regiment von Lagos durch den Krieg mit Spanien geführt hat. Sein Leitspruch ist noch heute als Epitaph zu lesen: „Non vi sed arte" – „Nicht durch Kraft, sondern durch Können"; und besonders ist auf dem Grabstein vermerkt, dass er zwar als Protestant geboren, aber als gläubiger Katholik gestorben sei. Die Kirche ist nur zusammen mit dem Stadtmuseum zu besichtigen.

Stadtmuseum: Eingang neben der António-Kirche durch ein Renaissanceportal. Das Museum beherbergt u. a. archäologische, sakrale und volkstümliche Exponate sowie Münzsammlungen. Interessant ist insbesondere die Abteilung mit Nachbildungen von Handwerksgeräten. Auch ein Sardinenkutter in Miniaturausgabe mit ausgelassenem Netz ist ausgestellt, in Wirklichkeit reichen die Netze 120 m tief und haben eine Länge von 300 m. Die Netzmaschen sind gerade so weit, dass die Sardine bei ihren Versuchen, mit dem Kopf voran durchzuschlüpfen, stecken bleibt.

Mercado dos Escravos – Sklavenmarkt

In Lagos kamen sie an, die ersten 235 Schwarzafrikaner, die 1444 öffentlich versteigert wurden. Und damit begann ein dunkles Kapitel des goldenen Zeitalters der Entdeckungsfahrten. An und für sich war der Sklavenhandel ein altes Geschäft, konzentrierte sich aber auf den Orient. Einige gewinnsüchtige Händler witterten zur Zeit Heinrichs des Seefahrers Profit und erlangten sein Einverständnis für den Handel mit dem „schwarzen Gold". Dennoch, die ersten Schwarzen wurden eher wie exotische Paradiesvögel behandelt und vorgeführt – ein Luxusartikel.

Das änderte sich schlagartig mit der Entdeckung der Neuen Welt. Der Sklavenhandel diente im 16. Jh. einem vollständig neuen Zweck. Der Bedarf an billigen Arbeitskräften auf den brasilianischen Plantagen, Gold- und Diamantenminen war riesengroß; die einheimischen Indios starben lieber, als Zwangsarbeit zu leisten.

Es begann ein Dreieckshandel Portugal–Afrika–Südamerika: Schiffe verließen Portugal mit den berühmten Glasperlen, Stoffen, Waffen u. a., um sie in Afrika gegen Sklaven einzutauschen. Diese verkaufte man in einem zweiten Schritt direkt in Amerika mit einer riesigen Gewinnspanne gegen Zucker, Kaffee, Kakao, Gold, Edelsteine etc., die dann wieder das Mutterland erreichten.

Bald schon waren die Portugiesen nicht mehr alleine, sondern viele europäische Staaten mischten bei diesem fetten Geschäft mit und machten Portugal den Rang streitig. Allein im 18. Jh. – der Zenit des Sklavenhandels war erreicht – wurden 10 Millionen Afrikaner unter unmenschlichen Bedingungen verfrachtet.

Diese Ereignisse spielten sich lange nach Heinrichs Regentschaft ab und Lagos hatte nach dessen Tod (1460) schon bald seine Bedeutung als Umschlagplatz an Lissabon verloren.

Die ersten Sklaven kamen vor allem aus West- und Zentralafrika und so ist es nicht ohne Grund, dass die Hauptstadt von Nigeria lange Zeit wie hieß? Na, eben Lagos! Den als Sklaven verkauften Afrikanern ein schwacher Trost …

Im sakralen Teil sind Kirchengewänder zu sehen, die bei der Feldmesse zur Abreise der Truppen unter Sebastião von den Priestern getragen wurden. Teilweise wirkt das Museum allerdings wie der „Dachboden" von Lagos – in Vitrinen lagern Fossilien und vermachte Erbstücke (Geschirr, Bilder, aber auch Waffen und militärische Orden). Alte Fotos zeigen die Stadt im Jahre 1945, als die Hafenavenida noch nicht existierte (gebaut 1960) und die Hauswände die Flussbegrenzung bildeten.

⌚ 9.30–12.30/14–17 Uhr, Mo geschlossen. Eintritt 2,60 €, 1,30 € ermäßigt, bis 12 Jahre frei.

Janela Manuelina – Fenster des Königs Sebastian: am „Palast Heinrichs des Seefahrers" an der Praça Infante Henrique, wo heute das Bezirkskrankenhaus zu finden ist. Das auffallende Fenster im manuelinischen Stil ist das berühmte *Janela*

Lagos 193

Manuelina, von dem aus König Sebastião den Abzug seiner Truppen beobachtet haben soll, ehe er selbst die Karavelle bestieg. Allerdings wird mehr Aufsehen darum gemacht, als es tatsächlich zu bestaunen gibt ...

Sklavenmarkt: Am selben Platz steht das *Zollhaus*, unter dessen Arkaden der erste Sklavenmarkt abgehalten wurde. Seit November 2010 ist hier eine Ausstellung zum Thema Sklaverei zu sehen, ein hölzernes Viereck vor dem Eingang symbolisiert den Zugang zum Schiffsladeraum, die Stricke die Fesseln der Sklaven, dazu gibt es noch alte Unterlagen und das hier gefundene Skelett eines ehemaligen Sklaven.
⏰ 9.30–12.30/14–17 Uhr, Mo geschlossen, bislang gratis.

Forte Ponta da Bandeira: In dem kleinen Fort an der Hafeneinfahrt sind wechselnde Ausstellungen über das Zeitalter der Entdeckungen untergebracht. Sehenswert ist die kleine, mit wunderschönen Azulejos ausgekleidete Kapelle zu Ehren der Herrscherin und Heiligen Penha de Franças im Innenhof! Tägl. von 9.30–12.30/14–17 Uhr geöffnet, Mo sowie an Feiertagen geschlossen. Eintritt 2 €.

Jeden ersten Samstag im Monat ist großer Markt am Ortsausgang nach Portimão

Information/Verbindungen

- *Postleitzahl* 8600.
- *Information* **Tourismusbüro** nur noch im ehemaligen Rathaus am Hauptplatz mit der D. Sebastiao-Statue, rechts neben der Polizeiwache, Praça Gil Eanes. Täglich 9.30–18 Uhr, im Sommer bis 20 Uhr geöffnet. ☏ 282763031.
- *Parken* Mittlerweile gibt es 3 Parkhäuser in Lagos, eines direkt an der Flusspromenade vor der Altstadt (1h für 1–1,20 €). Vom Preis günstiger das beim neuen Rathaus, dafür etwas weiter vom Zentrum entfernt, hierfür beim Kreisverkehr auf Höhe des Jachthafens weg vom Fluss nach rechts abbiegen (R. dos Celeiros); gute Alternative hinter der Altstadt beim Praça de Armas (1h für 0,80 €). Daneben gibt es noch weitere öffentliche Parkplätze auf der Nordseite der Altstadt, ein Lageplan ist beim Turismo zu haben.
- *Verbindungen* **Busse**, nach *Salema* via *Praia da Luz*, *Burgau*. Direktbus nach *Sagres* ca. 10-mal tägl. Direkt nach *Faro* (10-mal tägl.), *Portimão* (20-mal tägl.), *Aljezur* (5-mal tägl.). *Odemira* ca. 3-mal tägl. (nicht an Wochenenden). Busse entlang der *Westküste* nach *Lissabon* (2-mal tägl.). Nach *Lissabon* mit EVA oder Renex ca. 10-mal tägl.; diese Busse benutzen die besser ausgebaute Straße durch den Alentejo. Nach *Sevilla* ca. 2-mal tägl.

Stadtbusse A Onda zwischen *Stadtzentrum*, *Meia Praia*, *Praia Dona Ana* und *Porto de Mós Strand* ca. 15-mal tägl. (blaue Linie/Linha 2); *Praia da Luz*, *Burgau* ca. 14-mal tägl. (gelbe Linie/Linha 4); *Barão de S. João*, *Bensafrim* (grüne Linie/Linha 6), an Wochenenden meist nur halb so oft. www.aonda.pt, links auf Horários drücken. Tickets 1,30–1,50 € im Bus je nach Distanz, im Vorverkauf am Busbahnhof nur die Hälfte; Karte, die man mit 10 Fahrten aufladen kann. Behindertengerecht (s.u.).

Bahn, westlich Endstation der Algarve-

194 Westalgarve

Bahnlinie. Züge entlang der Algarve nach *Vila Real de Santo António* über *Faro* (9-mal tägl.), nach *Lissabon* (6-mal tägl.) und nach *Porto* (3-mal tägl.).

Diverses

• *Ärztliche Versorgung*   Die Notambulanz im **Hospital** ist 24 Std. geöffnet. Beim Praça Infante D. Henrique mit Heinrichstatue um die Ecke. ✆ 282770100.
Centro de Saúde (am Ortsrand von Lagos, Richtung Sagres). Staatliches Gesundheitszentrum. Normalerweise nur mit Voranmeldung und langen Wartezeiten. ✆ 282780000.
Deutsche Ärzte: *Dr. Otto Johannsen*, ✆ 282789416 und 282789952, bei Espiche an der Ampel von der N 125 nach Praia da Luz abbiegen, nach ca. 50 m links in die Einfahrt (Vila Belo Horizonte).
Dr. Hella Wellmer, Rua de Queirós 2. ✆ 282762264.
Dr. Nikolaus Kirsten, deutscher Zahnarzt, ✆ 282763570. Nähe Informationsbüro im Stadtzentrum. R. Marreiros Neto 9, erster Stock.
• *Nahverkehr* „A Onda", Busnetz, das von 7–20 Uhr im 60-Min.-Takt die Innenstadt mit den Stränden und Vororten verbindet. Vorverkauf 0,50–0,65 € (im Busbahnhof als 10er Karte), im Bus zwischen 1–1,30 €, die Tageskarte 3 €, www.aonda.pt, s.o.
• *Feste*   Das Fest der Entdeckungsfahrten „**Festival dos Descobrimentos**" ist seit 2008 auf Anfang Mai vertagt (vorher um den Stadtfeiertag, den 23.10. herum, wobei es regelmäßig verregnet war). Es bestehen Pläne, es nur alle zwei Jahre durchzuführen, am besten beim Turismo nachfragen.
Marzipanfest „**Arte Doce**" (die süße Kunst) Ende Juli beim öffentlichen Hallenbad am Ortseingang Richtung Portimão, mit viel Marzipan, Plätzchen und Kuchen, aber auch anderen einheimischen Produkten. Prämiert und zur Schau gestellt werden jeweils die schönsten Kunstwerke aus Marzipan.
• *Deutsche Bäckerei* **Padaria do Wini (27)**, bei Winfried und Elke Schelhorn aus Coburg gibt's seit 1998 außer diversen Brotsorten und bayerischen Brezeln auch sehr gute Schwarzwälder Kirschtorten. So geschlossen. Rua S. Gonçalo 10. ✆ 282760146.
• *Einkaufen*   Jeden ersten Samstag im Monat ist Zigeunermarkt am Ortsausgang Richtung Portimão: billige Kleidung, Schuhe, Porzellanpudel etc.; und nur wenig bis gar kein Kunsthandwerk.
Markt: blau gekachelte Verkaufswannen, appetitlich aufbereiteter, frischer Fisch und sogar ein supermoderner Aufzug mit Blindenschrift. Im ersten Stock gibt es nach wie vor einen kleinen Kiosk mit Kaffeeausschank und jede Menge Gemüsestände.
Bauernmarkt, jeden Samstag in der kleinen Markthalle neben dem Busbahnhof. Viele Kleinbauern der Umgebung verkaufen Gemüse, Obst, Hühner, Eier – preisgünstiger als in der Markthalle im Zentrum und in so manchem Supermarkt! Auch der Biobauer Jean Pierre aus der Schweiz hat hier regelmäßig einen Stand.
• *Boutiquen* gibt es jede Menge im Ortszentrum, z. B. **O Ponto** am Platz Luís de Camões mit ausgefallenen und modischen Kleinigkeiten, dazu Kleidung aus Naturstoffen (Leinen, Seide), auch in großen Größen. Nicht der normale Touristenramsch! Rechts um die Ecke sind weitere schöne Läden.
• *Fahrrad-/Mopedverleih* **Motoride (4)**, Roller ab ca. 57 € für drei Tage. Rua Vitor Costa e Silva 6B, hinter Adega da Marina, ✆ 282761720.
• *Autovermietung* **Luzcar (9)**, eine der preiswertesten an der ganzen Algarve und auch zuverlässig. Largo Portas de Portugal 10, ✆ 282761016, ✆ 282767725.
• *Telefonieren*   Neben dem Postamt oder am kleinen Platz Largo Marquês de Pombal ist ein Telefonamt. So bis 23 Uhr, werktags bis 18 Uhr geöffnet.
• *Internet* **Espaço Internet (19)**, 9 Terminals werden von der Stadtverwaltung gratis bereitgestellt. Mo–Do 14–20.30 Uhr, Fr 9.30–13/14–17 Uhr, Sa 10–12.30 Uhr geöffnet. Rua Infante de Sagres 146A (ein Stück aus der Altstadt heraus auf der rechten Seite), ✆282762293. Dazu gibt es auch in der **Biblioteca Municipal**, R. Júlio Dantas 4, beim Krankenhaus um die Ecke, freies WLAN und ein paar Computer zur kostenlosen Benutzung. ✆ 282767816, Mo–Fr 10–13/14–18 Uhr geöffnet. Ebenfalls in den *Polos de Leitura* der kleineren Orte der Umgebung (Praia da Luz, Barão, Bensafrim) und im Centro Cultural WLAN.

Ein **Touristenbähnchen** auf Gummirädern pendelt während der Saison (Mai bis Okt.) stündlich von 10–16 Uhr zwischen Marina und Ponta da Piedade, Preis ca. 3,50 €.

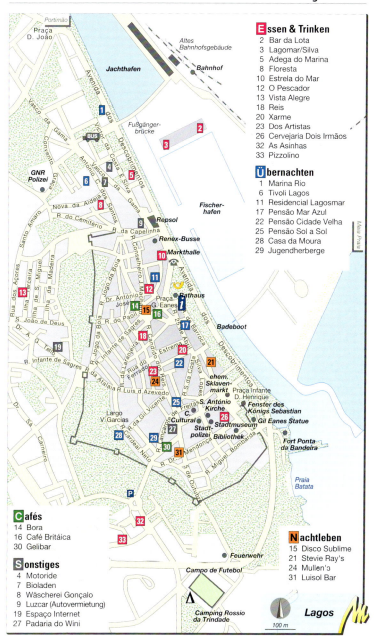

Westalgarve

Bora Café (14), nettes, kleines Café mit Holzbestuhlung im Stadtzentrum. 15 Min. 1 €, 30 Min. 1,50 €. Rua C. J. Machado 17.

Gelibar (30), der sehr sympathische Besitzer bietet auch Kaffee an. 1 Std. 2 €. Bis 24 Uhr geöffnet. Rua Lançarote de Freitas 43 A.

- *Ausstellungen/Konzerte* **Centro Cultural**, in dem vielräumigen, 1.500 qm großen Gebäude finden den Sommer über oft drei Ausstellungen parallel statt. Auch ausländischen Künstlern wird Raum zur Selbstdarstellung geboten. Besorgen Sie sich einen aktuellen Veranstaltungskalender wegen der unregelmäßig stattfindenden Klassik- oder Jazzkonzerte. Ein **Café** ist ebenfalls im Gebäude untergebracht. Rua Lançarote de Freitas.
- *Wasserhunde* Rodrigo Pinto züchtet diese seltene und interessante Rasse liebevoll nach und er weiß viel über sie zu berichten. Besucher sind willkommen, man lässt dann einfach etwas Futtergeld da. Am westlichen Ortsausgang Richtung Sagres, unter der Autobahnbrücke (bei der Cespa Tankstelle rechts und parallel zur EN 125 fahren, direkt nach der Unterführung), Casa Da Buba. ☎ 967683545, www.cdblagos.com (sogar mit Webcam).
- *Wäscherei* **Lavandaria S. Gonçalo (8)**, hier wird die gewaschene und getrocknete Wäsche sorgfältig zusammengelegt, fast wie gebügelt. Eine Maschine (max. 6,5 kg) kostet ca. 6,50 €. Am unteren Anfang der Rua António Crisógno dos Santos 45.
- *Jachthafen* Seit 1994 hat Lagos eine eigene Marina (direkt neben der Altstadt), die Platz für 480 Boote bietet. Der Liegeplatz für ein 8-m-Boot kostet ca. 1.000 € pro Jahr. Mittlerweile sind viele Apartments und Geschäfte in der Umgebung entstanden. Info: Marina de Lagos, Sítio da Ponte, ☎ 2827 92008.
- *Bootsausflüge* Etliche Bootseigner buhlen mit eigenen Werbeständen im Zentrum um Kundschaft für ihre Boot-Trips, z. B. **Bom Dia**, seit über 25 Jahren im Geschäft, Ausflüge von März bis November von 10.00–14.30 oder 14.30–19 Uhr mit Mittagessen in einer einsamen Bucht, ca. 49 €. ☎ 282764670, www.bomdia.info. Grottenfahrten zur *Ponta da Piedade* sollte man eher mit den kleinen Fischerbooten unternehmen. Abfahrtsstelle an der Flusspromenade oder am Fort, ca. 10 € pro Person.
- *Golf* **Palmares**, 18-Loch-Platz, am östlichen Ende der Meia Praia schön gelegen, man spielt teilweise direkt am Meer, Platz wurde 2009 erweitert. **Boavista**, etwas neuerer Platz am westl. Ortsausgang, Richtung Sagres, für alle Levels. **Parque da Floresta**, der Platz inmitten der zum Teil steilen Hügel im Hinterland des Fischerdorfes Salema ist für Anfänger eine echte Herausforderung.
- *Stierkampf* Während der Saison jeden Samstag in der provisorischen Arena am Ortsausgang Richtung Portimão; Beginn 18.30 Uhr. Tickets ab 20 €.
- *Ultraleichtflüge* Am Aeródromo Municipal de Lagos (Ortsausgang Richtung Portimão). Hier kann man mit verschiedenen Vehikeln in die Luft gehen: Eine englische Familie bietet Rundflüge mit den zerbrechlich wirkenden Motorgleitern an, ab 40 €, auch Paragliding. Gerry und Manuela Breen, ☎ 282762906 oder 914903384, www.gerrybreen.com.
- *Hallenbad* Am östl. Ortseingang links ist das neue städtische Sportzentrum inkl. Hallenbad mit olympischer Länge, Fitnessstudio, Cafés und verschiedenen Kursen. Eintritt Schwimmbad 4 €.

Übernachten/Camping (siehe Karte S. 195)

Gäste mit einem ausgesprochenen Schlafbedürfnis sollten von einem Quartier im Zentrum von Lagos Abstand nehmen oder zumindest ein Zimmer zu einem Innenhof verlangen. Das Nachtleben ist sehr ausgelassen und dauert manchmal bis 5 Uhr morgens …

**** Tivoli Lagos (6), Komforthotel im Ort. Wegen der Hanglage hat fast jedes Zimmer einen schönen Blick. Alle Zimmer mit Klimaanlage. Subtropischer, üppiger Garten mit Süßwasser-Swimmingpool. Zum nächsten Strand sind es ca. 700 m. DZ ca. 180 €. Rua António Crisogno dos Santos, ☎ 2827 90345, ☎ 282790079, www.tivolilagos.com.

Residencial Lagosmar (11), in der Nähe des Platzes Gil Eanes. Kleine Terrasse mit Bar. 45 modern eingerichtete Zimmer. DZ mit Dusche ca. 80 €. Rua Dr. Faria da Silva 13, ☎ 282763722, ☎ 282767324.

Pensão Mar Azul (17), Altstadthaus direkt

im Zentrum. Von einigen Zimmern nach hinten sogar Blick auf den Fluss, vor allem im Sommer relativ laut. DZ 40–50 € inkl. Frühstück. Av. 25 de Abril, 13, ✆ 282770230, www.pensaomarazul.com.

Pensão Cidade Velha (22), moderner, dreigeschossiger Bau mit Lift, im Zentrum gelegen. Geräumige Zimmer, Teppichboden, meist mit kleinem Balkon. Badezimmer mit Wanne. Von der dritten Etage schöner Ausblick auf das Meer und die Altstadt. DZ ca. 35–65 €. Rua Dr. Joaquim Tello 7 , ✆ 282762041, ✎ 282761955, www.cidadevelha.info.

Pensao Sol a Sol (25), *Lesertipp*: „Wir zahlten für das DZ mit WC und Frühstück weniger, weil wir vier Nächte blieben. Dachterrasse und sehr reichliches Frühstück, sehr nette Besitzer!" (Alexander Veigel, St. Peter). DZ 45–65 €. Rua Lançarote de Freitas 22, ✆ 282761290, ✎ 282761955, www.residencialsolasol.com.

Casa da Moura (28), atmosphärisch und mit maurischem Flair, sehr zentral, in einer ruhigen Straße, sofern im Auditorium kein Konzert ist, mehrere Apts., Pool, Terrasse zur Stadtmauer hin, WLAN gratis. Rua Cardeal Neto 10, nahe Auditorium. Apt. für 2 Pers. ca. 55–150 €. ✆ 282087817, 964529917, www.casadamoura.com.

Privatzimmer Dona Benta, die herzliche Nordportugiesin vermietet Zimmer mit Gemeinschaftsküche und großer, begrünter Dachterrasse, zentral, trotzdem recht ruhig und mehrfach von Lesern empfohlen. Die Straße der Jugendherberge weiter hoch bis zum Platz vor dem Stadttor, im kleinen Tante-Emma-Laden links fragen. DZ ca. 35–50 €. Trav. Do Forno 21, ✆ 282760940, 962 349592, www.casadonabenta.com.

• *Stadtrand* An der Straße zur Ponta da Piedade, am Abzweig zur Praia Dona Ana, einige kleinere Apartmentanlagen:

Dona Ana Garden, gleich neben dem kleinen Tante-Emma-Laden. Mehrere Apartments und Doppelzimmer, aufgelockert um den Pool herumgebaut. Familienfreundlich. WLAN. DZ ca. 80 €. Urb. Costa d'Oiro Lote 20-22, ✆ 282770150, ✎ 282764775, donanagarden@netvisao.pt.

Villa Dinis, weitere Apts. neben Dona Ana Garden. Apartment ab 85 €. Rua da Ponta da Piedade, Costa d'Oiro 25-26, ✆/✎ 282764200.

Pensão Dona Ana, neben dem Hotel *Golfinho* am Dona-Ana-Strand, Blick zum Strand leider verbaut. DZ mit Bad ca. 50 € Praia Dona Ana, ✆ 282762322, ✎ 282762575.

Vivenda Miranda, als „Romantikhotel" oberhalb der Steilkliffs zwischen Ponta de Piedade und Porto de Mós erfüllt es seinen Ruf, schweizer Management. Das empfehlenswerte Hausrestaurant bedient auch fremde Gäste, aber besser reservieren. Nur 26 Zimmer. DZ ca. 300 € (!). Porto de Mós, ✆ 282763222, ✎ 282760342, www.vivendamiranda.com.

Vila Graciosa, 12 Apartments im Neubauviertel von Lagos, zwischen Altstadt und Porto de Mós. Pool vorhanden, zum Strand gut eine Kilometer. Urbanização Torraltinha, Rua da Torre Pequena Lt.18, ✆ 282 764545, ✎ 282760427.

**** Marina Rio (1), *Lesertipp!* An der Flussesplanade, mit Blick zum Jachthafen. Die Zimmer sind sehr sauber, Bad/Dusche Balkon, Klimaanlage, reichhaltiges Frühstücksbüffet. Auf der rückwärtigen Seite befindet sich der Busbahnhof, bei geschlossenem Fenster ist kein Lärm zu hören. (W. Möhler, Olching). 2007 renoviert, Schwimmbad auf dem Dach mit schöner Aussicht. DZ ca. 65–117 € inkl. Frühstück. Av. dos Descobrimentos, Apartado 388, ✆ 282780830 oder 2827 69859, ✎ 282780839, www.marinario.com.

Residencial Dom Manuel, schön gestaltetes Designhotel in Zentrumsnähe, Richtung Praia D. Ana. Ansprechende Architektur und Ausstattung in warmen Farben und mit historischen Stilelementen, nebenan ist ein Altersheim, für Ruhe ist also gesorgt. 35 DZ, Pool, WLAN. DZ mit Bad ca. 60–140 € inkl. Frühstück, R. Gago Coutinho 37, ✆ 282770880,

Urlaub auf dem Bauernhof, siehe weiter unten bei „Barão de São João".

Jugendherberge (29), in der Altstadt, sehr zentral, Richtung Campingplatz. Internetcomputer an der Rezeption (15 Min. 1 €, 35 Min. 2 €). Bett ca. 17 €, DZ mit WC ca. 45 €, jeweils inkl. Frühstück. Rua Lançarote de Freitas 50, ✆ 282761970, www.pousadasjuventude.pt, Reservierung unter www.hostelworld.com.

• *Camping* **Trindade**, der zentralste Campingplatz, alles zu Fuß zu erreichen. 2006 frisch renoviert und mit neuen Dächern, will es nun seinen Ruf überfüllt, laut und nicht besonders sauber zu sein, bessern. Durch Eukalyptusbäume relativ schattig. Am kleinen Stadion des Lagos-Fußballclubs, ca. 10 Fußminuten außerhalb an der Straße zum Dona-Ana-Strand. Kleines Zelt 5,10 €, pro Person 3,10 €. Rossio da Trindade,

198 Westalgarve

☎ 282763893, 📠 282763735, www.camping trindade.pt.
Turiscampo Espiche, 5 km westlich von Lagos, rechts der Straße nach Sagres. Schattig, aber bei Nordwind etwas zugig. Auch Holzhäuser zu vermieten, s. a. weiter unten. Parzelle für kleineres Zelt, inkl. Auto und Strom 15–18,50 €, pro Person 3,50–6,50 €, Bungalow für 4 Pers. 39–102 €. ☎ 282 789265, www.turiscampo.com.

Essen(siehe Karte S. 195)

Über 250 Restaurants und Snack-Bars sollen insgesamt in Lagos um die Gunst der Gäste buhlen. Während der Saison hat man dennoch das Gefühl, dass alle Plätze restlos besetzt sind.

Dos Artistas (23), *das* Feinschmeckerlokal in Lagos, 2000 neu eröffnet. Gediegene Atmosphäre im Speisesaal, schöner sitzt man aber im baumbekronten Garten. Unter deutscher Leitung. Menüs zu 50 €, auch vegetarische Gerichte. So geschlossen. Rua Cândido dos Reis 68, ☎ 282760659.

Cachoa, sehr empfehlenswert, gehobene, internationale Küche in Quatro Estradas (am Abzweig von der N125 Richtung Sagres nicht links nach Praia da Luz, sondern rechts abbiegen). Empfehlenswert *Pato Ronaldo* (Ente in Zitronensoße) oder *Tamboril Monte Carlo*. Auch vegetarische Gerichte, Hauptgericht ca. 13 €. ☎ 282782822. Mo und Di geschlossen.

Lesertipp **Xarme (20)** „das Essen ist ein Fest der Sinne und eine eher selten zu findende Vielfalt an Aromen, wir waren vom Kaninchen mit Tomaten-Orangen-Gemüse ebenso begeistert wie vom Gazpacho mit Mint-Sorbet." (Christian Hees, Schwerin) Neben Taberna de Lagos, R. 25 de Abril, 54, ☎ 282185365.

Taberna de Lagos, in der Hauptstraße (Eingang um die Ecke). Im historischem Gemäuer des alten Steuereintreiberpalastes. Bar und Restaurant mit kleinen Tischchen und Bänken, nicht übermäßig günstig. Tägl. ab 18 Uhr geöffnet. Av. 25 de Abril.

O Pescador (12), besonders mittags gerne von Portugiesen besucht! Täglich meist ein typisches Hauptgericht (z. B. *feijoada*). Immer frischer Fisch in der Vitrine. Hübsch zum Draußensitzen. Rua Gil Eanes 6–10.

Na Forja, ums Eck von *O Pescador*, typisch portugiesisch sitzt man etwas eng in einem gekachelten Raum vor laufendem Fernseher. Spitze sind die Fischgerichte, alle frisch und meist vom Grill. Probieren Sie mal *Pargo*, dieser Fisch ist leicht zu entgräten und schmeckt sehr dezent. Dass der Wirt aus dem Norden Portugals kommt, merkt man an der sorgfältigeren Zubereitung der Salate. Sa geschlossen. Rua dos Ferreiros 17.

Trattoria Vecchia Milano, wem zur Abwechslung nach was anderem als portugiesischer Küche zumute ist, kommt in diesem kleinen, italienischen Restaurant mit hausgemachten Nudeln und feiner Küche auf seine Kosten, auch Menüabende werden hoch gelobt – keine Pizza! Hauptgerichte um 8 €, Degenfisch 9 €, Wolfsbarsch/*Robalo* 8,50 €. Rua Gil Eanes 5A, in der kleinen Seitengasse bei *O Pescador*, ☎ 282184206.

Cervejaria Dois Irmãos (26), 2005 frisch renoviert, an den Tischen sitzen portugiesische oder spanische Touristen, an der Bar treffen sich noch die Einheimischen zum Snack. Dort gibt es die wahren „Kleinigkeiten": *Lulas Recheadas* (gefüllte Tintenfische), Gambas 100-Grammweise zum Bier und diverse Meeresfrüchtesalate. Mo Ruhetag. Largo do Infante 5–6.

Lesertipp **Meu Limão**, in der Altstadt bei der Antoniuskirche/Museum, viele leckere Snacks und Tapas, nettes Ambiente, freundlicher Service. R. Silva Lopes 40/42. (Regine Beckmann, Köln)

Império do Mar, fast unschlagbar von den Preisen her und auch gute Auswahl an traditionellen und internationalen Gerichten, deshalb zumeist voll. Rua Cândido dos Reis 117, gegenüber vom Mullens, ☎282 761637.

Reis (18), gut geführt und auch von Einheimischen geschätzt. Besonders empfehlenswert und vergleichsweise preiswert der Reiseintopf mit Seeteufel (*Arroz de Tamboril*), aber auch der Mixed Fish. Rua António Barbosa Viana 21 (Fußgängergässchen oberhalb von der Praça Luís de Camões), ☎ 282762900.

Vista Alegre (13), Minirestaurant mit nur sechs Tischen. Der Besitzer, ein Franzose, arrangiert die Küche, seine portugiesische Frau kümmert sich um den Service. Die liebevoll zubereiteten Gerichte kommen fotogen drapiert auf den Tisch, es kann schon

18 Uhr: Heimkehr der Ausflugsboote

mal länger dauern. Ohne Reservierung kaum eine Chance, einen Platz zu bekommen. Im August teilweise geschlossen. Hauptgericht ab 13 €, Rua Ilha Terceira 19 B, ℡ 282792151.

Estrela do Mar (10), gehobenes Restaurant im zweiten Stock der neuen Markthalle. Man genießt frischen Fisch (ca. 14 €) mit Blick auf die Promenade. Avenido dos Descobrimentos. ℡ 282769250.

Lesertipp **Casa Rosa**, typisch englisch-irische Kneipe, ein Backpackers-Treff in der Rua do Ferrador 22. Hier gibt es zum Beispiel Hähnchen mit Pommes frites ab 3 €, auch täglich ein anderes Angebot. (Silke Lorenz, Bamberg)

Gleich schräg gegenüber befindet sich ein zweiter Ire: **The Irish Rover**. Ähnlich wie die Casa Rosa, aber einige Billardtische und täglich wechselnde „Drink-Specials".

Casinha do Petisco, kleines Lokal gegenüber Irish Rover in der kleinen Seitengasse, schneller Service und preiswert, große Portionen. Der Wirt behandelt nicht nur sein Stammpublikum zuvorkommend. Rua da Oliveira 51.

Lesertipp **Adega da Marina (5)**: „Riesiges, ‚volksnahes' Lokal mit entsprechendem Lärmpegel, aber netter und authentischer Atmosphäre." Av. Dos Descobrimentos, zwischen Markthalle und Busbahnhof.

Escondidinho: kleines, typisch portugiesisch-einfach eingerichtetes Lokal mit auf Holzkohle köstlich gegrilltem Fisch unterschiedlicher Sorten. Fisch im Durchschnitt pro Person etwa 10 Euro, eine Flasche des Hausweines nur 5 Euro. Rua Nova da Aldeida, versteckt hinter dem Hotel Lagos, *Lesertipp* Adriana Schulz.

Floresta (8), Familienbetrieb, die portugiesische Mama kocht, gute Preise, z. B. Schwertfisch nach Algarveart, Lamm, Muscheln nach Art des Hauses. Mittlerweile auch bei vielen Engländern beliebt. Neben *Hotel Tivoli Lagos*, auch Café für Snacks. Man sollte Geduld mitbringen.

Onda Norte, etwas außerhalb der Altstadt, kurz vor Praia D. Ana rechts die Straße hoch, wo der Parkplatz ist. Kleines portugiesisches Restaurant von einem Paar aus Nordportugal. Gute, deftige Küche, Spezialitäten vom schwarzen Schwein *Porco Preto* 10 €, Tintenfischspieß 9 € oder gar ein „Streifzug durch das ganze Land" (viel Fleisch, 25 € für 2 Pers.), Largo Salazar Muscoso, ℡ 282764493.

● *Am Fischerhafen* **Lagomar (3)**, im ersten Lagerschuppen. Hier gibt es Muscheln, Krebse, Krabben, aber keinen Salat und auch keinen Kaffee, der Vinho Verde vom

Fass entschädigt aber dafür. Im ersten Stock genießt man einen hübschen Blick auf Lagos.

Bar da Lota (2), am Ende der Lagerschuppen, kurz vor dem Bahnhof, hier sitzt man zwischen Fischern und Arbeitern an langen Holztischen, ab und an zwängt sich auch einmal ein Bankdirektor dazwischen, denn hier gibt es fangfrischen Fisch direkt vom Hafen, das aber zumeist nur mittags, abends ist geschlossen, dafür macht dieses Restaurant-Café als erstes um 6 Uhr auf, hier trinken die Nachtschwärmer dann auch ihren Morgencafé nach einer langen Nacht.

A Barrigada, Fischrestaurant auf der anderen Seite des Fischerhafens. Mit Blick auf die Stadt sitzt man hier an einfachen Holzbänken. Bekannt bei den Portugiesen für seinen frischen Fisch und für die Vorspeisen, die unaufgefordert auf den Tisch kommen. Empfehlenswert ist das Menü „A Barrigada" mit Vorspeisen, Fischsuppe und gemischter Fischplatte.

• *Außerhalb der Altstadt* **Comidinha**, leckere, traditionelle portugiesische Küche, gilt bei den Portugiesen als eines der besten Restaurants. Hauptgericht ab 10 €. Urbanização Torralta Lote 5, Loja B, ✆ 282 782857.

Esperança (Os Lambertos), berühmt für seinen Meeresfrüchtereis an Sonntagen (12 € für 1 Pers.), dafür unbedingt Plätze bestellen, und seinen frischen Fisch, aber auch viele Fleischgerichte. Der Rua Infante de Sagres aufwärts aus dem Zentrum heraus folgen und nach dem Kreisverkehr die erste Straße links. Rua Compromisso Marítimo, ✆ 282085953 oder 917042066, www.lambertos.com.sapo.pt.

As Asinhas (32), gepflegtes, kleines Restaurant gleich ums Eck vom Campingplatz. Netter, flotter Service. Hervorragende Hühnchen-Cataplana, alles zu mäßigen Preisen. Estrada da Ponta da Piedade, Lote 24, ✆ 282764257.

Pizzolino (33), kleine Pizzeria, für 6,50 € kann man sich aus einer langen Liste frischer Zutaten beliebig seine Lieblingspizza zusammenstellen, auch Take away, echt lecker; zwischen Altstadt und Campingplatz nach dem Kreisverkehr rechts die Straße hoch. Geöffnet von 17–24 Uhr, So geschlossen. Rua Salgueiro Maia Nr. 8, ✆282769647 oder 962514026.

• *Meia Praia* **Bar Quim**, angenehmes Familienunternehmen, in dem die Mutter kocht und die Töchter servieren. Guter *Galão* und Blick über den ganzen Strand. Auch Restaurant, wobei die Gambas mit Knoblauchsoße (ca. 10 €) hervorstechen. Ca. 150 m vom Jardim, der Zug hält hier. Sa und im Dezember geschlossen.

Linda, tagsüber Badecafé, nur freitagabends gibt's empfehlenswerte Barbecuegerichte (Hähnchen, Schweinerippchen). Strandbar am Anfang vom Meia Praia.

Bahia Beach Bar, Sonntagnachmittag afrobrasilianische Livemusik ohne Eintritt, wer keinen Platz ergattert, der macht es sich auf dem Strand gemütlich. Leckere vegetarische Gerichte oder Entenbrust mit Mangos und Pinienkernen und Snacks. Östl. von *Bar Linda* am Anfang des Meia Praia. ✆ 963545156, www.bahiabeachbar.eu.

• *Außerhalb* **O Cacto**, das richtige für einen romantischen Abend bei gutem Essen, abwechslungsreiche Speisekarte des holländischen Chefs, Brot kommt ofenwarm auf den Tisch, besonders beliebt Lamm (18 €), auch veg. Thai-Curry, Fisch und Muscheln. Sie seien etwas gehobenen Preise wert. An der EN125 in Odiáxere, am östl. Ortsausgang direkt rechts an der Straße. Mi u Do geschlossen. ✆ 282798285.

Lesertipp **Casa Chico Zé**, man sitzt urig an langen Holztischen, draußen gibt es eine Terrasse und einen Spielplatz, beliebt für alles vom Grill, von Fisch bis Fleisch. Direkt an der EN125, rechts auf dem Weg nach Odiáxere, am Abzweig nach Torre direkt an der Ecke. Zumeist nur mittags geöffnet. ✆ 282798205. (Melanie Leithoff)

Vila Lisa, in *Mexilhoeira Grande*, einem Dorf an der N125 Richtung Portimão. Links im Ort ist ein kleiner Parkplatz, gegenüber steht das weißblaue Haus von José Vila, eigentlich ein Maler. Im Sommer sitzt man draußen auf langen Holzbänken und an alten, zusammengewürfelten Tischen. Unaufgefordert wird ein Menü mit mehreren Gängen aufgetischt: Brot, Butter, Oliven, Suppe, Fisch, Fleisch, Wein, Nachtisch und Kaffee. Spezialität ist die deftige Ochsenschwanzsuppe mit Kichererbsen (*Rabo de Bói com Grão*), Kostenpunkt ca. 30 €. Nur Abendessen. Außerhalb der Saison oft nur am Fr und Sa geöffnet. R. Francisco Bivar, ✆ 282968478.

• *Cafés* **Café Mimar**, Süßes, Salziges, frische Säfte, Milchshakes, Salate und sogar ein kleines Mittagsgericht (ca. 3 €), in einer kleinen Seitenstraße. Rua António Barbosa Viana 27.

1000 sabores, für Chocoholics, kleine Teestube wie Omas Wohnzimmer mit Kuchen, Pralinen und lauter Diätverderbern. Etwas versteckt in der Fußgängerzone, Ecke R. Marreiros Neto/R. 1º de Maio.

Pão da Avó Maria, portugiesische Bäckerei mit Café, die auch andere Brotsorten (Roggen, Wallnuss, Vollkorn) und neben Café und Kuchen auch kleine Mittagsimbisse anbietet. Am Ortseingang beim Springbrunnen die Straße parallel zur Flusspromenade nehmen, nach 50m auf der linken Seite, R. Vasco da Gama.

Café Gartenzwerg, man sollte sich vom Namen nicht abschrecken lassen, die Kuchen sind erster Güte. Estrada da Ponta da Piedade, noch ein gutes Stück vor dem Campingplatz, kurz nach dem SPAR. Geöffnet von 10–18 Uhr, Di geschlossen. ✆ 927137626.

• *Eis* **Britáica (16)**, das Eis stammt von einer italienischen Eiskonditorei aus Portimão, aber mittlerweile gibt es auch an anderen Stellen empfehlenswertes Eis – früher eine Mangelware.

Nachtleben (siehe Karte S. 195)

In Lagos fällt es ebenso leicht wie in Albufeira, sich die Nacht um die Ohren zu schlagen. Der Unterschied ist, dass man in Lagos am nächsten Morgen noch etwas mehr Geld im Beutel hat. Wer um 4 Uhr seinen ersten Morgenkaffee zu sich nehmen möchte, kann die *Bar da Lota* im Fischerhafen aufsuchen (am Ende der neuen Lagergebäude).

Mullen's (24), ein geräumiger Lagerschuppen, Typ Weinlager, mitten im Zentrum. Ausgewählte Musik, Kilkenny und Guiness für 2,50 €, war früher die bekannteste Bar im Ort, nun scheinen ruhigere Zeiten angebrochen zu sein. Rua Cândido dos Reis 86–88.

Stevie Ray's (21), anspruchsvolle Blues-Jazz-Bar in angenehmen, großzügigen Räumlichkeiten, freitags und samstags Livemusik. Geöffnet bis 4 Uhr. Rua Sra. da Graça 9. www.stevie-rays.com.

Three Monkeys, kurz vor der Jugendherberge findet sich diese bei Jüngeren beliebte Bar, wo selbst im Winter etwas los ist. R. Lançarote de Freitas.

Luisol Bar (31), Luis und Hans führen dieses kleine Lokal mit ausgewählter, ruhiger Musik. Versteckt in einem ruhigen Wohnviertel der Altstadt, Rua de S. José 21.

Stones Bar, lockere Atmosphäre, normale Preise. Eine der ältesten Bars und selbst heute noch mit viel Remmidemmi. Auch wenn öfters die „Stones" laufen – der Name kommt von den alten Arkadensteinen, die man beim Renovieren fand und die Teil des Bartresens wurden. Bis 2 Uhr geöffnet. Rua 25 de Abril, 101.

• *Diskotheken* **Sublime (15)**, modern gestylt und mitten im Zentrum, getanzt wird von 22–4 Uhr morgens. Mehrere Säle, in der Nebensaison auch Livemusik, meist Do z.B. *Xico Barrata*, kein Eintritt, kein Mindestverzehr, ein Bier gibt es für 1,50 €. Am Praça Luís de Camões, im ersten Stock über der *Zawaia Boutique*.

Sport

• *Surfen* Lagos bietet sich als perfekter Ausgangsort für einen Surfurlaub an. Diverse Veranstalter bieten Wellenreit-Kurse an: Ein-Tages-Kurs kostet ca. 30 €, fünf Tage 120 €. Am Morgen geht es mit Autos an die Westküste (Fahrzeit ca. 45 Min.), gegen 19 Uhr kommt man in die Stadt zurück: z. B. www.thesurfexperience.de oder www.internationalsurfschool.com, siehe auch Angaben unter Sagres.

Lesertipp **Windsurfpoint**, Verleih von Windsurf- und Kitesurfausrüstung am Meia Praia: „das Material ist sehr gut und überhaupt ist das für Leute, die diesen Sport lernen wollen, ein sehr günstiger Ort: der Strand fällt leicht ab, so dass kein starker Shorebreak entsteht. www.windsurfpoint.com." (A. Linsenhoff)

• *Tauchen* Das planktonreiche Wasser des Atlantiks bietet Tauchern eine weniger gute Sicht als das glasklare Mittelmeer. Entschädigt wird man dafür durch mehr Fische, die durchschnittlich größer sind. Das Meer fällt nicht, wie man bei einer Steilküste erwartet, schnell tief ab, sondern geht flach in sandigen Meeresgrund über, der oft auch weiter draußen nur 20 m tief liegt. Besonders interessant sind die Tauchgänge in den Grotten der Ponta da Piedade und an den Felsriffen davor. Hier gibt es zahlreiche

Krebse, Oktopusse und Drachenköpfe zu sehen.

Blue Ocean Divers, die empfehlenswerte Basis wird vom Deutschen Elmar Vees geführt. Wöchentliche Bootsfahrten ab Lagos und Sagres, ansonsten auch Landtauchgänge direkt vom Strand aus und ohne Boot. Pro Tauchgang inkl. Leihausrüstung 50 €. Es werden auch Schnuppertauchgänge und Anfängerkurse nach den Richtlinien des PADI-Verbandes angeboten. Beim *Motel Ancora*, etwas außerhalb kurz vor dem Porto-de-Mós-Strand, ✆ 964665667, www.blue-ocean-divers.de.

• *Mountainbiketouren, Kanufahrten, Wanderungen* **Outdoor Tours**, auch Pickup-Service, Büro und Treffpunkt in Mexilhoeira Grande an der N125, Juni bis Sept. ✆ 282969520 oder 916736226, www.outdoor-tours.com.

• *Reiten* Elf gute Ponys und Pferde stehen bei **Tiffany's** für Anfänger und Fortgeschrittene zur Verfügung; auf Wunsch gibt es Unterricht. Kutschen können auch gemietet werden. Die Stunde Ausreiten kostet ca. 25 €. Richtung Sagres, ca. 1 km vor dem Dorf Almádena, ✆ 282697395.

Happy Horse, fünf Reitpferde hält Doris Leonhard, es gibt spezielle Reitkurse für Kinder. Ausritte 15 €, Reitstunden 12 €. Zwischen Zoo Lagos und Barão de São João. ✆ 962602671, ✆ 282688245, http://happyhorsealgarve.tripod.com/Karte/karte.html.

Jinny in Bensafrim, an der Straße von Lagos kommend rechts abbiegen (Fronteira), hat ca. zehn Pferde zu vermieten, ✆ 282687263.

Baden – östlich von Lagos

Meia Praia: Neben den malerischen, von hohen, rot leuchtenden Klippen umgebenen Sandstränden südlich von Lagos gilt insbesondere die Meia Praia als der Badestrand von Lagos, allerdings nicht bei den im August häufig heftigen Nordwinden zu empfehlen. Es handelt sich um einen mehrere Kilometer langen Sandstrand mit flachem Hinterland auf der anderen Flussseite. Am bequemsten erreicht man die Meia Praia mit dem Badeboot, das etwa in Höhe der Post in Lagos abfährt. Zu Fuß oder per Auto muss man einen kleinen Umweg in Kauf nehmen, da die Flussbrücke weiter flussaufwärts liegt.

Grottenfahrt bei der Ponte da Piedade

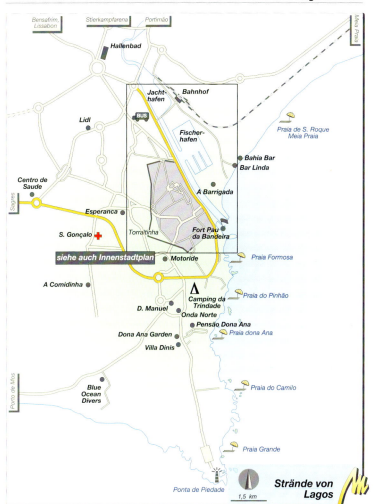

Baden – westlich von Lagos

In den Sommermonaten fährt etwa 15-mal täglich ein Bus ab Lagos/Zentrum zum Strand Dona Ana und zum Badestrand Porto de Mós. Doch auch mit der Minibahn bis zur Ponta da Piedade kann man sein Ziel erreichen.

Praia do Pinhão: Sie liegt nahe der Flussmündung, ca. 500 m vom Zentrum entfernt, man folgt der Promenade an der kleinen Festung vorbei aufwärts und geht gegenüber der Feuerwehr unter einer großen Schirmpinie links und hält sich weiter links – ein ziemlich kurzer, versteckt gelegener Sandstrand unterhalb hoher Klippen, die leider die Sonne am späten Nachmittag verschwinden lassen.

204 Westalgarve

Praia Dona Ana: Von der Praia do Pinhão führt ein schöner Trampelpfad an den Klippen entlang zum Hauptbadestrand von Lagos, dem Dona Ana Beach. Der ca. 200 m lange Sandstrand unterhalb der Sandsteinkliffs wird durch eine bis zum Meer vorspringende Felsformation in zwei Hälften geteilt. In Strandtavernen gibt es Getränke und gegrillte Sardinen. Per Auto hält man sich Richtung Ponta da Piedade und biegt dann links ab.

Mit Schwimmhäuten auf Thunfischjagd

Cão d'Água, Wasserhund, heißt er auf Portugiesisch. Es handelt sich dabei um einen wuscheligen Hirtenhund, bei dem schlecht zu erkennen ist, was vorn und hinten ist und seit der amerikanische Staatspräsident einen solchen Vierbeiner sein Eigen nennt, halten ihn die meisten auch nicht mehr für einen Aprilscherz. Diese Hunde waren bis zur vorletzten Jahrhundertwende treue Begleiter der Fischer. Jedes Boot hatte damals meist zwei der Tiere an Bord und die Anekdoten über sie werden immer unglaublicher, je länger sie zurückliegen. Es gab welche, die auf die Thunfischjagd abgerichtet waren. Thunfische, die aus der Netzfalle zu entkommen versuchten, wurden kurzerhand vom Cão d'Água apportiert. Schwimmhäute zwischen den Zehen seiner Pfoten machen ihn zu einem hervorragenden Schwimmer, dessen Schwimmbewegungen denen des Menschen ähnlich sind (nicht wie andere Hunde in Tretbootmanier). Tauchen (bis zu 3 m tief) können die Hunde natürlich auch und dabei sogar mit dem Maul Sachen apportieren, also die Luftröhre beim Zuschnappen schliessen. So machten sie sich auch häufig verdient als Lebensretter über Bord gegangener Fischer, die zum grössten Teil Nichtschwimmer waren. Sie konnten sich einfach an dem Schwanz ihres Hundes festhalten und durch das Wasser ziehen lassen. Auf jeden Fall haben die Hunde keine Scheu vor Wasser und machen auch Sprünge aus 3 m Höhe kopfüber (!) ins Meer. Sie wurden wie ein Mannschaftsmitglied behandelt und bekamen ihren Lohn in der Form eines Teiles des Fangs. Auch durfte ein Wasserhund früher nicht verkauft, sondern nur von einem Fischer an den anderen in gute Hände verschenkt werden.

Über den wahren Ursprung der Riesenpudelrasse wird weiterhin spekuliert. Manche sehen seine Wurzeln im kaiserlichen Russland, andere tippen mehr auf Persien. Schon in römischen ▶

Zottelige Wasserhunde vor dem Stadtwappen von Lagos

Mosaiken findet man Darstellungen dieser besonderen und alten Hunderasse als "canis piscator" oder "canis leo", der Löwenhund aufgrund seiner besonderen Schur, bei dem die hintere Körperhälfte für grösstmögliche Bewegungsfreiheit ganz kurz geschoren wurde, während der Oberkörper, vor allen Dingen die Haare über Herz und Lungen, lang gelassen werden, um diese vor dem Temperaturschock beim Eintauchen ins kalte Wasser zu schützen. Auch die Haare über den Augen werden lang gelassen und fungieren wie eine haarige Sonnenbrille. Von den portugiesischen Entdeckern wurde er in alle Teile der Erde mitgenommen und stellt den Vorfahren vieler heutiger Hunderassen dar, z. B. Pudel oder Neufundländer. Fehlt noch zu sagen, dass der Wasserhund kein Fell, sondern Haare hat, also auch den Allergikern keine Probleme bereitet. Dank dieser Tatsache brachte es einer von ihnen jüngst zu einer ganz erstaunlichen Karriere: Er wurde zum Spielkameraden der beiden Töchter von US-Präsident Obama auserkoren. Der Wasserhund hat einen intelligenten, nicht agressiven und sehr einfühlsamen Charakter, so dass man ihn auch als Therapiehund für Autisten einsetzten kann, ähnlich wie einen Delphin.

In den 1980er Jahren wurde die Rasse von Züchtern in der Gegend um Lissabon „wieder entdeckt", nachdem sie schon im Guinessbuch der Rekorde gelandet war, als seltenste Hunderasse der Welt. Bei Lagos werden sie nachgezüchtet, von Rodrigo Pinto, der dies mit viel Liebe und Hingabe tut, so nimmt er eine grösseren Hunde noch jeden Morgen mit zum Strand, damit sie eine Runde schwimmen können. Er hat kein Besucherzentrum, aber Hundefans können ihm einfach einen Besuch abstatten und er gibt gerne Auskunft über den Cão d'Água, anfassen ist erlaubt! Man lässt dann einfach ein bisschen Futtergeld da. Von Lagos Richtung Vila do Bispo, an der Tankstelle am Ortsausgang von der EN 125 abfahren und dann direkt nach der Autobahnunterführung rechts an der alten Strasse, nach telefonischer Absprache. Kontakt: Rodrigo Pinto, Casa da Buba, ✆ 967683545, www.cdblagos.com.

Ponta da Piedade: Kleine Badestrände und bizarre Felsformationen sind zu entdecken, wenn man von Lagos aus zu Fuß an der Küste Richtung Ponta da Piedade weitergeht. An der Ponta da Piedade – der Spitze der Barmherzigkeit – stehen hohe, ins Meer ragende Klippen mit ausgewaschenen Grotten und einem Leuchtturm. Viele Felsen haben bei den Fischern Namen und alle Ausflugsbusse legen hier eine Pause ein, um diese zu bewundern: das Kamel, der Elefant, der Damenschuh. Früher stand hier eine Kapelle, sie musste dem Leuchtturm weichen, doch noch heute führen Kreuzwegsstationen zu diesem speziellen, von den Fischern verehrten Fleck. Es heißt, wenn die Fischer bei rauer See um diese Landzunge herum kamen, dann waren sie in der geschützt gelegenen Bucht von Lagos gerettet und die Jungfrau hatte Erbarmen mit ihnen und ihren Familien. Heute ist sie eine der Touristenattraktionen und die Fischer fahren Ausflugsboote. Ein Treppchen führt ca. 150 Stufen hinunter zum Meer. Während der Saison warten hier Boote für eine kurze Grottenfahrt (von der Flusspromenade hat man aber eine etwas längere Fahrt und spart sich zudem noch die Treppen). Auch Grottenfahrten ab Lagos gehen hierher.

Praia do Camilo: Links auf halbem Wege zur Ponta da Piedade. Wegen der eindrucksvollen Lage unterhalb der hoch aufgetürmten Kliffe der Lieblingsstrand von vielen; 195 Treppenstufen führten hinunter, nun wurde eigens eine Holztreppe gebaut, denn von der ursprünglichen Treppe ist nicht mehr allzu viel übrig. Bei Flut haben allerdings nicht mehr als 50 Leute Platz, ein kleiner Tunnel führt in die nächste winzige Bucht. Gutes Fischrestaurant *Dom Camilo* mit wunderschönem Blick oben am Parkplatz. Man sollte sich den Tagesfisch (zumeist kg Preise) zeigen lassen, eine Delikatesse, und mit Meeresrauschen im Hintergrund schmeckt er umso besser, ganzjährig geöffnet und an Wochenenden abends oft ausgebucht, ✆ 282763845.

Porto de Mós: Größere Badebucht westlich der Ponta da Piedade. Die Bucht besitzt einen langen Sandstrand, der nur langsam tiefer wird, und eigene Parkplätze am Meer, mittlerweile sind viele Neubauten an den Hügelseiten entstanden, ein Ende der Bautätigkeiten ist noch nicht in Sicht. Die Strandrestaurants *Campimar* und *O António* (✆ 282763560) sind empfehlenswert und haben jeden Tag frische Tagesgerichte auf der Karte. Letzteres ist etwas günstiger, empfehlenswert ist hier der Tintenfischreis im Kochtopf (*Arroz de polvo*), eine Portion reicht leicht für 2 Personen, oder auch der Seeteufelspieß, mit knapp 10 € auch günstiger als in vielen anderen Restaurants.

> ### Banho 29
> Am 29. August, zum Ende der Sommersaison, sind früher die Einheimischen, als das Baden im Meer noch gar nicht in Mode war, vom Inland mit „Picknickausrüstung" für einen Tag zum Strand gepilgert, um sich durch ein Bad im Meer die Abwehrkräfte für den kommenden Winter zu stärken. Erst seit ein paar Jahren lässt man diese Tradition wieder aufleben und so trifft sich alles kurz vor 24 Uhr am Strand, um sich dann mit Beginn des Feuerwerks in die Fluten zu stürzen, dazu gibt es Musikgruppen auf eigens dafür am Strand oder beim Fort aufgebauten Bühnen.

Lagos/Umgebung

Praia da Luz (3.000 Einw.)

Die weite, geschützte Sandbucht wurde schon sehr frühzeitig von Engländern entdeckt, die hier bereits in den 70er Jahren den Luz Bay Club gründeten. Kleine, schnuckelige Reihenhäuser, die eher Vorstadtidylle denn Touristenzentrum verkörpern. Den Bau einer Kläranlage würden besonders die benachbarten Gemeinden begrüßen.

Hier verschwand im Frühjahr 2007 die kleine Madeleine McCann unter ungeklärten Umständen, was die Bevölkerung dieses sonst ruhigen Ortes und die Weltöffentlichkeit vor ein Rätsel stellte und für einen Medienrummel ohnegleichen sorgte. Die Dorfkirche ist seither eine Attraktion, und das nicht unbedingt wegen des schönen manuelinischen Portals ...

In der Nähe der Kirche am Ende der Strandpromenade, beim Aussichtspunkt, finden sich die Grundmauern einer römischen Badeanlage aus dem 5.–3. Jh. v. Chr.

Praia da Luz

Der Vorplatz der Kirche von Praia da Luz

• *Übernachten* Außer dem *Luz Bay Club* mit seinen Ferienhäuschen und neuem, dezent gebauten Luz Bay Club Hotel ist das Angebot an Betten nicht allzu groß.
Pensão/Residencial Vilamar, 1 km außerhalb an der Straße nach Burgau.
Nächster Strand ist Praia da Luz, da hier die Küste von Klippen geprägt ist. 28 sehr geräumige Zimmer mit Balkon, Pool und Frühstück. DZ ca. 80–90 €, auch einige Apts. Estrada do Burgau, Montinhos da Luz, ℡ 282 789541, ℻ 282788573, www.vilamar-luz.com.
Aurora Sol, direkt gegenüber *Vilamar*, 16 DZ, Pool, Frühstück, gepflegte Anlage, etwas sterile Zimmer, 1km bis zum Strand. DZ ca. 50–80 €, ℡ 282760427 oder 282788667.
• *Camping* **Valverde**, am Ortseingang von Praia da Luz, ca. 5 km außerhalb von Lagos. Mit Snackbar, Pool und Mini-Mercado. Es werden auch 40 Apartments vermietet. 5,40–6 € pro Pers., kleines Zelt 5,80–6,60 €, Apartment ca. 60–92 €, Bungalow 89 €. Estrada da Luz, ℡ 282789211, ℻ 282789213, www.orbitur.pt.
Turiscampo, bei Espiche an der N125, ca. 6 km außerhalb von Lagos, unter neuer Leitung – also wurden auch gleich die Preise erhöht, dafür aber gut geführte Anlage mit Pool und auch gutes Restaurant mit teilweise Livemusik an Wochenenden. Jetzt gibt es nur noch Parzellen, für diese zahlt man samt Zelt, Auto und Strom 10–18,50 € und 3,25–6,50 € pro Person, auch Bungalows für ca. 39–102 €. ℡ 282789265, ℻ 282 788578, www.turiscampo.com.

• *Essen* **The Dolphin**, feines Restaurant im ruhigen Viertel rechts der Kirche mit dem portugiesischen Chef Pedro, der die Gerichte phantasievoll präsentiert. Der südafrikanische Besitzer setzt auch Straußenfleischgerichte oder Kudufilets auf die Speisekarte. Hauptgericht ab 12,50 €. Dez./Jan. geschlossen. Rua da Calheta 14 A, ℡ 282 789992. Voranmeldung ist sinnvoll, selbst in der Nebensaison.

Lesertipp **O António**: „Die Fischgerichte waren ausgesprochen lecker und werden immer frisch zubereitet, ebenso gute Vorspeisen, z.B. gegrillte Garnelen, Fleischgerichte und als besonderen Tipp den Nachtisch *Banuffi*." Auf dem Weg zum Strand, Rua da Praia 4. (Andrea Hamacher)

The Limetree, phantasievolle Küche (Hauptgerichte ca. 15–25 €), stimmungsvolles Ambiente, man kann unter mehreren Tagesmenüs auswählen, z.B. Tagesfisch mit Glasnudeln und Thaigemüse; 1 Gang 13 €, 2 Gänge 18 €, 3 Gänge 22 €. Nur abends geöffnet. Eine Straße höher als *The Dolphin*, R. 25 de Abril, ℡ 282789475.

Restaurante Casablanca, etwas ausserhalb bei Barclays Bank, gleiche Strasse wie Limetree, nur weiter oben, Urb. St. James, Lote 5, Loja S, günstiger und guter Mittagstisch, Komplettmenü für nur 8,50 €, abends feine Küche mit gehobenen Preisen. Der Chef Miguel trällert und tanzt durch seine Gäste und ist für jeden Spaß zu haben, tel. 282763390.

Café Kiwi, kleines Café an der Strandpromenade zum Draußensitzen. Snacks, Hamburger und neuerdings auch Milchshakes. Herausragend sind die leckeren Thunfisch-Sandwichs.

Barão de São João (800 Einw.)

Nach der Nelkenrevolution 1974 wurde das Dorf bevorzugte Station der zahlreichen Polittouristen aus Nordeuropa, die damals das Land besuchten. Man organisierte Arbeitscamps, um die Bauern bei der Ernte zu unterstützen; außerdem wurde für Frauen eine Handarbeitskooperative ins Leben gerufen. Die Bewohner mussten sich deshalb schon früh mit den Sitten der neuen Nomaden auseinandersetzen. Heute ist das ehemalige Dorf im Hinterland von Lagos (12 km NW) eher eine „Schlafstadt"; Landwirtschaft gibt es fast nur noch im Nebenerwerb. Die meisten pendeln tagsüber nach Lagos oder Portimão zu ihren Arbeitsstellen. Der Dorfname „Baron von St. Johann" stammt wahrscheinlich von *barro* = Lehm. Nichtsdestotrotz sind Visitenkarten mit dem adeligen Zusatz bei Witzbolden beliebt.

Wegen der vielen „Aussteiger", die sich in der zistrosenüberwucherten, verlassenen und kargen Hügellandschaft der Umgebung niedergelassen haben, beträgt der Ausländeranteil in manchen Jahrgängen der Dorfschule über 50 %.

Zoologischer Garten: eine 2001 neu eröffnete Anlage mit großen Freigehegen. Vor dem Ortseingang aus Richtung Bensafrim kommend.
Im Sommer 10–19 Uhr, im Winter 10–17 Uhr geöffnet. Eintritt 10 € für Erwachsene, 6 € für Kinder bis 11 Jahre. ℡ 282688156, www.zoolagos.com.

Mata Nacional: Das über 200 ha große Waldareal (Pinien, Akaziendickicht) nordwestlich des Ortes ist heute Naturschutz- und Naherholungsgebiet, früher dienten die Bäume dem Bau der Karavellen. Etwas oberhalb vom Dorf in einer schattigen Waldmulde um einen alten Brunnen herum gibt es einen einladenden Picknickplatz (Parque das Merendas). Bänke, Tische und Spielgeräte für die Kinder sind vorhanden. Zunehmend sind auch die großen Windräder zu sehen, die Portugal zumindest teilweise in Sachen Strom unabhängig machen sollen.

• *Vogelexkursionen* Der unter Ornitologen bekannte Engländer **Simon Wates** bietet in verschiedenen Gebieten der Algarve geführte Vogelexkursionen auf Englisch an, für Spezialisten und die, die es werden wollen. ℡ 912824053, www.algarvebirdman.com.
Bei Gruppen ab 4 Pers. kann man sich auch an den Deutschen Experten **Georg** aus Olhão wenden, ℡ 936129716, www.birdwatching-algarve.com.
• *Wein* **Quinta dos Lopes**, geschmackvolle, blumig volle Rotweine und etwas trockenere Weißweine direkt ab Hof, und das Ungewöhnliche: nach Biorichtlinien angebaut und verarbeitet. J. Lopes Lda., auf gut dem halben Weg zwischen Portelas und Barão de São João, kurz nach dem Weiler Monte Judéu links Richtung Espiche abbiegen, ℡ 282789201, 966011758.
• *Übernachten* **Vinha Velha**, Urlaub auf dem Bauernhof. Drei Ferienhäuschen werden auf dem idyllisch gelegenen, ökologischen Bauernhof mit „Familienanschluss" vermietet. Schafe und Milchkühe sind vorhanden. Strom spenden die nahen Windräder. Eigener 200 m langer Stausee zum Baden. Anfahrt: ca. 2,5 km über eine Schotterpiste ab Barão de São João. Den Hügel Richtung Mata National hinauf. Nach ca. 1,5 km den Abzweig nach links nehmen, ausgeschildert „Vinha Velha". Danach den Wagenspuren folgend den Schotterweg ins Tal nehmen. Ein Haus kostet pro Tag 45–80 €. ℡ 282687286 (Margit Kegel), margitkeg@yahoo.com.

Wanderung: Barão de São João–Carrapateira

Einer der letzten Einwohner mit traditionellem Eselskarren

● *Essen* **O Beiral**, direkt im Ort, Nähe Zé Manuel. Leckeres Essen, auch vegetarische und italienische Spezialitäten. R. Guerreiro Tello, ✆ 282688044 oder 912299672. Mo Ruhetag.
O Cangalho, rustikales Landrestaurant mit vielen Gerätschaften aus einer Zeit, als die Algarve noch Bauernland war. Besondere Attraktion ist der Fado singende Wirt, der sich jeden Dienstag (neben professionellen Musikern) für seine Gäste ins Zeug legt. Auch das Menü (ca. 25 €) während des *Festival dos Descobrimentos* ist herausragend! Links an der Straße von Bensafrim nach Barão de São João, ca. 900 m vor dem Dorf.
Lesertipp **O Solar do Pincho**, bei Bensafrim, man fährt die Straße Richtung Aljezur und biegt nach 3–4 km rechts Richtung Pincho ab, folgt diesem Hauptweg noch ca. 3 km, dann ist es direkt das erste Haus links (nur noch ca. 2 km sind es von hier zum Stausee *Baragem da Bravura*). Traditionelle portugiesische Küche vom feinsten, berühmt ist der Wildschweineintopf *Estufado de javali*, gekocht wird zumeist nur auf Bestellung, Sonntags und in der Hochsaison auch mehrere Gerichte zur Auswahl. Kein Ruhetag, ✆ 962867013. (Melanie Leithoff)
● *Kneipen* **Zé Manuel (Atabai)**, mitten im Zentrum von Barão, gemütlich, mit viel Holz. Der Wirt lebte lange Jahre in Kanada und spricht perfektes Englisch.

Wanderung: Barão de São João–Carrapateira

Eine interessante Wanderung vom Dorf Barão de São João (12 km nordwestlich von Lagos) zur Westküste. Die Gegend ist praktisch menschenleer, nur noch verlassene und halb verfallene Bauerngehöfte erinnern an Zeiten, als in den Talregionen noch Ackerbau betrieben wurde und auf den kargen Höhenzügen Ziegenherden herumsprangen. Das Gebiet besitzt auch viel Wald und blieb von den Branden des Jahres 2003 verschont.

Die Wanderung in umgekehrte Gehrichtung zu unternehmen, ist schwieriger, da die Abzweige vom Haupttal Richtung **(WP 9)** sowie der zweite Abzweig **(WP 3)** beim Bauernhof Paraiso zum Teil im Flussbett erfolgen und nicht eindeutig zu beschreiben sind.

> **GPS kartierte Wanderung** – Waypoint-Dateien zum Downloaden unter:
> www.michael-mueller-verlag.de/gps/homepage.html

Dauer: ca. 3,5 Stunden, mäßige Steigungen. Völlig unbewohnte Gegend, genügend Wasser mitnehmen.

Wegstrecke: ca. 15 km

Anfahrt: Per Bus von Lagos nach Barão de São João. Von Carrapateira fahren wochentags Busse: 7.30 Uhr nach Vila do Bispo, 8.30 Uhr nach Aljezur; 14 Uhr nach Vila do Bispo, von wo man einen Anschlussbus zurück nach Lagos nehmen kann. Bitte checken Sie vor der Tour noch einmal die aktuellen Buszeiten in der Touristinfo von Lagos.

Wegbeschreibung: Von der Bushaltestelle an der Kirche aus durchquert man das Dorf und nimmt die schmale Straße, die bergauf – an der Casa de Cultura vorbei – in den *Mata National* führt. Immer dem breiten Schotterweg geradeaus folgen. Die Abzweigungen nach links zum Restaurant *Forestal* und kurz danach zum *Parque de Merendas* (Picknickplatz) ignorieren.

Nach ca. 2,5 km erreicht man **Pedra Branca (WP 1)**, einen der schönsten Aussichtspunkte weit und breit – toller Blick auf die Küste und das Monchique-Gebirge. Weiter dem Hauptweg folgend, erreicht man nach wiederum ca. 2,5 km einen beschilderten Kreuzungspunkt (Pedralva/Lagoachos, Carvalinho/Bordeira, Vilharinha). Wir halten uns halb links Richtung Vilharinha und durchqueren einen dichten Eukalyptuswald. An den Ruinen des Bauernhofs Charrascosa geht es vorbei und weiter durch Eukalyptuswald. Einige hundert Meter nachdem der Weg einen Rechtsknick macht, gibt's eine **Alternativroute für Mountainbiker**:

In einer kleinen Senke biegt links (bergab) ein durch eine von den Jägern angebrachte Absperrkette gesicherter Weg ab, der sich hervorragend für Mountainbiker eignet. Er ist zwar länger, aber verläuft immer leicht bergab und ist weniger steinig als der im Folgenden beschriebene Weg für Wanderer. An **(WP 9)** rechts halten, sonst landet man ungewollt im Dorf Pedralva.

Der Wegverlauf für Wanderer führt jetzt durch lichten Korkeichenbestand an einem Hügelkamm mit hübschen

Fernblick entlang. Am Kreuzungspunkt (**WP 2**) rechts abbiegen, den Berg hinunter. Die Piste quert das Flussbett, oberhalb des Weges der verfallene Bauernhof Paraiso.

Das hübsche Dorf Vilharinha (**WP 4**) liegt etwas abseits der Wanderroute, der kurze Abstecher lohnt aber. Bei (**WP 5**) verlassen wir die schmale Teerstraße, welche Vilharinha an die Hauptstraße Vila do Bispo – Aljezur anbindet und folgen dem Schild „Herdade de Beiçudo" (links oberhalb ein Bauernhof an der Straße). Eine gute Schotterpiste bringt uns bis Carrapateira.

Die Küste zwischen Lagos und Sagres

Burgau: Kleines Dorf mit wenig Hoteltourismus und familiärer Atmosphäre direkt am Meer. Der Ortskern ist winzig, aber hübsch mit seinen verwinkelten Gassen, die steil abwärts zum Hafen und Strand führen. Die meisten Gäste haben sich in ein Apartment oder eine kleine Villa eingemietet. Kleiner Strand unterhalb des Dorfes. In Fußentfernung der hübsche Strand *Cabanas Velhas*.

• *Übernachten/Essen* **Apartments Bougainvillas**, im oberen Dorfteil gegenüber der Schule, kleine Apartmentanlage mit Pool, Kontakt über Restaurant *Ancora*. Apartment ca. 400 € pro Woche. Burgau, 282697102.

Apartamentos Os Descobrimentos, in bester Lage oben an den Klippen, mit Schwimmbad, Meerblick und Restaurant gleichen Namens, allerdings auch dement-

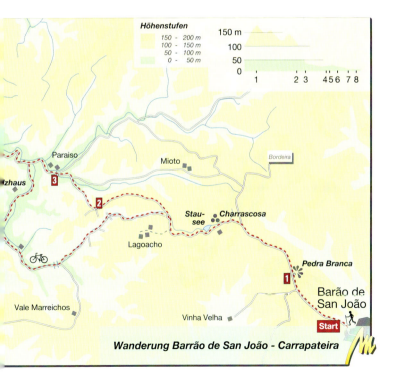

sprechende Preise. Apartment für 2 Pers. ca. 100 €. ✆ 282697761.

Quinta do Mar da Luz, Richtung Praia da Luz und direkt an den Klippen gelegene Anlage mit romantischem Flair. Relativ groß, wirkt aber trotzdem überschaubar, stilvoll rustikal und in warmen Farben eingerichtet, Pool, 1,5km bis Burgau, 3km bis Praia da Luz. 40 DZ, 60 Apts. DZ ca. 60–125 €, mit Frühstück. Sítio Cama da Vaca, ✆ 282 697397, www.quintamarluz.com.

Beira Mar, rechts unten am „Hafen", nur abends geöffnet. Englisch geführt, gute Steaks und gemütliches Ambiente.

O Refúgio, kurz vor Beira Mar rechts in eine kleine Nebengasse, viele Spezialitäten, die man sonst nicht bekommt. Hauptgerichte ab 11 €, Nudelgerichte schon ab 7 €, Largo do Poço 5.

Âncora, sehr gutes Essen von holländischem Chef, aber relativ teuer, oben an der Aussichtsplattform. Vermieten auch Apartments, *Bougainvillas* (s.o.), Travessa Alecrim 2.

● *Nachtleben* **Pigs Head**, die sehr englische Kneipe hat an Wochenenden oft Livemusik.

● *Internet* **Espaço Novas Descobertas**, eigentlich ein Kinderclub, bietet auch 5 Internetterminals an, der teure Preis von 6 € pro Std. dient als Abschreckung für Nichtmitglieder. Rechts an der Dorfstraße zum Strand, R. 25 de Abril 11b. Geöffnet von 12–19 Uhr, So geschlossen.

Cabanas Velhas: Etwa 3 km westlich von Burgau, sauberer Sandstrand unterhalb hoher Kliffe. Das Strandrestaurant „Blue Wave" (mit schönem Meerblick) ist inzwischen wiedereröffnet. Nachdem das Gelände vom gigantischen Touristikprojekt „Parque da Floresta" übernommen wurde, steht viel Halbfertiges herum und verschandelt ein wenig den Blick ins Hinterland.

Salema

Das Fischerdorf liegt in einem kleinen Tal, das die ansonsten schroffe Küste unterbricht. In den 80er Jahren war Salema *der* Rucksackler-Treff an der Algarve schlechthin. Inzwischen werden im Sommer die Parkplätze knapp und auch der Strand ist dann am Rande seiner Kapazität angelangt.

Das alte Dorf zieht sich entlang einer engen Hauptstraße, die parallel zum Sandstrand den Talhang hinaufführt. Hinter der Häuserzeile am Hang zum Meer wurde gerade eine Strandpromenade angelegt. Im unteren Bereich der Dorfstraße gibt es einige nette, kleine Bars und an den Häusern weiter oben hängt hinter jeder zweiten Tür ein Schild „Zimmer zu vermieten". Auf der anderen Talseite, dem alten Dorf gegenüber, haben sich in den letzten Jahren einige Ferienhäuser und Hotels etabliert.

Auf den Spuren der Giganten – Dinos in Salema

Wer am Strand sein Handtuch ausbreitet, tut dies gegebenenfalls direkt neben den Spuren eines Dinosauriers. In Salema gibt es sogar zwei Orte, an denen man mit etwas Geschick und Geduld – bislang ist nichts ausgeschildert oder gar eingezäunt – die Fußabdrücke der Vorzeitriesen finden kann.

Im westlichen Teil des Strandes sind sie auf einem großen Felsbrocken zu sehen, der einfach flach vor den Klippen liegt (in der Nähe der Holztreppe). Auf diesen heißt es hinaufklettern und schon sieht man mehrere Abdrücke in Linie von West nach Ost dahinwatscheln. Rund 140 Mio. Jahre ist dies her und den Experten zufolge handelte es sich um einen Ornithopoden, auch „Vogelfüßer" genannt, ein Pflanzenfresser mit 3 relativ breiten Zehen und ohne Krallen. Die Füße sind bei jedem Schritt leicht eingedreht, um dem Schwanz entgegenzubalancieren. Er soll ca. 1,50 – 2 m groß gewesen sein und von seinen 4 Füßen i.d.R. nur die Hinterfüße aufgesetzt haben.

Salema 213

Morgenstimmung in Salema

Am östlichen Strand sind die Spuren an einer schrägen Gesteinsplatte zu sehen, aber weniger gut zu erkennen. Hier sind die 6 Abdrücke schmaler, großen Hühnerfüßen ähnlich mit Krallen am Ende, und verlaufen in 2 Richtungen. Es handelt sich dementsprechend um einen fleischfressenden Theropoden, von denen einige größere Arten im Film Jurassic Park die Hauptrollen spielten.

• *Postleitzahl* 8650.

• *Information* **Salema Property and Services**, Mietwagen- und Apartmentvermittlung, diverse Tickets (z. B. Jeepsafaris) und Internet (1 Std. 4 €), vom Engländer James geführt. ✆ 282695855, info@salemaproperty andservices.com. Am Hauptplatz direkt gegenüber Hotel *Salema*.

• *Übernachten* **Pensão A Maré**, nur wenige Zimmer und 3 Apartments. Am Dorfeingang links. DZ ca. 65–75 €, Apartment 60–80 €. Edifício Maré, ✆ 282695165, ✆ 282695846, http://pt.algarve.co.uk.

Privatzimmer bei Susanne Martin, insgesamt 2 gemütliche DZ mit Etagenbad, und eine Ferienwohnung mit 2 Schlafzimmern, Küche, Bad zu vermieten. Sehr freundliche und unkomplizierte Vermieterin, die sich gut um ihre Gäste kümmert. Blick hinüber zum Meer nach Salema. Kurz vor dem Campingplatz 200 m den Hang hochfahren. DZ 30–40 €, Ferienwohnung 50–63 €. Aldeamento dos Carrios, ✆ 282695164 oder 918 148956, http://susanne.algarve4u.com.

Unser Tipp **Quinta das Figueiras**, liebevoll gestaltete Villa von den Franzosen Anne-Marie und Alain Houyet, oberhalb der Klippen in westl. Richtung an der neuen Straße nach Figueira; Pool und schöner Garten zum Meer hin. 3 DZ inkl. Frühstück für 60–70 €, ein Apt. ohne Frühstück 60–70 €, ✆ 282695709 oder 917717402.

Entlang der alten Dorfstraße viele Häuser mit dem Hinweis „Zimmer zu vermieten". Es vermittelt die „Opi-Connection", die alten Männer, die unten am Hafen auf den Bänken sitzen. Reizvoll, aber an einer Hand abzuzählen, sind die Zimmer mit Meerblick.

Casa Sousa, empfehlenswert, links am oberen Ende der Dorfstraße. Die sympathische Hauswirtin vermietet 3 saubere Zimmer für ca. 35–40 €. Rua dos Pescadores 6, ✆ 282695194.

Vivenda Felicidade, Villa von einer Brasilianerin mit 3 DZ und 1 Studio-Apt. auf 1.500 qm Grundstück, Pool, Meerblick, DZ 80–90 €. Am westlichen Hügel, Urb. Beach Village Lote M5, ✆ 282695670, www.romantikvilla.com.

• *Camping* **Quinta de Carriços**, der topp gepflegte Campingplatz eines Holländers liegt 1,5 km außerhalb an der Straße, die vom Meer zur Hauptstraße Sagres – Lagos

214 Westalgarve

führt. Auch Apartments und Studios zu vermieten. 4,60 € pro Pers., Zelt ab 4,60 €. Estrada da Salema, ℡ 282695201, 🖷 28269 5122, www.quintadoscarricos.com.

● *Essen und Bars* **A Casinha**, gute Fischsuppe und gegrillter Fisch, Hauptgericht ab 6,50 €, oben kleine Terrasse mit Meerblick. Ganz unten an der alten Dorfstraße, R. dos Pescadores 100, ℡282697339.

Lourenço, gilt bei Einheimischen als das beste Fischrestaurant im Ort. Einfach, klein und etwas versteckt an der steilen Straße auf der anderen Ortseite. Hauptgerichte von 6–10 €, *Cataplana* für 2 Pers. 20 €. R. 28 de Janeiro, ℡ 282698622 oder 918709717.

Aventura Bar, urig, in der alten Dorfstraße, auch Internet.

Miramar, direkt am Strand, etwas weiter östlich, mit schönem Blick, tollen Menüs und ausgefallenen Tagesgerichten. Von Oktober bis Ostern geschlossen.

Bistro Central, direkt unten am Platz, mit feiner Küche des Franzosen Bertrand, nicht gerade billig, aber sein Geld wert. ℡ 934 194215.

O Tiago, im Dorf Budens (an der Hauptstraße Lagos – Sagres) neben der Kirche. Gern auch von englischen Golfern besucht. Largo da Igreja Nr. 5, ℡ 282695081 oder 91271145. So geschlossen.

Praia Boca do Rio: Eine Ausweichmöglichkeit zum Baden liegt ca. 2 km östlich des Dorfes. Bei dem häufigen Nordwind ist es dort aber oft unangenehm windig. Dem dortigen Strandrestaurant, jahrelanger „Geheimtipp", wurde die Lizenz nicht mehr erneuert und nun ist es leider geschlossen. Es gibt einflussreiche Kräfte aus dem „Parque da Floresta", die hier gerne einen Golfplatz und Jachthafen anlegen möchten und dafür eine der letzten unbebauten Meeresbuchten der Gegend dem Tourismus opfern werden.

Praia da Figueira Eine Sandbucht inmitten skurriler Felsklippen – wie aus einem Bilderbuch. Ein Erlebnis für sich ist bereits der ca. 15-minütige Fußweg, der vom Ende der Asphaltstraße (Parkmöglichkeit) hinaufführt. Gesäumt von Maulbeerbüschen und wildem Fenchel, führt der Pfad an verwilderten Gärten entlang zur Bucht. Wasser mitbringen, am Strand keinerlei Einrichtungen.

Anfahrt Von Figueira (an der EN125) führt bei der Bushaltestelle ein Sträßchen Richtung Meer (Schild „Forte da Figueira"), das gleich zur Sandpiste wird; nach 600 m geht es das letzte Stück nur noch zu Fuß weiter, evtl. Auto gleich vorne an der Bushaltestelle stehen lassen.

Vom gleichen Ort aus kann man noch einen weiteren Strand, **Praia das Furnas**, erreichen: man fährt durch den Ort in westlicher Richtung hindurch und biegt links in ein Sträßchen ein, wo rechts einige große Eukalyptusbäume stehen; dann den 2. deutlichen Weg nach links, über eine Brücke und weiter links Richtung Meer schlängeln, je nach Wetter evtl. das letzte Stück laufen. An dem Strand wurden in den Grotten schon so manche Feste gefeiert. Auch hier gilt es, alles mitzubringen und wieder mitzunehmen, keinerlei Strandeinrichtungen und auch keine Rettungsschwimmer.

Praia da Ingrina: Bei Raposeira zweigt links zur Küste die schmale Straße zum Ingrina- und Zavial-Strand ab. Auf halbem Weg liegt links einer der schönsten Mini-Orte der Küste: Hortas do Tabual, ein gepflegtes Dorf mit kleiner Kirche, aber ohne die sonst obligatorische Tasca. Nur im Minimercado gibt's Getränke und gleich daneben befindet sich das Postamt in Wohnzimmergröße. Ein Bauer, von uns nach der Zahl der Einwohner befragt, begann zu zählen; sein Blick schweifte dabei von einem Haus zum anderen. Bei 33 waren alle seine Nachbarn abgezählt.

Kurz nach der Abzweigung nach Hortas de Tabual (auf der Straße Richtung Ingrina bleiben!) ragt rechts der Straße ein mächtiger Hinkelstein aus dem Boden. Hier wurden prähistorische Grabstätten freigelegt. Der Grabschmuck der hier gefundenen drei Skelette wurde nach Lissabon ins Museum gebracht.

Der Strand ist auch in der Hauptsaison selten überfüllt. In den Ruinen hinter dem Strand wurden früher die gefangenen Thunfische zur Konservierung eingesalzen.

- *Camping* **Camping Ingrina**, sehr einfacher Platz, der nette Besitzer hat ihm in seiner Bescheidenheit selbst den Zusatz „rural" verpasst. Das Areal liegt ca. 750 m oberhalb vom Ingrina-Strand. Von hier sind zu Fuß zwei weitere Strände zu erreichen. Sehr einfache sanitäre Anlagen, doch dafür der einzige Campingplatz weit und breit mit Meerblick. Ein paar schattige Fleckchen im kleinen Talbereich des Platzes mit Schirmpinien. 4,00 € pro Pers., Zelt 3,85–4,95 €. ☎ 964420680 oder 964450233.

Praia de Zavial: Die unbebaute Bucht besitzt ein empfehlenswertes Strandrestaurant und ist besonders bei Wellensurfern, dem Schrecken aller Kleinkinder, beliebt. Aber nicht bei Nordwind, wenn der Wind die Wellen Richtung Atlantik treibt.

- *Übernachten* **Casa Monika**, etwas unterhalb von Hortas do Tabual, Richtung Praia Zavial. Kleine Anlage in hübscher Hanglage, auch ein Pool ist vorhanden. Monika Borkenhagen aus Berlin hat insgesamt drei Zimmer und zwei Studios zu vermieten, Frühstück auf Wunsch. Nur von Mai bis Ende Oktober geöffnet, Mindestaufenthalt 3 Nächte. DZ ca. 38–50 €. ☎ 282639062.

- *Essen* **Zavial**, Ernesto und Lucília, das Wirtsehepaar, legen viel Wert auf frische Zutaten. Fischsuppe, üppige Spieße und Steaks, auch die Cataplana ist empfehlenswert. Zum Nachtisch selbst gemachte *Torta de Nata*. Nur die Pommes frites sind mittlerweile aus der Packung, aber man kann die Beilagen frei wählen, also besser *batatas cozidas* oder *arroz* bestellen.

Guadalupe-Kirche: Zwischen Budens und Raposeira liegt rechts der Straße die kleine Kirche Nossa Senhora de Guadalupe. Die erst seit 1998 wieder zugängliche Kirche im romanisch-gotischen Stil stammt ursprünglich aus dem 13. Jh. und ist somit das älteste Kirchlein hier. Aus dem 14. Jh. sind wohl die heutigen Spitzbögen und Kapitelle aus verschiedenfarbigem, marmoriertem Sandstein. Sie zeigen Symbole des Christsritterordens, den portugiesischen Templern. Alles ist hier irgendwie schief oder asymmetrisch, nicht etwa aus Versehen, sondern um zu symbolisieren, dass nur Gott perfekt und der Mensch eben fehlbar ist. Auch Heinrich der Seefahrer, Großmeister des Ordens, sammelte sich hier häufig zum Gebet. In den vergangenen Jahren wurde diese mythenumwobene Kirche häufig Opfer von Diebstählen; als letztes wurden selbst die großen Sandsteine der Eingangsstufen geklaut, sonst war schon nichts mehr da ...

Inzwischen ist die Kirche komplett renoviert. Der Bauernhof links daneben wurde zu einem Besucherzentrum umgebaut und beherbergt nun eine Ausstellung zu den mannigfaltigen Darstellungen der schwarzen Madonna weltweit und ihrem Kult, der noch ältere Wurzeln haben soll. Ein kleiner, kuppelförmiger Anbau des Bauernhofs entstand in den 40er Jahren, als maurische Bauelemente der letzte Schrei waren. Francisco Serpa hat nun Kollegen bekommen und man zahlt 1,50 € Eintritt im linken Gebäude, mit etwas Glück be-

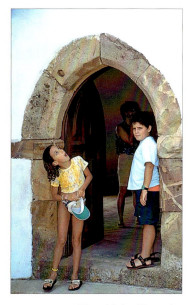

Die seitliche Pforte der Guadalupe-Kirche

kommt man auch eine kleine Faltbroschüre über die Kirche dazu, meist auch in Deutsch erhältlich. 9.30–12.30 Uhr und 14–18 Uhr. Mo geschlossen.

Vila do Bispo (ca. 1500 Einw.)

Der Verwaltungsort des südwestlichsten Zipfels Europas. Vila do Bispo, übersetzt „Kleinstadt des Bischofs", kam zu seinem Namen, als König Dom Manuel I. seinem Freund Fernando Coutinho, Bischof von Faro, das ganze Gebiet als Jagdrevier schenkte. Die Matriz-Kirche ist prächtig mit Azulejos ausgekleidet und steht der in Lagos an Ästhetik in nichts nach. Leider nur während der Gottesdienste geöffnet (So um 13 Uhr).

Baden: *Praia do Castelejo*, ca. 3,5 km westlich von Vila do Bispo. Ein relativ einsam gelegener Strand mit der wohl besten Zufahrt weit und breit: Ein neues, sauberes Asphaltband schlängelt sich zur Küste hinunter, an einigen Aussichtspunkten zieren Steinkunstwerke den Weg. Liebevoll geführtes Strandrestaurant mit direktem Meerblick.

Auch der Nachbarstrand *Cordoama* etwas nördlich ist ganz hübsch. Ebenfalls mit empfehlenswertem Restaurant.

- *Postleitzahl* 8650.
- *Übernachten/Essen* **Mira Sagres**, freundliche Familienpension gegenüber der Kirche. Zwar kann man von hier nicht bis nach Sagres blicken, doch die meisten Zimmer haben dennoch eine hübsche Aussicht. Wurde bei Recherche gerade renoviert, soll aber 2011 wieder die Tore öffnen. 10 Zimmer werden vermietet, DZ ca. 45–80 €. Rua 1 de Maio, 3, ✆ 282639160.
A Eira do Mel, Restaurant mit gepflegten Räumlichkeiten. Spezialität sind die diversen Reisegerichte mit fischigen Einlagen (z. B. *Arroz de Peixe*), mehrfach prämiert. An der Straße zum Castelejo-Strand (neben Markthalle). Von sich reden machte es auch durch seine witzigen Werbeschilder, auf denen es mit „slow food" wirbt, und das in der Nähe einer bekannten Fast-Food-Kette... ✆ 282639016. So geschlossen, ganzjährig geöffnet.
Ribeira do Poço, bei den Portugiesen beliebt wegen des frischen Fisches und der Meeresfrüchte, hier gibt es in der Saison auch *perceves*. Nettes Ambiente, mit Terrasse. Rechts zwischen 1. Kreisverkehr und Markt, R. Ribeira do Poço 11, ✆ 282639075. Mo Ruhetag.
O Palheiro, traditionelle Küche und Meeresfrüchte. Im unteren Viertel bei der Kirche, Rua Carlos Luís Correia Matoso 1, ✆ 282639745 oder 918777808.

Sagres (ca. 2.500 Einw.)

Ein kleines Städtchen hauptsächlich entlang der zwei Hauptstraßen am südwestlichen Zipfel Europas. Besonders hübsch sieht der natürliche, in einem Felsenkessel gelegene Fischerhafen aus. Der Ort selbst liegt am oberen Rand des kargen Plateaus; meist bläst ein heftiger Wind, der nur niedrige Ginster- und Wacholderbüsche gedeihen lässt – und den Surfern, die sich hier treffen, die reine Lust bedeutet.

Einen richtigen Dorfkern besaß der Ort auch früher nicht: ein paar Häuser um die heutige Praça da República und eine kleine Siedlung am Fischerhafen. Inzwischen sind beide Pole zusammengewachsen und bilden ein etwas gesichtsloses Reihendorf, das man jedoch wegen seiner herrlichen Strände und Klippenformationen auf gar keinen Fall verpassen sollte!. Nur ca. 2500 Einwohner leben hier, obwohl die Zahl der (Sommer-)Häuser leicht das Dreifache vermuten lässt. Das Publikum in den Sommermonaten ist überwiegend jugendlich: Fast jeder Euro-Railer möchte dem „Ende der Welt" einen Besuch abstatten. Seitdem die neu gebaute Straße fertig ist, kommen

Sagres 217

Waschmöglichkeit unter freiem Himmel

tagsüber aber auch immer mehr Tagesausflügler aus der ganzen Algarve. Das groß angekündigte *Centro Oceanográfico*, welches das größte Aquarium Europas beherbergen sollte, ist aus finanziellen und politischen Gründen zunächst gescheitert.

Das Ungeheuer von Sagres

Geht man in die Fortaleza hinein und hält sich rechts, so kommt man nach ca. 1 km an den südlichsten Zipfel der kleinen Halbinsel. Eine Steinmauer zu den Klippen hin soll Angler davor bewahren, von den hier ca. 65 m hohen Felsen zu stürzen. Von dort sind es noch etwa 100 m in Richtung Süden, um das Schnauben des „Ungeheuers" (das sich nur bei Wellengang an die Oberfläche wagt, heute ist eine Art rundes Labyrinth darum herumgebaut) zu hören: Durch eine horizontale, halb im Wasser liegende Höhle wird die Luft von den mächtigen Wellen durch einen senkrechten Kamin nach oben gepresst und erzeugt dieses unheimliche Geräusch. Das ganze Jahr über, besonders jedoch im Winter, donnern die hohen Atlantikwellen mit Getöse gegen das Kliff. Der Wind ist dann so stark, dass die Gischt auf das Plateau getragen wird. Hobbyfischer lassen von den Klippen Köder in das brodelnde Wasser hinunter – durch das Zusammentreffen der warmen Algarvegewässer mit der kälteren Biscaya sammeln sich hier viele Fische. Zudem werden „altersschwache" Muscheltiere durch die Brecher von den Felsen gespült – dadurch wird der Ort ein optimaler Tummelplatz für vielerlei Meeresgetier. Weiter draußen im Atlantik lauern wiederum Haie und Schwertfische den voll gefressenen Klippenfischen auf ...

Geschichte: Der Name Sagres kommt wahrscheinlich aus dem Lateinischen (*sacrum* = heilig). Hünensteine aus dem 3. Jahrtausend v. Chr. weisen auf eine alte Kultstätte hin. Der Legende nach soll Heinrich der Seefahrer, als er hier seine Schule gründete, keine Siedler gefunden haben, die sich freiwillig an diesem unfruchtbaren Ort niederlassen wollten. So wurden Verbannte gegen Zusicherung von Straffreiheit angesiedelt. Pläne zur Errichtung eines großen Hafens hat man aufgrund der früheren Unbeliebtheit des Ortes nie verwirklicht und die meisten Expeditionen starteten im nahen Lagos.

Im 15. Jh. wurde ein Franziskanerkloster mit Krankenhaus gegründet, später übernahm sogar Heinrich der Seefahrer persönlich die religiösen Aufgaben (z. B. Bestattung der Toten). Heinrich war zu seinen Lebzeiten ein Heiliger. Er lebte keusch, blieb kinderlos und trank keinen Alkohol; am 13. November 1460 verstarb er in Sagres. Im 15./16. Jh. gewann das Kap für die Seefahrt immer mehr Bedeutung. Segelschiffe warteten hier auf günstige Winde für die langen Reisen und ließen noch einmal die Frischwassertanks auffüllen. Auch Christoph Columbus kannte das Cabo de São Vicente sehr gut. Bereits im 16. Jh. wurde der erste Leuchtturm gebaut. 1587 richtete der englische Freibeuter Sir Francis Drake großen Schaden an: Er ließ das alte Franziskanerkloster und die Festung zerstört zurück.

Die Pilger zählenden Raben von Corvo

Ein arabischer Geograf aus dem 12. Jh. berichtete von Sagres, dass dort ein christlicher Tempel mit vielen Reichtümern stehe. Für die Christen war er ein Pilgerziel, dem sie viele Geschenke überbrachten. Die Kirche stand direkt am Meer auf einem Felsen und auf dem Dach hockten stets zehn Raben. Die Priester erzählten von diesen Raben wundersame Geschichten, die der christliche Chronist nicht niederschreiben wollte. Ein maurischer Geschichtsschreiber war mutiger: „Es war eine Kuppelkapelle, über die Raben flatterten, und der Kapelle gegenüber stand eine Moschee. Die Mohammedaner pilgerten hierher, da sie dachten, von hier würden ihre Gebete besser gehört. Die Moscheebesucher erhielten auch eine Wegzehrung. Die Raben schauten sofort in die Moschee hinein, sobald jemand eintraf, und bei jeder Person schrieen sie einmal auf. So wussten die Mönche, wie viel Mahlzeiten gebracht werden mussten. Die Raben irrten nie, allerdings wurden die Priester jeweils mitgezählt".

Baden: Etliche großzügige Buchten in der Umgebung. Je nach Windrichtung und Brandungshöhe empfiehlt sich bei Badenden wie bei Surfern mal die eine und mal die andere.

Martinhal: Hier bietet sich kein Windschutz durch Felsen, deshalb hauptsächlich bei Windsurfern beliebt. Eine Surfschule gibt es auch.

Lesertipp: Restaurant-Bar **Martinhal**, „Nette Atmosphäre und leckere Fischgericht zu reellen Preisen", direkt am Strand. (Herbert Hünecke)

Baleeira: Nur ein kurzes Stück wird nicht von den Fischerbooten genutzt. Angeschwemmt vom nahen Hafen, sammelt sich hier allerlei an, was eigentlich nicht ins Meer gehört.

Mareta: Der Strand ist windgeschützt und hat meist den niedrigsten Seegang. Die Breite des Sandstreifens hängt stark von der Hauptwindrichtung der Winterstürme ab.

Tonel: häufig hohe Brandung, wegen der Strömungen nicht ungefährlich, also nicht für Kinder geeignet. Den Sommer über meist bewacht.

Beliche: für viele der Lieblingsstrand. Ziemlich windgeschützt und nicht so überlaufen wie die Strände in der Nähe von Sagres. Am Strand eine Bar, oben an der Straße Restaurants.

Nördlich vom Leuchtturm Cabo de São Vicente gibt es noch zwei „wilde" Strände, meist mit ziemlich hoher Brandung und deshalb nicht ungefährlich.

Heinrich der Seefahrer – Prinz von Sagres

In den Chroniken des 16. und 17. Jh. wurde er idealisiert und als einfacher, tiefreligiöser Mensch mit einem Hang zum Mystischen beschrieben. Aus heutiger Sicht war er eher ein Politiker und ein ehrgeiziger und überzeugter Organisator von Kreuzzügen. Eigentlich war er weniger „der Seefahrer", sondern der Finanzier, Organisator und die treibende Kraft hinter den Expeditionen. Im Laufe seines ruhmreichen Lebens erlangte er auch beträchtliche Reichtümer: Das Herzogtum von Viseu, Covilhã und Alcáçovas, Lagos und Alvor, Madeira und die Azoren wurden sein Besitz. Er besaß darüber hinaus die Rechte am Thunfischfang der Algarve, an der Seifenproduktion und der Blaufärberei des ganzen Landes, an der Korallenfischerei und am Handel südlich des Cabo Não.

Er wurde als dritter Sohn von Dona Filippa von Lancaster, eine pflichtbewusste und gestrenge Angelsächsin, und König Dom João I. im Jahre 1394 in Porto geboren. Seine Erziehung war englisch geprägt, dank der Abstammung seiner Mutter. Aus dieser Zeit stammen auch die über Jahrhunderte gepflegten Beziehungen zu England. Den Rücken frei durch einen Friedensvertrag mit Kastilien, konnte sich Portugal neu orientieren. So erhielt Prinz Heinrich den Auftrag, eine Flotte mit 20.000 Männern gegen Ceuta (Marokko) zu rekrutieren. Die Expedition war so erfolgreich, dass er Führer des Ritterordens Christi wurde, der Nachfolger der portugiesischen Templer. Sein Hauptsitz war anfangs die Burg von Tomar, Sitz des Ritterordens; erst später zog er wegen Spannungen am Königshof nach Lissabon. 1437 versuchte er, Tanger einzunehmen – dabei fiel sein jüngster Bruder, Prinz Dom Fernando, in die Hände der Feinde. Das Lösegeld für die Geisel wäre Ceuta gewesen, aber der Prinz musste in Gefangenschaft sterben. Nach dieser Niederlage zog sich Prinz Heinrich an die Algarve zurück. Nach dem Tode von König Dom Duarte verlor das Herrscherhaus das Interesse an Marokko und den andauernden Scharmützeln und Niederlagen. Wichtiger war nun, das Land zu stabilisieren und die Vormachtstellung im Afrikahandel auszubauen. Dabei kam Prinz Heinrich zu den unermesslichen Reichtümern als Monopolist der Handelsroute nach Westafrika. Nach folgenden Spielregeln wurden die Handelsgewinne aufgeteilt: Wenn die Karavelle vom Prinzen und die Tauschware vom Händler stammte, wurden die heimgebrachten Güter hälftig aufgeteilt. Selbst wenn der Kaufmann Schiff und Ware stellte, mussten 25 % der Ware als Steuer an den Prinzen abgeführt werden.

Gegen Ende seines Lebens entwickelte er mehr und mehr eine Vorliebe für die Algarve und hielt sich oft in Lagos auf. ▶

Vor dem Zeitalter der Entdeckungen hat man wenig über die Erde gewusst. Das antike Weltbild war vorherrschend – ein Bild, demzufolge Fabelwesen die südliche Hälfte der Erdscheibe bewohnten. Zeichnungen aus dieser Epoche zeigen noch Zyklopen, Drachen und Einhörner. Die einzelnen Kulturen haben wenig bis überhaupt nichts voneinander gewusst und der Handel beschränkte sich fast nur auf den Mittelmeerraum. Das wussten die Portugiesen mit Heinrichs Hilfe zu ändern. Sie haben nicht nur neue Welten entdeckt, sondern sie zusätzlich dokumentiert und die portugiesischen Karten galten als die besten. Auch wurden statt Ungeheuern wirkliche Elefanten, Nashörner und schwarze Eingeborene dargestellt. Die ersten gezeichneten Tiere erinnerten allerdings mehr an Fabelwesen, da sie nach Erzählungen angefertigt wurden.

Die Entdeckungsfahrten nahmen ihren Anfang mit der Eroberung von Ceuta in Marokko. Heinrich der Seefahrer kämpfte dort als junger Mann heldenhaft mit. Natürlich war Ceuta vorher schon bekannt: Die Stadt besaß eine große wirtschaftliche und militärische Bedeutung. Hier konnte man die Handelsware, die über Gibraltar führte, kontrollieren. Die islamische Piraterie erlitt dadurch ebenfalls einen Rückschlag. Auch die Idee der Kreuzzüge wurde wieder lebendig und erlebte unter dem Begriff *Reconquista* eine Renaissance. Das Gold der Mauren forderte jedoch viele Menschenleben und wegen der ständigen Kämpfe mussten starke Festungen erbaut werden. In der ersten Hälfte des 15. Jh. erfolgte die Eroberung bzw. Entdeckung der Inseln im Atlantik. Madeira wurde von den Portugiesen besiedelt. Dort wurde der Anbau des Zuckerrohres eingeführt und später nach Amerika gebracht. Die Azoren waren aus strategischen Gründen wichtig – hier führten später die Atlantikseewege vorbei.

Nach der Entdeckung der Azoren 1427 wurde an der westafrikanischen Küste Richtung Süden entlang gesegelt. Erst 1460, als Heinrich der Seefahrer starb, erreichten die Portugiesen die Kapverdischen Inseln. Der Handel mit Westafrika brachte ihnen Gold, Elfenbein, Pfeffer und Sklaven. In Lagos gab es den ersten Sklavenmarkt Europas.

Neun Jahre nach dem Tode Heinrichs des Seefahrers wurde ein Kaufmann aus Lissabon namens Fernão Gomes unter Vertrag genommen und die Entdeckungen gingen weiter. Ziel war der Seeweg nach Indien. Aber erst 30 Jahre später erreichte *Vasco da Gama* Indiens Küste.

Währenddessen schliefen die Spanier nicht, also musste die Vorherrschaft der „Welt" in dem Vertrag von Tordessilhas aufgeteilt werden. Die Portugiesen erhielten die afrikanische Westküste, einen Großteil von Asien und das östliche Brasilien. Erst im 17. Jh. stießen Engländer und Holländer als Kolonialmächte dazu.

Der hohe Stand der portugiesischen Navigationstechnik war die Voraussetzung für den Erfolg der Expeditionen. Sie hatten dazu wendige und leichte zwei- bis dreimastige Schiffe mit Dreieckssegeln (so genannte lateinische Segel). So konnten sie dicht an der Küste entlangfahren. Erst später, als man die Seewege kannte, kamen die großen, schweren Schiffe mit den runden Segeln auf, die nicht so wendig waren, aber dafür viel Fracht tragen konnten. Die Kenntnisse über Meeresströmungen im Atlantik und die Orientierung nach den Sternen waren für den Erfolg dieser Unternehmungen unentbehrlich. Heinrich der Seefahrer unterstützte eifrig die Entwicklung der Wissenschaften, die der Förderung der Navigation dienten (Mathematik, Kartografie und Astronomie).

Sagres

Tauchen: Sagres bietet einige der besten Tauchplätze Portugals. In der Nähe des Cabo de São Vicente ziehen sich große Grottensysteme weit in die Felsküste hinein. Bei guter Sicht hat man das Gefühl in Hallen zu tauchen, so hoch sind die Grotten, deren Decken teilweise Stalaktiten zieren. Wolfsbarsche jagen hier Sardinen-Schwärme, in den Felsspalten verstecken sich Langusten, Einsiedlerkrebse und Seespinnen.

Lesertipp: **DiversCape** am Fischerhafen, „schweizerisch/portugiesisch geführte Tauchschule. Die Ausbildung erfolgt nach dem PADI-System. Ich habe mich überaus wohl gefühlt." Tauchgang inkl. Ausrüstung 45 €, ✆ 965559073, www.diverscape.com.

Information/Verbindungen/Diverses

- *Postleitzahl* 8650.
- *Information* Am großen Platz zwischen den beiden Dorfkernen. Di–Sa 9.30–12.30/13.30–17.30 Uhr geöffnet, Sa/So geschlossen. ✆ 282624873.
- *Fahrradvermietung* Am Campingplatz, ca. 10 € pro Tag.
Im Surfshop **Sagres-Natura** rechts vom Hauptplatz für 15 € pro Tag, bei 3 Tagen 11,50 €, R. de S. Vicente, ✆ 282624072.
- *Verbindungen* Im Sommer etwa stündlich Busse von Lagos nach Sagres (Sa/So ca. alle 2 Std.). Die Busfahrpläne hängen im Turinfo-Büro aus.
Aljezur: Mo und Fr 8.05 Uhr ab Vila do Bispo (mit dem 7.40-Uhr-Bus Richtung Lagos, in Vila do Bispo aussteigen), im Sommer auch tägl. Expressbus (hier müssen die Tickets vorher gelöst werden). **Lissabon** 1. Juli–30. Sept. tägl. Direktbus (Rede Expresso).
- *Hochseeangeln* oder Delfine beobachten auf dem renovierten Fischkutter „Estrela do Rio". Teilnehmen müssen mindestens 4 Pers. Nähere Auskünfte und Reservierungen unter ✆ 919751175.
Mar ilimitado, das nette und junge Team von Meeresbiologen bietet qualifizierte Delphinfahrten an, ca. 30 €, unten am Fischerhafen. ✆ 916832625, www.marilimitado.com.
- *Surfen* In Sagres gibt es eine sehr gute Surfschule: **International Surf School**, deren Besitzer Stefan Strauss ein Buch zur „Wave Culture" geschrieben hat. SH liegt an der Estrada Cabo São Vicente (siehe auch www.surf-house.com), ISH an der Praia do Beliche (siehe auch www.internationalsurfschool.com).
Die Surfschule **Sagresnatura** in der Rua Mestre Antonio Galhardo bietet zudem auch Kanufahrten und Mountainbiketouren an und besitzt einen Laden beim Kreisverkehr. Ein-Tages-Kurs kostet ca. 45 €. ✆ 282624072, www.sagresnatura.com.

Übernachten (siehe Karte S. 223)

Preiswerte Pensionen gibt es wenig, auch die Jugendherberge wurde abgerissen. Dafür werden fast in jedem Haus Privatzimmer vermietet, das DZ ab 20 €.

**** Memmo Baleeira (9), frisch renoviert und gestylt ist es seit Aug. 07 wieder geöffnet und wartet mit 105 frisch geweißten, modern eingerichteten Doppelzimmern auf; das rustikale Flair ist geschwunden, dafür gibt es jetzt auch Sauna und geheiztes Hallenbad. Zimmer mit Zentralheizung und kleinem Balkon. Im Garten Swimmingpool mit Aussicht. Gute Lage oben an der Fischerbucht. DZ ca. 150 €. ✆ 282624212, ✉ 282624425, www.memmohotels.com.

Pousada do Infante (15), das Franchise-Unternehmen bietet ca. 50 Zimmer, die für die Preisklasse etwas karg ausgestattet sind. Pool und Tennisplatz für Gäste frei. Sehr schön, 50 m landeinwärts von den Klippen gelegen. DZ mit Bad 90–192 €. ✆ 282620240, ✉ 282624225, recepcao.infante@pousadas.pt.

Apartamentos 4 Ventos (12), 3 gut ausgestattete Apts. werden von der netten Portugiesin Ana Fernandes vermietet, zentral gelegen, vom Hauptplatz ein paar Meter Richtung Festung. Apt. mit 1 SZ 65–80 €, mit 2 SZ 80–130 €. Rua da Fortaleza, ✆ 282624552, anaf_4ventos@hotmail.com.

Mareta View (vormals Dom Henrique) **(11)**, gepflegtes Hotel, 17 geräumige Zimmer und große Terrasse zur Mareta-Bucht.

Teueres Internet zu 4 € pro Stunde. Hinter der Praça da República in einer Seitengasse. DZ zu 50–110 €. Beco Dom Henrique, ✆ 282 62000-0, ✉ 28262000-4, www.sagresholidays.com.

• *Privatzimmer* **José Pereira**, privilegierte Lage neben o.g. Hotel, Zimmer nicht so komfortabel. DZ ca. 60 €. ✆ 282624096.

Atalaia Apartamentos (5), gegenüber vom Restaurant Carlos (derselbe Besitzer, spricht sehr gut Englisch). 7 DZ und 3 große Apartments. DZ ca. 50 €, Apartment ca. 100 €. Av. Comandante Matoso, ✆ 282 624228.

• *Camping* **Orbitur**, 3 km außerhalb von Sagres, Richtung Leuchtturm, dann rechts. 6 ha großes Gelände, schattig durch recht hohe Pinien. Mini-Mercado, Restaurant und Bar vorhanden. Auch Fahrräder werden vermietet. Ganzjährig geöffnet. 2 Pers./Auto/Zelt ca. 15 €, Bungalows 77–82 €, mit Cartão Jovem 10 % Ermäßigung. Cerro das Moitas, ✆ 282624371, ✉ 282624445.

Essen

O Retiro do Pescador (3), typisch portugiesische Küche, Fischiges und Gegrilltes, *Arroz de Marisco* für 25 € für 2 Pers. Etwas versteckt nördlich der Hauptstraße, wenn man nach Sagres hinein fährt, R. Luís de Camões. Mo Ruhetag, Nov. bis März geschlossen. ✆ 282624438.

Vila Velha (14), gilt als bestes Restaurant im Ort. Raffiniert zubereitete Gerichte (z. B. *Bacalhau* mit viel Lauch). In der Küche steht die Inhaberin, eine Holländerin und gelernte Köchin. Von sechs zur Verfügung stehenden Beilagen können zwei ausgewählt werden. Leser empfehlen als Vorspeisen die *algarvianische Leber* und die *Jakobsmuscheln mit Sauce Thermidor*. Auch Kinderteller und Vegetarisches. Hauptgerichte ca. 12 €. Mo Ruhetag, Jan./Feb. geschlossen. Am Weg zur Pousada rechts, R. Patrão António Faustino, ✆ 282624788 oder 917128402.

Carlos (8), an der Hauptstr., mit großer Terrasse. Auf der Karte finden sich auch einige nicht alltägliche Gerichte wie *Cataplana* (für 2 Pers. ca. 27,50 €) oder *Arroz de Marisco*. Di Ruhetag. Av. Comandante Matoso, ✆ 282624228.

Pardal (2), berühmt für seine Muschelgerichte und Krebsgetier. Man kann auch im Vorgarten unter Tamarisken speisen.

Ein beliebter und gefährlicher Sport in Sagres – Klippenangeln

Sagres 223

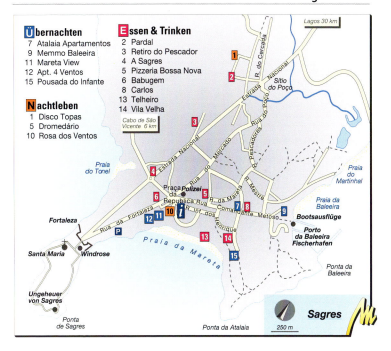

Übernachten
7 Atalaia Apartamentos
9 Memmo Baleeira
11 Mareta View
12 Apt. 4 Ventos
15 Pousada do Infante

Essen & Trinken
2 Pardal
3 Retiro do Pescador
4 A Sagres
5 Pizzeria Bossa Nova
6 Babugem
8 Carlos
13 Telheiro
14 Vila Velha

Nachtleben
1 Disco Topas
5 Dromedário
10 Rosa dos Ventos

Telheiro (13), leckeres Essen bei Meeresbrandung, v. a. der gegrillte *Besugo-Fisch*. Große Portionen, doch sind die Preise eher etwas gehoben, z. B. kostet das Couvert 3,20 €. Abends ziemlich lange geöffnet. Di Ruhetag. Oberhalb am Mareta-Strand, Rua do Tonel, ✆ 282624179.

Babugem (6), auch viel frequentierte Bar, lecker sind das *Bife a Babugem* und der frische Tagesfisch. Am Hauptplatz Praça da República.

A Sagres (4), beim großen Kreisverkehr, relativ preiswert, gute Auswahl an portugiesischen Gerichten, Fisch und Meeresfrüchten, aber auch Sandwichs etc. Große Terrasse zur Straße.

Dromedário (5), die Surfer-Kneipe in Sagres, Reggae-Beats und Wellenreiter-Videos am Abend. Das Dromedar hat bis 2 Uhr geöffnet und serviert auch Cocktails (ca. 4,50 €). Avenida Comandante Matoso. www.dromedariosagres.com.

Pizzeria Bossa Nova (5), direkt hinter dem *Dromedário* (gleiches Gebäude). Hausgemachte Pizzen (ca. 7–8 €) für den kleinen Hunger gestresster Touristen. Ab mittags geöffnet.

• *Außerhalb* **Marigil**, kurz vor *Raposeira*, auf der linken Seite von der N125 (gegenüber der Töpferei). Qualitativ hochwertige portugiesische Hausmannskost, z. B. tolle Leber aus dem Ofen, Grillgerichte. Sa geschlossen. ✆ 282639274 oder 966018475.

„**Letzte Bratwurst vor Amerika**" prangt seit 1996 in großen Lettern auf dem Imbisswagen, Cabo de São Vicente (6 km außerhalb), und kaum ein deutschsprachiger Besucher kann sich seiner eigenen Neugierde entziehen und stattet dem Bratwurstgrill von Petra und Wolfgang einen Besuch ab. Dort gibt's echte Nürnberger Rostbratwürste, aber auch Thüringer direkt auf dem „Marktplatz" vor dem Leuchtturm. Ostern bis Ende Oktober 10.30–17.30 geöffnet. Unter www.letztebratwurst.com werden neben einigen Reisetipps die größten Erfolge des sehr originellen Unternehmers vorgestellt.

Westalgarve

*N*achtleben *(siehe* **K**arte *S. 223)*

Warung (indonesisches Wort für "fahrende Spezialitäten"), Surfertreff, am Wochenende Live-Musik, mexikanische und deutsche Küche (Currywurst). Rua do Mercado. Beliebt ist die Kneipe **Rosa dos Ventos (10)** an der Praça da República. Reelle Preise, gute Küche. Nicht weit davon, Richtung Mareta-Strand, ziehen auf halbem Weg zum Campingplatz die Partysuchenden in die **Disco Topas (1)**. Obwohl es schönere Schuppen gibt, trifft sich hier ganz Sagres. Von 2 Uhr bis 6 Uhr früh geöffnet, im Winter nur an Wochenenden.

Sagres/Umgebung

Fischerhafen mit Fischversteigerung: Im Porto da Baleeira kann man an Nachmittagen nicht nur den Booten zuschauen, die ihren Fang an Land bringen, sondern auch bei der Fischversteigerung. Dafür geht man über die Außentreppe der Docapesca (blau-weiß angestrichenes Gebäude) in den ersten Stock, vom Balkon sieht man, wie der Fang verstaut wird und im Café **A Sereia** gibt es große Glasfenster zur Halle hin, durch die man sieht, für wie viel Euro der Fisch hier seinen Besitzer wechselt. Nach Art getrennt bringt jedes Boot seinen Fisch auf das Laufband, zuerst wird er gewogen und der Herr im Kiosk gibt Spezies und Boot an. Sobald der Fisch vor der Händlertribüne an die Reihe kommt, werden auf einer Tafel Fischart, Boot, Gewicht der einzelnen Wannen, Frischegrad und Größe vermerkt. Dann wird der Höchstpreis pro Kilo rechts angezeigt und abwärts gezählt, bis ein Händler auf seine Fernsteuerung drückt – wer dies zuerst tut, bekommt den Fang, der Preis ist stets der Preis pro kg. Das Ganze beginnt nicht vor 15 Uhr, eher um 16 hr, je nachdem wann die 7-8 Fangboote wieder in den Hafen einlaufen. Danach kann man dann noch ein Schnäpschen mit den Fischern trinken.

Promontorium Sacrum: War sie eine Schule für angehende Entdecker?

Sagres/Umgebung 225

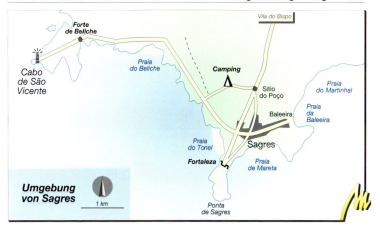

Café A Sereia, so heißt die noch authentische, sehr einfache Fischerkneipe am Hafen. Tony, der portugiesische Besitzer, gibt gerne Auskunft über die Versteigerung und kommt mit einem großen Buch, um den Zuschauern bei der Namensfindung der Versteigerungsobjekte zu helfen. Er und seine Frau Lesley sind auch exzellente Köche, dies aber einzig auf Voranmeldung (besser 2 Tage vorher), aber dann kochen sie gerne und reichlich den Fisch direkt vom Hafen, als *Caldeirada* (Fischeintopf), *Peixe no Forno* (im Ofen gebacken) oder *Tamboril com ervilhas* (Seeteufel-Eintopf mit Erbsen). So geschlossen, ✆ 918779460 oder 918779461.

Fortaleza – Ponta de Sagres: Neben dem Dorf ragt die kleine Halbinsel weit ins Meer. Hier befindet sich, durch eine hohe Fortaleza vom „Festland" getrennt, die „heilige Halbinsel", das so genannte *Promontorium Sacrum*. Es ist eine Legende, dass es bis 1460 die berühmte Seefahrtsschule von Heinrich dem Seefahrer beherbergt haben soll – es wird trotzdem gerne als die Keimzelle der portugiesischen Entdeckungsfahrten gepriesen, zumal dieses Gebiet zu den Besitzungen Heinrichs gehörte und der Hafen als erster Anlaufpunkt für die Schiffe der Entdeckungsfahrten diente.

Wen es wundert, dass man in der Festung keinerlei Hinweise auf Heinrich findet, dem sei dies zum Trost gesagt: Moderne Historiker halten die Seefahrerschule in Sagres für eine jahrhundertealte, liebreizende Legende – ein Ammenmärchen. Geforscht und unterrichtet wurde wahrscheinlich in Lagos und Lissabon, Caravellen gebaut und Bericht erstattet in Lagos.

• *Eintritt* 3 €, bis 14 J. gratis. Für 1 € erhält man etwas dürftige Informationen auf Deutsch (dafür mit Lageplan). Im ersten Stock des Hauptgebäudes gibt es einen sehr gut bestückten Buchladen zur Historie des Landes und auch einige Leaflets zu nationalen Monumenten auf Deutsch.
Innen gibt es nicht allzu viel zu sehen, links die angebliche Windrose Heinrichs, neue Gebäude mit Café, WC und Andenkenladen in der Mitte, ein paar Mauerreste der ursprünglichen Festung, rechts ein Landmarkierungskreuz, wie es die Portugiesen 1500 in Brasilien aufgestellt haben als Replik, und ein bescheidenes Renaissancekirchlein. _Man kann aber einen schönen Rundgang um die Landzunge herum machen, seit neuestem mit Schaukästen zum Thema alternative Energien (dauert ca. 20–30 Min.), Meeresrauschen inklusive. 9.30–17.30 Uhr, Mai bis Sept. bis 20 Uhr geöffnet.

> Die Theorien Heinrichs des Seefahrers basierten auf der alten arabischen Wissenschaft der Astronomie. Sein System ermöglichte es den ihm zugeordneten Kapitänen, die Lage ihrer Schiffe nach Sonne und Sternen zu bestimmen, und war Grundvoraussetzung, um aus der damals völlig unbekannten „dunklen See" zurückzufinden. Zu seiner Navigationsschule kamen etliche europäische Kapazitäten gereist, u. a. Martin Behaim aus Nürnberg und Christoph Kolumbus, späterer Entdecker Amerikas. 1928 fand man innerhalb der Mauern der „Navigationsschule von Sagres" eine eigenartige geometrische Figur mit 43 m Durchmesser auf dem Boden: klobige, verschieden große Steine gehen aus einem Zentrum hervor. Man nannte die Formation die Windrose – über ihren Ursprung streiten sich die Historiker.

Forte Beliche: Die kleine Festungsanlage kurz vor dem Cabo de São Vicente, hier hat wahrscheinlich Heinrich der Seefahrer gewohnt, wenn er sich in Sagres aufhielt. Die alten Gemäuer haben sich gesenkt und sind akut einsturzgefährdet, weshalb das empfehlenswerte Restaurant (Fortaleza do Beliche) und die kleine Kuppelkapelle zu Ehren der heiligen Katharina geschlossen wurden (ob irgendwann wiedereröffnet wird, steht noch nicht fest). Gesperrt ist auch der steile Fußweg hinab zum Meer, wo vor einigen Jahren drei deutsche Fallschirmspringer von einer großen Welle erfasst wurden und für immer ins Meer gespült wurden. Hier legten früher Segelschiffe an, um ihre Trinkwassertanks aufzufüllen. Nicht unbedingt etwas für Kinder, da es kein Geländer, sondern nur einzelne Stützpfosten gibt.

Cabo de São Vicente war ein heiliger Ort und zog folglich Pilger an. Aus der Zeit um 3000 v. Chr. stammen die alten Hünensteine, die man in der Gegend fand. In der Antike war die äußerste Landspitze Europas unter anderem dem Saturn geweiht. Etwa 100 v. Chr. wird von heiligen Trinkzeremonien berichtet. Die Christen übernahmen diese Tradition, indem sie diesen Zipfel dem Heiligen Vincent weihten, einem Märtyrer aus Valencia (ca. 302 n. Chr.). Zur Zeit Diokletians Christenverfolgung wurde er unter grausamer Folter getötet. Dann konnte man sich aber seines Leichnams nicht so recht entledigen, selbst wilde Tiere oder Hunde rührten ihn nicht an. Kurzerhand nähte man ihn in eine Rinderhaut ein und warf ihn mit Gewichten beschwert ins Meer. Von vier Raben bewacht, soll das, was von ihm noch übrig war, hier angelandet sein. König Afonso Henriques hat die Reste des Heiligen dann heimlich nach Lissabon überführt, sodass der Hl. Vincent der Stadtheilige der Hauptstadt wurde. Auch Rom, Valencia, Paris, Bessay und Orbigny buhlen um die Ehre, seine Gebeine zu besitzen, derer also gar viele vorhanden gewesen zu sein scheinen.

Sein Ehrentag am 22. Januar ist hier Feiertag und wird in Vila do Bispo mit einer Prozession und Festa gefeiert. In Sagres findet Mitte August (ca. 14./15. August) eine Prozession zu Wasser statt, zu der alle Boote mit Blumen geschmückt vom Fischerhafen Porto da Baleeira bis zum Kap des Heiligen Vincent und zurück fahren.

Der Leuchtturm am Cabo de São Vicente

Die felsige Halbinsel ca. 6 km westlich von Sagres reicht weit in den Atlantik hinein und war schon zu Urzeiten eine wichtige Landmarke der Seefahrer. Der heutige Leuchtturm wurde bereits 1846 erbaut, ein Petroleumsystem diente bis 1926 zur Befeuerung. Heute elektrisch betrieben, ist er der lichtstärkste Europas. Auch der alte Antrieb, der wie bei einer Standuhr mit Hilfe von an Ketten aufgehängten Gewichten die Glaslinsen in Drehung versetzte, ist noch vollständig vorhanden. Eine ca. 3,5 m hohe Gürtellinse, aufgebaut aus ringförmigen Prismen, bündelt das Licht der riesigen 1500-Watt-Birne. Noch in 90 km Entfernung ist das Leuchtfeuer zu erkennen. Bei einem Rundgang fühlt man sich wie in einem goldenen Spiegelkabinett. Für Nebeltage sind neben dem Turm zwei große Nebelhörner angebracht, die alle 15 Sekunden einen tiefen Ton ausstoßen. Fünf Wärter leben hier mit ihren Familien und sind im Schichtdienst rund um die Uhr mit Betrieb und Wartung der Anlage betraut.

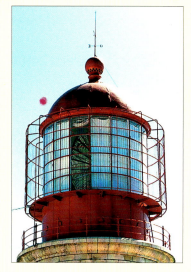

Der Schiffsverkehr vor dem Kap ist stark. Die großen Supertanker, die hier mit ihren Ölladungen aus der Golfregion Richtung Nordeuropa vorbeidampfen, sind von der Küste aus gut zu erkennen. Das Wasser wird vor der Küste schnell tief – etwa 20 km südwestlich vom Kap beträgt die Wassertiefe bereits 1.000 m, um noch etwas weiter draußen auf 4.000 m anzusteigen!

• *Besichtigungsmöglichkeiten* Das Gelände ist täglich außer Montag von 9–17 Uhr, im Sommer bis 18 Uhr geöffnet. Das angeschlossene Museum zeigt auf kleinem Raum Modelle der verschiedenen Schiffstypen der Entdeckungsfahrten, Geschichten über das Kap und über die Leuchttürme in Portugal. Eintritt 3 €, Kinder bis 6 J. gratis, bis 12 J. und Rentner 1,40 €.

Leider ist seit Jahren keine Besichtigung des Leuchtturms mehr möglich, da die historischen Gebäude samt Museum nun zwar dem portugiesischen Kulturinstitut IPPAR, der Leuchtturm und seine Leuchtturmwärter aber weiterhin der Marine angehören, und sich diese beiden Seiten bislang nicht einig werden können. Früher nahmen die Wärter Trinkgeld, heute müssen sie sich leider weigern, Museumswärter zu spielen.

• *Verbindungen* Wochentags in der Saison 2-mal tägl. Busse (11.15, 14.25 Uhr).

Carrapateira (ca. 250 Einw.)

Das kleine, sympathische Dorf liegt ca. 1 km landeinwärts an der Straße von Aljezur nach Sagres. Die meisten Besucher sind Tagesausflügler von der Algarve, die hier die Beschaulichkeit der portugiesischen Westküste genießen. Aber es gibt auch Wildcamper an den Klippen, die ihren Müll hinterlassen. Im Ort einige Privatzimmer. Zum Baden eignet sich die ca. 300 m lange, dünige Sandbucht von Carrapateira (Praia da Bordeira), die in einen kleinen Bach mündet, der parallel zum Strand fließt. Bei Flut ist Durchwaten angesagt, um den Strand zu erreichen. Man kann das Auto allerdings auch oben an den südlichen Klippen abstellen und zum Strand hinuntersteigen. Dort wurde aus einem EU-Naturschutz-Förderprogramm ein Holzweg mit einer kleinen Brücke zum Strand erbaut (bereits 1998 durch Sturm zerstört). Auch ein Windschutz wurde errichtet, um den Sandabtrag zu verringern.

> **Agar Agar – die Rotalgen-Taucher von Carrapateira**
>
> An der Westküste um Carrapateira wird auch heute noch nach **Rotalgen** getaucht. Diese Algenart findet als Nährboden in der Bakteriologie, als Appretur in der Textilindustrie und als Geliermittel für Zuckerwaren einen breiten Abnehmerkreis. So breit, dass die Alge an der Algarve fast ausgerottet wurde und heute das Pflücken von der Naturschutzbehörde stark reglementiert ist. Während der Sommermonate grasen Taucher, eingepackt in dicke Neopren-Anzüge, in bis zu 15 m Tiefe die Steilküste ab. Mit Sauerstoff versorgt werden sie dabei mit der uralten Kompressormethode, bei der ein im Boot installierter Luftkompressor die Luft durch Schläuche zum Taucher presst. Bis das um den Bauch geschnallte Sammelnetz gefüllt ist, dauert es fast eine Stunde und erst nach vier Tauchgängen ist die Schicht zu Ende.

Neben Sagres ist Carrapateira das Eldorado der Wellenreiter (hier trifft sich alles, was Rang und Namen hat oder Rang und Namen erreichen möchte). Beliebt ist der schöne Strand **Praia do Amado**; auf halbem Weg dorthin stöß man an der Piste, die entlang der Klippen führt, auf das empfehlenswerte Fischrestaurant *Sítio do Forno*. Etwas links davon ragt eine Klippe ins Meer. Dort sieht man die Überreste eines Walfischfangdorfes auf einem kleinen Plateau fast unwirklich über der Gischt im Wind. Sehr klein waren die einzelnen Wohneinheiten, deren Grundmauern noch zu sehen sind. Jede Familie baute sich eine eigene Heimstatt, ein kleiner, rechteckiger Raum, in dem man lebte, schlief und kochte. Erahnen lassen sich noch die Feuerstellen am helleren Untergrund. Diese maurische Siedlung existierte im 12. und 13. Jh., um Ausschau nach den Fischschwärmen und Walen zu halten, die dann mit Harpunen (!) gejagt wurden. Ein bizarrer Platz, um über Monate zu leben. Rechts unten ist heute noch ein kleiner Fischerhafen *Portinho de pesca do Forno*.

Museu do Mar e da Terra: kleines, neues Heimatmuseum auf der Anhöhe; von Vila do Bispo kommend, nimmt man die letzte Straße steil aufwärts. Im neuen Gebäude am Ende werden vor allem moderne Fotowände zum Thema Meer, Fischfangtradition und Landwirtschaft gezeigt, dazu ein paar Werkzeuge und Fangreusen; nur sehr spärliche englische Erläuterungen, aber man arbeite, so hieß es, schon an einer besseren Dokumentation. Di–Sa 10–17 Uhr, im Sommer bis 18 Uhr geöffnet; Eintritt 2,50 €, Kinder bis 12 J. gratis, von 13–17 J. und über 65 J. 1,50 €.

Carrapateira

Der Autor auf Recherche am Strand von Carrapateira

• *Verbindungen* Ab Lagos per Bus nach Vila do Bispo oder nach Aljezur. Von den beiden Orten 2-mal täglich Verbindung nach Carrapateira. Erkundigen Sie sich im Touristenbüro von Lagos, welche Anreisevariante zeitlich am besten passt!

• *Surfen* Die **Algarve Surf School** bietet Anfängern einen wöchentlichen Komplettkurs (mit Bett und Frühstück) für 450 €. Rua Dr. Joaquim Tello 32B. www.algarvesurfassociation.com.

Amado Surf School + Camp, neben den Surfkursen bieten sie auch ein Camp an, mit einfachen Holzhäusern oder man zeltet mit eigener Ausrüstung. ℡ 964432324/ 962 681478, www.amadosurfcamp.com.

• *Reiten* **Holistic Riding**, ganzheitliches Reiten in der einsamen, ursprünglichen Landschaft bei Carrapateira. Andreas Endries, ein Pferdenarr seit über 20 Jahren, hat verschiedene Ausflüge und Kurse im Programm, auf dem Monte Velho (s.u.). www.holistic-riding.com. ℡ 916269813.

• *Übernachten/Essen* **O Sítio do Rio**, gemutliches Strandrestaurant in den Dünen. Gute Auswahl an Gerichten, täglich wechselnde Karte. Auswahl von je einem günstigen Tagesmenü (Fisch oder Fleisch). Di Ruhetag, ℡ 282973119.

Sítio do Forno, gutes Fischrestaurant oben an den Klippen, Nähe Praia do Amado, mit Meerblick und Terrasse. Sardinen 12 €, kleine Tintenfische 14 €. Mo Ruhetag, Januar geschlossen. ℡ 282973914/ 962955699.

Bamboo, unser Tipp. 4 DZ und 1 Apt. in einem komplett ökologisch gebauten Lehmhaus. Von der Portugiesin Isabel und dem Deutschen Achim geführter Familienbetrieb mit Hund. In den Dünen auf dem Weg zum Restaurant *O Sítio do Rio*. DZ ca. 50 €. Sítio do Rio, ℡ 282973323.

Pensão das Dunas, hübsch renovierter Bauernhof mit umfriedetem Garten. Insgesamt 4 Zimmer und 6 Apartments mit Etagenbad, im Sommer oft ausgebucht. DZ ca. 45 €, Apt. 65–85 €. Rua da Padaria 9, ℡ 282973118, www.pensao.das.dunas.pt.

Pensão Olivia, 5 Zimmer mit Dusche am Gang. Im Haus das kleine Restaurant „Casa de Pasto". Oben im Dorf gelegen. DZ ca. 25–30 €. Rua Direita 22, ℡ 282973156.

Monte Velho, ein kleines Paradies im Hinterland von Carrapateira, Richtung Vilarinha. Ökologisch gebaute Häuser auf einem großen, vom Eigentümer selber mit Schirmpinien bewaldeten Gelände. Gemeinschaftsräume, Sauna, Reitstall (s. o. holistic riding), Stausee zum Schwimmen. Viel von Portugiesen aus dem Norden besucht. Der Besitzer Henrique stammt aus einer bekannten portugiesischen Familie. Im Winter Kursangebote, leider nicht billig, 12 DZ-

Suiten je 100–160 € inkl. Frühstück. ✆ 282-973207, 966007950, www.montevelhoecoresort.com.

Monte da Vilarinha, nicht weit vom Monte Velho, ebenfalls sehr zu empfehlende, kleine Anlage. Preise zwischen 100–170 € für 2 Personen/Haus. ✆ 282973218, www.montedavilarinha.com.

Aljezur (3.000 Einw.)

Das alte Dorf klammert sich ringförmig entlang der alten Befestigungsmauern um den Hügel. *Igreja Nova*, der neuere Teil von Aljezur, liegt auf der gegenüberliegenden Flussseite, etwas weiter von den Flussniederungen entfernt. Nach dem Erdbeben 1755 verfügte der Bischof von Faro, dass wegen der latenten Malariagefahr die neue Siedlung dort entstehen sollte.

Die Kleinstadt an der südlichen Westküste zog seit Anfang der 1980er Jahre viele deutsche Aussteiger an. Die Situation hat sich jedoch inzwischen beruhigt und herausgekommen ist ein friedliches Nebeneinander von Einheimischen und Ausländern, die sich längst in den portugiesischen Kleinstadtalltag integriert haben.

Castelo: Seit dem 10. Jh. eine maurische Siedlung, wurde die Burg im Juni 1249 als das letzte arabische Bollwerk von den Christen zurückerobert. Nun nahm es der Kreuzritterorden in Besitz. Seit 1977 ist es historisches Baudenkmal und bei Touristen auch wegen der tollen Aussicht über die Stadt beliebt.

In Aljezur gibt es vier **Museen**: Das des verstorbenen Heimatmalers **José Cercas**, das **Museum des heiligen Antonius von Lissabon**, das **Museum der sakralen Kunst** (ermöglicht Eintritt in die Kirche) sowie das **Stadtmuseum**. Das Ticket für alle Ausstellungen kostet 2 €. Dazu gibt es eine Kunstgalerie der Stadtverwaltung **Espaço +,** unterhalb der Kirche (Igreja Nova) auf der anderen Flussseite, in der wechselnde Ausstellungen moderner Kunst gezeigt werden. Rua da Escola, www.cm-aljezur.pt, espacomais@cm-aljezur.pt, ✆ 282997181.

Baden: *Praia de Amoreira*, etwas nördlich des Ortsausganges schlängelt sich eine asphaltierte Straße am Fluss entlang Richtung Meer (vorbei an Salzgärten und riesigen Fischzuchtbecken für *Douradas*). In der Mündungsbucht bereits flach abfallende Sandstrände zum Fluss, wo die Wasserqualität allerdings zu wünschen übrig lässt. Noch 500 m weiter liegt der eigentliche Strand mit Strandrestaurant.

- *Postleitzahl* 8670.
- *Information* Largo de Mercado, Ortsausgang, nach der Brücke. ⏰ Mo–Fr 9–12.30/13.30–16.00 Uhr, Sa/So geschlossen. ✆ 282998229, turismo.aljezur@turismodoalgarve.pt
- *Verbindungen* Busse 2–3-mal Lissabon, 4-mal Odeceixe, 4–5-mal Lagos und Mo–Fr (13.30 und 18.50 Uhr) nach Vila do Bispo (Sagres). Dt. sprechd. Taxifahrer: 917674630
- *Übernachten* **** Hotel Vale da Telha**, etwas südlich von Aljezur geht's rechts ab. Alle Zimmer mit Balkon u. Aircond. Hübsche Poolanlage mit Kinderbecken, ca. 3km vom nächsten Strand entfernt. DZ mit Frühstück 60–95€, EZ 50–80€. Vale da Telha, ✆ 282998180, 🖷 282998176, www.valetelha.pt.

amazigh, neu erbautes Hostel mitten im Zentrum. Irres Interieur aus Stahl und naturbelassenem Stein. 2 einfache, durchdacht designte Dorms für 10 bzw. 14 Pers., 6 Doppelzimmer. Dachterrasse. Im Erdgeschoss Gemeinschaftsbereich mit Küche, Bar u. TV/Hifi-Zone. Freier Internetzugang. Spezielle Angebote mit Surf-Kursen. Dorm 15–22 €, DZ 20–35 €; Frühstück 3,00 €. Rua da Ladeira 5, ✆ 282997502, www.amazighostel.com.

Casas de Sol, Die Deutsche Marina Aust lebt seit über 20 Jahren in Portugal und hat ein Ferienhäuschen sowie 2 Apartments direkt im Ort zu vermieten. Dazu bietet sie urlaubsbegleitende Heilbehandlungen, die bei chronischen Krankheiten (Migräne, Rheuma, Schlafstörungen) Linderung versprechen. Apartment 30–50€, Haus mit 2 SZ 35–60€. Rua da Ladeira 21/23, ✆ 965667392, westalgarve-holidays.com/deutsch.

Hospedaria O Palazim, Lesertipp: „Sehr saubere Zimmer mit tollem Bad und Balkon. Üppiges Frühstück." (U. Pomp, Ettlin-

Aljezur 231

Rastafari am Markt von Aljezur

gen). 2 km nördlich von Aljezur neben Rest. O Chefe Dimas, sehr herzliche Besitzer. DZ inkl. Frühstück 40–55 €. EN125 (Aldeia Velha), ℡ 282998249 o. 964442386.

• *Camping*
Serrão, großzügiges Gelände mit viel Schatten durch Eukalyptusbäume, zum Strand sind es 4km. Eine ganze Reihe von Apartments im Reihenhausstil sind zu vermieten. Pool, Supermarkt etc. Ganzjährig geöffnet. Nach 4km Richtung Norden (Lissabon) links abbiegen. 5€ pro Pers.und Zelt, Bungalow 75 €. Herdade do Serrão, Aldeia Velha, ℡ 28299022-0, ℡ -9, www.parque-campismo-serrao.com.

• *Essen/Kneipen* **Ponte-a-Pé**, direkt am „Hauptplatz" hinter der kleinen Bar „Esplanada Palmeira" (bei der Flussbrücke). Einige Tagesgerichte, abends Barbetrieb auf der Flussterrasse. Von Einheimischen auch wegen der günstigen Preise als gutes Lokal gehandelt!
O Chefe Dimas, Mittelklasse-Restaurant, große Sonnenterrasse und einige Spezialitäten auf der Karte (Espetada de Vitela à Madeirense/Kalbfleischspieß nach Madeira Art). 2 km außerhalb rechts an der Straße nach Odemira (Aldeia Velha), Tel. 282998275, Mi geschl.

Tagesgerichte für 5 € gibt es im **Chill-Out**, kurz nach Aldeia Velha, wo es links zum Campingplatz geht. Farbiges Ambiente, bes. scharfe Grelhados u. Kneipenbetrieb. Mit improv. Strandbar. Tägl. 9-4.00 Uhr morgens, Mi tagsüber zu. Tel: 282995097.

Marisqueira Santola, im weiter nördlich gelegenen Nachbarort Maria Vinagre. Der gekochte Fisch wird mit einer üppigen Gemüsebeilage gereicht. Viele verschiedene Arten von Krebsgetier, teils aus eigenem Fang. Tel. 961225791, So und im Nov. zu.

• *Außerhalb* Wer vom portugiesischen Essen vorübergehend genug hat, ist im **Café André**, neben der Bushaltestelle an der Kreuzung nach Alfambra bestens aufgehoben. Das Gulasch mit Rotkraut und Kartoffeln gibt es für 9 €, den Erbseneintopf für 3,50 und im Sommer eine köstliche, hausgem., rote Hamburger Grütze. ℡ 282998237.

Monte Clérigo: Zu erreichen über eine gut befestigte Straße vom Ort Aljezur. Typische Feriendorfatmosphäre; etwa 30 improvisierte Häuschen, wunderschön in die Dünen gebettet, dienen Portugiesen aus Lissabon und Porto als Sommerresidenz. Hier isst man gut und in schöner Lage in den kleinen Restaurants/Snackbars (*O Sargo, A Rede, O Zé*). Langer Strand mit feinem Sand und eine gute Brandung für Surfer.

232 Westalgarve

Arrifana: Wenn man die südlichere der beiden Straßen, die von Aljezur zum Meer führen, entlangfährt, kommt man zu diesem kleinen Ort am Ende einer Art Sackgasse, mit allem was dazu gehört: Bars, Restaurants, Snackbars und jeder Menge jungem Volk. Eine schmale Straße schlängelt sich hinunter zum Sandstrand an den Felsenkliffs, der bei Ebbe stark an Größe zunimmt und natürlich auch weiterhin auch von Nicht-Surfern und Einheimischen wegen ihrer Schönheit geliebt wird.

Pousad da Juventude da Arrifana, Ein moderner, kühler Bau direkt oberhalb des (Surf)Strandes Praia da Arrifana. Von der Dachterrasse aus phantastischen Blick über die Bucht. 46 Betten verteilt über Dorms und DZs mit Gemeinschafts- bzw. privatem Bad und Frühstück incl. Auch für Rollstuhlfahrer! Bar und schicker Launchbereich mit gr. Panoramafenstern. Dorms 11–16 €, DZ 30–45 €. Urb. Arrifamar, Praia da Arrifana, ✆ 282997455, ✆ 217232101, arrifana@movijovem.pt.

• *Essen* **Taberna do Gabriel II,** bes. Tipp vom Wirt des Café André: Restaurant auf den Klippen, mit phantastischem Ausblick. Fisch- und Meeresfrüchtespezialitäten, eher gehobene Preise. Estr. do Monte Clérigo, in der scharfen Kurve rechts. ✆ 282991939,

• *Gesundheit* Ein kl. Massagestudio, **Day Spa**, befindet sich direkt oben am Arrifanastrand, ganz rechts, nach der letzten Snackbar. Engl. sprechende, sehr nette, engagierte Portugiesin. Termine nach kurzfr. Voranmeldg. unter 965168335.

• *Surfen* Am besten besucht man die Internetseite der **Arrifana Surf Lodge**, die Camps in der ganzen Umgebung organisiert. Es werden Kurse für Anfänger und Fortgeschrittene angeboten u. diverse Packages. ✆ 282997428 www.arrifanasurflodge.com

• *Reiten* Auf dem Reiterhof der Deutschen Gudrun Seitler. Reitstunden und Ausritte für 20 €/Std. Kleinkindschnupperreiten 5 €. Von Aljezur südlich Richtung Vale da Telha, dann links Richtung Arrifana und nach 1,5 km links bei Schild **Horseriding/Adega** da Craveira ✆ 282991150 oder 964371304.

Nicht-öffentliches Verkehrsmittel

… bis hinunter zum

Costa Alentejana

Südlich von Sines ist die Küste dünn besiedelt, karg, fast schon nordisch anmutend und touristisch weitgehend noch wenig entdeckt. Sie steht bis hinunter zum algarvischen Sagres und Burgau unter Naturschutz. Der stete Nordwind und die wilde Brandung machen das Baden nicht ungefährlich. In einigen wenigen Küstendörfern finden sich jedoch auch gute Bademöglichkeiten und praller Saisonbetrieb im August.

Odeceixe (ca. 600 Einw.)

Hübsches, kleines Städtchen mit engen Gässchen und winzigem Hauptplatz – gehört noch zur Provinz Algarve. Es gibt einige Läden und Tascas, ebenso einige Pensionen. Der Strand liegt ca. 3 km außerhalb, direkt unter einer kleinen Ansammlung von meist älteren Sommerhäusern, die wie ein hübsches Dorf-Ensemble wirken. Hier mündet auch ein kleiner Fluss (die Seixe) ins Meer. Die Bucht wird geschützt von hohen Klippen, die zu beiden Seiten in den Atlantik hineinreichen. Bei Flut wird der Strand recht schmal. Auch gute Schwimmer sollten sich nicht über die Bucht hinauswagen – die Brandung ist sehr stark und es gibt Unterwasserkliffe! An der Hauptstraße zum Strand kann man in einem kleinen Anglerzubehörgeschäft (Pesca Vicentina, ✆ 964227766, www.pescavicentina.net) Kanus ausleihen, mit denen man den Fluss erkunden und wenn die Seixe bei Flut viel Wasser hat, bis fast an den Strand paddeln kann.

- *Postleitzahl* 8670.
- *Information* kleines Holzhäuschen oberhalb des Praia do Odeceixe (leicht zu übersehen!). Geöffnet von 9–13/14–18 Uhr, Sa/So geschlossen.
- *Übernachten* **Pensão Luar**, am Ortsrand Richtung Flussmündung. Sehr saubere, schön gefließte Zimmer, teils mit Blick auf den Fluss, fast alle mit Balkon. Hilfsbereite Besitzer, die auch Englisch können und sogar von der einheimischen Konkurrenz empfohlen werden. Direkt daneben neu erbautes Haus mit zusätzlichen Zimmern. DZ mit Bad 35–65 €. Rua da Várzea 28, ✆ 282947194, ✆ 966883654, www.pensaoluarodeceixe.com.

Residencia Laranjeira, hübsche, kleine, zentral gelegene Pension mit zur Straße hin offenem Empfang. Das französisch-portugiesische Besitzerpaar schmeißt den Laden mit viel Witz und Fröhlichkeit und spricht nat. auch Englisch. Einfache, frisch renovierte Zimmer mit Bad und uppigem Fruhstücksbuffet. Juni bis Okt. Geöffnet. DZ 25–50 €. Rua das Amoreiras 2, ✆ 282947444 und 926561402.

Casa Antiga, ehemaliges Herrenhaus mit schöner Fassade, das älteste Haus in Odeceixe. Rustikale Räumlichkeiten mit traditionellen Eisenbetten, hohen Wänden und antiken Kandelabern. 6 DZ zu 40–60 €. Rua do Rio 22, ✆ 2829471-53/23, info@odetur.com.

- *Essen* Schräg gegenüber der Casa Antiga befindet sich die Pastelaria **Quinta dos Sabores** (Riesenauswahl an regionalen Kuchen!) mit angeschl. Restaurant und Innenhof-Oase. Tolle Atmosphäre und bemerkenswerte Öffnungszeiten: Tägl. 8–24 Uhr.

Gabão, exzellente franz./portugiesische Küche in ehemaligem Weinkeller. Viele Fleischgerichte mit eigener Soße, üppige Portionen. Besonders empfohlen werden *carne de porco à Alentejana* (13 €) und *naco de novilho à Francesca* (14,50 €). Di Ruhetag. Rua do Gabão 9, in der Nähe der Feuerwehr, ✆ 282947549.

Das seit 2009 von der Deutschen Silvia Hasenpflug übernommene **Restaurante Dorita** befindet sich direkt oberhalb des Praia de Odeceixe und ist für seine exzellente vegetarische Küche überregional bekannt (auf Anfrage auch vegan). Sehr beliebt im Sommer die Limettenlimonade, die Vollwert-Crepes und das Alfaroba-Eis. Tagesgericht 7,50 €, alles aus eigener Herstellung. Angeschlossen ist eine kleine Pension mit 7 sehr einfachen DZ zwischen 25–60 € je nach Saison. ✆ 282947581 u. 965283914, www.naturalmenteportugal.com.

Typisch maritime Grillgerichte gibt es im O

Lavrador, links oben an der Estrada da Praia, mit Blick über das Flusstal. Besonders zu empfehlen die Cataplana mit anschl. *sobremesa caseira*. Apr. bis Okt. durchgängig 10.30–2 Uhr, ✆ 969060791.
• *Bäckerei* **Padaria de Odeceixe**, seit 2003 in deutscher Hand. Neben portugiesischen Backwaren gibt es hier Roggenbrot, Mohn-, Sesam- und Schmalzbrötchen, und vor allem das in Portugal unbekannte Laugengebäck. Rua da Botelha, in der Nähe der Bushaltestelle. Mo–Sa 7–13/17–19 Uhr.
• *Camping* **** **S. Miguel**, gepflegter Platz mit viel Schatten durch Pinien. Großer Swimmingpool, Restaurant und Mini-Mercado. Außerdem 25 Bungalows zw. 60–117 €. Okt. bis Ostern geschlossen. Pro Person/Zelt/Auto um die 6 €. 2 km weiter nördlich an der Straße nach Odemira, ✆ 282947145, ✆ 282947245, www.campingsaomiguel.com.

Zambujeira do Mar (850 Einw.)

Das Dorf gilt als „Geheimtipp" in der Szene Lissabons. Im August ist so viel los, dass man es gerade noch aushalten kann. Dann ist die Dorfstraße aber auch für Autos gesperrt und bietet viel Platz für die Straßencafés. In der Bar Fresco an der araukarienbestandenen Straße runter zum Hauptstrand wird untergekühlte Jazzmusik abgespielt und es gibt dazu passende Getränke. Jedes Jahr im August ziehen Zehntausende von Musikfans in das Dörfchen, um das mit internationalen Rockstars besetzte *Open-Air-Festival Sudoeste* in Casa Branca zu besuchen. Die Lage überm Meer, die Rotunde mit der im Pflaster eingelassenen Windrose, die Esplanade und die alten Bäume machen einen Besuch aber ohnehin reizvoll.

Baden: Der Hauptstrand liegt direkt unterhalb des Dorfs, durch die tiefe Einbuchtung zwischen den hohen Felsen relativ geschützt. Er ist der einzige Strand, dessen Sand von Oktober bis Mai vom Meer abgetragen und – gereinigt – wieder angeschwemmt wird (auch die Wasserqualität während der Saison ist völlig in Ordnung).

Ein weiterer Badestrand liegt 3 km südlich: **Praia Carvalhal**, auf einer primitiven Piste vom Ort aus notdürftig oder ordentlich von der EN 120 aus zu erreichen. Ab dem neuen, komfortablen Campingplatz sind noch ein paar heftige Kurven zu bewältigen, ehe man an die strandnahen Parkplätze gelangt und an die saubere Badebucht (im Sommer mit Bademeister).

• *Postleitzahl* 7630.
• *Information* An der Hauptstraße Richtung Meer, Rua da Escola, rechter Hand in einem kleinen Häuschen (daneben Bankomat und saubere Toiletten!). Auch Internetmöglichkeit, bis 15 Min. gratis. ✆ 283961144 Geöffnet von 10–13/14–18 Uhr, So/Mo geschlossen.
• *Verbindungen* **Bus** nach Beja (über Odemira) tägl. außer So um 7.10 Uhr, nach Lissabon tägl. um 8.10 Uhr. Tickets gibt es gegenüber der Tabaceria (grüne Markise) in einem Zeitschriftenladen; eine nette ältere Frau druckt die Billetts aus.
• *Übernachten* Wenige Pensionen, die kaum empfehlenswert sind, u. a. **Pensão Rita**, für bescheidene Ansprüche. Estrada da Circunvalação, ✆ 283961330. Etwas besser dagegen:
Residencial Mar e Sol, hier gibt es Zimmer mit kleinem Gemeinschaftsbad und Kochmöglichkeit. Manche führen zu einer Veranda mit seitlichem Meerblick. Man spricht Portugiesisch! DZ 35–45 €, mit eigenem Bad ca. 50 €. An der Hauptstraße zum Meer. ✆ 283961171 und 933961193.
Monte do Papa Léguas, ehemaliger kleiner Bauernhof, 5 hübsche Zimmer mit eigenem Kühlschrank und 3 Apartments. Mit üppigem Frühstück und getrennten Betten für Eheschnarcher. Salzwasserpool, Fahrräder. DZ 70–90 €, im August oft ausgebucht. 15.10. bis 28.12. geschlossen. ✆ 283961470 oder 933703724, www.montedopapaleguas.com.
Monte da Alcaria do Clemente, 9 meist einfache, schmucklose Zimmer mit eigener Küche und Blick auf die alentejanische Steppenlandschaft. Pool, Tennis, sowohl französische als auch getrennte Betten. DZ 70–110 € je nach Saison, bei Einzelbelegung nur 10 % weniger. Auf dem Weg nach S. Teotónio rechts abbiegen, nach 2 km findet sich dann rechts ein Schild. ✆ 2839586-28, www.alcariadoclemente.com.

Herdade do Touril, altes, 365 ha großes Landgut, neu renoviert, sehr stimmungsvolles Ambiente. DZ, Suiten, kleine u. große Häuser, teils mit direktem Zugang zum Meerwasserpool. Außerdem sind ein Fahrradverleih (begrenzte Anzahl!) und Internet im Preis inbegriffen. DZ 80–120 €, viele Spezialangebote je nach Saison. Ca. 4 km vor dem Ort. ✆ 28395008-0, ✉ -8, www.touril.pt.

• *Camping* ****Zambujeira**, gepflegter Platz, ca. 800 m vom Strand entfernt, 1.150 Stellplätze auf 3 ha. Auch einige Apartments. Von Nov. bis März geschlossen! Ca. 5 € pro Pers./Auto/Zelt, während des Jazzfestivals jeweils 1 € mehr. Am Eingang des Dorfes linker Hand, als Markierung dient der futuristische Wasserturm, der an ein Ufo erinnert. ✆ 283961172, ✉ 283961320, www.campingzambujeira.com.sapo.pt.

Monte Carvalhal da Rocha, eine terrassierte Musteranlage auf 4 ha Grund mit allem nur denkbaren Komfort, u. a. auch ein Restaurant mit Meerblick und schönem Pool in grüner Wiese. Saisonpreise (Juni bis Sept.): Erwachsene 5 €, mittleres Zelt 5 €, Auto 4,50 €, Wohnmobil 6,50 €, Strom 3 €, Wasser gratis. In Brejão (Abfahrt von der EN 120, 6 km südlich von São Teotónio). ✆ 28294729-3, ✉ -4, www.montecarvalhaldarocha.com.

Monte Fonte Nova da Telha / Monte da Xica, liebevoll eingerichtetes Monte inmitten eines 120 ha großen Grundstücks mit privatem Tennisplatz und Joggingcourt. Gemütliche warme Zimmer, die mit Solarstrom versorgt werden, Internetzugang im ganzen Haus. 2 Suiten, ein DZ, und im Garten natürlich ein Pool. Man spricht u. a. Deutsch u. Englisch. 120–190 €. Etwas außerhalb von São Teotonio. ✆ 283959159 u. 912526636, www.montedaxica.com.

• *Essen* **Rita**, am Ende der Fußgängerzone, wie auf einer Terrasse mit Meerblick, sehr gut für Snacks und zum Frühstück, nicht unbedingt ein Abendlokal; populäre Preise, gut besucht. Tägl. außer Di geöffnet. ✆ 283961317.

Café Fresco, noch spannender, weil origineller als das 50 m entfernte Rita, mit ebenso schönem Blick. Snacks, Bier usw. Von Anfang Juni bis Ende Sept. 10–2 Uhr geöffnet. Monatlich wechselnde Kunst-Ausstellungen.

O Sacas, stimmig eingerichtet. Fischgerichte, die zum Teil auf besondere Art zubereitet werden, kulinarisch experimentierfreudige Besitzer. Von Einheimischen als das beste Lokal empfohlen. Gerichte um die 12 €. Herrlicher Meerblick. Entrada da Barca, neben dem Fischereihafen. ✆ 283961151. Mi Ruhetag.

Südwestküste

236 Costa Alentejana

Erdkräfte: Der Laie staunt und der Fachmann wundert sich auch

A Barca, rustikal-rural eingerichtetes Speiselokal mit Holztischen, das sich mit dem O Sacas messen kann. Ebenfalls am Fischereihafen, am Eingang von Barca. Fischmixgerichte für 2 Pers. zu günstigen 22 €. ✆ 283961186. Mo und Dez./Jan. geschlossen.

Nelmar, kleines, sauberes Restaurant im Ort nahe der Farmacia, mit leider etwas ungemütlicher Plastikatmosphäre. Auch zum Draußensitzen. Preiswerte Tagesgerichte zu 8 €. Praceta da Boa Vontade, Lote 3. ✆ 283961250. Im Winter Mi Ruhetag.

Cervejaria, mit Esplanade, Grill und Meerestieren. Sehr gut, doch das teuerste Lokal am Platz (ca. 18–20 €). Rua Miramar 14, ✆ 283961113.

• *Außerhalb* **A Chaminé**, in Brejão, gut über einen Sandweg zu erreichen, der an den beiden Stränden (und einer Schweinefarm) von Zambujeira vorbeiführt. Wirtin kocht gut und preiswert: Kotelett vom Jungstier (novilho) oder schwarzes Schwein um die 12 €. ✆ 282947228.

• *Nachtleben* **Disko Club da Praia**, am Ortseingang, gegenüber des Campingplatzes. Fast eine Open-Air-Disko. Um den kleinen Tanzpavillon sitzt man wie zum Picknick in einem Pinienhain. Ab 23 Uhr geöffnet, dafür aber bis in die Morgenstunden (7 Uhr); im Juni/Juli/Aug. tägl. geöffnet, im Winter nur Fr. u. Sa. ✆ 283961240.

Wer auf guten Rock und Blues der 80er steht, sollte die **Bar Ocidental** in der Rua de Capela 9 an der Markthalle besuchen. Der Caipirinha ist berüchtigt (4 €)! Im Sommer täglich von 21–4 Uhr, im Winter nur Sa u. So.

Cavaleiro: Größeres Dorf, hauptsächlich Bauern wohnen hier. Einige kleine Supermärkte für das Nötigste, wenige Bars und Cafés, ein einfaches Restaurant (Rocamar, Rua das Palmeiras 10). Im Sommer, wenn die Feldarbeit ruht, wird von den Klippen mit der Leine gefischt. Vorne am Meer, am Cabo Sardão, ein Leuchtturm, daneben ein Fußballplatz. Die „Badebucht" (im Dorf Staubstraße rechts) liegt tief unten zwischen hohen Schieferfelsen. Ein improvisierter Weg mit wackeligem Geländer führt hinunter.

Tipp: Auch wer nur kurz Zeit hat, sollte einen Abstecher zum idyllisch gelegenen Leuchtturm einplanen, vor allem am frühen Morgen, wenn die Sonne aufgeht. Die

Odemira

Kargheit der Landschaft, das raue Meer und die Steilküste kommen dann so richtig zur Geltung – und man trifft immer wieder auf Enthusiasten, die, mit einer Spiegelreflex bewaffnet, ganze Akkus leer knipsen.

Odemira (6.000 Einw.)

Den besten Überblick gewinnt man vom ehemaligen Burgberg aus, den heute die Stadtbibliothek krönt. Er läuft in eine Landzunge mit steilen Flanken aus, wo sich noch eine Freilichtbühne (in Form eines kleinen Amphitheaters) und der gepflasterte Promenierplatz *Cerro do Peguinho* befinden. Spätestens jetzt muss man unbedingt dem Fluss etwas Zeit widmen. Man kann aber auch von der voll funktionierenden Windmühle aus eine herrliche Aussicht genießen; hier wird das Korn noch auf alte Weise gemahlen. Der freundliche Windmüller zeigt gern, wie es funktioniert.

Der Landkreis Odemira umfasst den gesamten **Flusslauf des Rio Mira** vom Barragem de Santa Clara bis zur Mündung bei Vila Nova de Milfontes. Das mäandernde Gewässer ist das beherrschende Element dieser Landschaft und des Naturparks. Mit seinem Unterlauf durchquert es die Stadt am Rand dieses Schutzgebiets. Eine eiserne Bogenbrücke mit Beflaggung leitet den Verkehr seit ca. 1900 auf die andere Seite und weiter Richtung Lagos. Drüben ist nur ein Restaurant mit Residencial touristisch interessant – und der ökologische Wasserpark *Parque das Águas* (Mai bis Sept. 8–18 Uhr, sonst bis 16.00, Eintritt frei, keine Tiere) in Boavista dos Pinheiros.

Lauschige Plätze gibt es ein wenig unterhalb, sei es der Hauptplatz *Largo Sousa Prado* mit seinen Wasserbecken und vor allem dem schönen Brunnen *(chafariz)* und dem gleichnamigen kleinen Café: Treffpunkt der weiblichen Angestellten in der Mittagszeit zu einem kleinen Schwatz, Wasser, Kaffee und Zigarette. Häufig trifft sich hier zudem der „Ältestenrat" der Stadt, ein sympathischer Anblick wie aus dem Bilderbuch. Aber auch der *Largo Brito Pais* am Fuß der Stadt, wo zwei bekannte Restaurants nebeneinander existieren müssen, ist ein beliebter Versammlungsort. Aufgeheitert wird das Ensemble durch zwei riesige Exotenbäume mit orchideenartigen Blüten und dornigen Warzen an der Rinde der Stämme.

Wichtig: In Odemira gibt es ein echtes Parkplatzproblem. Am besten sollte man sich nicht zu weit hoch verirren. Die Straßen werden immer enger, und Abstellmöglichkeiten entsprechend rarer!

- *Information* Im einzig renovierten Haus an der Praça José Maria Lopes Falcão. Mo–Fr 10–13/14–18 Uhr. ✆ 283320900, postoturismo demira@gmail.com.
- *Telefonnummer* **Centro de Saude** ✆ 283320130.
- *Verbindungen* Mit dem **Bus** 3-mal tägl. mit Rodoviária nach Odeceixe und 3-mal tägl. nach Almograve/Vila Nova de Milfontes.
- *Feste und Veranstaltungen* **Stadtfest** am 8. Sept. Jedes Jahr im Juni großes nationales Jazzfestival.
- *Kanuverleih* und naturkundliche Führungen **Ecotrails**, Anke Ruschhaupt. Auch für Kinder werden Programme angeboten. www.ecotrails.info, ✆ 351-967155383.
- *Sündigen* Von allen Bewohnern Odemiras als *das* Highlight des Ortes angesehen ist die neue Chocolaterie de Beatriz, am Mira-Ufer. Hier kann man beim Hüftgold-Entstehungsprozess erst zusehen u. dann zuschlagen. Estrada do Cemitério. Di–Sa 10–13 u. 16–19 Uhr, ✆ 283327205.
- *Übernachten* **Residencial Rita**, 20 DZ mit Bad (45–65 €), gerade frisch renoviert im modernen Retrostil, manche mit Balkon. Frühstück im angrenzenden Café inbegriffen, hier auch Internetmöglichkeit. Außerdem 1 großes Landhaus mit 8 Betten (150–200 €) und 3 App. (50–80 €) in Zambujeira do Mar. Estr. Circunvalação, ✆ 283322531, ✎ 283322526, residencial_rita @hotmail.com.
- *Außerhalb* **Quinta do Chocalinho**, hochklassig gestaltete, rurale Apartmentanlage mit Pool, Tennisplatz, Biogarten, Seminarräumen und u. a. ayuvedischem Massage-

angebot.10 DZ und 5 Suiten mit privater Terrasse zum Poolbereich. DZ je nach Saison 75–110 €, Suite 125–165 € – inkl. üppigem Frühstücksbuffet. Alle Räume mit Zentralheizg. u. Aircond. Estr. Nacional 123 Richtung Beja, 2 km nach Bemposto links rein. ✆ 283327-280/279, www.quintadochocalhinho.com.
• *Essen* **O Tarro**, frisch renoviert, klimatisierte Räume. Regionale Küche (8–12 €) mit Spezialitäten, z. B. Fisch mit Mandelsoße o. Zicklein nach Art des Hauses. Köstlich: der süße *Pudim Alentejano*! Touristenmenü für 9,50 €. Große Terrasse an der Umgehungsstraße, gleich bei der Repsol-Tankstelle. Angeschlossene Snackbar. ✆ 28322161.
Duo Mira, wirkt etwas einfacher, aber gute Qualität, vor allem bei Gegrilltem. Innen nett mit Azulejos ausgekachelt. Prato de día 6–8 €. So Ruhetag. Largo Brito Pais 1-2, ✆ 283322588.

Escondidinho, herzhafte, bodenständige Gerichte (ca. 8 €). Nicht ohne Pfiff: schwarzes Schwein, Muscheln und als Spezialität der Spieß *Espetata de Lulas Frescas com Camarão!* Wie das Duo Mira ebenfalls am „Warzenbaumplatz". ✆ 283322558. So Ruhetag.
Os Bons Amigos, direkt vor der Brücke rechts. Recht laut, doch das Essen (um die 10 €) schmeckt: geschmortes Wildschwein, Straußensteak. Angeschl. Residencial mit einfachen Zimmern (DZ 30–50 €, 1 Pers. ca. die Hälfte) mit Bad. Av. Teófilo Trindade 13, ✆ 283327291.
Den besten Kaffee der Stadt bekommt man außerdem in der Snack-Bar **Central**, und Junge/Junggebliebene treffen sich im **O Cais** am Mira-Ufer oder im **A Fonte Férrea**, inmitten eines alten Parks mit Livemusikbühne.

Barragem Santa Clara

Zugänglich ist der Stausee von allen Seiten, wenn auch nicht so leicht, wie man sich das als zielstrebiger Stadtmensch wünscht. Dies mag ein Grund dafür sein, dass man hier eher Eingeweihte trifft. Der See ist sehr sauber und im Sommer durchschnittlich 28 °C warm. Die üppigen mediterranen Wälder reichen bis zum Seeufer hinab. Westlich des Stausees, am noch jungen Rio Mira liegt das 800-Seelen-Dorf **Santa Clara-a-Velha**, das im späten Mittelalter eine gewisse Bedeutung hatte. Der Santiago-Militärorden wachte hier über die wichtige Verbindung von Beja zur Küste der Algarve. Heute wird die Szene eher durch den Wassersport geprägt.

• *Übernachten/Essen* **Quinta do Barranco da Estrada**, mit wirklich traumhafter Aussicht. Angeschlossenes Restaurant mit internationaler Küche. Im Programm sind auch Wandern, Radfahren, Wassersport und Vogelbeobachtungen. Insgesamt noch schöner als die Pousada! 6 DZ zu 80–135 € je nach Saison, 1 Suite (100–165 €). Bei Corte Frique abbiegen und 9 km geradeaus, dann 4 km Schotterpiste ab Schild, (7665-880), ✆ 283933065, 🖷 283933066, www.paradiseinportugal.com.

Pousada de Sta. Clara-a-Velha, 19 DZ, eines davon behindertengerecht, 8 mit grandiosem Blick über den Stausee. DZ je nach Saison 160–220 €. Santa Clara, ✆ 283882250, 🖷 283882402, www.pousadas.pt.
Monte do Ferrenho, angenehmer und gut gepflegter 16-ha-Agroturismo mit Wander-, Kaiak-, Jeep- und Mountainbiketouren. 3 DZ zu günstigem Preis von 50–60 €. Etwa 10 km südlich des Barragem de Santa Clara in Pereiras Gare, (7665-881), ✆/🖷 283882383, www.montedoferrenho.com.

Almograve

(ca. 500 Einw.)

Kleines Bauerndorf, ca. 1 km landeinwärts von der Küste gelegen. Um den Dorfmittelpunkt am Kreisverkehr eine Bar (*Trifásico*) und ein Restaurant (*O Lavrador*).

Baden: Zum Hauptbadestrand **Praia Grande** führt eine Teerstraße durch Dünengebiet (auch zu Fuß oder per Rad gut über stabilen Holzsteg zu erreichen!). Breite Bucht, durch Felsen unterbrochen, an denen man sich im Wasser leicht aufschürfen kann! 2 renovierungsbedürftige Strandrestaurants (*Por-Do Sol* und *J. César*);

Vila Nova de Milfontes 239

wer es liebt, die Naturgewalten auf sich wirken zu lassen, sollte einen Ausflug zu dieser wilden Badebucht nicht versäumen. Von der Praia Grande führt eine Schotterpiste zum 2 km südlich gelegenen Naturhafen *Lapa de Pombas*. Nur noch wenige Nebenerwerbsfischer nutzen ihn während der Sommersaison.

Die **Praia Foz** liegt nördlich vom Dorf und ist in ca. 15 Min. zu Fuß über einen Sandweg zu erreichen. In dieser einsamen Bucht mündet ein kleiner Bach ins Meer. Der sandige Strand wird unter Wasser schnell steinig. Das auf der Südseite ziemlich auf Bachniveau herausfließende Quellwasser hat exzellente Trinkqualität.

- *Übernachten* **Paulo Campos**, Zimmer mit eigenem Bad, ohne entsprechend günstiger. Nur von Mai bis Okt. DZ 40–60 €. Rua António Pacheco 9, ✆ 283647118, joaocesar@netc.pt.

Duna Praia, guter Lesertipp: idyllisch gelegen und freundliche Besitzer. Relativ geräumige, traditionell-nett eingerichtete Zimmer, 7 davon mit Balkon. Angeschlossenes Restaurant und Pool. (S. Goebel und M. Walla, Gießen). 13 DZ mit Bad, 35–50 €. Longueira. An der Straße zum Strand, kurz vor den Dünen, ✆ 283647-115, 🖷 -122.

Jugendherberge, weißer Kastenbau mit insgesamt 94 Betten, auch 10 DZ mit Bad, 12 ohne. Behindertengerecht, mit allem Komfort und gut besucht, da es weit und breit nichts Vergleichbares gibt. Reservierung (1,50 €) empfehlenswert. Im November und Dezember geschlossen. DZ 43 € in der Hochsaison, sonst 28 €. 15 % Ermäßigung mit Cartão Jovem. Gleich am Dorfeingang rechts. ✆ 283640000, 🖷 283647035, almograve@movijovem.pt.

- *Essen* Restaurant/Snack-Bar **Mar Azul**, stimmig eingerichtetes Restaurant mit integriertem Holzschiff, in dem die Krebse schwimmen. Fischgerichte zu 10–15 €, Fleischgerichte ab 9 €. Im Ort mit Schildern ausgewiesen. ✆ 964617533. Mi Ruhetag.

Vila Nova de Milfontes (ca. 5.000 Einw.)

Malerisch gelegene Stadt an der breiten Mündung des Rio Mira. Für viele jüngere Gäste der attraktivste Ort zwischen Lissabon und Lagos. Da werden auf dem Dorfplatz auch mal Szenen für eine Vorabendserie gedreht.

Das efeuüberwucherte **Kastell** wurde zu Zeiten von Dom João IV. errichtet, um die Einfahrt zum Fluss zu kontrollieren. In seiner heutigen Form erbaute man die Festung um 1600, da sie von Piraten zerstört worden war. Ein nobler Portugiese kaufte 1939 die herrenlose Ruine auf, restaurierte sie und machte daraus ein zauberhaftes Anwesen. In Milfontes begann der Tourismus schon recht früh auf besondere Art: Großgrundbesitzer aus dem Alentejo lernten nämlich als erste die Vorzüge einer frischen Meeresbrise schätzen und verbrachten hier die heißesten Monate in ihren Sommerhäusern am Meer.

Für die Verkehrsanbindung mit dem Binnenland sorgte früher ein Fährboot, das auf dem **Rio Mira** zwischen Odemira und Milfontes pendelte. Bis in die 1950er Jahre wurde auch im Hinterland Bergbau betrieben und das Erz ebenfalls mit Flussschiffen nach Milfontes gebracht. Ca. 2,5 km nördlich befindet sich der *Portinho do Canal* (in den Landkarten: *Porto das Barcas).* Hier liegen die Fischerboote in einem kleinen Naturhafen, der gegen die hohe Brandung zusätzlich durch Betonmauern geschützt wird – in dieser Form übrigens erst seit den 1950er Jahren, da durch den Bau des Santa-Clara-Staudamms im Winter die Hochwasser ausblieben und die Flussmündung von Milfontes immer mehr versandete und für größere Boote unpassierbar wurde. Der Rio Mira ist heute bei Flut bis Odemira mit flachkieligen Booten schiffbar. Reisfelder reichen bis ans Flussufer, an Wochenenden sind Muschelsammler unterwegs.

240 Costa Alentejana

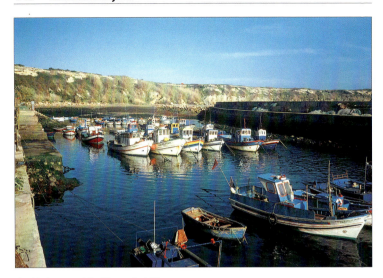

Im Hafen von Vila Nova de Milfontes

Viele Wohnhäuser in Ortsrandlage und eine moderne, vierspurige Straße wurden am Bedarf vorbeigebaut; die über 300 m lange Auslegerbrücke wurde 1978 errichtet. Dass der Ort heute trotzdem noch relativ angenehm wirkt und von hohen Apartmentbauten verschont blieb, liegt wohl an der investitionsabstinenten Politik der ehemals herrschenden Kommunistischen Partei …

Baden: Hier gibt es einige der wenigen guten Bademöglichkeiten an dieser herben Küste – schöne, saubere Sandstrände ohne störende Brandung zum Fluss hin (wenn die Flut zurückgeht, auf die starke Strömung ins offene Meer achten!); etwas außerhalb kilometerlange menschenleere Strände an der Atlantikküste. Am Dorfrand (bei der Bar Quebramar) hübscher Sandstrand am Fluss; sanitäre Anlagen sind vorhanden. Im Sommer fahren Badeboote auf die andere Flussseite zur Praia das Furnas. Zu beiden Seiten der Flussmündung lange Sandstrände mit Dünen zwischen den rötlichen Felsen.

Infos

- *Postleitzahl* 7645.
- *Information* Rua António Mantas, im Ort rechts (gegenüber der Polizei, neben den öffentlichen Toiletten). Bis zu 15 Min. Inernet gratis. Mo–So 10–13/14–18 Uhr geöffnet. ✆ 283996599, postoturismomilfontes@hotmail.com.
- *Verbindungen* Mit **Linienbussen** nach Sines, Cercal und Odemira, von dort aus evtl. weiter nach Norden und Süden. **Bustickets** gibt es in einem Laden in der **Travessa dos Amadores (3)**.
- *Sport und Freizeit/Ausflüge* Bootsfahrten auf dem Rio Mira während der Saison ab den Cais, Hochseeangel-Trips und Bootstouren mit unterschiedlichen Zielen können bei DUCA in Almograve gebucht werden. ✆ 969372176, www.duca-nautica.org. Der Kanuverleih für Fahrten auf eigene Faust befindet sich an der Straße zum Leuchtturm, unter dem Hotel Social. ✆ 283098009 und 962072348.
- *Nachtleben* Im **Quebramar (16)**, Gerüchten zufolge der Stadt ein Dorn im Auge,

Vila Nova de Milfontes 241

geht es rund bis 6 Uhr früh. Am Tag eine in gelbbraunen Tönen gehaltene, mit Holzsonnenschirmen und etwas süßlichen Latinoklängen „funktionierende" Strandbar. In der Disko **Sudweste (6)** wird ab 2.30 Uhr eine kräftige Soundanlage betrieben; teurer als der erste Partytreff. Von Einheimischen empfohlen wird auch die Disko **New Villa**

Kaffé, die sich mitten im Ort befindet, Largo do Almada 2a. Im Winter nur an den Wochenenden geöffnet.

● *Feste und Veranstaltungen* **Bootsprozession** Nossa Senhora do Mar am 15. Aug. Jeden 2. und 4. Sa im Monat ist **Markt** im 3 km entfernten Brunheiras (an der Straße nach Cercal).

Übernachten

Casa do Adro (12), eines der ätesten Häuser der Stadt, am Kirchplatz, mit Frühstücksbalkon. 7 gemütliche, wenn auch etwas übertrieben landhausstilmäßig eingerichtete Zimmer. Dennoch bestes Preis-Leistungs-Verhältnis am Ort! Jeder Gast wird von der sehr freundlichen Besitzerin jeden Nachmittag mit einem Stück selbstgobackenem Kuchen verwöhnt. Aircondition, Internet for free! DZ je nach Saison 65–85 € inkl. Frühstück/Lunch. Rua Diário de Notícias 10 A, ✆/℡ 283997102, www.casadoadro.com.pt.

*** Hotel Social (11)**, moderne, wenig ansprechende Außen- und spannende Innenarchitektur. Geräumige Zimmer mit Terrasse und tollem Blick über Fluss und Buchten. Auf dem Dach ein Pool. DZ mit Blick aufs Meer 45–70 €, Rentner 5 % Preisnachlass, für Jugendgruppen spezielle Arrangements. In Richtung Flussmündung gelegen, ✆ 283996-517, ℡ -324, www.scmodemira.pt.

*** Duna Park (5)**, eine angenehm gestaltete Apartmentanlage mit Restaurant am Ortsrand, direkt an das Dünengebiet angrenzend. Zweigeschossige Gebäude gruppieren sich halbkreisförmig um Pool und Tennisplatz. „Health Club" mit Sauna, Geräten, Jacuzzi usw. 50 T1-Apartments, in der Hauptsaison 950 €/Woche, 1 Tag 70–120 €. Eira da Pedra, ✆ 28399645-1, ℡ -9, www.dunaparque.com.

Mil Reis (8), ganz neue Pension im Zentrum der Stadt, überwiegend in kühlem Weiß gehaltene Gemeinschaftsräume und Zimmer. Im Winter 3 Wochen geschlossen, genaue Zeit stand bei Abschluss der Recherche noch nicht fest. 10 DZ für 40–60 €, Suite 50–80 €, Apartments 50–90 €, mit anständigem Frühstücksbuffet. Largo do Rossio, 2. Gegenüber der Kirche und der Junta de Freguisia, ✆ 283998233, www.milreis.tripod.com.

• *Außerhalb* **Moinho da Asneira**, 11 Apartmenthäuschen direkt am Fluss bei einer ehemaligen Gezeitenmühle aus dem 18. Jh. Apartments ohne Küche, jedoch mit Frühstück. Wird aufgrund seiner freundlichen und ruhigen Lage immer wieder empfohlen! Apartments für 2 Pers. 40–55 €, im Juli/Aug. nur wochenweise zu ca. 500 €, Langzeit im Winter (Preise auf Anfrage). Bei der Galp-Tankstelle Richtung S. Luis abbiegen, dann rechts dem Schild folgen! Ca. 4 km außerhalb. ✆ 283996182, ✆ 286997138, www.moinhodaasneira.com.

• *Camping* ** **Milfontes**, über 6 ha in einem Pinienwäldchen, 915 Stellplätze. Sandiger Boden. Auch kleine Bungalows und Mobil-Homes zu vermieten. Ganzjährig geöffnet. Pers./Zelt/Auto je ca. 4,20 €, DZ 37–75 €. Am nördlichen Dorfrand. ✆ 2839961-40, ✆ -04, www.campingmilfontes.com.

** **Campiférias**, Campingplatz der Gemeinde mit über 1.000 Plätzen. Vom 1. bis 25. Dez. geschlossen. Pers./Auto/Zelt je ca. 4 €. Mit Cartao Jovem 15 % Ermäßigung. 8 Bungalows zu 35–65 €. Estr. Nacional 390, links gegenüber vom Campingplatz Milfontes und etwas preiswerter. ✆ 283996-409, ✆ -581.

**** **Sitava**, ein 27(!)-ha-Gelände mit 880 Stellplätzen, Restaurant, Pool, Supermarkt, Tennis usw. Viel Schatten durch halbhohe Pinien, zum Malhão-Strand sind es ca. 600 m. Ganzjährig geöffnet. Niedrige Preise, die beste Wahl! Pro Pers./Zelt/Auto 4,20/3,90/2,55 €. In Brejo da Zimbreira, 7 km nördlich von Milfontes. Nach der Galp-Tankstelle in Brunheiras links abbiegen. ✆ 28389010-0, ✆ -9, www.sitavaturismo.pt.

Essen (s. Karte S. 241)

Portal da Vila (10), komplett mit Azulejos gekacheltes Restaurant mit großer Weinkarte. Man sitzt gemütlich unter einer Laube, wenig Plätze, der Wirt ist sehr bemüht, guter Fisch und Bio-Gemüse! Rua Sarmento Beires 5-A, ✆ 283996823 u. 965562045. Okt. bis Ostern geschlossen.

Vila Nova de Milfontes

O Pescador (1), berühmt für seinen frischen Fisch und Mariscos. Jeder zweite Gast verzehrt eine riesige Portion *Arroz de Tamboril/Marisco*. Spezialitätengerichte für 2 Pers. 25–32 €. Relativ laut, bei der Markthalle, Rua da Praça 18. ✆ 283996338. Im Winter Di geschlossen.

Tasca do Celso (7), „Geheimtipp", sehr gut, um am Abend auszugehen. Portugiesisches Dekor und Spezialitäten wie z. B. *Carne de Porco Alentejana* und Fisch, Fisch, Fisch! Rua dos Aviadores 34. ✆ 283996753, www.tascadocelso.com. Geöffnet von 12–24 Uhr, Di Ruhetag.

Fateixa (15), gute Lage an den Flusskais. Sehr guter Service, z. B. ist es eine Schau, sich als Nachspeise *Laranja com Licor de Beirão* zubereiten zu lassen! Gerichte 10–15 €. ✆ 283996415. Mi Ruhetag, Dez. geschlossen.

Tasca da Vila (2), so überrannt von Einheimischen, dass sich im Eingang Warteschlangen bilden. Regionale Grillspezialitäten. Am Ortseingang, Rua Custódio Braz Pacheco (Rua Principal) 33. ✆ 934400101. Tägl. 10–23 Uhr geöffnet.

Paparoca (14), dreistöckige Café-Bar mit jeder Menge Kalorienbomben für Leckermäuler (z. B. *doblé de chocolate*). Appetitlich eingerichtet, für 3,20 € auch Sandwiches. In der Nähe der mit dem Lokal verquickten Casa do Adro. 7–24 Uhr geöffnet, im Winter 1–3 Monate geschl. Largo Brito Pais 1, ✆ 283996286.

O Dunas Mil (13), großes Restaurant gegenüber dem Quebramar, wunderbar in den Dünen gelegen, mit erstklassigem Blick auf den Rio Mira. Auf der deutschen Speisekarte findet sich das „gegrillte Geheimnis vom schwarzen Schwein" (ca. 12 €). Fisch etwas teurer, ebenso Schalentiere. ✆ 283996420.

A Choupana (17), beim Leuchtturm auf einem Holzsteg nach unten. Guter Platz, um beim Schmausen die Brandung zu genießen. Grillgerichte ca. 15 €, eine Spezialität sind die Shrimps. Praia do Farol, ✆ 283996643. Geöffnet von 10–24 Uhr, im Winter geschlossen.

Café Azul (9), gemütliche Kneipe, die bis um 4 Uhr in der Früh geöffnet hat. Wird von Angelika und Michael Broschart geführt. Largo do Rossio 20. ✆ 283996818. Im Winter nur am Wochenende geöffnet.

Gelateria/Pastelaria Mabi (4), hier gibt es starken Kaffee *(Café duplo com leite)* und gutes, selbst gemachtes Eis, z. B. die Eissorte Mabi-Vanille mit Schokosplittern für 1,50 € pro Kugel. Auch in der Nebensaison gut besucht. Largo de Santa Maria 25 A.

• *Außerhalb* **Portinho do Canal**, 2,5 km weiter nördlich am Naturhafen, vom O Pescador aus die Straße runter, dann rechts. Sehr populär: frischester Fisch, superb zubereitet und in absolut stimmiger Lage über den Fischerhütten serviert! Meeresfrüchte bis zu 18 €. ✆ 283996255. Do Ruhetag.

Porto das Barcas, falls das Canal überfüllt ist, 50 m höher gelegen, nicht ganz so faszinierender Blick, dafür mit Lehnstühlen. Regionalküche, Gerichte 10–15 €. ✆ 283997160. Di Ruhetag.

Was haben Sie entdeckt?

Haben Sie die Tasca mit wundervollen Petiscos gefunden, das freundliche Albergo, den Top-Campingplatz oder einen schönen Wanderweg?
Wenn Sie Ergänzungen, Verbesserungen oder neue Tipps zum Algarve-Buch haben, lassen Sie es uns bitte wissen.
Schreiben Sie an:

Michael Müller Verlag
– Algarve –
Gerberei 19
91054 Erlangen
E-Mail: mm@michael-mueller-verlag.de

Verlagsprogramm

• Abruzzen • Ägypten • Algarve • Allgäu • Allgäuer Alpen *MM-Wandern* • Altmühltal & Fränk. Seenland • Amsterdam *MM-City* • Andalusien • Andalusien *MM-Wandern* • Apulien • Athen & Attika • Australien – der Osten • Azoren • Bali & Lombok • Baltische Länder • Barcelona *MM-City* • Bayerischer Wald • Bayerischer Wald *MM-Wandern* • Berlin *MM-City* • Berlin & Umgebung • Bodensee • Bretagne • Brüssel *MM-City* • Budapest *MM-City* • Bulgarien – Schwarzmeerküste • Chalkidiki • Chianti – Florenz, Siena • Cilento • Cornwall & Devon • Dublin *MM-City* • Costa Brava • Costa de la Luz • Côte d'Azur • Cuba • Dolomiten – Südtirol Ost • Dominikanische Republik • Dresden *MM-City* • Ecuador • Elba • Elsass • Elsass *MM-Wandern* • England • Fehmarn • Franken • Fränkische Schweiz • Friaul-Julisch Venetien • Gardasee • Genferseeregion • Golf von Neapel • Gomera *MM-Wandern* • Gran Canaria • Graubünden • Griechenland • Griechische Inseln • Hamburg *MM-City* • Harz • Haute-Provence • Havanna *MM-City* • Ibiza • Irland • Island • Istanbul *MM-City* • Istrien • Italien • Italienische Adriaküste • Kalabrien & Basilikata • Kanada – der Osten • Kanada – der Westen • Karpathos • Katalonien • Kefalonia & Ithaka • Köln *MM-City* • Kopenhagen *MM-City* • Korfu • Korsika • Korsika Fernwanderwege *MM-Wandern* • Korsika *MM-Wandern* • Kos • Krakau *MM-City* • Kreta • Kreta *MM-Wandern* • Kroatische Inseln & Küstenstädte • Kykladen • Lago Maggiore • La Palma • La Palma *MM-Wandern* • Languedoc-Roussillon • Lanzarote • Lesbos • Ligurien – Italienische Riviera, Genua, Cinque Terre • Ligurien & Cinque Terre *MM-Wandern* • Liparische Inseln • Lissabon & Umgebung • Lissabon *MM-City* • London *MM-City* • Lübeck *MM-City* • Madeira • Madeira *MM-Wandern* • Madrid *MM-City* • Mainfranken • Mallorca • Mallorca *MM-Wandern* • Malta, Gozo, Comino • Marken • Mecklenburgische Seenplatte • Mecklenburg-Vorpommern • Menorca • Mittel- und Süddalmatien • Mittelitalien • Montenegro • Moskau *MM-City* • München *MM-City* • Münchner Ausflugsberge *MM-Wandern* • Naxos • Neuseeland • New York *MM-City* • Niederlande • Niltal • Nord- u. Mittelgriechenland • Nordkroatien – Zagreb & Kvarner Bucht • Nördliche Sporaden – Skiathos, Skopelos, Alonnisos, Skyros • Nordportugal • Nordspanien • Normandie • Norwegen • Nürnberg, Fürth, Erlangen • Oberbayerische Seen • Oberitalien • Oberitalienische Seen • Ostfriesland & Ostfriesische Inseln • Ostseeküste – Mecklenburg-Vorpommern • Ostseeküste – von Lübeck bis Kiel • Östliche Allgäuer Alpen *MM-Wandern* • Paris *MM-City* • Peloponnes • Pfalz • Piemont & Aostatal • Piemont *MM-Wandern* • Polnische Ostseeküste • Portugal • Prag *MM-City* • Provence & Côte d'Azur • Provence *MM-Wandern* • Rhodos • Rom & Latium • Rom *MM-City* • Rügen, Stralsund, Hiddensee • Rund um Meran *MM-Wandern* • Salzburg & Salzkammergut • Samos • Santorini • Sardinien • Sardinien *MM-Wandern* • Schleswig-Holstein – Nordseeküste • Schottland • Schwarzwald Mitte/Nord *MM-Wandern* • Schwäbische Alb • Shanghai *MM-City* • Sinai & Rotes Meer • Sizilien • Sizilien *MM-Wandern* • Slowakei • Slowenien • Spanien • St. Petersburg *MM-City* • Südböhmen • Südengland • Südfrankreich • Südmarokko • Südnorwegen • Südschwarzwald • Südschweden • Südtirol • Südtoscana • Südwestfrankreich • Sylt • Teneriffa • Teneriffa *MM-Wandern* • Thassos & Samothraki • Toscana • Toscana *MM-Wandern* • Tschechien • Tunesien • Türkei • Türkei – Lykische Küste • Türkei – Mittelmeerküste • Türkei – Südägäis • Türkische Riviera – Kappadokien • Umbrien • Usedom • Venedig *MM-City* • Venetien • Wachau, Wald- u. Weinviertel • Westböhmen & Bäderdreieck • Warschau *MM-City* • Westliche Allgäuer Alpen und Kleinwalsertal *MM-Wandern* • Westungarn, Budapest, Pécs, Plattensee • Wien *MM-City* • Zakynthos • Zentrale Allgäuer Alpen *MM-Wandern* • Zypern

www.michael-mueller-verlag.de

Michael Müller Verlag GmbH, Gerberei 19, 91054 Erlangen
Tel. 0 91 31 / 81 28 08-0   Fax 0 91 31 / 20 75 41
info@michael-mueller-verlag.de

- ABRUZZEN
- ALENTEJO
- ALGARVE
- ANDALUSIEN
- APULIEN
- DODEKANES
- IONISCHE INSELN
- KRETA
- LISSABON & UMGEBUNG
- MARKEN
- SARDINIEN
- SIZILIEN
- TENERIFFA
- TOSKANA

CASA FERIA
Land- und Ferienhäuser

Nette Unterkünfte bei netten Leuten

CASA FERIA
die Ferienhausvermittlung
von Michael Müller

Im Programm sind ausschließlich persönlich ausgewählte Unterkünfte abseits der großen Touristenzentren.

Ideale Standorte für Wanderungen, Strandausflüge und Kulturtrips.

Einfach www.casa-feria.de anwählen, Unterkunft auswählen, Unterkunft buchen.

Casa Feria wünscht
Schöne Ferien

www.casa-feria.de

Sprachführer

Aussprache: Die Buchstaben **b, d, f, k, l, m, n, p, t** und **u** werden ähnlich wie im Deutschen ausgesprochen (Ausnahme: Folgt **m** oder **n** auf einen Vokal, so ist dieser zu nasalieren, etwa wie das **o** in franz. *chancon*). Diphthonge (zwei Vokale auf eine Silbe) sind getrennt auszusprechen (also *E-u-ro-pa*, statt *Eu-ro-pa*). Im Folgenden zwei Tabellen zur Aussprache der vom Deutschen abweichenden Vokale und Konsonanten.

Vokal	Bedingung	Aussprache
a	betont	wie deutsches **a** in <M**a**gen>
a	unbetont	wie deutsches **e** in <ein**e**>
ã	Betont	nasaliert wie französisches **-an** in <Sag**an**>
e	betont	wie deutsches **ä** in <S**ä**le>
é	immer	wie deutsches **ä** in <S**ä**le>
ê	immer	geschlossenes **e** wie in <S**ee**>
e	unbetont	wie deutsches **e** wie in <ein**e**>
e	unbetont am Ende	fast völlig verschluckt
e	am Anfang in es- oder ex-	wie deutsches **i**
i	zwischen Vokalen	wie deutsches **j**
i	sonst	wie deutsches **i**
ó	immer	offenes **o** wie in <S**o**nne>
ô	immer	geschlossenes **o** wie in <**O**fen>
o	unbetont	wie ein **u**
õ	Betont	nasaliert wie französisches **-on** in <b**on**jour>

Konsonant	Bedingung	Aussprache
c	vor e oder i	stimmloses **s** wie in <Ma**ß**>
c	vor t	meist stumm (arquitecto = *arquitätu*)
c	vor a, o oder u	wie **k**
ç	immer	stimmloses **s** wie in <Ma**ß**>
ch	immer	**sch** ähnlich wie dt. <Fi**sch**>
g	vor a, o und u	wie deutsches **g**
g	vor e und i	stimmhaftes **sch** wie in <**J**ournalist>
gu	vor a, o und u	wie deutsches **gu**
gu	vor e und i	wie deutsches **g**
h	am Anfang eines Wortes	wird nicht ausgesprochen
lh	immer	wie **lj**
nh	immer	wie **nj**

248 Etwas Portugiesisch

J	immer	stimmhaftes **sch** wie in <Journalist>
qu	vor a und o	wie **kw** (Ausnahme quatorze = *katorze*)
qu	vor e und i	wie **k**, das u bleibt stumm (qui = *ki*)
r	zwischen zwei Vokalen	einfaches zungengeschlagenes **r**
r	am Anfang eines Wortes	wie deutsches **Gaumen-r**
rr	immer	wie deutsches **Gaumen-r**
s	zwischen zwei Vokalen	stimmhaftes **s** wie in <Ro**s**e>
s	vor stimmhaftem Konsonant	stimmhaftes **sch** wie in <Journalist>
s	vor stimmlosem Konsonant	stimmloses **sch** ähnlich wie dt. <Fi**sch**>
s	am Ende eines Wortes, wenn nächstes Wort mit Konsonant beginnt oder am Satzende	stimmloses **sch** ähnlich wie dt. <Fi**sch**>
s	am Ende eines Wortes, wenn nächstes Wort mit Vokal beginnt	stimmhaftes **s** wie in <Ro**s**e>
s	sonst	stimmloses **s** wie in <Maß>
v	immer	wie deutsches **w**
x	meistens	wie stimmloses **sch**
x	ab und zu	wie stimmhaftes **s**
x	selten	wie deutsches **x**
z	am Ende eines Wortes, wenn nächstes Wort mit Konsonant beginnt oder am Satzende	stimmhaftes **sch** wie in <Journalist>
z	sonst	stimmhaftes **s** wie in <**S**onne>

Kleiner Wortschatz

Frau	*dona* oder *senhora dona*
Herr	*senhor*
Wie geht es Ihnen?	*Como está?*
Danke, sehr gut.	*(Muito) bem, obrigado (als Mann).*
	(Muito) bem, obrigada (als Frau.).
Danke	*Obrigado (als Mann), obrigada (als Frau)*
Hallo!	*Olá!*
Guten Morgen	*Bom dia (bis 12 h mittags)*
Guten Tag	*Boa tarde (nachmittags ab 12 h)*
Guten Abend/Gute Nacht	*Boa noite (nach Sonnenuntergang)*
Auf Wiedersehen	*Adeus*
Bis gleich	*Até já*
Bis später	*Até logo*
Ich heiße ...	*Chamo-me ...*
Es tut mir sehr leid.	*Tenho muita pena* oder *lamento muito.*
Entschuldigung (um Erlaubnis bitten)	*Com licença*

Etwas Portugiesisch

Entschudigung	*Desculpe!* oder *desculpa!*
Keine Ursache	*De nada*
ja	*sim*
nein	*não*
bitte	*faz favor* oder *por favor*; ganz höflich *se faz favor*
Ich verstehe nicht.	*Não entendo.*
Ich bin Deutscher (Deutsche).	*Sou alemão (alemã).*
Sprechen Sie ...	*Fala ...*
... Deutsch	*... alemão*
... Französisch	*... francês*
... Englisch	*... inglês*
... Italienisch	*... italiano*
... Spanisch?	*... espanhol?*
Sprechen Sie bitte etwas langsamer!	*Fale mais devagar, por favor!*
Was bedeutet das?	*O que quer dizer isso?*

Zahlen

1	*um/uma*		80	*oitenta*
2	*dois/duas*		90	*noventa*
3	*três*		100	*cem*
4	*quatro*		105	*cento e cinco*
5	*cinco*		200	*duzentos, duzentas*
6	*seis*		300	*trezentos, trezentas*
7	*sete*		1.000	*mil*
8	*oito*		2.000	*dois mil*
9	*nove*		1.000.000	*um milhão*
10	*dez*		2.000.000	*dois milhões*
11	*onze*		1.000.000.000	*mil milhões*
12	*doze*		Erste/r	*primeiro, primeira*
13	*treze*		Zweite/r	*segundo/a*
14	*quatorze*		Dritte/r	*terceiro/a*
15	*quinze*		Vierte/r	*quarto/a*
16	*dezasseis*		Fünfte/r	*quinto/a*
17	*dezassete*		Sechste/r	*sexto/a*
18	*dezoito*		Siebte/r	*sétimo/a*
19	*dezanove*		Achte/r	*oitavo/a*
20	*vinte*		Neunte/r	*nono/a*
30	*trinta*		Zehnte/r	*décimo/a*
40	*quarenta*		Elfte/r	*décimo/a primeiro/a,*
50	*cinquenta*		Dreizehnte/r	*décimo/a terceiro/a,*
60	*sessenta*		Zwanzigste/r	*vigésimo/a*
70	*setenta*			

Zeiten

Wie spät ist es?	*Que horas são?*
Es ist 7 h früh.	*São sete da manhã.*
Es ist 9 h abends.	*São nove da noite*
Es ist 10 nach 4.	*São quatro e dez.*
Es ist viertel nach 6.	*São seis e um quarto.*
Es ist halb 7.	*São seis e meia.*
Es ist (zu) früh.	*É (muito) cedo.*
Es ist (zu) spät.	*É (muito) tarde.*
Der wievielte ist heute?	*A quantos estamos?*

Tageszeit

morgens	*de manhã*
mittags	*ao meio-dia*
gegen Mittag	*pelo meio-dia*
nachmittags	*à tarde*
abends	*à noite*
nachts	*à noite*
heute abend	*esta noite*
gestern	*ontem*
morgen	*amanhã*
übermorgen	*depois de amanhã*
vorgestern	*anteontem*
morgen Nachmittag	*amanhã à tarde*
heute	*hoje*
Wann?	*Quando?*
Um wie viel Uhr?	*A que horas?*
Stunde	*hora*
Minute	*minuto*
Sekunde	*segundo*

Wochentage

Montag	*Segunda-feira*
Dienstag	*terça-feira*
Mittwoch	*quarta-feira*
Donnerstag	*quinta-feira*
Freitag	*sexta-feira*
Samstag	*sábado*
Sonntag	*domingo*

Monate

Januar	*Janeiro*
Februar	*Fevereiro*
März	*Março*
April	*Abril*
Mai	*Maio*
Juni	*Junho*
Juli	*Julho*
August	*Agosto*
September	*Setembro*
Oktober	*Outubro*
November	*Novembro*
Dezember	*Dezembro*

Weg und Richtung

Wo ist ...?	*Onde é ...?* oder *Onde fica ...?*
Wo sind ...?	*Onde são ...?* oder *Onde ficam ...?*
Gibt es hier ...?	*Há aqui ...?*
Wie komme ich am besten nach ...?	*Qual é o melhor caminho para ...?*
Wo ist ein Supermarkt?	*Onde fica um supermercado?*
... ein Fotograf?	*... um fotógrafo?*
... ein Schuhgeschäft?	*... uma sapataria?*
... ein Fremdenverkehrsbüro?	*... um posto de turismo?*
... ein Reisebüro?	*... uma agência de viagens?*
... eine Bank?	*... um banco?*

Übernachten

Wo ist ein Campingplatz?	*Onde fica um parque de campismo?*
Können Sie mir ein Hotel empfehlen?	*Seria possível recomendar-me um hotel?*
Kennen sie ein gutes, günstiges Hotel?	*Conhece algum hotel bom e barato?*
Kennen sie eine gute, nicht zu teure Pension?	*Conhece alguma pensão boa e barata?*
Ich möchte ein Zimmer.	*Queria um quarto.*
Haben Sie ein Einzelzimmer?	*Tem um quarto para uma pessoa só?*
... Doppelzimmer?	*... quarto duplo?*
... Zimmer mit Bad?	*... quarto com casa de banho?*
... Zimmer mit Dusche?	*... quarto com duche?*
Wir haben ein Zimmer reserviert.	*Reservámos um quarto.*
Kann ich das Zimmer sehen?	*Posso ver o quarto?*
Es ist zu teuer.	*É muito caro.*
... zu laut.	*... barulhento.*
... schmutzig.	*... sujo.*
... klein.	*... pequeno.*
Ich möchte ein Zimmer, das nicht auf die Straße geht.	*Queria um quarto que não desse para a rua.*
Ich nehme das Zimmer.	*Fico com este quarto.*
Ich bleibe ... Tage.	*Vou ficar ... dias.*
Ich möchte noch einen Tag bleiben.	*Queria ficar mais um dia.*
Ich werde heute auschecken.	*Vou sair hoje.*
Halbpension	*meia-pensão*
Vollpension	*pensão completa*
Frühstück inbegriffen	*com pequeno almoço incluído*
Bedienung inbegriffen	*com serviço incluído*
Ich möchte noch eine Wolldecke.	*Queria mais um cobertor.*
... ein Handtuch.	*... uma toalha.*
Der Abfluss des Waschbeckens/der Dusche funktioniert nicht.	*O esgoto do lavabo/duche não funciona.*
Wie viel kostet das pro Woche?	*Quanto custa por semana?*
... pro Tag?	*... por dia?*
... pro Monat?	*... por mês?*

Post/Telefon

Wo ist das nächste Postamt?	*Onde fica a mais próxima estação dos correios?*
ein Telegramm aufgeben	*enviar um telegrama*
eine Postanweisung aufgeben	*mandar um vale de correio*
Briefmarken	*selos*
Luftpostbrief	*carta por via aérea*
ein Postanweisungsvordruck	*um impresso para vale*
Pass	*passaporte*

Personalausweis	*bilhete de identidade*
Wo kann man telefonieren?	*Onde se pode telefonar?*
Ortsgespräch	*uma chamada local*
Ferngespräch	*uma chamada interurbana*
Kann ich Ihr Telefon benutzen?	*Posso usar o seu telefone?*

Apotheken

Wo ist eine Apotheke?	*Onde fica uma farmácia?*
Ich möchte gerne Papiertaschentücher	*Queria lenços de papel.*
... Tampons.	*... tampões.*
... Damenbinden.	*... pensos higiénicos.*
... Kopfschmerztabletten.	*... comprimidos para dores de cabeça.*
... Kondome.	*... preservativos.*
... Abführtabletten.	*... um laxativo.*

Notfall/Krankheit

Hilfe!	*socorro!*
Ich fühle mich schlecht.	*Não me sinto bem.*
Rufen Sie einen Arzt!	*Por favor, chame um médico!*
Können Sie einen Arzt empfehlen?	*Pode indicar-me um bom médico?*
Wo ist das nächste Krankenhaus?	*Onde é o hospital mais próximo?*
Rufen Sie mir einen Krankenwagen!	*Chame uma ambulância!*
Ich habe hier Schmerzen.	*Dói-me aqui.*
Ich hatte einen Unfall.	*Tive um acidente.*
Ich habe eine Erkältung.	*Apanhei uma constipação.*
Ich habe Kopfschmerzen.	*Tenho dores de cabeça.*
... Rückenschmerzen.	*... dores nas costas.*
Arm(Bein)bruch	*fractura de braço (perna)*
Blinddarmentzündung	*apendicite*
Blutvergiftung	*septicémia*
Entzündung	*inflamação*
Erkältung	*constipação*
Fieber	*febre*
Gehirnerschütterung	*comoção cerebral*
Geschwür	*úlcera*
Husten	*tosse*
Krampf	*convulsão*
Lungenentzündung	*pneumonia*
Nierenentzündung	*nefrite*
Quetschung	*contusão*
Sonnenstich	*insolação*
Pflaster	*emplasto*
Verbrennung	*queimadura*
Wunde	*ferida*
Zahnschmerzen	*dores de dentes*

Öffentliche Verkehrsmittel

Wo ist die nächste Bushaltestelle?	*Onde fica a mais próxima paragem de autocarro?*
... Straßenbahnhaltestelle?	*... de eléctrico?*
... U-Bahnhaltestelle?	*... do Metro?*
Wo ist der nächste Bahnhof?	*Onde fica a mais próxima estação de comboios?*
... Fernbusbahnhof?	*... de camionagem?*
... Taxistand?	*... praça de táxis?*
Wo ist der Flughafen?	*Onde fica o aeroporto?*
Was kostet die Fahrt?	*Quanto custa a viagem?*
Bitte eine Fahrkarte nach ...	*Queria um bilhete para ...*
Rückfahrkarte	*bilhete de ida e volta*
ermäßigte Fahrkarte	*bilhete com desconto*
Platzreservierung	*reserva de lugar*
Ist der Zug reservierungspflichtig?	*A reserva de lugar é obrigatória neste comboio?*
Bitte reservieren sie mir einen Platz von ... nach ... !	*Reserve-me um lugar de ... para ..., faz favor!*
Nichtraucher	*não-fumadores*
Raucher	*Fumadores*
Gang	*Corredor*
Fenster	*Janela*
Platz	*Lugar*
Wagon	*Carruagem*
Liegewagen	*Couchette*
Schlafwagen	*carruagem-cama*
Zuschlag	*Suplemento*
Ist der Zug zuschlagspflichtig?	*É necessário pagar um suplemento para este comboio?*
Vorverkaufsbusfahrkarten	*Módulos*
Um wieviel Uhr fährt der nächste Zug/Bus nach ...?	*A que horas sai o próximo comboio/autocarro para ...?*
... der letzte Zug nach ...?	*a que horas sai o último comboio para ...?*
... der erste Bus nach ...?	*a que horas sai o primeiro autocarro para ...?*
Muss ich umsteigen?	*Tenho que mudar?*
An welcher Haltestelle muss ich aussteigen?	*Qual é a paragem onde tenho que sair?*
Haben Sie einen Fahrplan nach ...?	*Tem um horário para ...?*
Welchen Bus nehme ich nach ...?	*Qual é o autocarro que vai para ...?*
Ist das der Bus/Zug nach ...?	*É este o autocarro/comboio que vai para ...?*

Auto

10 Liter Super bleifrei.	*Dez litros de super sem chumbo.*
... Diesel.	*... de gasóleo*
... Normalbenzin.	*... de gasolina normal.*

254 Etwas Portugiesisch

Kann ich Kühlwasser haben?	*Tem água para o radiador?*
Wir haben eine Panne.	*O nosso carro está avariado.*
Können Sie mir Hilfe schicken?	*Pode procurar-me ajuda?*
Ich hatte einen Unfall.	*Tive um acidente.*
Wo ist die nächste Werkstatt?	*Onde fica a estação de serviço mais próxima?*
Machen Sie nur das Nötigste!	*Faça só o indispensável!*
Es (sie) ist (sind) nicht in Ordnung.	*Não funciona(m) bem.*
Es ist defekt.	*Tem um defeito.*
Ich möchte gerne ein Auto mieten.	*Queria alugar um carro.*
Ist die Straße nach ... gut befahrbar?	*A estrada para ... está em boas condições?*

Noch einige wichtige Wörter ...

nach rechts	*à direita*	Steilküste	*falésia*
nach links	*à esquerda*	geschlossen	*fechado, encerrado*
offen	*aberto*	Streichhölzer	*fósforos*
Weinkeller(ei)	*adega*	Gemeinde	*freguesia*
Trinkwasser	*água potável*	Schlucht	*garganta*
Dorf	*aldeia*	Gasthof	*hospedaria*
Umgebung	*arredores*	Kirche	*igreja*
Kunsthandwerk	*artesanato*	Pfarrkirche	*igreja matriz*
Bus	*autocarro*	Insel	*ilha*
Autobahn	*autoestrada*	Auskünfte	*informações*
Allee	*avenida*	Garten	*jardim*
Bucht	*bahia*	Zeitung	*jornal*
Schiff	*barco*	Gemeindeverwaltung	*junta de freguesia*
Nachtlokal	*boite (Ausspr.: buate)*	Wäscherei	*lavandaria*
Friseur	*cabeleireiro*	mittelalterlich	*medieval*
Kap	*cabo*	Aussichtspunkt	*miradouro*
Rathaus	*câmara municipal*	Berge	*montanhas*
Kapelle	*capela*	Berg	*monte*
Haus	*casa*	Museum	*museu*
Toilette	*casa de banho*	Landschaft	*paisagem*
Burg	*castelo*	Palast, Schloss	*palácio*
Stadt	*cidade*	Park	*parque*
Hügel	*colina*	Naturpark	*parque natural*
Land-/ Stadtkreis	*concelho*	Spaziergang	*passeio*
Kloster	*convento*	Fischer	*pescador*
Küste	*costa*	Schwimmbad	*piscina*
Sehenswürdigkeit	*curiosidade*	Hafen	*porto*
Sport	*desporto*	Platz	*praça, largo*
Bügeln	*passar a ferro*	Strand	*praia*
Polizeistation	*esquadra de polícia*	Bach	*ribeira*
Landstraße	*estrada*	Fluss	*rio*
Nationalstraße	*estrada nacional*	Stadtstraße	*rua*

Heiligtum	*santuário*	Grabmal	*túmulo*
Gebirge	*serra*	Touristenbüro	*turismo*
immer geradeaus	*sempre em frente*	Tal	*vale*
Tabakladen	*tabacaria*	Kleinstadt	*vila*

Essen und Trinken

Im Restaurant

Ist hier in der Nähe ein Restaurant?	*Conhece um restaurante aqui perto?*
Ich möchte etwas essen.	*Queria comer alguma coisa.*
Haben Sie einen freien Tisch?	*Tem uma mesa livre?*
Bitte die Karte!	*A ementa, por favor!*
Ich nehme ...	*Eu tomo ...*
Alles zusammen.	*Tudo junto.*
Ober!	*Faz favor!*
Frühstück	*pequeno almoço*
Mittagessen	*almoço*
Abendessen	*jantar (ceia = später Nachtimbiß)*
Ich möchte gerne ...	*Queria ...*
... mehr Brot.	*... mais pão.*
... noch ein Bier.	*... mais uma cerveja.*
Wo ist die Toilette?	*Onde fica a casa de banho?*
Was empfehlen Sie?	*O que recomenda?*
Kleinigkeit	*petisco*
Spezialität des Hauses	*especialidade da casa*
Die Rechnung bitte.	*A conta, se faz favor.*
Die Rechnung stimmt nicht.	*A conta está errada.*
Guten Appetit!	*Bom proveito!* oder *bom apetite!*
Auf Ihr Wohl! Prost!	*Saúde!*

Suppen *sopas*

Grünkohlsuppe	*caldo verde*	Meeresfrüchtesuppe	*... de marisco*
Alentejo - Suppe (Fleischbrühe, Brot, Ei, Knoblauch, Petersilie)	*sopa alentejana*	Krautsuppe	*... de nabiço*
		Fischsuppe	*... de peixe*
		Hühnerbrühe	*canja*
Gemüsesuppe	*sopa de legumes/ hortaliça*	Kalte Gemüsesuppe	*gaspacho*

Meeresfrüchte und Fische *mariscos e peixes*

Miesmuscheln	*amêijoas*	Kabeljau (Stockfisch)	*bacalhau*
Hering	*arenque*	Herzmuschel	*berbigão*
Thunfisch	*atum*	Meerbrassen	*besugo*

256 Etwas Portugiesisch

Tritonshorn	*burrié*	Miesmuschel	*mexilhão*
Seeschnecken	*búzio*	Austern	*ostras*
Fischeintopf	*caldeirada*	Degenfisch	*peixe-espada*
Krabben	*camarão*	Seefüße	*percebes*
Krebs	*caranguejo*	Schellfisch	*pescada*
Karausche	*carapau*	Weißling	*pescadinhas*
Makrele	*cavala*	Krake	*polvo*
Silberbarsch	*cherne*	Rochen	*raia*
Sepia (Tintenfischart)	*choco*	Seebarsch	*robalo*
Rabenfisch	*corvina*	Meeraal	*safio*
Goldbrasse	*dourada*	Lachs	*salmão*
Aal	*Eiró, enguia*	Meerbarbe	*salmonete*
Schwertfisch	*espadarte*	Spinnenkrabbe	*santola*
große Krabben	*gambas*	Riesentaschenkrebs	*sapateira*
Barsch	*garoupa*	Sardinen	*sardinhas*
Brasse	*goraz*	Brassen	*sargo*
Languste	*lagosta*	Alse (Maifisch)	*sável*
kleine Langusten	*lagostins*	Steinbutt	*rodovalho*
Neunauge	*lampreia*	Seeteufel	*tamboril*
Hummer	*lavagante*	Forelle	*truta*
Seezunge	*linguado*	Haifisch	*tubarão*
Taschenmessermuschel	*lingueirão*	Pilgermuscheln	*vieiras*
Entenschnecken	*lapas*		
Kalamar	*lula*		

Fleisch *carne*

Fleischknödel	*almôndegas*	mageres Fleisch	*febras*
kleines Schweineschnitzel	*bifana*	gekochter Schinken	*fiambre*
		Leber	*fígado*
Beefsteak	*bife*	Hähnchen	*frango*
kleines Beefsteak	*bitoque*	Huhn	*galinha*
Lamm	*borrego*	Hühnerinnereien	*moelas*
Pansen	*bucho*	Lebergericht	*iscas*
Zicklein	*cabrito*	Wildschwein	*javali*
Hammel	*carneiro*	Hase	*lebre*
Hackfleisch	*carne picada*	Spanferkel	*leitão*
Schweinshaxe	*chispe*	Zunge	*língua*
geräucherte Wurst	*chouriço*	dünne Wurst	*linguiça*
Wachtel	*codorniz*	Lende	*lombo, lombinho*
Kaninchen	*coelho*	junger Stier	*novilho*
Kotelett	*costeletas*	Schinkenwurst	*paio*
Mittelrippenstück	*entrecosto*	Ente	*pato*
Schnitzel	*escalopes*	Pfau	*pavão*
Fasan	*faisão*	Rebhuhn	*perdiz*
		Truthahn	*peru*

Etwas Portugiesisch 257

Hackbraten	*picado*	Nieren	*rins*
Taube	*pombo*	Würstchen	*salsichas*
Schwein	*porco*	Kutteln	*tripas*
kleines Rinderschnitzel	*prego*	Rind	*vaca*
geräucherter Schinken	*presunto*	Kalb	*vitela*

Gemüse *legumes, hortaliça*

Kürbis	*abóbora*	Erbsen	*ervilhas*
Kresse	*agrião*	Spargel	*espargo*
Artischocke	*alcachofra*	Spinat	*espinafre*
grüner Salat	*alface*	dicke Bohnenkerne	*favas*
Knoblauch	*alho*	Bohnen	*feijão*
Reis	*arroz*	Kichererbsen	*grão*
Oliven	*azeitonas*	Linsen	*lentilhas*
gekochte Kartoffeln	*batatas cozidas*	Mais	*milho*
Pommes Frites	*batatas fritas*	Kraut	*nabiça*
Auberginen	*beringelas*	Rübe	*nabo*
Kastanien	*castanhas*	Gurke	*pepino*
Zwiebel	*cebola*	Paprika	*pimento*
Karotte	*cenoura*	Lauch	*porro*
Pilze	*cogumelos*	Radieschen	*rabanetes*
Grünkohl	*couve*	gemischter Salat	*salada mista*
Rosenkohl	*couve de bruxelas*	Petersilie	*salsa*
Blumenkohl	*couve-flor*	Tomate	*tomate*
Weißkohl	*couve-lombarda*		

Gewürze *condimentos*

Zucker	*açúcar*	Majoran	*manjerona*
Rosmarin	*alecrim*	Senf	*mostarda*
Knoblauch	*alho*	Oregano	*oregão*
Dill	*aneto*	Pfeffer	*pimenta*
Olivenöl	*azeite*	Piri-piri	scharfes, afrikanisches Gewürz (roter Pfeffer)
Zimt	*canela*	Salz	*sal*
Curry	*caril*	Petersilie	*salsa*
grüner Koriander	*coentro*	Thymian	*tomilho*
Lorbeer	*louro*	Essig	*vinagre*
Basilikum	*manjericão*		

Nachspeisen *sobremesas*

Milchreis	*arroz doce*	Eiscreme	*gelado*
Puddingteilchen	*bola com creme*	Milchcreme	*leite creme*
Kuchen	*bolo*	Bratapfel	*maçã assada*
Kekskuchen	*bolo de bolacha*	Sahne	*nata*
Schlagsahne	*chantilly*	Törtchen	*pastel*

Sahnetörtchen	*pastel de nata*	Frischkäse	*queijo fresco*
Karamelpudding	*pudim flan*	„Armer Ritter"	*rabanadas*
Käse	*queijo*	Fruchtsalat	*salada de frutas*
Bergkäse	*queijo da serra*	Torte	*tarte*

Obst *frutas*

Avocado	*abacate*	Zitrone	*limão*
Aprikose	*alperce*	Limetten	*lima*
Pflaume	*ameixa*	Apfel	*maçã*
Mandeln	*amêndoas*	Wassermelone	*melancia*
Erdnüsse	*amendoins*	Honigmelone	*melão*
Brombeere	*amora*	Erdbeere	*morango*
Ananas	*ananás*	Nektarine	*nectarina*
Zimtapfel	*anona/cherimoya*	Birne	*pêra*
Haselnüsse	*avelãs*	Pfirsich	*pêssego*
Banane	*banana*	Dattel	*tâmara*
Kirsche	*cereja*	Mandarine	*tangerina*
Feige	*figo*	Grapefruit	*toranja*
Himbeere	*framboesa*	Trauben	*uvas*
Orange	*laranja*		

Zubereitung *modo de preparação*

zugedeckt	*abafado*	geschmort	*guisado*
gebraten	*assado*	fast roh	*mal passado*
gut durch	*bem passado*	mittel gegart	*médio*
rot	*corado*	über Holzkohle gegrillt	*na brasa*
gekocht	*cozido*		
süß	*doce*	im Krug	*na púcara*
eingerollt	*enrolado*	am Bratspieß	*no espeto*
mariniert	*de escabeche*	im Ofen	*no forno*
geschmort	*estufado*	paniert	*panado*
frittiert	*frito*	scharf	*picante*
geräuchert	*fumado*	Püree	*puré*
gegrillt	*grelhado*	gefüllt	*recheado*

Weitere Gerichte *outros pratos*

Brotsuppe mit …	*açorda de …*
Miesmuscheln mit Zitronensaft	*amêijoas à Bulhão Pato*
Reiseintopf mit …	*arroz de …*
Bacalhau mit Pommes frites vermischt	*bacalhau à Brás*
Bacalhau mit gekochten Kartoffeln und Zwiebeln	*bacalhau à Gomes de Sá*
Bacalhau am Stück gekocht mit Grünkohlblättern, Kartoffeln und einem hartgekochten Ei	*bacalhau de consoada* oder *… com todos*
Steak mit Sahne	*bife à café/à Marrare*

Etwas Portugiesisch

Thunfischsteak (aus einem Stück frischem Thunfisch)	*bife de atum*
Steak mit viel Zwiebeln, Knoblauch, Lorbeer und Tomaten	*bife de cebolada*
Spieß mit ...	*espetada de ...*
Geflügelinnereien	*cabidela*
kapverdischer Bohneneintopf	*cachupa*
Fischeintopf	*caldeirada*
Schweinefleisch mit Muscheln	*carne de porco à alentejana*
mit Zwiebeln und Muscheln in einer Kupferpfanne gekochte und servierte Meeresfrüchte, Fleisch- oder Fischstücke	*cataplana*
Ziegenfleischgericht, zuvor in Wein eingelegt	*caldeirada de cabrito*
in Rotwein zubereitetes Ziegenfleisch	*chanfana*
Eintopf mit Rinds-, Schweine- und Hühnerfleisch, dazu Schlachtwurst, Reis, Kartoffeln, Karotten und Rüben)	*cozido à portuguesa*
Rinderkutteln mit Hühnerfleisch und Bohnen	*dobrada*
Gulasch	*ensopado*
Spaghetti	*esparguete*
Bohneneintopf mit Räucherwurst (*Chouriço*), Blutwurst und Speck	*feijoada à portuguesa*
Bohneneintopf mit ...	*feijoada de ...*
Bohneneintopf mit Kutteln	*feijoada à transmontana*
Rindfleisch mit gekochten Kartoffeln, Karotten, Erbsen und Schlachtwurst	*jardineira*
Gericht aus eingeweichten Maisbrotkrumen	*migas*
Geflügelinnereien, in denen noch Blut ist	*miúdos de frango*
Aschenbrot gefüllt mit Geflügelfleisch	*pogaças*
Gericht mit Schweinefleischstückchen, geronnenem Schweineblut, Leber, Innereien und Kartoffeln	*rojões*
Thunfischsalat mit schwarzen Oliven, Tomaten- und grünem Salat sowie gekochten Kartoffeln	*salada de atum*
Schweineblutgericht	*sarrabulho*

Snacks *petiscos*

kl. Schweinesteak im Brötchen	*bifana*	... Stockfisch	*... bacalhau*
		... Krabben	*... camarão*
Hot Dog	*cachorro*	Kl. Rindersteak im Brötchen	*prego*
Schnecken	*caracóis*		
Gebratenes Fleisch	*carne assada*	Frikadellen aus ...	*rissóis de ...*
Hühnchenschenkel	*coxa*	... Stockfisch	*... bacalhau*
kleine Pastete	*empada*	... Krabben	*... camarão*
... mit Hühnchen	*... de galinha*	Getoastetes Brot mit Butter	*torrada*
große Pastete	*empadão*		
Brot mit eingebackener Räucherwurst	*pão com chouriço*	Gemischter Toast	*tosta mista*
		Käsetoast	*tosta com queijo*
Pasteten aus ...	*pastéis de ...*	Schinkentoast	*tosta com fiambre*

Eier *ovos*

Spiegeleier	*ovos estrelados*	Omelett mit Muscheln	*omeleta de berbigão*
Eier mit Schinken	*ovos com presunto*	... mit Krabben	*... de camarão*
Hartes Ei	*ovo cozido*	... mit Schinken	*... de presunto / fiambre*
Weiches Ei	*ovo quente*		
Rührei	*ovos mexidos*	... mit Käse	*... de queijo*
Omelett	*omeleta simples*		

Sonstiges *diversos*

Tresen	*balcão*	Flasche (klein, groß)	*garrafa (pequena, grande)*
Tablett	*bandeja, tabuleiro*	Serviette	*guardanapo*
Löffel	*colher*	Dose	*lata*
kleiner Löffel	*colher de sobremesa*	Butter	*manteiga*
Glas	*copo*	halbe Portion	*meia-dose*
Terrasse	*esplanada*	Sauce	*molho*
Messer	*faca*	Zahnstocher	*palitos*
Krug	*jarro*	Brot	*pão*
Gabel	*garfo*	Teller	*prato*

Getränke *bebidas*

Leitungswasser	*água da torneira*	kalt	*fresco*
Mineralwasser mit/ ohne Kohlensäure	*água mineral com/sem gás*	kleine Tasse Milchcafé	*garoto*
Zuckerrohr/Tresterschnaps	*aguardente*	normales Fassbier	*imperial*
Espresso	*bica*	Likör	*licor*
große Tasse schwarzer Kaffee	*café grande*	Milch	*leite*
schwarzer Kaffee mit Zucker	*café de saco*	Kakao	*leite com chocolate*
große Tasse Milchkaffee	*café branco/com leite/chinesa*	leicht	*leve*
		Limonade	*limonada*
großes Fassbier	*caneca de cerveja*	Kaffee halb mit Milch verdünnt	*meia de leite*
Espresso mit Wasser verdünnt	*carioca*	in Zimmertemperatur	*natural*
heißes Wasser mit Zitrone	*carioca de limão*	Punsch aus Zuckerrohrschnaps, Zucker u. Saft	*poncha*
		heiß	*quente*
Bier	*cerveja*	trocken	*seco*
Tee	*chá*	Fruchtsaft aus ...	*sumo natural de ...*
Tee aus Zitronenschalen	*chá de limão*	Weißwein	*vinho branco*
		Madeirawein	*vinho da Madeira*
kleines Fassbier	*fino*	Portwein	*vinho do Porto*
		"Grüner" Wein	*vinho verde*

Register

Abicada 171
Agar Agar 228
Albufeira 139
Alcalar 172
Alcoutim 117
Algarve 78
Algarve) 78
Aljezur 230
Almograve 238
Alte 131
Altura 83
Alveirinho, Wein 27
Alvor 169
Anreise 13
Apotheken 56
Armação de Pêra 151
Armona, Insel 102
Arrifana 232
Ausflüge 46
Auskunft, telefonische 73
Azinhal 116
Azulejos 46

Bacalhau, Nationalgericht 22
Baden 48
Baleeira (Strand) 218
Banho 29, Fest 206
Banken 64
Barão de São João 208
Barlavento 134
Barlavento, Küstenregion 12
Barock 37
Barragem Santa Clara 238
Bäume 40
Behinderte 50
Beilagen 25
Beliche (Strand) 218
Benafim 130
Benagil 154
Benémola, Höhlen 127
Bioco, Tracht 101
Botschaften 50
Bravo, Manuela 63
Burgau 211

Cabanas 84
Cabanas Velhas (Strand) 212
Cabanas, Manuel 79
Cacela Velha 84
Cachopo 119

Caldas de Monchique 179
Camping 17
Carrapateira 228
Carvalho, Strand 158
Carvoeiro 154
Castelejo (Strand) 216
Castro Marim 80
Cavaleiro 236
Centeanes (Strand) 158
Cervejarias 19
Churrasqueiras 19
Columbus, Christoph 218
Cordoama (Strand) 216
Costa Alentejana 233
Couvert 21
Culatra, Insel 102

Da Coelha, (Strand) 149
Designer-Stühle 183
Deutsche Welle 65
Diebstahl Bank-Karte 55
Diebstahl einer Kreditkarte 55
Do Castelo (Strand) 149
Do Galé (Strand) 149
Dom *João II. (König)* 175
Drake, Francis 218
Drogen 50

Einkaufen 51
Einreisebestimmungen 52
Elektrizität 53
Essen und Trinken 18
Essenszeiten 20
Estói 114
Estombar 155
Eukalyptusbäume 43

Fábrica 84
Fado 63
Falésia, Strand 137
Falésia Strand 137
Faro 103
Faro-Strand (Praia de Faro) 111
Feiertage 53
Ferienhäuser 16
Ferragudo 159
Fischerei 44
Fischfang 44
Fischgerichte 22
Fleischgerichte 21
Foia, Berg 184
Fonte Santa 189

Forte São João 148
Frauen 53
Friseure 54
Fußball 66

Geld 54
Geldanweisungen 55
Geschäfte 64
Geschichte 29
Gesellschaft 37
Gesundheit 55
Gesundheitszentren 56
Getränke 27
Gold, Volker 94
Golfen 66
Gomes, Fernão 220
Gotik 36
Guerreio, Cândido 132
Guerreiros do Rio 117
Guia 146
Guincho 68

Heinrich der Seefahrer 30, 215, 218, 219, 226
Hilário Costa Alves, Augusto 63
Höchstgeschwindigkeiten 15
Hospitäler 56
Hotels 16

Ilha de Tavira, Sandbank 95
Ilha Deserta 105
Industrie 45
Infante Henrique 30
Informationen 56
Ingrina (Strand) 214
Internet 57

Johannesbrotbaum 43
Juden 58
Jugendherbergen 17

Karten 57
Kinder 57
Kino 58
Kirche 58
Kleidung 59
Klima 60
Konsulate 50
Korkeiche 41
Krankenhäuser 56
Krankenversicherung 55

Kreditkarten 55
Kriminalität 60
Krustentiere (Mariscos) 24
Kunstgeschichte 34

Lagoa 154
Lagos 190
Landkarten 57
Landwirtschaft 40
Lapa de Pombas 239
Loulé 124

Machados 121
Manierismus 36
Manta Rota 83
Manuelinik 36
Mareta (Strand) 218
Maria Vinagre 231
Marisqueiras 19
Marquês de Pombal 31
Martinhal (Strand) 218
Mauren 35
Medronho, Schnaps 28
Medronho-Schnaps 181
Meia Praia (Strand) 202
Mentalität 61
Mexilhoeira Grande 170, 200
Milréu, röm. Ausgrabung 114
Monchique 180
Monchique-Gebirge 184
Monte Clérigo 231

Moslems 58
Musik 63

Nachspeisen (Sobremesas) 26
Nacktbaden 50
Namen 64
Naturpark Reserva Natural do Sapal 80
Naturpark Ria Formosa 100
Nave 184
Neoklassizismus 37
Notrufe 64

Odeceixe 233
Odemira 237
Öffnungszeiten 64
Olhão 98
Olhos d'Água 137
Ostalgarve (Sotavento) 78

PALOP-Länder 44
Paraíso (Strand) 158
Parken 15
Pego do Inferno 88
Pena 131
Politik 37
Polizei 64
Ponta da Piedade 205
Ponta de Sagres (Halbinsel) 225
Portimão 161

Portinho do Canal 239
Porto das Barcas 239
Porto de Mós (Strand) 206
Portogebühren 65
Portwein 28
Post 64
Pousadas 16
Pousadas de Juventude 17
Praia Albandeira 154
Praia Boca do Rio 214
Praia Carvalhal 234
Praia da Corda (Nacktbadestrand) 159
Praia da Figueira (Strand) 214
Praia da Luz 206
Praia da Oura 148
Praia da Rocha 167
Praia de Ingrina (Strand) 214
Praia do Barril 96
Praia do Camilo (Strand) 206
Praia dos Aveiros 148
Praia Grande (Strand) 149
Praia Marinha 154
Praia Verde 83
Privatzimmer (Quartos Particulares) 17
Purgatorio 146

Quarteira 134
Quartos Particulares (Privatzimmer) 17
Querença 126

Radio 65
Raposeira 214
Reisezeiten 60
Reklamationen 66
Renaissance 36
Restaurantrechnung 19
Restaurants 19
Ria Formosa 100
Rio Alvor, Fluss 169
Rio Arade 159
Rio Guadiana (Fluss) 78
Rocha da Pena, Berg 131
Romanik 35
Römer 34
Rotalgen 228

S. Rafael, Strand 148
Sagres 216
Salazar, António de Oliveira 32
Salema 212
Salir 129
Salzgewinnung 96
San Lucar 118
Sancho I. (König) 173
Santa Bárbara de Nexe 114
Santa Clara-a-Velha 238
Santa Luzia 95
São Brás de Alportel 120
São Lourenço 113
Saudade 62
Schnaps 28
Schnorcheln 67
Schwertfisch 24
Sebastianismus 190
Serra de Caldeirão 13
Serra de Monchique 13
Serra de Monchique 178
Silves 172
Sotavento 78
Sotavento (Ostalgarve) 78
Sotavento, Küstenregion 12
Spinnenfisch 49
Sport 66
Sprachkenntnisse 68
Stierkampf 69
Suppen 21
Süßigkeiten 26

Tascas 71
Tauchen 67, 201, 221
Tavira 86
Telefonieren 71
Telefonzellen 72
Tennis 67
Theater 58
Toiletten 73
Tonel (Strand) 218
Tourismus 74
Touristikämter 56
Trinkgeld 74
Turismo no Espaço Rural (TER) 17

Übernachten 15

Vasco da Gama 30, 111
Verkehrsbestimmungen 15
Via Algarviana 75
Vila do Bispo 216
Vila Franca de Xira 70
Vila Nova de Cacela 83
Vila Nova de Milfontes 239
Vila Real de Santo António 78
Vilamoura 136
Vinho Verde 27

Wandern 75
Wassertemperaturen 49, 60
Wein 27
Wellenreiten 68
Weltempfänger 65
Westgoten 35
Windsurfen 68
Wirtschaft 38

Zambujeira do Mar 234
Zavial (Strand) 215
Zeit 75
Zoll 52